土地利用与景观变化
内蒙古中部

TUDI LIYONG YU JINGGUAN BIANHUA
NEIMENGGU ZHONGBU

◎崔海亭　王静爱　朱宗元　著

中国环境出版社·北京

图书在版编目（CIP）数据

土地利用与景观变化．内蒙古中部 / 崔海亭，王静爱，朱宗元著．—北京：中国环境出版社，2016.3
ISBN 978-7-5111-2219-3

Ⅰ．①土… Ⅱ．①崔…②王…③朱… Ⅲ．①土地利用—研究—内蒙古②景观生态建设—研究—内蒙古
Ⅳ．①F321.1②X171.4

中国版本图书馆 CIP 数据核字（2015）第 016331 号

审图号：GS（2015）3224 号

出 版 人　王新程
责任编辑　周艳萍　宋慧敏　刘　焱
责任校对　尹　芳
封面设计　彭　杉

出版发行　中国环境出版社
（100062　北京市东城区广渠门内大街 16 号）
网　　址：http://www.cesp.com.cn
电子邮箱：bjgl@cesp.com.cn
联系电话：010-67112765（编辑管理部）
010-67112738（管理图书出版中心）
发行热线：010-67125803，010-67113405（传真）
印　　刷　北京中科印刷有限公司
经　　销　各地新华书店
版　　次　2016 年 3 月第 1 版
印　　次　2016 年 3 月第 1 次印刷
开　　本　787×1092　1/16
印　　张　16.25　彩插 16
字　　数　350 千字
定　　价　68.00 元

序

全球气候变化是国际社会普遍关注的重大问题。全球暖化是当前气候变化的主要特征，已经并将继续对我国的自然生态系统和经济社会发展产生重要影响，其中许多影响将是不利的，如自然灾害增多、土地退化与荒漠化、生态系统退化、生产不稳定性增加、生物多样性丧失等。如果不采取进一步措施，未来气候变化幅度可能会超过自然生态系统和社会经济发展所能承受的阈值，从而造成突然的和不可逆转的后果。因此，加强在全球气候背景下的区域生态系统风险研究，并针对不同生态系统风险积极采取防范措施，不断提升生态环境保护的水平，对于减轻气候变化对自然资源和环境的压力具有重大意义。

内蒙古中部处于内蒙古自治区的政治、经济、文化中心地带，具有丰富的矿产资源（煤、铁、稀土等）和文化旅游资源（草原文化、民族风情等）。同时，具有重要的生态区位：它是北方农牧交错带的关键地区，是大陆尺度的生态过渡带，是自然和人类共同影响下的生态脆弱带和全球变化的敏感带，还是大首都圈最北的一道生态防线。因此，对本区的研究具有重要的理论意义和实践意义。

为了适应气候变化，实现区域可持续发展，国家和自治区陆续出台了一系列与环境保护和生态建设相关的规划纲要及相关政策。与本区密切相关的主要有：《内蒙古自治区生态环境保护建设规划纲要》（1999）、中国退耕还林工程（1999）、《全国生态环境建设规划》（1999）、《全国生态环境保护纲要》（2000）、西部十一省退牧还草政策（2003）、京津风沙源治理（2002）、《全国生态脆弱区保护规划纲要》（2008）、《全国生态功能区划》（2008）、《全国主体功能区规划》（2010）、《内蒙古自治区主体功能区规划》（2012）等。国家和自治区在本区的大量投入已初见成效，内蒙古中部地区是我国生态建设的示范区，在全国具有引领作用。

土地利用是响应全球变化的基本单元，而景观建设是生态系统恢复重建的关键，因此，只有将土地利用变化与景观变化相结合分析，才能更好地指导生态建设与景观保护，才能为优化生态—生产范式和区域可持续发展指明出路。

本书有以下亮点：探讨了生态区划的概念和划分指标，并完成了研究区的生态区划，为生态系统管理与环境保护提供了框架；对研究区景观类型、形成演化、空间格局、生态过程、人与自然相互影响等进行深入剖析，探讨了区域景观的可持续发展与景观建设的途径；揭示了土地利用变化的自然和人文驱动力，并提出“波动农牧业”分时适应和“因地制宜”分区适应的土地利用模式；在区域灾害系统理论的指导下，评价了土地退化风险，厘定了四种土地退化风险的空间格局；最后，通过分析区域生态资产的时空差异、区域可持续发展状态、区域生态与经济发展定位，以及暖干化情景下生态系统风险，提出了分生态区的风险防范对策。

总之，本书内容全面系统，是一本地理学和生态学相结合的区域地理专著。祝贺本书的出版，希望它能为推动我国的区域研究和景观建设作出贡献。

中国工程院院士

石玉林

前　言

内蒙古中部地区西与巴彦淖尔盟相连，东与锡林郭勒盟和河北省为邻，南与山西省和鄂尔多斯市交界，北与蒙古国接壤，包括呼和浩特市、包头市和乌兰察布市辖区的全部，总面积约 10 万 km^2，约占全自治区总面积的十分之一。

内蒙古中部地区所在的内蒙古高原，经历了复杂的地表过程，第三纪以来高原的蠕动运动、中更新世晚期以来的干旱化和草原的形成、干燥剥蚀与冻融侵蚀交替进行、流水侵蚀与风力侵蚀的共同作用，无不在本区打上自然的烙印，使之成为一个独特而复杂的地理单元。

内蒙古高原的核心

坦荡高亢的蒙古高原是一个整体，平均海拔高度在 1 000 m 以上。大体沿中蒙边境分布着一系列 NE 向大型盆地，将蒙古高原一分为二，在我国境内的部分称为内蒙古高原。广义的内蒙古高原包括阿拉善高原、鄂尔多斯高原、巴彦淖尔高原、乌兰察布高原、锡林郭勒高原和呼伦贝尔高原，外缘有明显的天然边界：自东北而西南，分别被大兴安岭、苏克斜鲁山、大马群山、长城山地、大青山、乌拉山、色尔腾山、狼山、贺兰山、龙首山、合黎山和马鬃山等所环绕。

内蒙古中部地区大部分位于乌兰察布高原之上，该高原地处巴彦淖尔高原、鄂尔多斯高原、黄土高原和锡林郭勒高原的交接部，是内蒙古高原的核心部分。根据地貌特征，乌兰察布高原分为三部分：北部为层状高平原，南部、东部为波状高平原和玄武岩台地。因此，内蒙古中部几乎囊括了内蒙古高原的全部地貌特征。阴山山脉及其余脉横亘于本区中南部，东西延伸约 350 km，形成内蒙古中部地区的“屋脊”，是本区一条重要的地理界线，构成了黄河水系、永定河水系与内流水系的分水岭。

内蒙古中部地区是整个内蒙古自治区距离海洋最近的部分（直线距离仅 360 km），由于坦荡的高原深入大陆腹地，使东亚夏季风得以跟进，又因处于季风尾闾区，加剧了本区的干旱程度，形成了从华北半湿润地区向亚洲中部干旱区过渡的广阔地带，内蒙古中部地区代表了内蒙古高原的基本地理特征。

最富景观多样性的区域

景观的多样性有赖于地貌的多样性。阴山山脉的存在与高原内部的地貌分异，引发水热再分配，是产生景观多样性的根本原因。内蒙古中部具有除极旱荒漠景观、典型荒漠景观和沙漠景观之外的所有景观类型，是内蒙古高原景观的缩影。

从区域尺度上，内蒙古中部的景观分为：高平原草原景观、山地森林草原景观、黄土丘陵台地暖温性草原景观、冲积平原农耕景观和京包路—沿黄城市景观。

在中尺度上，高平原内部根据地貌分异景观进一步分化。波状高平原内部分化为：侵蚀—剥蚀丘陵典型草原景观、丘间盆地—滩川地农耕景观、低地盐湿性草甸景观。

层状高平原分化为：层状高平原典型草原景观、层状高平原农耕景观、层状高平原—剥蚀残丘荒漠化草原景观、大型盆地半荒漠景观和干燥剥蚀残丘半荒漠景观。

黄土丘陵台地区由于基质的特殊性，并经过风水两相侵蚀，进一步分化为：黄土丘陵暖温性草原景观、黄土台地农耕景观、覆沙台地灌丛草原景观和沟谷滩川地农耕景观。

冲积平原是一类堆积地貌景观，冲积扇连接平原、冲积平原和低洼地构成了景观的基本框架，成为当地土地利用与覆盖分化的基础。由于冲积扇缘埋藏着丰富的地下水资源，形成了城市连绵景观；冲积平原便利的灌溉条件，形成了现代农业景观；冲积平原的低洼地形成草甸、湿地景观。

北方农牧交错带的枢纽

我国北方农牧交错带，东起呼伦贝尔盟的大兴安岭西麓，经内蒙古东南部、冀北、晋北、鄂尔多斯、陕北、宁南、甘肃中部直至青海东部（史培军、李晓兵等，2009），是一条巨尺度生态过渡带，是世界四大生态过渡带之一，其规模堪与非洲的萨赫勒带相比。它们同属半湿润的森林景观与干旱、半干旱草地景观、半荒漠景观之间的生态过渡带；同为全球最大的农牧交错带，自然和人类共同影响下的生态脆弱带；也是全球变化的敏感带，对于研究全球变化引起的景观退化以及监测早期预警信号具有重要意义。

北方农牧交错带分东、中、西三段，内蒙古中部位于北方农牧交错带的中心地位，具有开发历史悠久、规模大、纵深广的特点，由于水热匹配相对较好、土壤条件和地形条件有利，基本上无极端低温和严重风沙危害，巨大的海拔高度使半干旱的气候得以缓冲，这些有利的自然条件保证了农牧业的发展。但是，它又是一个生态脆弱带，气候变率大、风蚀沙化、水土流失、过垦、过牧等引起土地退化和草场退化，对全球气候变化与人类活动都十分敏感。

传统畜牧业追求载畜量的极大化，结果引起草场退化，使畜牧业不可持续。同样，传统农业追求耕地面积和粮食产量的极大化，最终导致土地退化，同样是不可持续的。我国农牧交错带的生态—生产范式是以草地生态系统的生物生产为基础，农业生产本身是草地—家畜—人这一复合生态系统的有机组成部分。“农牧结合、以农促牧”是在总结经验教训和在生态科学理论指导下的正确选择。如今，在内蒙古中部，产业结构得到调整，已经形成了三个产业带：南部玉米种植—乳制品产业带；大青山北麓种植业—舍饲养殖产业带；北部天然草场畜牧产业带。使本区成为北方农牧交错带生态—生产优化的典型，成为产业发展最快、生态治理规模大、生态效益和经济效益俱佳的生态示范区域。

大首都圈最北一道生态防线

内蒙古中部地区处于蒙古高压的东南缘，是冷空气南下的重要通道，年平均风速 4 ~ 5 m/s，大部分地区大风天数都在 40 d 以上，冬春大风日数占全年的 60%。冬春季冷空气活动频繁，常常吹起地表的沙尘，形成扬沙或沙尘暴天气，直接影响到大首都圈的生态环境质量。另外，由于过度开垦和过度放牧，引起土地退化和草场退化、沙化，不仅使草原生态系统受到严重威胁，而且危及华北和大首都圈的生态安全。

近二十多年来，国家在内蒙古草原实施京津风沙源治理工程和退耕还林、退耕还草工程，调整农业内部结构，实行禁牧舍饲，加强了生态保护，生态恶化的趋势已经得到遏制。大面积退耕土地的植被逐渐得到恢复，广大农牧区出现了无数道灌木防护林带，有力地保护了农田和草场，也增强了大首都圈的生态基础设施。由于内蒙古中部广阔的生态腹地的生态重建取得了显著进展，大首都圈的生态安全才有了基本保障。

内蒙古自治区的“金腰带”

20 世纪 80 年代末，中国科学院黄土高原综合科学考察队将晋陕蒙接壤地区称为“乌金三角”，将沿黄地带称为内蒙古的“金腰带”（张天曾，1990）。大青山及其南北丰富的矿产资源、黄河和黑河的水利资源和呼、包、乌三市优越的区位条件和便利快捷的交通条件等，使大青山山前形成城市连绵带，沿京包线以能源、钢铁、重化工为主的新工业区已经形成，占据着内蒙古自治区“金腰带”的核心地段。

"南煤、北铁"的矿产资源分布的格局。清水河和托克托的煤田、大青山多个煤盆地储藏了丰富的煤炭资源，阴山以北的多金属矿十分丰富，其中白云鄂博的稀土矿藏更是得天独厚。

呼和浩特、包头和乌兰察布市及其延伸带构成了我国北方一个经济增长轴。包头的钢铁业、重型制造业，呼和浩特的设备制造、制药业和奶产业，乌兰察布市的冶炼、化工业、风电设备以及遍布各地的风力发电为代表的清洁能源生产都具有相当规模，使内蒙古中部成为东连京津、西接"乌金三角"的能源基地和制造业大区。与此同时，城市建设快速发展、城市服务业不断完善，以草原文化和民族风情为特色的旅游业蓬勃发展。

"南奶、北薯"的现代农业格局。以蒙牛和伊利为龙头的乳品产业带动了南部农业的发展，玉米种植业为饲料产业的发展提供了坚实基础，不同规模的奶牛养殖业正在改变农业经营的模式，形成了种、养、加结合的新产业链。近年来，后山和东部农区马铃薯种植业得到迅速发展，公司加农户的经营模式不仅促进了市场营销，而且带动了种薯、农药、化肥、水资源开发和农业机械等服务产业的发展。内蒙古中部地区正在出现一个农牧业协调发展、生产发展与生态保护相互促进的良好态势。

内蒙古中部地区是内蒙古自治区的政治、经济和文化中心。特殊的区位条件和地理特征使本区构成一个复杂的自然与人文结合的大系统，人地关系处于相互适应与冲突之中，整个系统处于相互正负反馈的混沌状态。当人类遵循自然规律、利用有度时，系统得到负反馈，人与自然生态系统维持和谐的关系；当人类不顾自然法则，恣意索取时，系统得到正反馈，人地系统则处于结构受损、功能失调的震荡状态。因此，对本区的研究具有重要的理论意义和实践意义。土地利用与覆盖是一个区域地域结构的框架，也是响应环境变化的基本单元。景观格局—功能与过程分析是揭示生态系统恢复重建机理的关键，土地退化风险评价与暖干气候情景下的风险防范是生态—生产系统可持续发展的保障，只有厘清自然规律，才能指导生态建设与景观保护，才能为优化生态—生产范式和生态安全指明出路。

编写本书的科学积累主要来自20世纪80年代末国家"六五"攻关项目《遥感在内蒙古草场资源调查中应用研究课题》（1984—1989）和21世纪国家重大基础研究计划项目《草地与农牧交错带生态系统重建机理与生态—生产范式》（2000—2005）和《全球变化与环境风险关系及其适应性范式研究》（2013—2016）。本书主要作者先后参加了上述研究课题。此外，崔海亭主持的自然科学基金课题《大青山地区晚更新世晚期及现代环境演变的研究》（1988—1990），也积累了大量科学素材，为本书的写作打下坚实基础。本书的写作是对上述研究项目的回顾与再认识。

崔海亭负责第 1 章、第 2 章和第 3 章及全书的设计和统稿；王静爱负责第 4 章、第 5 章和第 6 章及书稿编写过程的管理；朱宗元负责第 2 章部分内容及书稿的审定。

本区土地利用与景观研究前后持续了 20 多年，参加研究的人员有乌兰察布市科技局的朱宗元，乌兰察布市草原站的李万富，北京大学的黄润华、崔之久、吴万里、刘继韩、武弘麟、宋长青、冷疏影、杨晓非、李霞、谭延林，内蒙古大学的史培军，内蒙古师范大学的郝允充，内蒙古农业大学（原农牧学院）的乌力更等，内蒙古气象局的王长根、史志敏，内蒙古水勘院的赵学山、金铮平等。谨向所有参加本区研究的人员表示衷心感谢，并为出版时间的拖延向大家致以深深的歉意。

本书稿写作过程中，北京师范大学张春琴绘制了全书的图件，杨会民、尹卫霞、屈盼盼、盛中尧、雷永登、余瀚、赵芳原和陈芳等对本书的资料处理和编写作出了贡献，特此致谢。

石玉林院士为本书撰写序言使之增色，谨向他致以最诚挚的谢意。北京师范大学的史培军常务副校长对本书的出版给予大力支持，谨向他表示衷心感谢。北京大学地空学院的邵济安教授在地质方面给予指导，内蒙古大学的梁存柱教授对本书提出宝贵意见，谨向他们致以谢意。

本书写作的时间跨度很长，新旧资料的整合不够，有些关键问题还有待深入，错误在所难免，敬请读者指正。

崔海亭

2014 年 6 月于北京大学

目　录

第 *1* 章　研究区域地理概况*

提要

本章从地理区位、自然地理特征、自然条件与自然资源以及社会经济等方面，阐述了研究区域的地理概况。内蒙古中部地处我国北疆，是一个以高原为主的地貌区，由于大地构造背景与外营力的不同，又显示出明显的地区差异；本区位于东亚季风尾闾区，以中温带半干旱大陆性季风气候为主，兼具高原和山地气候的特征，降水和气温变率大，多灾害性天气。本区光照、风能、太阳能等资源丰富，但利用率相对较低；受区域暖干化和人类不合理用水的影响，水资源不足且日渐短缺；土壤类型多样，但自然肥力不高，部分土壤盐渍化或有障碍土层，水土流失严重，沙化面积在不断扩大；典型草原为主，牧草种类丰富，品质较好，但草场生产力低而不稳，对畜牧业产生重要影响。研究区处在内蒙古自治区的政治、经济、文化中心地带，并具有丰富的矿产资源、旅游资源和深厚的民族文化底蕴，经济发展迅速。

本章对区域土地利用变化、土地退化风险、生态区划、景观建设以及生态文明建设等研究提供地理基础和地理分异的依据。

---

* 本章由崔海亭、朱宗元、王静爱执笔，其他贡献者有王长根、赵学山、吴万里、金铮平、尹卫霞、雷永登。

1.1 地理位置

研究区位于内蒙古自治区的中部，地理范围介于北纬 39°37′～43°28′，东经 109°16′～114°49′之间。北与蒙古国接壤，南与山西省交界，并与鄂尔多斯市隔河相望，东与河北省和锡林郭勒盟为邻，西与巴彦淖尔市相连（图 1-1）。行政区域包括呼和浩特市、包头市和乌兰察布市的全部，共有十七个县（旗）、两个地级市（区）和省会城市，总面积为 99 484 km^2（图 1-2）。

研究区与蒙古国有 190 多千米的共同边境线，有二连浩特市和满都拉两个对外口岸。从对外联系看，“集（宁）二（连浩特）线”是欧亚大陆桥的重要组成部分，满都拉口岸是呼、包二市到乌兰巴托最近的口岸。地处我国边疆的区位特点，对于巩固边防、发展边贸和对外交流具有重要的战略意义。研究区连接内蒙古的东部和西部，又襟带晋陕蒙国家能源重化工基地和环渤海经济区，具有经济发展的区位优势，是内蒙古的经济核心地带和广义首都经济圈的组成部分。

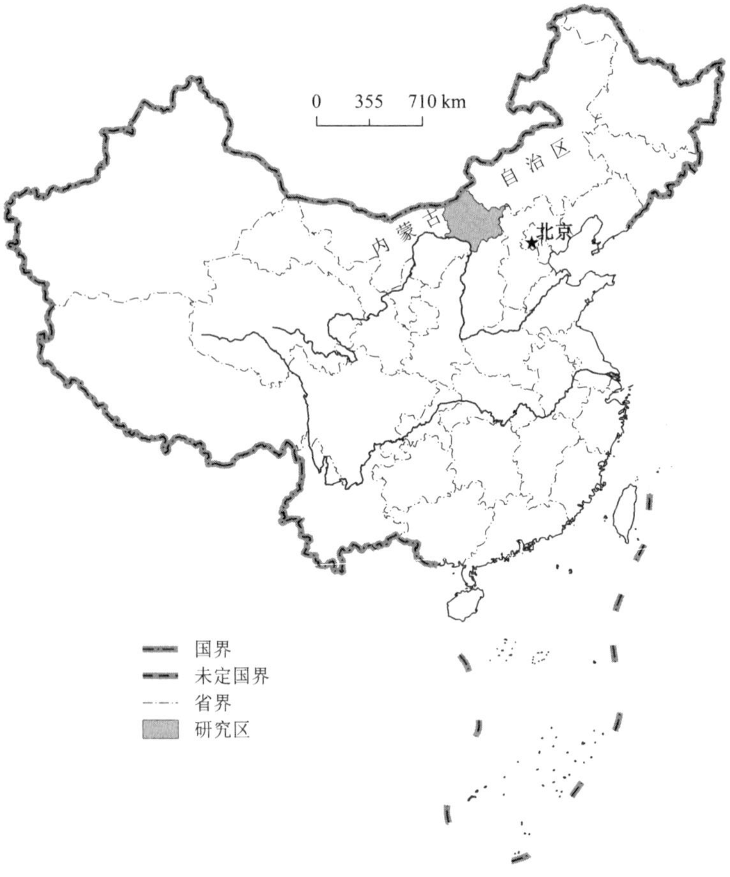

图 1-1 内蒙古中部的地理位置

图 1-2 内蒙古中部行政区划

1.2 地质与地貌特征

1.2.1 地质背景

研究区以白云鄂博—多伦大断裂为界，分属华北克拉通与兴蒙造山带两大构造单元。前中生代，它们经历了完全不同的演化历史，形成了不同的构造基底（图 1-3），对中、新生代的地貌格局有明显的控制作用。

本区南部作为华北克拉通北缘的一部分，沿着阴山山脉（大青山、乌拉山）近东西走向出露了一套太古界深变质的杂岩，南北界被东西向断裂带所分隔，形成高大的山地，成为内蒙古高原与华北山地之间的天然分界线。在太古界变质杂岩以北，分布了大面积元古界的中浅变质岩系，构成阴山北麓的低山、丘陵带的基底。其中白云鄂博—渣尔泰山中晚元古代的裂谷系控制了世界著名的大型稀土矿床。

本区北部为华北板块北缘的兴蒙造山带，属于中亚—蒙古—鄂霍茨克古生代造山带的一部分。以索伦山和温都尔庙为例，这里残存的蛇绿岩和高压蓝片岩标志着古生代古亚洲洋的存在。

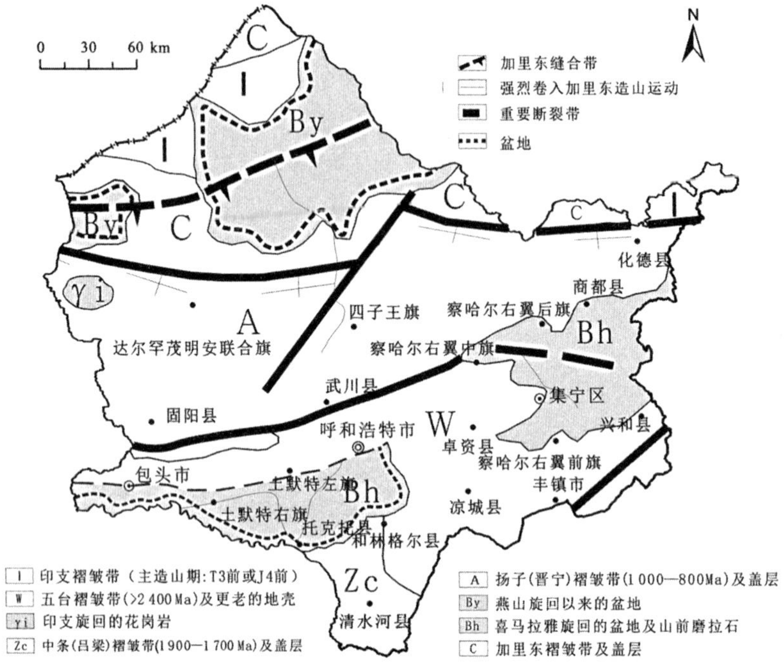

图 1-3 研究区的大地构造（资料来源：《中国大地构造图》）

在晚古生代西伯利亚板块和华北板块碰撞对接后，本区全面进入了中生代陆相沉积盆地的演化阶段。地球物理资料显示，内蒙古中部（乌拉特后旗以东至锡林浩特）的莫霍面起伏较大，呈 EW-NEE 走向凹凸相间的格局，地表对应着阴山山脉和一系列中新生代盆地。

早、中侏罗世，大青山一带（固阳、武川、卓资和丰镇等地）形成含煤盆地，在早白垩世的二连盆地中发育一套巨厚的暗色泥质湖相沉积，是较好的生油岩系，已多处获得工业油流。此外，二连盆地一带已发现与砂岩、泥岩有关的铀、钼矿床。新生代第三系由红色黏土和玄武岩组成，黏土中常夹有石膏、天青石和砂锰矿结核，广泛分布于阴山山脉各处的盆地。东部集宁一带主要为玄武岩所覆盖。第四系主要为黄土、风成沙和砂砾石，遍布全区各地。

1.2.2 地貌特征

《中国综合自然区划》（初稿）（1959）对本区地貌进行了概述；《内蒙古自然地理》（1965）一书有专门章节论述本区的地貌概况；20 世纪 70 年代，林儒耕探讨了内蒙古高原的形成过程（林儒耕，1979）；《中国自然地理：总论》（1985）中对乌兰察布高原和大青山地区的地貌进行了综述；尔后，林儒耕等（1991）提出了内蒙古自治区地貌分类系统，并编制了内蒙古自治区 1∶150 万地貌类型图（彩图 1-1）。

内蒙古中部地区是一个以高原为主的地貌区，由于大地构造背景与外营力的不同，仍显示出明显的地区差异。宏观特征为高原—山地—平原的带状结构，带内又因构造单元和地貌发育阶段不同，形成不同的地貌组合，显示出垂直方向上的层状结构和水平方向上的块状结构。根据成因类型、地貌形态的差异和数量指标划分为七种地貌类型。

（1）山地

①中山：指海拔1 000～3 500 m，相对高度500～1 000 m的山地。大青山为一构造剥蚀中山，横贯本区南部，东西绵延约240 km，南北宽20～60 km，区域构造方向为近东西向。受喜马拉雅运动第二幕影响，山体沿古断裂线差异性抬升，形成不对称的断块中山，如九峰山、金銮殿等，一般高度在1 800 m以上，相对高度在1 000 m左右，山顶面比较平缓，最高峰海拔2 337 m。包头以西的乌拉山也呈东西走向，最高峰大桦背海拔2 322 m。阴山山地南坡受断层控制，险峻陡峭，直接与冲积平原相接，北坡和缓，逐渐过渡到高平原。大青山在卓资以东出露大面积第三纪玄武岩，山地与熔岩台地的界线不太明显。受构造线控制，大青山发育了一系列NNE向的河谷，切割深度在500 m以上。在土默特右旗的耳沁窑一带，受近东西向构造控制，形成狭长的山间谷地。

大青山以南的山地，区域构造线以NE向为主，隆起与坳陷交替出现，近平行排列。基底以太古界片麻岩、古生界碳酸盐岩、碎屑岩，中生界碎屑岩为主。地形以低山、丘陵为主，但几处断块中山，如苏木山、摩天岭、蛮汉山（2 304 m）海拔高度均超过2 000 m。

②低山：指海拔小于1 000 m，相对高度为200～500 m的山地。主要分布在大青山北坡的固阳、武川和察哈尔右翼中旗南部，大青山南坡的卓资县南部，凉城岱海的南北两侧、丰镇和兴和的南部，海拔一般低于2 000 m，相对高度200～500 m。

③盆地：盆地是山地丘陵间的负地形。盆地的形成受构造控制，在高平原上无论隆起带还是沉降带，山丘的走向、洼地的展布方向均呈近东西向或北东东向。受构造影响，阴山南北的盆地与山地、丘陵带相间排列，主要有：北部沿国境线附近的呼和诺尔、乌兰诺尔、腾格淖尔和哈尔淖尔等盆地，阴山以北的新宝力格盆地、坤兑滩盆地、乌兰花盆地、供济堂盆地、武川盆地、黄羊城—土牧尔台盆地、前大滩盆地、大六号盆地等，阴山以南的岱海盆地、黄旗海盆地、兴和盆地、商都盆地、朝阳盆地等。上述诸多盆地地势平坦，为农业发展提供了可利用空间，除国境线附近的几个大型干旱盆地外，都是重要的粮油产区。

这些盆地沉积了上新世的泥岩、砂岩和第四系松散沉积物，为沉积矿床和地下水的赋存创造了条件。盆地的最低洼处形成大小不等的内流河湖水系，受气候变化和人为活动的双重影响，大多数湖泊已经干涸。

（2）丘陵

指最高点一般不在边缘、有一定坡度（7°～10°）、相对高度 50～200 m、边缘线不太明显的正地形。

①构造剥蚀残丘：分布于中蒙边境一带的残丘，为华北板块北缘的兴蒙造山带的一部分，晚古生代以来经历了长期上升剥蚀，新生代以来主要受干燥剥蚀、风蚀作用，形成相对高度低于50（100）m的分散丘陵。

②构造剥蚀丘陵：在阴山以北，沿北纬42°～42°30′，有一个东西延伸的丘陵带，基岩多为花岗岩（彩照1-1），相对高度多在100 m左右，山顶基岩裸露，有明显的寒冻风化和

风蚀痕迹。

③黄土丘陵：主要分布于清水河县与和林格尔县（彩照 1-2），当地地层主要为寒武系与奥陶系的碳酸盐岩、前寒武纪花岗岩和中、上石炭系海陆交互相的含煤岩系，局部盆地有白垩纪和上新世沉积。经历长期隆起剥蚀，在晚更新世期间普遍覆盖黄土，受下伏地貌控制，侵蚀成平缓的丘陵，相对高度约在 100～200 m。

（3）台地

指具有较陡的台坡、较缓的台面的地形。大青山前也普遍分布黄土台地（彩照 1-3）。和林格尔和凉城南部一带实际上属于黄土高原的一部分。最典型的台地分布在和林格尔南部，基岩主要是下白垩统的砾岩、砂岩、泥岩和上新统的泥灰岩等，产状近于水平。中生代末期以来，经过长期隆起侵蚀，形成台地，晚更新世覆盖黄土，因此，黄土台地多受下伏地貌控制（彩照 1-4），相对高度在 100～150 m。受构造控制，形成东西向和北东向的宽谷。在黄土地层较厚、切割程度中等地区，形成黄土沟壑，受构造控制，沟谷多为北西向。凉城南部基岩为第三纪沉积岩层和玄武岩，由于地体抬升被侵蚀为上覆黄土的台地。

（4）高平原

指地表较平缓、坡度不大于 10°、海拔大于 1 000 m 的以隆起和侵蚀为主的地貌单元。本区的高平原北起国境丘陵带，南至阴山北麓低山、丘陵区，高平原面坡度一般在 7°以下，阶梯状成层分布，称为层状高平原。它的地质构造基础为乌兰察布沉降区，深部基底为古生代复式向斜构造。古生代基底隆起并被剥蚀夷平，中生代后期一直处于沉降过程中，沉积了白垩纪的砂砾岩和第三纪的砂砾岩、砂页岩、泥岩等，厚约 300 m，构成了层状高平原的物质基础。隆起带和沉降带控制着大地貌的基本轮廓：凡隆起地带多由古生代变质岩系和花岗岩体构成，经长期剥蚀形成高平原上的低山丘陵或残丘，构成波状高平原（彩照 1-5）；广大的沉降区构成高平原的主体。高平原内部呈明显的带状结构，由南而北分为：低山、丘陵带—波状高平原带—层状高平原带—北部大盆地带—国境剥蚀残丘带。

在垂直方向上，高平原发育了五级夷平面（林儒耕，1978），自南而北呈阶梯状下降，基本反映了高平原地貌的发育过程。

Ⅰ白垩纪末期的古夷平面：内蒙古高平原的发育始于白垩纪末，第三纪地层与白垩纪地层呈不整合接触，并普遍缺失古新世地层，表明在古新世期间，蒙古高平原经受着广泛的剥蚀夷平过程，下白垩统、侏罗系以及更古老的地层被剥蚀夷平，形成了古夷平面，保留在大青山 1 700～2 000 m 的顶峰面上。

Ⅱ第三纪中期的蒙古准平原面：第三纪期间，内蒙古高平原反映出缓慢的波状蠕动的升降韵律。始新世以后，古夷平面受新构造运动影响发生形变，一部分在隆起的过程中遭受剥蚀保留在峰顶面上；另一部分在沉降过程中发生坳曲，构成新生代盆地的基底面。沉降的湖盆区，接收隆起区冲刷的泥沙，形成始新统、渐新统、中新统以及上新统的河湖相砂砾岩、泥岩、砂岩及沙质泥岩等互层。中新世期间，内蒙古高平原又经历一次大的夷平阶段，形成了蒙古准平原面，其遗迹保存在南部现今低山丘陵齐平线上，以及北部国境线丘陵的顶面。

Ⅲ第三纪末、第四纪初的玄武岩堆积面：在上新世河湖相沉积堆积过程中，基性玄武岩沿断裂带多次喷发，形成察哈尔熔岩台地。早更新世由裂隙式喷发变为中心式喷发，形成许多火山锥。早、中更新世，气候变得湿润多雨，第三纪高平原面被流水侵蚀，形成河谷和湖盆。因此，这一时期不仅是一个侵蚀期，而且为一熔岩堆积期。

Ⅳ第四纪戈壁剥蚀面：上新世末期至早更新世期间，内蒙古高平原又进入一个普遍的夷平阶段，形成了由第三纪岩层构成的“戈壁侵蚀面”。戈壁侵蚀面并非是一个统一的等高地貌面，而是大致由五个不同高度的面所构成，俗称层状高平原面（彩照 1-6）。林儒耕认为：它们是上新世以后形成的同期异面。中更新世晚期到晚更新世期间，气候变得干燥，风蚀和风积作用加强，许多河流干涸、湖泊萎缩，经过长期的流水侵蚀、风力侵蚀和冻融侵蚀形成戈壁侵蚀面。

Ⅴ现代侵蚀面：全新世以来，蒙古高原处于缓慢的上升阶段，同样表现出蠕动的特征，内蒙古高原西部以上升为主，随着气候的变干，河流逐渐消失于宽广的古河谷之中。除河谷洼地有少量近代冲积、湖积物外，广大高平原上主要为风积和残积物所覆盖。现代地貌过程主要表现为机械风化和风蚀作用为主的干燥剥蚀过程。

（5）平原

地面较平整，坡度一般小于 7°，以沉降和堆积为主的地貌单元。土默特平原（前套平原）是本区最大的平原（彩照 1-7），北以大青山山前断裂带为界，南界大致与黄河、和林格尔黄土台地的北缘一致。该平原为一新生代继承性大型盆地，新构造运动十分活跃，不断下沉过程中，周围高地遭受侵蚀，经流水搬运、堆积，沉积了厚达 2 300 m 的第四系河湖相沉积物（邓金宪等，2007），构成冲积平原的基础，冲积平原的海拔在 990～1 030 m，最低点为托克托县的中滩乡，海拔只有 986 m。冲积平原的外围发育山前冲洪积扇，一系列冲积扇连接为山前倾斜平原，海拔在 1 030～1 100 m。在冲积扇缘，形成一系列交接洼地，著名的哈素海即位于由黄河冲积而成的交接洼地之中。

（6）沙地

在四子王旗北部的干湖盆边缘有沙丘分布，外围的缓丘上也有风沙覆盖。在大青山以北有一个东西长约 400 km、南北宽约 80 km 的伏沙带，由于高平原地势平坦、沙质土壤易于耕作，多已开垦为耕地。本区南部托克托县的毛不浪、清水河的喇嘛湾附近以及和林格尔大红城以南的黄土台地区均有风沙堆积，形成固定、半固定沙丘和平沙地（彩照 1-8）。另外，在岱海东南部湖成阶地上就地起沙，形成平沙地；丰镇的巨宝庄地处风口，分布着低矮的固定沙丘。

（7）冰缘地貌

在晚更新世末次冰盛期（距今 1.8 万年前后）和全新世期间，最冷时年平均气温较现在低 7～8℃（崔海亭等，1992）。中纬度高山和高原地区，在极端寒冷的大陆性气候控制之下，以寒冻风化与冻融过程为主形成的地貌称为冰缘地貌。崔之久等对大青山地区的古冰缘现象和现代冰缘过程进行了研究（崔之久等，1992）。

古冰缘地貌：即晚更新世末至全新世前发育的冰缘地貌。内蒙古中部地区保留的古冰缘现象包括石海、多边形土、冰卷泥、古冰楔、雪蚀洼地、倒石堆等。

①冰缘残丘与石海：山顶裸露的基岩，因冻胀作用而崩解，形成柱状或城堡状寒冻侵蚀地貌（彩照 1-9）。在坡度平缓的山顶，受冻融蠕动作用，崩解的石块沿缓坡移动，堆积成“石海”（彩照 1-10）。上述地貌现象见于辉腾锡勒、大桦背、蛮汉山、苏木山等中山山顶。

②多边形土：在半干旱、极端寒冷的大陆性气候下，处于 0℃以下的含冰土层称为冻土。反复冻胀和冻融作用产生的地貌形态称为冻土地貌。反复冻胀和冻融，在地表产生多边形裂隙，称为多边形土。见于辉腾锡勒、蛮汉山等海拔 2 000 m 以上的山顶，分布在坡度小于 10°的平缓山坡上，多边形直径达 2.5 m 左右，冻土裂缝宽约 5～10 cm（彩照 1-11）。

③砂楔、冰卷泥：晚更新世末次冰盛期极端寒冷气候下，大青山以北的高平原和高海拔处（1 600～1 700 m）发育了一系列冻胀裂隙，裂隙充填了来自上面的砂砾，纵剖面呈楔形，称为砂楔（彩照 1-12）。同样，湿润深厚的土层经反复冻融可形成冻融褶皱（冰卷泥）（彩照 1-13）。

全新世冰缘现象有两类：

①泥流舌：相对较细的堆积物，在冻融蠕动作用下沿坡下移形成的舌状体称为泥流舌。广泛发育在大青山 1 850 m 以上缓坡地。如大青山金銮殿 2 100 m 处的泥流舌（彩照 1-14），纵向长度 3～5 m，宽 2～3 m，高 1～2 m。据 ^{14}C 测年，泥流舌形成年代为距今 3 000～1 500 年（崔海亭等，1993）。

②石线：作为全新世冷期的坡积物，广发发育在大青山坡麓地带，其分布高度在海拔 1 200～1 400 m 左右。寒冻风化产生的基岩碎屑，受冻融蠕动作用影响沿坡面移动，后被成土过程埋藏，形成排列整齐的石块与古土壤的互层，土层中排列有序的石砾称为“石线”。是近冰缘环境下形成的弱冰缘现象（崔之久等，1992）。土默特右旗的耳沁窑一带可划分出四个石线发育期（彩照 1-15）。

现代冰缘地貌主要是冻胀草丘。在 1 800 m 以上、地势低洼、水分条件良好的地貌部位，存在季节性冻土。充足的水分和强烈的冻胀作用，使土壤 40～50 cm 深处的细粒物质形成小的隆起，细粒物质下面是未经分选的带棱角的砾石，其上为 20～25 cm 厚的黏土层。冻融过程中，在稠密草本植物根系和黏土层的保护下，形成直径 30～50 cm、高 20～30 cm 成片出现的冻胀草丘，小丘间发育积水的融沟，这一微型地貌见于察哈尔右翼中旗境内的辉腾锡勒草垛山一带（彩照 1-16）。

1.3 气候与气候资源

本区位于东亚季风尾闾区，大部分地区大陆度在 65%～73%，属于中温带半干旱大陆性季风气候，北部属于中温带干旱大陆性气候，中部地区兼具高原气候和山地气候的特征（乌兰察布盟计划委员会，1989）。

大部分地区≥10℃积温 1 600～3 100℃，≥10℃天数 105～160 d。年平均气温 2.1～7.0℃，最冷月平均气温–18～–11℃，极端最低温–41～–29℃。年平均降水 174～437 mm，但在多雨中心的旗下营一带达到 490 mm 以上。

1.3.1　光能资源

本区年辐射总量 5 400～6 100 MJ/（m^2·a），北部多，最北部为 6 100 MJ/（m^2·a）左右，向东南逐渐减少，到丰镇市已减少为 5 400 MJ/（m^2·a）左右。光照等值线在大青山以北几乎呈东西向分布，中南部的察哈尔右翼中旗、凉城县北部和察哈尔右翼前旗西部有一高值区。夏季太阳总辐射量的地理分布与年总辐射量的分布趋势基本相同，而冬季由于纬度的影响加强，太阳总辐射的低值区南移到了卓资、察哈尔右翼前旗、凉城附近。

本区年光合有效辐射（380～710 nm 的可见光辐射）为 2 800～3 000 MJ/m^2，相当于太阳总辐射值的 49%，冬季为 410～440 MJ/m^2，夏季达 920～1 030 MJ/m^2。

本区光照资源丰富，分布大致从西北向东南递减。日照时数全年达 2 800～3 300 h，年日照百分率（实照时数与可照时数之比）为 65%～75%，与青藏高原、西北地区和内蒙古自治区西部都属于全国的高值区。本区北部日照百分率最大，日照时数最多，全年达 3 300 h，东南部（丰镇）日照百分率最小，日照时数最少，全年为 2 775 h。

1.3.2　热量资源

（1）气温

本区年平均气温 0～8℃，最冷月平均气温–18～–11℃，极端最低温–41～–29℃，大部分地区年均温为 3～5℃。受海拔高度的影响，中部山地丘陵带有一个东西延伸的低温区，年平均气温在 3℃以下，低温中心在辉腾锡勒一带，年均温在 0℃左右，向北和向南温度逐渐升高。本区年平均气温最高值在南部的清水河县，为 13.2℃，次高值在北部的满都拉，为 11.9℃。本区年平均最低气温除南部的清水河县在 0℃以上，其余地区都在 0℃以下。

（2）无霜冻期

本区大部分地区轻霜冻期为 80～140 d，大部分地区无霜冻期为 100～160 d。中部山地丘陵区无霜冻期最短，北部和南部较长，而南部又长于北部。中部与西南部无霜期相差达 50 d。本区平均气温稳定≥0℃总积温 2 200～3 000℃，≥10℃的积温 1 600～3 000℃，最多与最少地区相差达 1 400℃以上。≥10℃天数 105～160 d。各地≥10℃积温约比≥0℃积温减少 500℃左右。≥10℃的活跃生长期比≥0℃的可能生长期短 80～85 d。

（3）热量资源分布

内蒙古中部热量资源以大青山顶和辉腾锡勒最少（图 1-4），≥10℃积温少于 1 400℃，属于山地寒温带气候型。大青山顶和辉腾锡勒因气候寒冷、风大植被矮化，分布蒿草、苔草草甸，不适宜种植春小麦，只能种植短日期的大麦。整个大青山区及其以东的丘陵地区（化德大部、商都大部、兴和北部和察哈尔右翼后旗的大部）≥10℃积温 1 400～1 800℃，属于中温带温寒气候型。

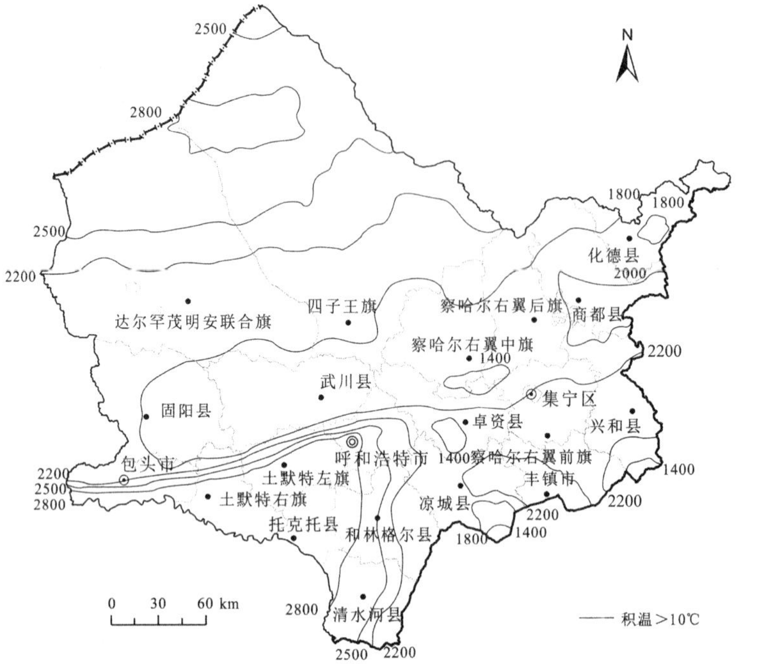

图 1-4 内蒙古中部地区热量资源分布（据王长根）

大青山主分水岭与补力太庙—红格尔南—大井坡北—百灵庙北—白云鄂博一线之间的地区，≥10℃积温为 1 800～2 200℃，属中温带温冷气候型。上述气候界线以北，萨茹勒庙北—白音敖包南—红旗牧场北一线以南的广大地区，≥10℃的积温 2 200～2 500℃，属于中温带温凉气候型。上述一线以北，直到中蒙边境的大部分地区，随着地势逐渐降低，热量资源逐渐增加，在边境地区≥10℃的积温 2 500～2 800℃，属于中温带温和气候型。四子王旗的乌兰诺尔、呼和诺尔，海拔降低到 1 000 m 以下，≥10℃的积温增加到 2 800℃以上，热量条件与大青山南侧的土默特平原相差无几，属中温带温暖气候型。

阴山以南热量资源分布的总趋势是由东向西随着地势降低而增加。东部的兴和、察哈尔右翼前旗、集宁区、卓资县、凉城县、和林格尔县和清水河县的东部山区大部分地区≥10℃的积温 1 800～2 200℃，属于中温带温冷气候型。其中的苏木山、蛮汉山、马头山和和林格尔的摩天岭海拔均大于 2 000 m，≥10℃的积温 1 400～1 800℃，属于中温带温寒气候型。凉城县的岱海周围因海拔较低，热量较高，≥10℃的积温在 2 200℃以上，属中温带温凉气候型。包头市、呼和浩特市、土默特平原和托克托县、清水河县的黄河沿岸地带热量条件最好，≥10℃的积温在 2 800℃以上，属于中温带温暖气候型。

1.3.3 水分资源

（1）降水

本区年平均降水量 150～500 mm。由于地形等因素影响，降水的地区差异很大，总的趋势是南部多、北部少，东部偏多、西部偏少。在大青山与辉腾锡勒南侧，即察哈尔右翼中旗西南部，卓资西北部和武川县东南部有一多雨中心，年降水量在 450 mm 以上，其中察哈尔右翼中旗的金盆、卓资县的旗下营分别达 490 mm 和 485 mm；从该中心向南，降水逐渐减少，大青山前各旗县，除集宁区、察哈尔右翼前旗年降水量为 375～400 mm 外，其余大部分地区为 400～450 mm；从中心向北，降水逐渐减少，大青山北麓的农区为 280～400 mm，农区以北的牧区为 150～280 mm，北部边境地区已减少到 150 mm 左右。

（2）水分资源分布

阴山山脉是水汽向北输送的一道屏障（图 1-5），并构成一个独立的气候单元，湿润度 0.5～0.6，年降水量在 350～400 mm，属半干旱偏湿气候区，其中海拔 2 000 m 以上地区湿润度在 0.6 以上，年降水量在 450 mm 左右，属半湿润气候区。

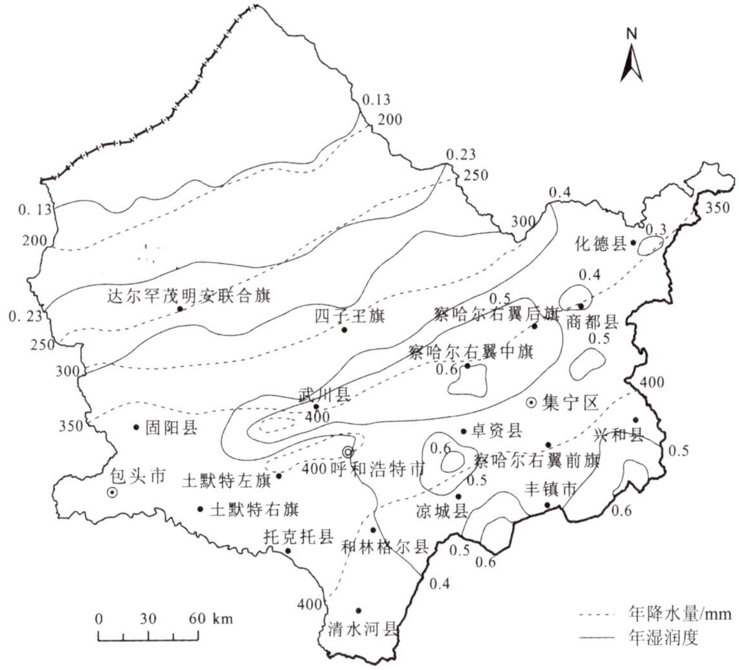

图 1-5　内蒙古中部水分资源分布（据王长根）

1.3.4　风能资源

由于本区地处蒙古高压的东南缘，冬半年盛行偏西风和偏北风，夏半年在太平洋高压影响下，多偏南风和偏东风。年平均风速除呼和浩特地区因大青山的屏障作用风速小于 3 m/s 外，其他地区风速均在 3 m/s 以上，阴山以北广大地区风速达 4～5 m/s。年平均大风日数大部分地区都在 40 d 以上，高原地区超过 50 d，因此，内蒙古中部地区风能资源非常丰富。且乌兰察布市是风能集中地区，达茂旗也是风能资源丰富的地区（图 1-6），该旗地面以上 40～120 m 高度，年平均风速 5 m/s 以上天数有 300 多天，风能总功率达 7 200 万 kW，平均每年风能资源总量为 4 400 亿 kW。

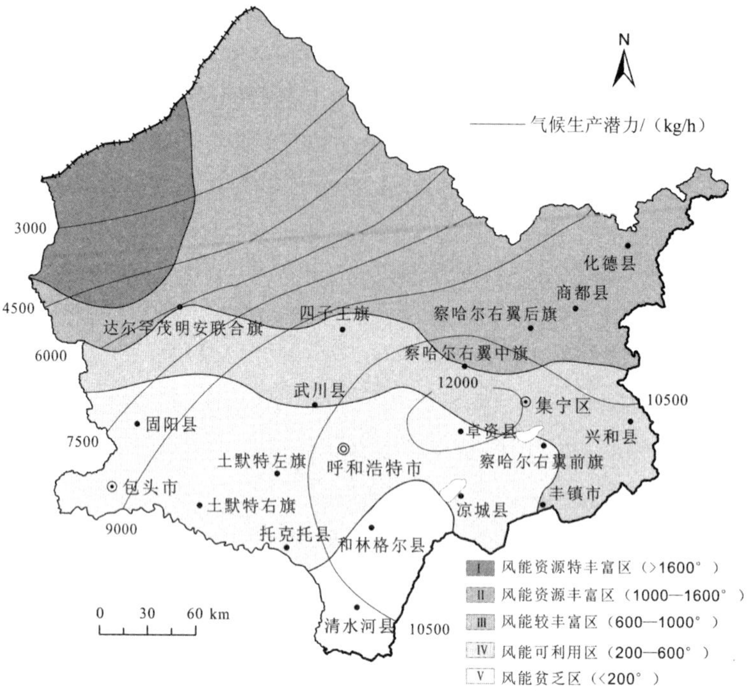

注：据内蒙古自然资源系列地图（1∶500 万）编绘。

图 1-6 内蒙古中部风能资源

近年来，风能资源的开发迅速发展，大型风电设施遍布全区，尤以阴山以北的达茂旗、四子王旗和东部的商都、化德最为集中。风电的发展不仅使电力工业成为该区的支柱产业，而且促进了该区资源节约型、环境友好型社会建设的重大进展。清洁能源的开发，节约了大量煤炭，大大减少了 CO_2 排放，为节能、减排作出了巨大贡献。

呼和浩特市由于大青山的屏障作用和丘陵的摩擦作用，全市各地年平均风速一般在 3 m/s 以下，除夏季盛行偏东和偏南风外，其他季节一般盛行偏西风，最大风速 19～22 m/s，大风日数 10～35 d，北多南少。年均有效风能密度 67～104 W/m^2，市区、托克托县和土默特左旗风压分别为 24.9 kg/m^2、25.9 kg/m^2 和 19.5 kg/m^2。武川县风力资源较为丰富，2004—2005 年风能普查显示，该县境内几个海拔 1 800 m 以上的地区，10 m 高度的年平均风速都大于 6 m/s，是我国有名的大风区之一，其风能资源具有稳定度大、持续性好、风能品质高等特点。现有的中国风电武川发电场、华能武川发电场、国电武川发电场已并网输电，装机容量共 30 万 kW（马玉明，1999）。

包头市风能资源丰富的地区在达茂旗境内（表 1-1），大约是南部旗县的 3 倍。观测资料显示：固阳地区 10 m 高度平均风速为 5.2 m/s，年平均风功率密度为 152.9W/m^2；70 m 高度年平均风速为 6.7 m/s，年平均风功率密度为 285.6 W/m^2。根据朱兆瑞提出的标准，年平均风功率密度 200 W/m^2 以上的地区为风能丰富区，根据这一标准，达茂旗和固阳北部地区为风能资源丰富区，10 m 高度平均风速为 5.8～6.8 m/s，平均风功率密度为 243.5～305.0 W/m^2；70 m

高度平均风速为 8.3～8.7 m/s，年平均风功率密度为 523.8～576.0 W/m^2（蔡文炜等，2009）。

表 1-1　包头市风能资源

地区	有效风能密度/（W/m^2）	有效风能储量/（kWh/m^2）
市区	61	249
萨拉齐	66	226
固阳	60	195
百灵庙	168	837
满都拉	194	1 203

乌兰察布市地处中纬度西风带，是西伯利亚冷高压和蒙古反气旋流向内地的必经之地。全市平均海拔 1 260 m，占总面积 80%的后山地区海拔在 1 460 m 以上。特殊的地理位置和气候条件造就了乌兰察布市得天独厚的风能资源。据中国气象科学研究院测算，内蒙古地表 10 m 高度风能总功率为 10.1 亿 kW，地表 70 m 高可利用的有 21 亿 kW，占全国陆上可利用风能资源的 30%，其中乌兰察布市可利用风能资源有 7 亿 kw，占内蒙古的三分之一。乌兰察布市风能资源不仅储量大，而且质量好，根据风电场内 263 座 70 m 高测风塔观测数据，85%的风电场达到或超过五个“7”（70 m 高度年平均风速≥7.7 m/s，年有效风小时数≥7 700 h）的优良风电场标准（赵奎等，2010）。全市各地年平均风速为 25 m/s，冬春季多偏西风，月平均风速 4、5 月最大，达 3～6 m/s；8 月最小，为 2～4 m/s。由于后山高平原地势较平坦，又地处冷空气通道，冷空气长驱直入，年均风速达 4～5 m/s，个别地方高达 6 m/s 以上；前山地区因大青山的屏障作用，年平均风速要小得多，一般在 2～3.5 m/s。全盟各地年均有效风速总时数为 3 000～5 000 h，最多的高达 6 000 多小时。后山地区年均有效风能密度在 150 W/m^2 以上，为风能丰富区和较丰富区，具有广泛的开发前景。前山地区的凉城县的风能密度为 75 W/m^2 左右，属风能可利用区。其他地方的风能密度都在 100～190 W/m^2，为风能较丰富区（表 1-2）。受季节变化的影响，春季有效风能最大，大部地区都在 200～400 W/m^2；夏季最小，一般为 100～200 W/m^2，这种变化所造成的不利影响，可采用太阳能来补充（马玉明，1999）。

表 1-2　乌兰察布市风能资源表（马玉明，1999）

地区	年平均风速/（m/s）	最大风速/（m/s）	有效风能密度/（W/m^2）
集宁区	3.7	23	175
兴和县	3.8	28	189
卓资县	2.8	24	134
察右前旗	3.5	20	98
凉城县	2.6	20	76
丰镇县	2.9	25	164
化德县	4.8	28	234
商都县	4.5	24	207
四子王旗	4.5	22	172
察右后旗	4.8	21	196
察右中旗	4.8	22	167

1.3.5 农业气候类型

根据水热因子的匹配，内蒙古中部共划分 19 个农业气候型（图 1-7）。

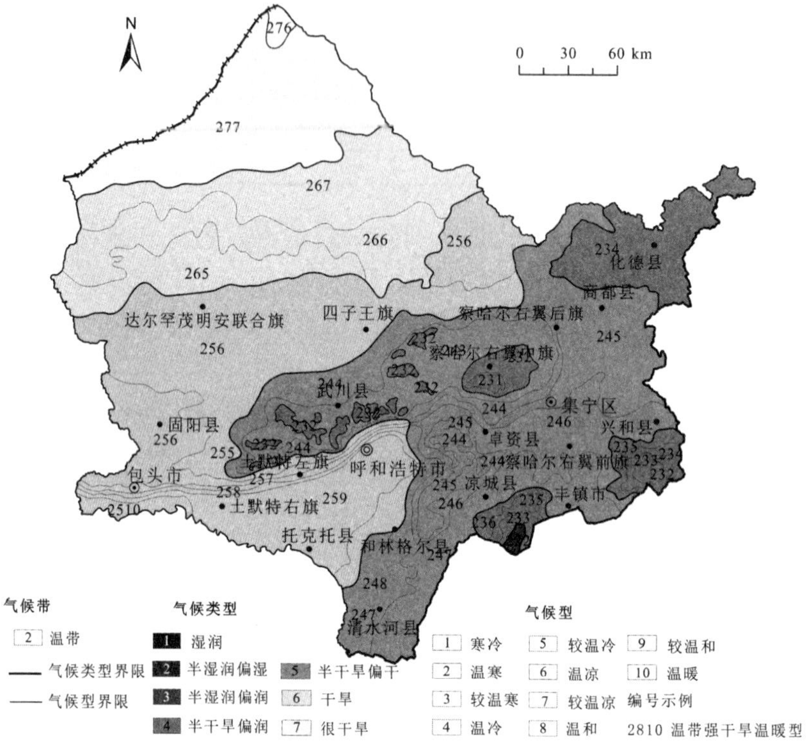

注：据内蒙古自然资源系列地图（1∶500 万）编绘。

图 1-7 内蒙古中部气候资源

（1）山地寒温带半湿润气候型

分布于大青山海拔 2 000 m 以上山顶和辉腾锡勒顶部，≥10℃积温低于 1 400℃，湿润度＞0.6，年降水量在 450 mm 左右，寒冷、半湿润气候下，分布外貌华丽的亚高山草甸。适于放牧和消夏度假旅游。

（2）中温带温寒半湿润气候型

分布在蛮汉山、马头山、苏木山、摩天岭等海拔超过 2 000 m 的山区及丰镇东部山区的浑源窑、对九沟一带的阴坡。≥10℃积温在 1 400～1 800℃，湿润度＞0.6，年降水量在 450 mm 左右，山顶植被类型为草原化灌丛草甸。适于放牧和营造人工针叶林。

（3）中温带温寒半干旱温湿气候型

包括大青山和辉腾锡勒的大部分地区，如察哈尔右翼中旗、卓资县北部和武川南部山区。≥10℃积温 1 400～1 800℃，年湿润度 0.5～0.6，年降水量 350～400 mm，分布针叶林和落叶阔叶林。适于森林自然恢复、发展水源涵养林和开展生态旅游。

（4）中温带温寒半干旱气候型

包括察右后旗北部、商都县中北部、化德县大部、察右前旗、集宁区等地，≥10℃积温 1 400～1 800℃，年湿润度 0.4～0.5，年降水量 300～350 mm，植被类型为典型草原（克氏针茅）。适于种植春小麦、莜麦、胡麻和马铃薯。

（5）中温带温寒半干旱偏干气候型

分布于固阳县中东部，≥10℃积温为 1 400～1 800℃，湿润度为 0.23～0.4，年降水量 350 mm 左右，自然植被类型为典型草原的片断。适于种植莜麦、春小麦、马铃薯和荞麦。

（6）中温带温冷半干旱偏湿气候型

包括土默特左旗、土默特右旗和卓资北部山区，和林格尔县东部山区，凉城县蛮汉山区，马头山区，丰镇东部山区和兴和南部山区。≥10℃积温 1 800～2 200℃，湿润度 0.5～0.6，年降水量 400～450 mm。植被类型为落叶灌丛和落叶阔叶林。作物有马铃薯、春小麦、胡麻和莜麦。

（7）中温带温冷半干旱气候型

包括化德县七号乡东北部、商都县南部、兴和县中北部、丰镇市西北部、察右前旗西南部和卓资县东部地区。≥10℃积温为 1 800～2 200℃，湿润度 0.4～0.5，年降水量为 350～400 mm，植被类型为灌丛化草原。适于种植马铃薯、春小麦、莜麦、胡麻和油菜。

（8）中温带温冷半干旱偏干气候型

包括察右中旗北部、四子王旗南部、达茂旗南部、固阳县北部、武川县北部、清水河县东北部、南部等地区。≥10℃的活动积温为 1 800～2 200℃，湿润度为 0.23～0.4，年降水量为 250～300 mm，植被类型为典型草原（克氏针茅、冷蒿）。适于种植春小麦、莜麦、马铃薯、胡麻等。

（9）中温带温冷干旱气候型

包括四子王旗大井坡乡北部、达茂旗额尔登敖包苏木中北部、查干哈达苏木南部、都荣敖包苏木中部、白彦敖包苏木南部、红旗牧场南部、白音朱日和苏木南部等地区。≥10℃积温为 1 800～2 200℃，湿润度为 0.13～0.23，年降水量为 200～250 mm，植被类型为短花针茅草原。

（10）中温带温凉半干旱气候型

包括凉城县岱海周围地区、察右前旗黄旗海一带以及丰镇市东南部。≥10℃积温为 2 200～2 500℃，湿润度为 0.23～0.5，年降水量为 400～450 mm。主要作物为春小麦、谷子、马铃薯、莜麦、荞麦、玉米。

（11）中温带温凉半干旱偏干气候型

包括四子王旗白音朝克图苏木的中南部、乌兰哈达苏木、供济堂乡、吉庆乡东部、巨巾号乡北部、察右后旗中部和清水河县中部。≥10℃积温为 2 200～2 500℃，湿润度为 0.23～0.4，年降水量 250～300 mm，植被类型为克氏针茅、短花针茅草原。适于种植春小麦、莜麦、马铃薯、胡麻、油菜等，是本区农业的最北界限。

（12）中温带温凉干旱气候型

包括四子王旗白音朝克图苏木的北部、查干脑包苏木的大部、红格尔苏木的中南部、白音花苏木的南部、达茂旗查干哈达苏木的中北部、都荣敖包苏木的北部、白彦敖包苏木的中北部、红旗牧场中部、白音朱日和苏木中部。≥10℃积温为 2 200～2 500℃，湿润度在 0.13～0.23 之间，年降水量在 200～250 mm，植被类型为小针茅为主的荒漠草原。

（13）中温带温和半干旱偏干气候型

包括四子王旗的查干补力格苏木一带和乌兰牧场的北部。≥10℃积温为 2 500～2 800℃，湿润度为 0.23～0.4，年降水量为 250～300 mm，植被类型为克氏针茅、短花针茅草原。适于种植春小麦、莜麦、马铃薯、胡麻、油菜等。

（14）中温带温和干旱气候型

包括四子王旗的伊克乌苏牧场、阿木古郎牧场、红格尔苏木的北部、白音花苏木的中部、达茂旗红旗牧场北部、巴音朱日和苏木北部。≥10℃积温为 2 500～2 800℃，湿润度为 0.13～0.23，年降水量 200～250 mm，植被类型为荒漠草原。

（15）中温带温和很干旱气候型

包括四子王旗的卫井苏木北部、白音脑包苏木、脑木根苏木南部、白音花苏木北部，达茂旗白彦塔拉苏木、满都拉苏木的中北部、白彦花苏木的中北部。≥10℃积温为 2 500～2 800℃，湿润度在 0.13 以下，年降水量少于 200 mm，植被类型为沙生针茅—灌木荒漠草原。

（16）中温带温暖半干旱偏湿气候型

包括包头市和土右旗大青山前冲积扇带、土左旗和呼和浩特的平原地区、托克托县和清水河县的喇嘛湾一带。≥10℃积温为 2 800～3 100℃，湿润度为 0.3～0.4，年降水量 350～400 mm，主要作物为玉米、高粱、葵花、春小麦和蔬菜。

（17）中温带温暖半干旱气候型

包括包头市和土右旗的西南部。≥10℃积温为 2 800～3 100℃，湿润度为 0.23～0.4，年降水量在 300 mm 左右，主要作物有玉米、春小麦、油菜、线麻等。

（18）中温带温暖干旱气候型

主要分布在包头以西地区。≥10℃积温为 2 800～3 100℃，湿润度为 0.13～0.23，年降水量为 200～250 mm，植被类型为暖温性草原（本氏针茅）。主要作物有春小麦、玉米、葵花。

（19）中温带温暖很干旱气候型

主要分布在四子王旗的江岸牧场、卫井苏木的中南部、脑木根苏木北部。≥10℃积温大于 2 800℃，湿润度在 0.13 以下，年降水量在 150 mm 左右，植被类型为草原化荒漠。

1.3.6 气候变化

全球变暖已是不争的事实。近 30 年来中国北方温暖指数持续升高（图 1-8），与此同时，湿润指数则呈下降趋势（图 1-9）。据树轮研究，最近 100 年是近千年来最暖的世纪，最近 10 年又是最暖的十年（邵雪梅等，2007）。内蒙古中部地区气候变化与我国北方地区变化趋势是一致的。

气候变化的不确定性也很明显。从呼和浩特、包头和乌兰察布三市近 50 年平均气温变化趋势图可以看出，从 1960 年以来，各地气温在波动中持续上升，50 年升温幅度在 1.5～1.8℃之间（图 1-10、图 1-11、图 1-12）。其间存在 4～5 年的周期性波动。1963—1967 年、

1969—1974 年、1976—1981 年、1984—1988 年、1990—1994 年、1998—2002 年、2004—2008 年为气温相对较低的时期。但各地冷暖期出现的时间略有不同。

降水的波动性更大，呼和浩特市与乌兰察布市降水变化趋势基本一致，略有下降、但不明显，包头市的降水略有增加趋势（图 1-13、图 1-14、图 1-15）。其中 1962—1967 年、1970—1974 年、1975—1980 年、1990—1993 年、1995—1998 年、1999—2004 年、2005 年至今为少雨期。也存在大致 4～5 年的周期性波动，并且大多数少雨期对应于低温期。根据刘继韩等研究，我国华北干湿过渡地区旱涝变化有一定的周期性，周期长度有 2.3 年、2.8 年、3.0 年、4.0 年、7.1 年、15.5 年、24.3 年、56.7 年和 140 年，而且该区内不同地区的周期长度相当一致。根据旱涝指数十年滑动平均曲线进行模拟，认为 1960 年后转入干旱阶段，并预测 20 世纪 90 年代和 21 世纪前 20 年降水有增多趋势，将呈脉动式变化（刘继韩等，1993）。总之，呼和浩特、包头和乌兰察布三市近 50 年变化趋势与我国北方地区基本一致。

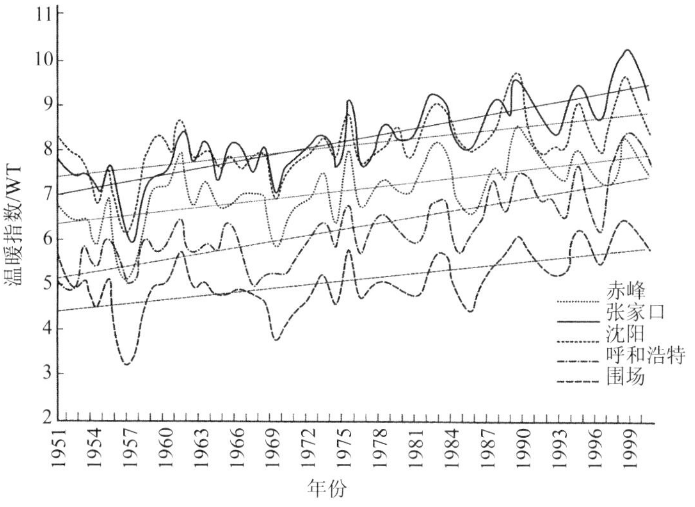

图 1-8　温暖指数的变化（据戴君虎）

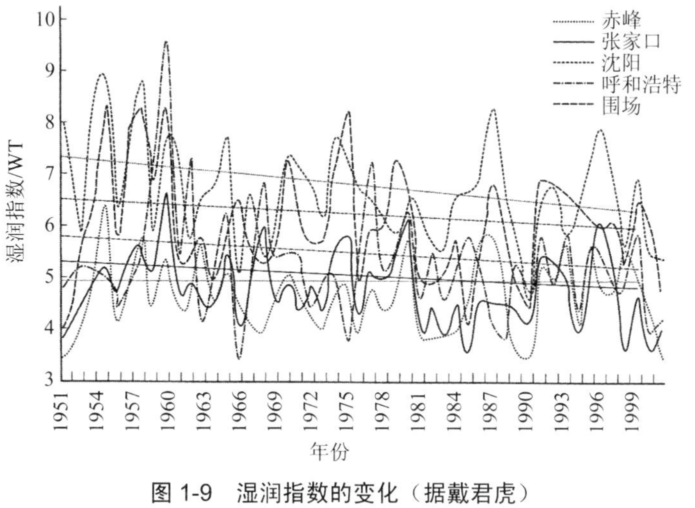

图 1-9　湿润指数的变化（据戴君虎）

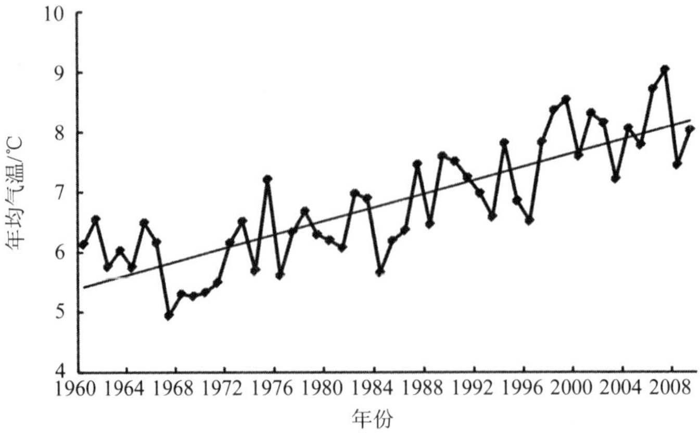

图 1-10　呼和浩特市近 50 年平均气温

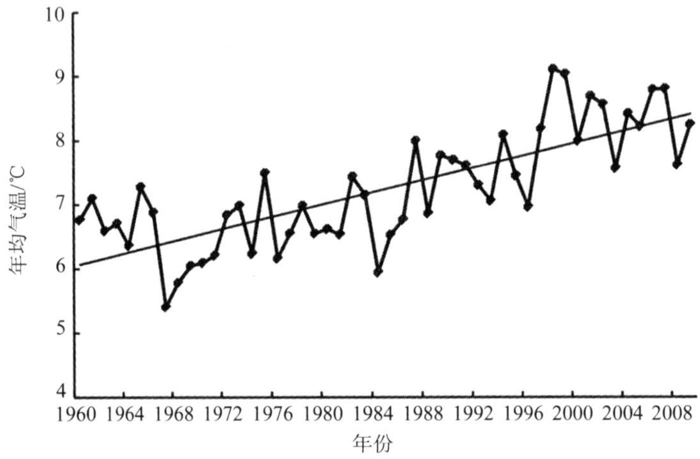

图 1-11　包头市近 50 年平均气温

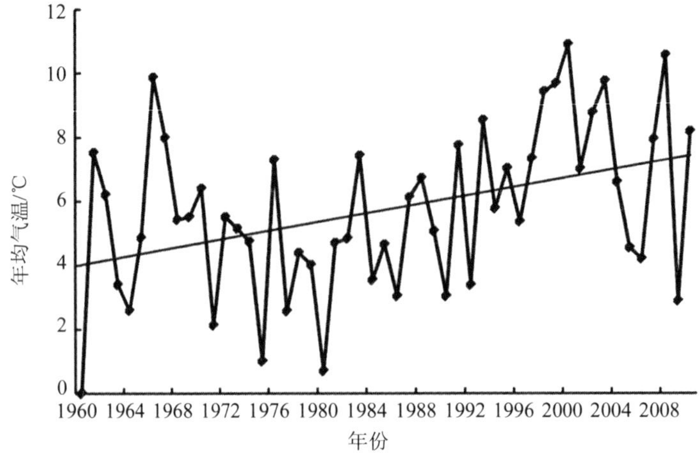

图 1-12　乌兰察布市（集宁区）近 50 年平均气温

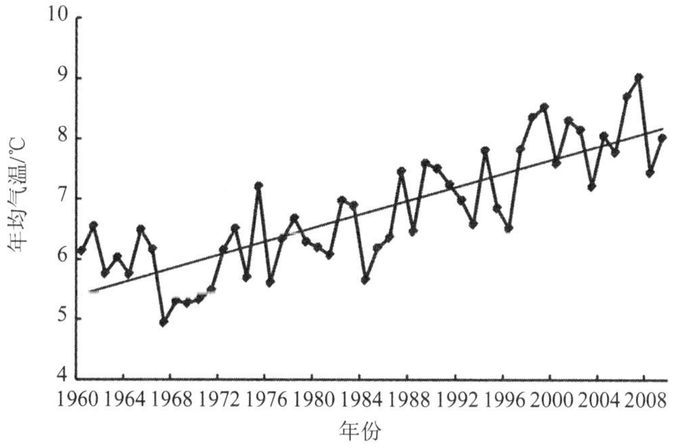

图 1-13　呼和浩特市近 50 年平均气温

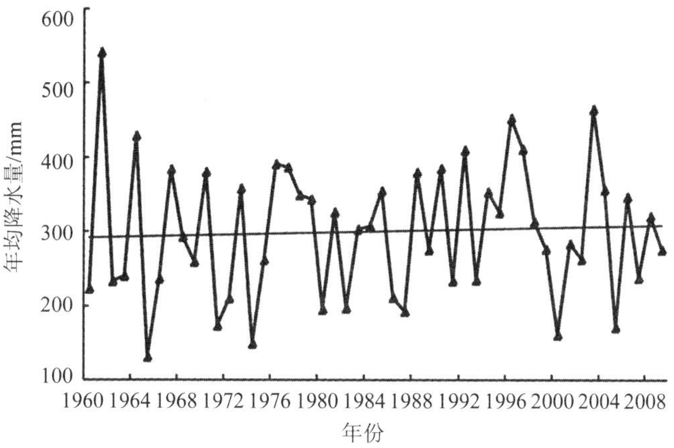

图 1-14　包头市近 50 年平均降水量

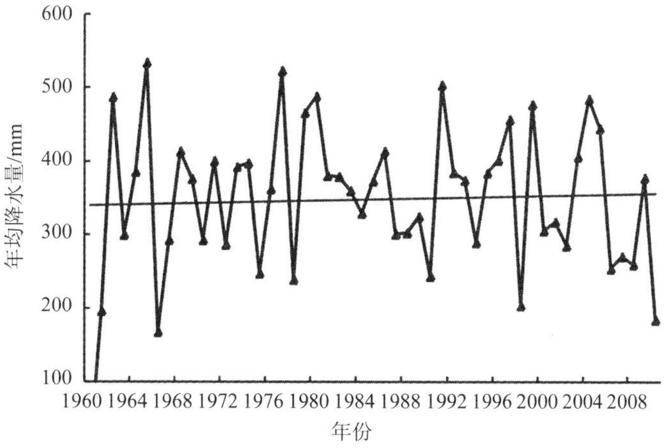

图 1-15　乌兰察布市（集宁区）近 50 年平均降水量

图 1-16～图 1-18 显示：呼和浩特市、包头市和乌兰察布市年均温与年降水变化趋势存在明显的地区差异。三地近 50 年均温呈上升趋势，变化趋势基本一致，其中，呼和浩特市变幅最大，包头市次之，乌兰察布市最小。三地降水变化趋势一致，均呈下降趋势，但以乌兰察布市变幅最为明显，呼和浩特市最小，包头市介于两者之间。

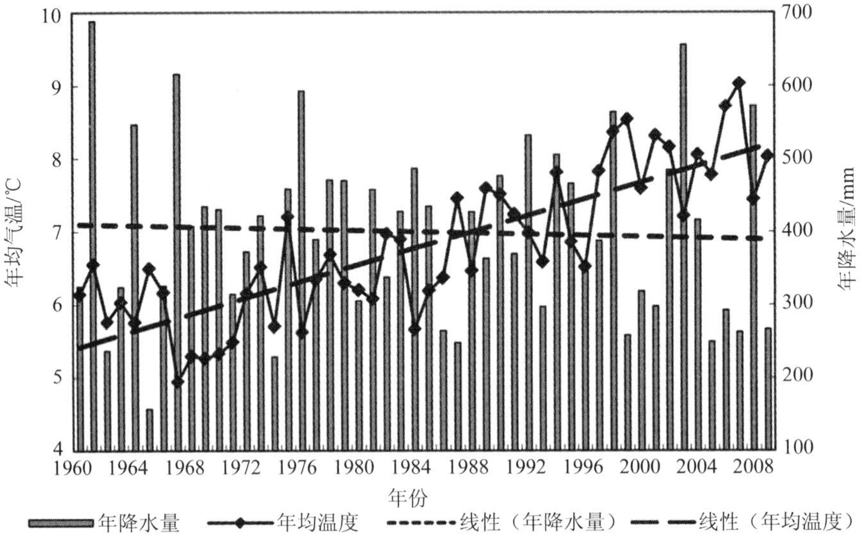

图 1-16 呼和浩特市年均气温、年降水量变化

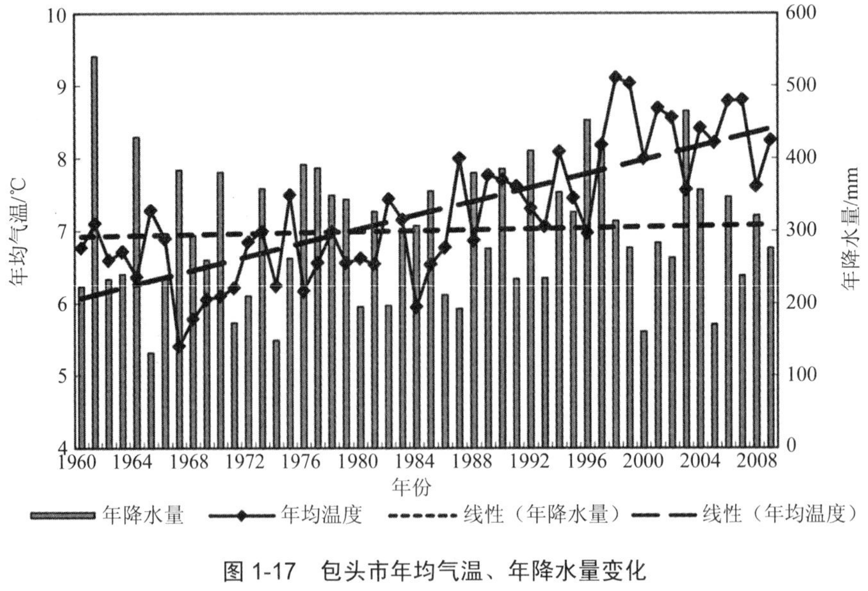

图 1-17 包头市年均气温、年降水量变化

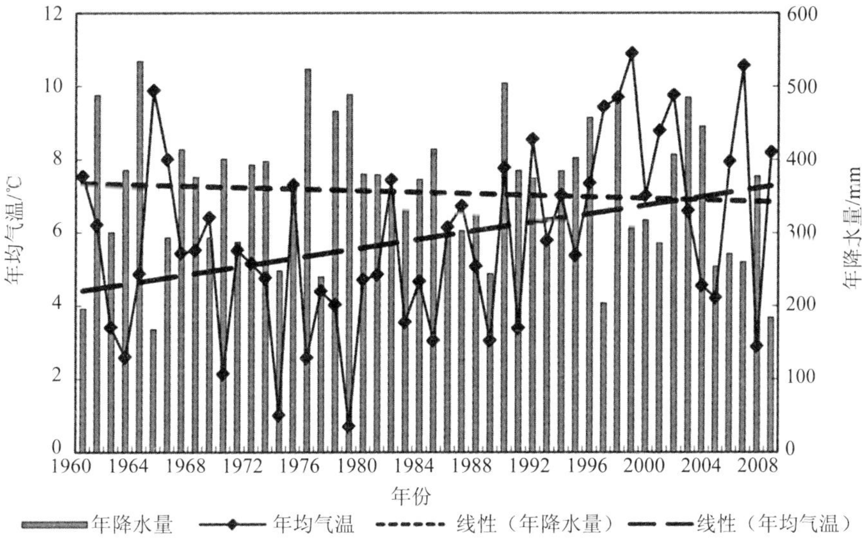

图 1-18　集宁区年均气温和年降水量变化

1.3.7　气候资源评价

①光照资源丰富，但利用率低。本区为全国日照时数最多的地区之一，但目前光能利用率很低，以粮食生产为例，欠收年份的光能利用率不到 0.1%，丰收年份也只有 0.22%左右。我国高产地块光能利用率达 2.5%，全国年光能利用率平均值只有 0.4%。本区若要达到全国的平均水平，按目前丰收年份的粮食产量能够翻 1～2 番，按平均年产量则能翻 3 番以上，因此，光合生产潜力是很大的。

②热量资源略嫌不足，地区差异大。但热量资源尚能不同程度地满足农牧林业的需要，并有进一步开发的余地。

③降水少、变率大、利用率低。这是本区域农牧林业生产发展的主要限制因素。

④雨热同期，有利于农牧林业发展。但水热资源地域匹配欠佳，使气候资源利用率降低。

⑤多灾害性天气，造成农牧业生产不稳定。本区灾害性天气种类多、强度大，旱灾、风灾、洪灾、霜冻灾、冰雹、雪灾等每年都有不同程度的发生，尤其旱灾、风灾、冰雹、霜冻、雪灾出现频率最高，影响范围大，造成的灾情较重。干旱、大风的综合影响，加剧了风蚀沙化，造成农牧业生产不稳定。

⑥风能、太阳能资源丰富，开发的潜力巨大。以呼和浩特市为例，2011 年风能发电量仅占全市上半年用电量的 5.98%，清洁能源的开发存在巨大潜力。

1.4 水文与水资源

1.4.1 河流

内蒙古中部境内有大小河流近 50 条，分属于黄河水系、永定河水系和内陆河水系，流域面积在 1 000 km^2 以上的有 20 条，100～1 000 km^2 的有 30 余条。

外流河水系：本区南部的河流大部分属黄河流域和永定河流域。黄河水系在本区流域面积 1.409 万 km^2，主要有黄河、大黑河、小黑河、浑河、清水河、杨家川河、什拉乌素河、茶房河、宝贝河、后河、古力半几河等，还有发源于阴山山脉的近 20 条山地河流，如昆都仑河、美岱沟、五当沟、水涧沟、包头河、哈德门沟、枪盘河、乌素图河、哈拉沁河等，地表径流量达 6.04 亿 m^3。黄河流经包头市区、土默特右旗和托克托县的平原地区，为当地提供了优越的灌溉条件。在与鄂尔多斯市交界的清水河峡谷段，除沿河阶地能扬水灌溉之外，300 多亿 m^3 的径流全部下泄。永定河水系在本区流域面积 0.565 2 万 km^2，主要有饮马河、马厂河、二道河、银子河、西洋河等，多年平均地表径流量 2.613 亿 m^3。

大青山以北地区，属内陆河流域，年降雨量 150～300 mm，水系不发达。内陆河水系流域面积有 6.304 0 万 km^2，其中塔布河流域面积最大，为 2.5 417 万 km^2，艾不盖河流域面积 1.820 8 万 km^2，两个流域地处干旱区，降水少、河水流量不稳定，随降雨量大小、集流多少而变化，地表径流合计有 1.326 亿 m^3。本区南部年雨量 400 mm 左右，水系发达、河网密度大。

内陆河流域主要有：黄旗海流域，面积 0.4 864 万 km^2，多年地表径流量 1.225 亿 m^3；岱海流域，面积 0.2 245 万 km^2，多年地表径流量 1.113 亿 m^3；察汗淖流域，面积 0.3 999 万 km^2，多年地表径流量 0.326 亿 m^3；其他内流水系面积 0.8 907 万 km^2，多年地表径流量 0.469 亿 m^3。

1.4.2 湖泊

据《内蒙古湖泊》记载，本区共有大小湖泊 60 余个（不含水库）（表 1-3～表 1-5）（牧寒，2003）。大、中、小型水库 40 余个（表 1-6～表 1-8）。湖泊、水库分布格局是东部多、西部少，东南多、西北少，与本区降水分布趋势基本一致。本区的湖泊绝大多数属于内陆湖，只有少数湖泊属于外流湖。其中面积最大的是岱海（133.46 km^2），其次为黄旗海（72 km^2），但近年来已近干涸。还有哈素海（29.7 km^2）、察汗淖尔（面积约 15 km^2）。本区北部的腾格淖尔面积约 10 km^2，但水量变化很大，常年处于干涸状态。

表 1-3　呼和浩特市湖泊

湖名	湖水面积/km^2	湖泊类型	位置
哈素海	27.90	淡水湖	土默特左旗境内
王家盐海子	1.00		托克托县境内
沙拉湖	变成了滩地		托克托县境内

表 1-4　包头市湖泊

湖名	湖水面积/km^2	湖泊类型	位置
腾格尔淖尔	28.62	2000 年干涸	达尔罕茂明安联合旗境内
哈日淖日	6.70	2000 年干涸	达尔罕茂明安联合旗境内
南海子	3.30	淡水湖	东河区境内
贾义窑子海	2.40	淡水湖	东河区境内
赛恩达布苏	2.15		达尔罕茂明安联合旗境内
乃麻代淖日	1.50	干盐湖	达尔罕茂明安联合旗境内
西海子	1.00	淡水湖	东河区境内
巴嘎淖日	1.00		达尔罕茂明安联合旗境内
乌兰淖尔	0.68		达尔罕茂明安联合旗境内

表 1-5　乌兰察布市湖泊

湖名	湖水面积/km^2	湖泊类型	位置
岱海	160.00	淡水湖	凉城县
黄旗海	107.00	淡水湖	察哈尔右翼前旗
察汗诺（察汉淖）	40.50	咸水湖	
呼和淖尔	20.50	咸水湖	
碱海子	11.34	碱硝	察哈尔右翼后旗
近素土海子	10.00	淡水湖	四子王旗红格尔苏木
东海子	7.80	盐硝	
乌兰淖尔	6.00	硝	
哈沙图查干淖尔	4.84	咸水湖	四子王旗
巴润好来音查干淖尔	4.30		四子王旗
白音淖	4.30	咸水湖	察哈尔右翼后旗
查干淖尔	4.00	咸水湖	四子王旗卫境苏木东南部
盐淖（南大勿登淖、七星湖）	3.60	咸水湖	商都县
民乐淖尔	2.50	淡水湖	化德县
乌兰呼都格北湖	2.00		四子王旗卫境苏木西部
中坤兑	2.00		四子王旗吉生太乡南部
旱海子	2.00		商都县
八角淖	2.00	咸水湖	商都县
康卜海	2.00	淡水湖	兴和县

湖名	湖水面积/km^2	湖泊类型	位置
依核淖尔	1.90		察哈尔右翼前旗
二吉淖海子	1.80	咸水湖	化德县
东白音淖	1.50		察哈尔右翼后旗
莫石盖淖	1.40		察哈尔右翼后旗
安家卜海子	1.20	咸水湖	丰镇市
沿淖海	1.20	咸水湖	丰镇市
旱海子	1.10	淡水湖	兴和县
查干淖尔	1.00	咸水湖	四子王旗
少尔保格音淖尔	1.00		四子王旗
查干诺尔	1.00	咸水湖	四子王旗卫境苏木
乌兰淖音海	1.00	咸水湖	四子王旗吉庆乡北部
田土沟海子	1.00		商都县
马站湖	1.00	时令湖	商都县虎地乡马站村
八大顷湖	1.00		商都县
谭家营淖	1.00	咸水湖	商都县
小海子	1.00	咸水湖	商都县
开地房子海子	1.00	咸水湖	化德县
二计淖海子	1.00		化德县
红海	1.00	咸水湖	察哈尔右翼后旗
韩盖淖	1.00		察哈尔右翼后旗
西海子	1.00	淡水湖	察哈尔右翼后旗
宋家村泡子	1.00	淡水湖	察哈尔右翼后旗
巴嘎淖尔	1.00		察哈尔右翼前旗
红海子	1.00	淡水湖	察哈尔右翼前旗白海子乡
泉脑子淖	1.00	淡水湖	察哈尔右翼前旗
红海子	1.00	咸水湖	察哈尔右翼前旗大土城乡
大海洼	1.00	淡水湖	兴和县
头号泡子	1.00	淡水湖	兴和县
涝利海	1.00	咸水湖	兴和县
白海子	不足 1.00	淡水湖	察哈尔右翼前旗
西海子	不足 1.00	淡水湖	丰镇市

表 1-6 呼和浩特市水库

水库名称	所在地区	正常库容/万 m^3	集雨面积/km^2	建库时间/年	海拔/m	所属水系
红领巾水库	土默特左旗	820.00	1 381.00	1960	1 134.20	大黑河支流水磨沟
二道洼水库	土默特左旗	414.00	225.00	1981		什拉乌素前河
石咀子水库	和林格尔县	200.00	357.00	1959	1 127.70	宝贝河
二道凹水库	土默特左旗	1 157.00				

表 1-7 包头市水库

水库名称	所在地区	正常库容/万 m^3	集雨面积/km^2	建库时间/年	海拔/m	所属水系
黄花滩水库	达尔罕茂明安联合旗	357.00	940.00	1962	1 410.50	塔尔红河
昆都仑水库	包头郊区	164.00	2 581.00	1959	1 153.20	昆都仑河
杨油房水库	达尔罕茂明安联合旗	—	—	—	—	—
燕家梁水库	包头市城区	—	—	—	—	—
西壕口水库	包头市城区	—	—	—	—	—
东壕口水库	包头市城区	—	—	—	—	—
留宝窑子水库	包头市城区	—	—	—	—	—
昆都仑水库	包头郊区	164.00	2 581.00	1959	1 153.20	昆都仑河

表 1-8 乌兰察布市水库

水库名称	所在地区	正常库容/万 m^3	集雨面积/km^2	建库时间/年	海拔/m	所属水系
挡阳桥水库	清水河县	5 610.00	4 645.00	1979	1 066.00	浑河
泉玉林水库	察右前旗	1 950.00	1 178.00	1959	1 354.43	泉玉林河
皂火口水库	兴和县	720.00	717.00	1973	1 274.50	鄂卜楞河
石峡口水库	清水河县	578.00	254.00	1977	1 407.80	清水河
永兴水库	凉城县	550.00	164.00	1976	1 287.00	浑河上游永兴沟
巨宝庄水库	丰镇市	420.00	181.00	1958	1 251.60	黑河
五一水库	兴和县	400.00	250.00	1974	1 451.00	苏记河
石门口水库	察右后旗	378.00	440.00	1971	1 427.20	碱河
雷山水库	卓资县	342.00	230.00	1959	1 715.50	大黑河支流蒙古寺河
友谊水库	兴和县	11 600.00	2 250.00	1958	1 198.00	鄂卜楞河
八股地水库	商都县	250.00	604.00	1960	1 500.00	铜钴辘河
双古城水库	凉城县	170.00	192.00	1962	13 505.00	弓坝河
九龙湾水库	丰镇市	116.00	156.00	1962	1 359.00	饮马河
伊垦沟水库	乌市城区	—	—	—	—	—
喇嘛沟水库	察右前旗	—	—	—	—	—
裕民水库	化德县	—	—	—	—	—
不冻河水库	商都县	—	—	—	—	—
哈拉沟水库	兴和县	—	—	—	—	—
胜利水库	兴和县	—	—	—	—	—
石门水库	凉城县	—	—	—	—	—
弓坝河水库	凉城县	—	—	—	—	—
泉掌子水库	四子王旗	—	—	—	—	—

北部大型盆地中，分布着内陆河流的尾闾湖，但按成因它们应属于构造湖，位于大型凹陷盆地中；南部沿黄河分布的湖泊多为小型的河迹湖（牛轭湖），土默特左旗的哈素海属于堆积湖；南部的岱海和黄旗海均为构造湖；东部丘间盆地中的湖泊，多为构造—侵蚀湖；辉腾锡勒顶部分布着近百个火口湖，由于气候变干，多数已经干涸，至今仍保留着 5 个较大的火口湖，形成独特的高原湖泊景观。山区水库均属于人工湖。

受全球气候变化和不合理用水的影响，入湖流量逐年减少、蒸发量持续增大，湖泊水位显著下降，正在加速萎缩。本区北部的内陆河尾闾湖，经常处于半干涸状态，有些水量小、缺乏河流补给的湖泊已经干涸。东南部的黄旗海，由于上游灌溉用水量不断增加和气候变暖，蒸发量加剧、水位急剧下降，几近干涸。

1.4.3 水文地质概况

水文地质特征与地貌、气候、地质构造、岩性等因素密切相关。地下水主要由大气降水和少量凝结水形成。按区域性水文地质特征，全区分为三个类型。

山地型：山区为裂隙潜水，地下径流通畅，矿化度低，水量不稳定。

高原型：高原地区潜水分布往往不连续，较普遍地埋藏有承压水，潜水埋藏较深。

平原型：潜水分布较普遍，埋藏较浅、水量大。

根据内蒙古水文地质分区图（1973），内蒙古中部地区跨三个水文地质区。

（1）内蒙古高原中部半干旱气候水文地质区

本区地貌为构造剥蚀高原和构造剥蚀丘陵。大部分为第三系砂岩、砂砾岩孔隙潜水，有承压水分布，但水量不大。部分地区为花岗岩裂隙潜水。大部分地区为淡水，但在北部的腾格淖、呼和诺尔等大型盆地区为微咸水。可分为两个亚区：二连—哲斯低山、丘陵裂隙潜水亚区；乌兰西里第三系砂岩、砂砾岩孔隙潜水及承压水亚区。

（2）阴山山地半干旱气候水文地质区

本区地貌为构造剥蚀中、低山，阴山北麓多为构造剥蚀丘陵地貌。以裂隙潜水为主，区内地下水主要受大气降水补给，径流通畅、水质良好，多为矿化度小于 1 g/L 的淡水。除大青山、乌拉山等山区外，都有承压水分布。卓资、集宁一带为玄武岩裂隙潜水及第四系冲积、湖积孔隙潜水，涌水量大。乌兰花盆地、百灵庙盆地等为第三系砂岩、砂砾岩及第四系砂砾、沙层的孔隙潜水，涌水量较大。分为四个亚区：

i. 大青山、乌拉山中、低山裂隙潜水亚区；

ii. 集宁、卓资玄武岩台地、湖盆洼地裂隙、孔隙潜水及承压水亚区；

iii. 乌兰花盆地第三系砂岩、砂砾岩孔隙潜水及承压水亚区；

iv. 百灵庙盆地第四系砂、砂砾及第三系砂岩、砂砾岩孔隙潜水及承压水亚区。

后三个亚区是后山及东部丘陵区农田集中分布区，也是当前地下水开采量最大的地区，许多大型喷灌设施集中分布在这里。

（3）河套平原半干旱、干旱水文地质区

河套平原为一冲积、湖积平原，含水层为巨厚的第四系冲积、湖积砂、粉细砂、砂砾层，为孔隙潜水及承压水。含水层水量丰富，矿化度由山前平原向冲积扇边缘逐渐增高。

这一地区除受惠于黄河、大黑河等地表水的灌溉之外，丰富的地下水资源也是城市和工农业发展的有力支撑。分为两个亚区：

i. 前套平原第四系砂、砂砾孔隙潜水及自流亚区；

ii. 和林格尔山前第三系砂岩、砂砾岩孔隙潜水及承压水亚区。

1.4.4 水资源合理开发利用分区

整个内蒙古中部占据了三个地表水资源带：即南部局部少水带（II）、东部和南部贫水带（III）及北部和西部干涸带（IV），分属11个地表水资源区（图1-19）。综合气候、地貌、地质、水文地质和土地利用等情况，划分为两个水资源合理开发利用区，下分若干亚区。

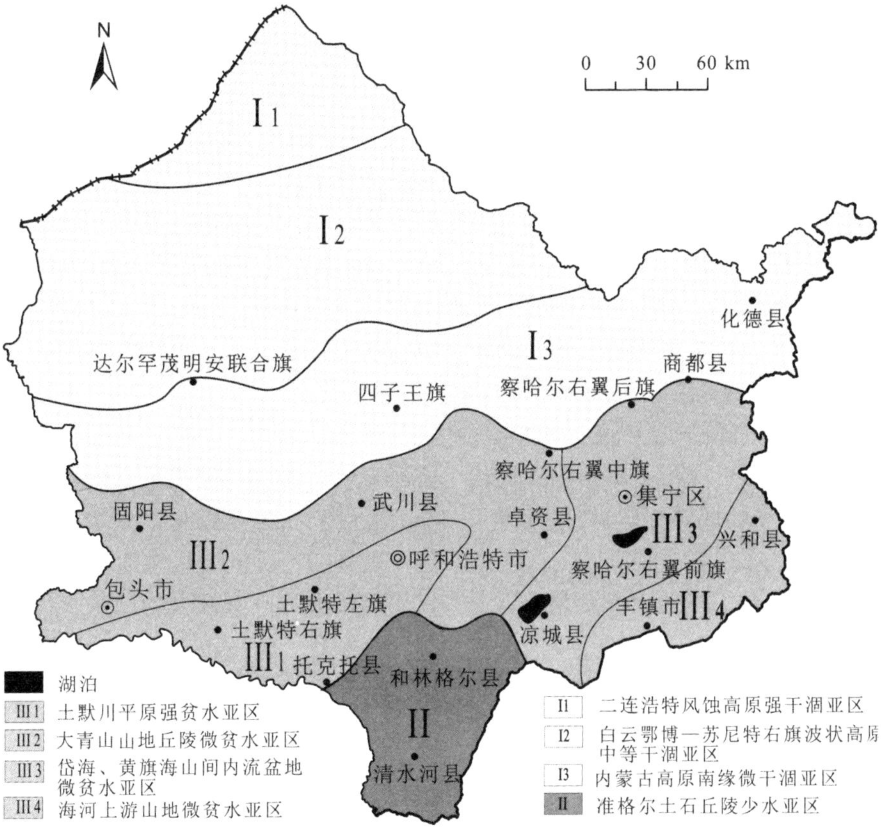

注：据内蒙古自然资源系列地图（1∶500万）编绘。

图1-19 内蒙古中部地表水资源分区

（1）中温带半干旱草原区

i. 清水河、和林格尔黄土丘陵暖温性草原亚区

本区为浅山丘陵区，河流有浑河、宝贝河等。水热条件比较均衡，年降水量350～450 mm，年平均气温2.5℃，≥10℃积温为2 100～3 000℃，年径流深度为30～50 mm。是农林牧综合发展的好地方。该区水资源较丰富，多年平均地表径流量为2.19亿 m^3（乌

兰察布盟计划委员会，1989），水资源开发利用方向为：以水土保持为重点，封山育林，涵养水源，保持水土平衡，改善生态环境，提高生态效益。在河谷平原尽量发展引洪淤灌工程，加强对现有水利工程的挖潜配套，提高管理水平。

ii. 察哈尔熔岩台地中温性草原亚区

本区包括永定河水系的 6 条河流，还有内陆河水系的岱海流域、黄旗海流域的多条河流。大部分为浅山丘陵区，水热条件较好。年降水量 400 mm 左右，年平均径流深 40～50 mm，年平均气温 4～5℃，≥10℃的积温 2 000～2 200℃。该区多年平均地表径流量为 2.33 亿 m^3（乌兰察布盟计划委员会，1989）。水资源开发利用方向为：加强统一规划，合理开发与调配水资源，积极拦蓄地表径流，库灌、井灌与洪灌相结合，适当发展喷灌，提高水的利用率。对现有的水利工程加强经营管理和渠系配套，提高现有水利工程的经济效益。积极开展水土保持工作，加强小流域综合治理。

iii. 阴山北麓中温性草原亚区

本区是艾不盖河、塔布河、布冻河、虾江河的中上游，坡陡流急、夏季多洪水，平时水量很小，甚至干涸，水旱灾害频繁。该亚区年平均气温 1.2～3.0℃，≥10℃的积温 1 600～2 200℃，年降水量 250～400 mm，年径流深 3～20 mm。该区是内蒙古中部主要的旱作农业区，处于农牧交错带。鉴于当前旱灾、洪灾、水土流失等自然灾害，水资源利用方向为：充分利用地表水资源，发展引洪淤灌，合理开发地下水资源，喷灌与洪灌相结合，实行科学用水，提高水资源的利用率。开展以小流域治理为重点的水土保持工作。在伏沙带严禁新的开垦，实行退耕还林、还牧，营造防风灌木林带。

iv. 乌兰察布高原中温性荒漠化草原亚区

本区是开令河、艾不盖河、塔布河的下游，丘陵、湖淖、湖积平原相间分布，地表水资源缺乏。区内光热资源充足，气候干旱，年降水量 150～200 mm，蒸发量 1600～1 800 mm，年径流深度 3 mm 左右。该区水资源极度匮乏，虽有艾不盖河、塔布河等内陆河流，但地表径流很小且分布不均。水资源利用方向为：积极发展牧区水利设施，充分利用地表水资源，大力开发地下水资源，加强牧区机电井的管理工作，努力改善牧区人畜用水条件，建立人工饲草料基地，解决牲畜过冬问题。

v. 土默特平原暖温性草原亚区

本区河流为黄河中游的一、二级支流，区内光能条件好、水热均衡，年降水量 350～400 mm，年平均气温 6～8℃，≥10℃积温 2 800℃左右。年径流深度 5 mm，年径流量 2.485 亿 m^3（乌兰察布盟计划委员会，1989）。该区水资源利用方向为：积极利用黄河过境水资源，搞好灌排渠系配套，改良土壤，防止土壤盐碱化。根据山地河流洪峰高、历时短的特点，应以防洪为重点，合理利用水资源，搞好引洪淤灌。在冲积扇边缘地带，黄灌、洪灌、井灌相结合，提高水资源利用率。

vi. 大青山、蛮汉山森林草原亚区

本区为中、低山区，年降水量在 400 mm 以上，年径流深度在 50 mm 以上，地表水资源丰富。水资源利用方向为：在有条件的沟谷兴建中、小型水库，拦蓄洪水，解决下游的防洪灌溉问题。积极开展工程措施与生物措施相结合的水土保持工作，保土蓄水、涵养水源，减少水库的淤积。

（2）中温性干旱、很干旱草原化荒漠区

本区是乌兰察布高原的最北部，与蒙古国接壤，年降水量 135～200 mm，年蒸发量 1 900 mm，年径流深度 0～3 mm，基本上不产生地表径流。该区水资源利用方向为：合理开发地下水资源，解决牧区人畜用水问题。

1.5 植被与草场资源

本区位于欧亚草原区域的东端，属于亚洲中部草原区。根据《中国自然地理系列专著——植物区系与植被地理》①一书的中国植被区划方案，将本区划分为（图 1-20）：

图 1-20 内蒙古中部在全国植被区划图中的地位（据中国植被区划图，2013）

Ⅵ温带草原区域

　ⅥA 东部草原亚区域

　　ⅥAi 中温带草原地带

　　　ⅥAib 中温带典型草原亚地带

　　　　ⅥAib-3 蒙古高原东部典型草原区

① 刘钟龄、郭柯主编（2013），科学出版社。

ⅥAic 中温带荒漠草原亚地带

ⅥAic-1 苏尼特—乌兰察布高原荒漠草原区

ⅥAii 暖温带草原地带

ⅥAiia 暖温带草甸草原亚地带

ⅥAiia-2 晋北山地丘陵森林、草原区

ⅥAiib 暖温带典型草原亚地带

ⅥAiib-1 阴山山地森林、草甸草原区

Ⅶ温带荒漠区域

ⅦB 东部荒漠亚区域

ⅦBi 温带半灌木、灌木荒漠地带

ⅦBia 温带半灌木、灌木草原化荒漠亚地带

ⅦBia-1 东阿拉善半灌木、灌木草原化荒漠区

根据内蒙古自然资源系列地图（1987）将本区划分为以下植被地带和亚地带（图 1-21）：

Ⅱ温性暖温性森林草原地带（阴山松栎林草原垂直带）；Ⅲ温性、暖温性典型草原地带；Ⅳ温性、暖温性荒漠草原地带；Ⅴ温性、暖温性草原化荒漠地带。

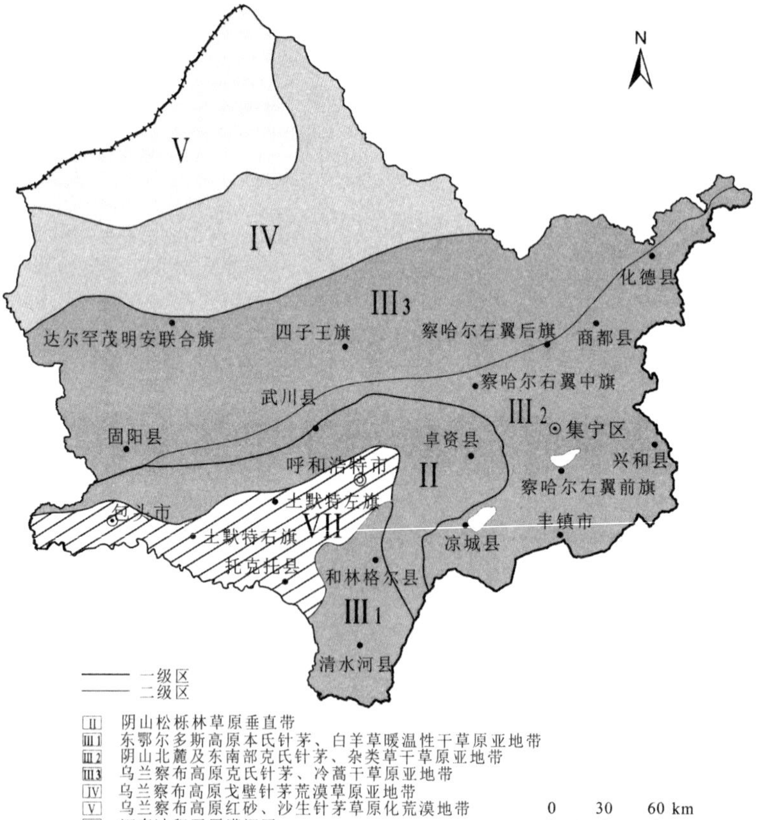

注：据内蒙古自然资源系列地图（1∶500 万）编绘，1987 年。

图 1-21 内蒙古中部植被水平—垂直地带

本区植被呈明显的带状分布：以阴山山脉及其延伸山地为界，以北属于中温带典型草原亚地带，以南属于暖温带典型草原亚地带。向西北过渡为中温带荒漠草原亚地带；西北一隅进入温带草原化荒漠亚地带。阴山山脉横亘于本区中部，受地形影响，形成一个单独的植被区：阴山山地森林、草甸草原区。山地植被垂直分带如下：基带为典型草原，向上分布落叶灌丛带、落叶阔叶林带、针叶林带和山地草甸带，森林多分布在阴坡，灌丛和草原植被多分布在阳坡，整体上构成山地森林草原景观。本区植被归纳为以下类型（彩图 1-2）。

1.5.1 草原植被

草原是在温带半湿润—半干旱和干旱气候条件下发育起来的地带性植被类型，由低温、旱生多年草本植物（主要是丛生禾草、根茎禾草、杂类草和小半灌木）所组成。本区草原为欧亚草原区亚洲中部亚区的一部分。由于气候条件的南北差异和东西方向的变化，草原区划分为草甸草原、典型草原和荒漠草原三个亚带。

草甸草原分布于草原区最湿润部分。草甸草原亚带在内蒙古高原东部呈连续的带状，进入内蒙古中部后，由于大青山等山地的崛起，“扰乱了”水平地带格局，草甸草原上升至 1 400～1 900 m 的山地，断续分布于大青山、蛮汉山、苏木山等地，主要有线叶菊草原、羊茅草原和银穗草草原等类型。山地草甸草原带向西南随着海拔降低过渡为暖温型草甸草原亚带。

典型草原亚带分布于乌兰察布高原中部和东南部。由于气候渐趋干旱，在内蒙古高原东部占优势的大针茅草原，在化德以西逐渐被克氏针茅草原所代替。阴山山脉以南、清水河县、和林格尔县和丰镇市南部进入暖温型典型草原亚带，主要类型为本氏针茅草原。

本区的西北部属于荒漠草原亚带。荒漠草原由强旱生的草本植物组成，分布于草原区最干旱部分，主要有小针茅草原和短花针茅草原。

（1）典型草原植被类型

①克氏针茅草原：分布于阴山北麓丘陵带以北、荒漠草原带以南的广大地区，占据着草原带的地带性生境。克氏针茅草原分布的地形条件是开阔平缓的高平原以及和缓起伏的丘陵坡地。克氏针茅一般不进入森林草原带，有时也渗入荒漠草原带内，但不成为优势种。草原的发育都是依赖大气降水，一般不受地下水直接影响，气候为中温带半干旱类型，全年降水量 250～350 mm，湿润度为 0.3～0.6。土壤多为壤质、砂壤质或含有砾石的栗钙土。

②本氏针茅草原：主要分布在南部的清水河、和林格尔、凉城、丰镇等县（市）。这些地区已有长期的农耕历史，土地垦殖程度高，原生植被保留不多，在多年弃耕的撂荒地上，可见到次生演替的本氏针茅群落的片断。本氏针茅群落多分布于黄绵土上，群落的稳定性很差，在丘陵顶部或土壤质地较粗的地段，往往被小半灌木百里香群落所代替。

（2）荒漠草原植被类型

①小针茅草原：属于典型的荒漠草原群系，分布于高平原面上。土壤主要为棕钙土和淡棕钙土，土壤腐殖层浅薄、肥力较低、土壤水分不足。小针茅草原生产力不高，是单位

面积产草量最低的一类草原。但牧草的营养价值较高，能促进家畜的肥育，是适合养羊的优良牧场。在今后的牧业生产中，应利用局部的地形及水利灌溉条件，建立一些人工饲料地，对于草原可持续利用具有重要的意义。

②短花针茅草原：在本区呈东西向带状分布，是典型草原向荒漠草原过渡的一个特殊类型。土壤为淡栗钙土和棕钙土，湿润度大约在 0.3，该群落的主要组成植物除短花针茅外，还有糙隐子草、冷蒿、细叶苔、葱类、伏地肤、兔唇花、草芸香、燥原荠、戈壁天门冬、叉枝鸦葱等，该类草原是良好的放牧场。

1.5.2 荒漠植被

荒漠植被是旱生性最强的植被类型，本区只有一个荒漠植被亚型：草原化荒漠。红砂—丛生小禾草群落是最具代表性的类型，还有红砂—葱类、红砂—小半灌木、红砂—藏锦鸡儿等群落类型。主要分布于北部高平原的低洼地上，以呼和淖尔、查干淖尔、哈沙图淖尔、腾格淖尔、哈尔淖尔为中心向四周呈辐射状分布。地表多砾石，在风力作用下局部覆沙，在红砂、珍珠等小灌木的基部形成小沙堆，土壤一般为淡棕钙土，生产力很低，一般适合于放养骆驼和戈壁羊。

在四子王旗北部的呼和淖尔附近，分布着一片残遗的胡杨林，这是我国胡杨林分布的最东地点。

1.5.3 山地植被

在内蒙古中部境内，有一系列山地，如大青山、辉腾锡勒，凉城县境内的蛮汉山、兴和县境内的苏木山等构成了一个独特的山地植被区域。

山地生境不同于水平地带，水热因子随海拔高度发生垂直变化，并随坡向、坡度等条件而改变。上述水热条件的分异，导致植被、土壤的垂直分带和地形组合，极大地提高了生物多样性（包括物种多样性、群落多样性和景观多样性）。山地植被是由不同的植被类型按一定规律组合而成的复合植被单元。山地植被的组合形式，又因山体的大小、绝对高度、山地的地质条件与地貌结构以及山地坐落的水平地带的位置不同而有显著的差别。山地植被的垂直变化以大青山中段最具代表性。

（1）山地森林植被

山地森林植被类型多样，以夏绿阔叶林为主，主要有辽东栎林、白桦林、山杨林、蒙椴林和灰榆疏林。山地针叶林主要有云杉林、油松林和杜松林。智瑞年、赵雪对大青山的植被作了详细调查（智瑞年、赵雪，1983），安四虎等对九峰山的植被进行了调查与制图①。

①针叶林。

- 青海云杉林：青海云杉林属于寒温性针叶林，分布在海拔 1 850～2 200 m 的阴坡。乔木层高 8～10 m，郁闭度 0.6～0.9，最大胸径超过 40 cm，第二亚层由青海云杉和青扦云杉的幼树组成，该群落天然更新良好。灌木层不太发育，优势种有土庄绣线菊、黑果栒子、

① 资料来源：安四虎、李利萍提供的《九峰山地区植被图》。

灰栒子、小叶忍冬、胡枝子、黄花柳等，其他有蒙古荚蒾、黄芦木、山刺玫等。草本层主要有段报春、珠芽蓼、红花鹿蹄草、歪头菜、拟蚕豆叶黄芪、林问荆、大青山风毛菊等。苔藓地被层发育极好，盖度可达 40%～90%。青扦云杉比青海云杉更喜温暖，分布在 1 500～1 800 m 阴坡和山沟中，呈散生状态，或与青海云杉混交。

- 油松林：油松林属于温性针叶林，分布在海拔 1 300～1 900 m 的半阴坡和半阳坡。大青山地区是油松分布的北界。油松林多为纯林，乔木层高 8～15 m，郁闭度 0.6 左右，主要由油松组成，林下还有杜松生长，偶尔有榆和蒙椴混生。灌木层以土庄绣线菊、三裂绣线菊、黄刺玫、蒙古荚蒾、小叶鼠李、黑果栒子、虎榛子等为主。草本层主要有小红菊、北苍术、北柴胡、块根糙苏、西伯利亚远志、瓣蕊唐松草、黄芩、多歧沙参、裂叶荆芥、野艾蒿、欧野青茅、贝加尔针茅、克氏针茅、西伯利亚羽茅等。大青山地区油松生长良好，一般胸径达 60～90 cm，但天然更新能力不强。

- 杜松疏林：杜松疏林主要分布在大青山中西段 1 300～1 600 m 陡峭的阳坡、半阳坡，坡陡、土壤发育不良。乔木层高 6 m 左右，郁闭度 0.4 左右，林相不整齐，有时有矮生辽东栎加入。灌木层发达，主要有黄刺玫、小叶鼠李、山杏、大果榆、灌木铁线莲、蒙古莸、漏斗叶绣线菊、柄扁桃、小叶忍冬、虎榛子等。草本层有苔草、线叶菊、北苍术、白莲蒿、牛枝子、块根糙苏、北柴胡、灰叶黄芪、萿草、本氏针茅等。

②落叶阔叶林。

- 辽东栎林：主要分布在大青山、乌拉山、蛮汉山等地，一般分布在海拔 1 300～1 700 m 的半阳坡、半阴坡。高 4～5 m，郁闭度 0.5 左右。一般不形成纯林，常与白桦、山杨、蒙椴、茶条槭等混生，或局部与油松混交。林下灌木层主要有土庄绣线菊、虎榛子等。草本层植物有苔草、早熟禾、大油芒、地榆、黄精、玉竹、蒿类等。受人类活动影响，辽东栎林多形成萌生矮林（注：《中国植物志》现已将辽东栎与蒙古栎合并）。

- 白桦林：白桦林主要分布于大青山、辉腾锡勒、乌拉山、蛮汉山等地，是山地森林的主要类型，多出现于 1 300～1 900 m 的阴坡。经过封山育林，白桦与山杨作为先锋植物，首先形成天然次生林，以幼龄的白桦+山杨林为主，这是经封育保护而形成的。一般林龄 30～50 年，树高 10 m 左右，郁闭度 0.6 以上。在林木组成中还有蒙椴、辽东栎、花楸、辽山楂等混生。灌木层主要有虎榛子、三裂绣线菊、土庄绣线菊、胡枝子、灰栒子、蒙古荚蒾、山刺玫等。林下草本层有苔草、歪头菜、地榆、玉竹、长柱沙参、金莲花、肾叶唐松草、莓叶委陵菜、珠芽蓼、马先蒿以及蒿类植物。白桦林生长较快，在山地阴坡具有保持水土和涵养水源的强大功能。

- 山杨林：山杨林的生境和群落结构与白桦林相似，分布于海拔 1 300～1 900 m 的阴坡，一般呈小片状零星分布。乔木层的山杨高 8～10 m，郁闭度 0.7 左右。灌木层有土庄绣线菊、灰栒子、蒙古荚蒾等，盖度 30%～40%。草本层由歪头菜、东亚唐松草、沙参、玉竹、地榆和大叶糙苏等组成。

除此之外，1 300～1 550 m 阴坡分布蒙椴林；1 400～1 900 m 的陡峭阳坡分布灰榆疏林。

（2）山地中生灌丛

内蒙古中部山地落叶灌丛类型丰富多样、分布广泛，据不完全统计不下 10 余种。分布最多的有寒生落叶灌丛和温性落叶灌丛两种类型。

①寒生落叶灌丛。

- 山柳灌丛：分布在蛮汉山和苏木山的顶部和 1 800 m 以上的阴坡，处于森林带的地形上限，土壤为山地草甸土。高山柳为耐寒的中生灌木，在蛮汉山上由于海拔高、风大，形成高 1 m 左右的矮灌丛。群落分为两层：灌木层高约 1 m，盖度 50%～60%，下层植物有珠芽蓼、苔草、虎耳草、马先蒿、唐松草等中牛耐寒植物。

- 小叶金露梅灌丛：分布在大青山海拔 1 800 m 以上的山顶。群落盖度 20%～40%，以小叶金露梅为主，伴生种有银露梅、蒙古绣线菊、灰栒子等。草本层种类丰富，有山丹、大叶龙胆、北柴胡、瓣蕊唐松草、岩败酱、黄芩、山葱、糖芥、裂叶荆芥、苔草、早熟禾等。

- 蒙古绣线菊灌丛：分布在海拔 1 800 m 以上的阳坡和 2 000 m 的山顶。灌丛高 40～60 cm，盖度 20%～40%，以蒙古绣线菊为主，伴生种有金露梅和楼斗叶绣线菊等。草本层主要有地榆、高山蓼、野罂粟、珠芽蓼、山野豌豆、齿缘草、波叶大黄等。

②温性落叶灌丛。

- 虎榛子灌丛：虎榛子灌丛广泛分布于 1 100～1 900 m 的阴坡，大青山、苏木山、蛮汉山都有分布。虎榛子通常为林下灌木，在森林破坏后，能单独形成灌丛，上限经常与山杨、白桦林相接，下限直接与草原群落相接。虎榛子灌丛分布的生境多为石质薄层土，常形成密灌丛，盖度达 80%～90%，以虎榛子为主，伴生灌木有土庄绣线菊、三裂绣线菊、灰栒子、黄刺玫、柄扁桃等。草本层种类丰富，有苔草、北柴胡、粗根鸢尾、小红菊、白莲蒿、岩败酱等，地被层生长大量卷柏。分布于低山丘陵的虎榛子灌丛，生境干旱，灌丛中有大量草原成分侵入，如白莲蒿、冷蒿、柴胡、远志、多叶棘豆、鸦葱等杂类草，还有大针茅、克氏针茅、冰草、落草、羊草等禾草。在受保护情况下，虎榛子灌丛可以恢复为山杨林或白桦林。

- 黄刺玫灌丛：分布在大青山海拔 1 300～1 700 m 的阳坡、半阳坡。该群落种类丰富，约含 55 种植物，以黄刺玫占优势，形成高 1.5～2 m 的大丛，盖度 25%～40%，伴生种有耧斗叶绣线菊、灌木铁线莲、虎榛子、小叶鼠李、大果榆、柄扁桃等。草本层发达，主要有白莲蒿、牛尾蒿、多叶隐子草、瓣蕊唐松草、防风、线叶菊、欧野青茅、糙叶黄芪、裂叶荆芥和阿尔泰狗娃花等。

- 柄扁桃灌丛：主要分布在大青山北坡 1 600～1 900 m 的阳坡。该群落种类组成丰富，约含 40 余种，伴生植物有甘蒙锦鸡儿、土庄绣线菊、三裂绣线菊、虎榛子、小叶鼠李、大果榆、蒙古莸、灌木铁线莲等，盖度 20%～40%。草本层主要有蒿类（白莲蒿、牛尾蒿、冷蒿）、苔草、早熟禾、星毛委陵菜、羊草、大针茅、冰草、灰叶黄芪和蓬子菜等。

- 酸枣灌丛：主要分布在大青山南坡海拔 1 100～1 300 m 的阳坡。一般形成盖度 20%～40%的稀疏灌丛，除优势种酸枣外，还有黄刺玫、灌木铁线莲、柄扁桃、蒙古莸等，山间河谷的阶地上可形成酸枣为主的密灌丛。草本层为以本氏针茅、白羊草为主，还有石生针茅、糙叶黄芪、北柴胡、阿尔泰狗娃花和西山委陵菜等。

（3）白莲蒿半灌木丛

白莲蒿为一种适应砾石性基质的旱生半灌木。该群落常常分布在海拔 1 300～1 600 m 山地干燥的石质阳坡。在阳坡常与大果榆群落、西伯利亚山杏灌丛相结合；在岩石裸露地段为白莲蒿群落，该群落高约 1 m，盖度 30%～45%，主要由白莲蒿和牛尾蒿组成，有时散生灌木铁线莲、黄刺玫和蒙古莸。半灌木丛斑块之间草本种类比较丰富，主要有大针茅、多叶隐子草、羊草、灰叶黄芪、草原石头花、黄芩和轮叶委陵菜等。该群落产量较高，可作为羊的夏季牧场，具有防止水土流失的重要生态功能。

（4）亚高山草甸

大青山海拔 2 100 m 以上的山顶，主要为早熟禾、无芒雀麦和杂类草组成的山地禾草草甸。辉腾锡勒由于海拔高（2 000 m 以上）、气候寒冷，草甸群落带有明显的寒生性特征，耐寒的嵩草、苔草占优势，群落高度在 10 cm 左右，盖度大于 90%，草层形成毡状，种类丰富，伴生种有珠芽蓼、达乌里龙胆和翠雀等中生植物。

1.5.4　低湿地植被

这是一类隐域性植被，分布在高平原湖盆低地和局部低洼地，河岸、湖滨、沟谷低地，干湖盆底部。由于地势低洼，积聚水分和盐分，在半干旱、干旱气候影响下，土壤具有不同程度的盐化特征。主要分为以下类型。

（1）芨芨草盐化草甸

以芨芨草为建群种，形成大型草丛，高 0.5～2.5 m，芨芨草丛直径 30～100 cm，群落盖度 20%～90%，土壤为盐化草甸土。芨芨草群落因地势低平、草层高、避风聚暖，因而春季返青早，多被选为家畜冬春营地。

（2）根茎禾草盐化草甸

该类型多分布在有季节性水源补给的浅洼地或丘间低地。土壤为盐化草甸土，水分充足，含盐量稍高。建群种有羊草、赖草、野大麦等。其他耐盐中生植物有碱茅、碱蒿等，群落盖度 40%～100%，草层高 10～40 cm。土默特平原及东部丘间低地多分布羊草、碱蒿群落；羊草、杂类草群落；羊草、碱茅群落。中北部高原河谷低地则分布赖草、羊草、杂类草群落。

（3）盐生灌木、半灌木群落

主要分布在高平原北部大型洼地中许多干涸湖盆底部的盐土生境。如四子王旗的呼和淖尔、查干淖尔，达茂旗的腾格淖尔、哈尔淖尔等。土默特平原的重盐碱地上也有小面积分布。

盐生灌木有细枝盐爪爪、盐爪爪、红砂、白刺和柽柳等，群落盖度 15%～70%，下层有少量一年生植物滨藜和碱蓬。主要有细枝盐爪爪群落（古湖底），盐爪爪、白刺群落（湖滨重盐碱地），红砂、盐爪爪群落（干湖盆外围）和柽柳群落（湖岸沙丘）。

（4）沼泽化草甸与沼泽

分布在沿河低湿地和大湖的湖滨低地。主要类型有芦苇沼泽；寸草苔、鹅绒委陵菜、金戴戴沼泽化草甸。在高海拔山顶低洼地段，形成寒生沼泽化草甸。反复冻融作用形成两种微地貌：成群的冻胀草丘，小丘上生长苔草、禾草；丘间为融沟，沟内积水，生长着湿生植物，如阴山马先蒿、梅花草、毛茛等，外貌华丽、景观独特。寒生沼泽化草甸面积很小，在旅游和放牧活动的影响下很容易退化，一些珍贵的物种（如阴山马先蒿）由于生境发生变化将会消失，群落的物种多样性将显著降低，因此必须采取有效措施，加强生物多样性保护。

1.5.5 草场资源及其评价

根据地带性植物群落类型及其所指示的水热条件与地貌结构的差异性划分草场大类。本区共有十四大类草场。

（1）山顶、高台地寒生草甸、草甸草原草场

分布在辉腾锡勒、淖尔梁、大青山、蛮汉山、苏木山和马头山等中山 1 900 m 以上的山顶。由嵩草、苔草、羊茅、早熟禾、珠芽蓼、地榆等组成，草群低矮、茂密，盖度达 80%～100%，亩产鲜草 141～218 kg，是良好的放牧场，适合放牧牛、马和细毛羊。由于利用强度大，已出现退化现象，应封育保护，促进草场恢复。

（2）山地林缘草甸草场

广泛分布于阴山山脉、苏木山、蛮汉山和马头山等地，海拔 1 600～2 000 m，与森林处于同一垂直带，或与森林、灌丛镶嵌分布，或围绕在森林的外围。林缘草甸草层高 35～80 cm，群落盖度一般在 90%以上。种类丰富，每平方米有植物 40 种左右，主要有地榆、蓬子菜、唐松草、委陵菜、风毛菊、麦瓶草、野青茅、落草、早熟禾、野豌豆、歪头菜、岩黄芪、蒿类等，常有灌木成分参加。目前利用不平衡，应结合森林保护进行科学管理。

（3）山地草甸草原草场

该类草场处于山地森林带向山地草原带的过渡位置，在大青山可上升至 1 900～2 000 m，与森林、灌丛、草甸复合存在，主要有三个类型。

线叶菊草原草场：草层高 10～30 cm，盖度 50%～60%，每平方米有植物 20 种左右，除线叶菊外，还有羊茅、苔草、地榆、唐松草、委陵菜、黄芩、黄芪等，丛生禾草有贝加尔针茅、多叶隐子草等，亩产鲜草 141 kg，若适度放牧，是理想的夏秋季放牧场。

贝加尔草原草场：草层高 15～70 cm，盖度 70%～90%，每平方米有植物 30 种以上，除贝加尔针茅外，有羊草、地榆、北柴胡、裂叶蒿、落草、苔草、火绒草、扁蓿豆等，亩产鲜草 281 kg，可作为优良的放牧场和割草场。

羊草草原草场：草层高度 30～40 cm，盖度在 45%～70%，多分布在山地沟谷和缓坡的下部。羊草占优势，还有苔草、冷蒿、唐松草、柴胡、委陵菜、细叶葱、黄芪和扁蓿豆等，每亩产鲜草 164 kg，是优良的放牧场和割草场。

（4）中温型半干旱典型草原草场

分布于阴山南北两麓，海拔在 1 100～1 300 m 之间，由三个类型组成。

丘陵、平原克氏针茅草原草场：主要分布于阴山北麓以及东部余脉的丘陵缓坡和平地。建群种为克氏针茅，伴生种有冷蒿、糙隐子草、羊草等，群落盖度 25%～40%，草层高 15～25 cm，每平方米有植物 15～20 种，亩产鲜草 83.5 kg，封育一年后亩产鲜草 194 kg。

沙质土灌丛化干草原草场：由于土壤沙化，小叶锦鸡儿增多，显示草原群落的灌丛化，与此同时，冰草、蓝刺头、麻花头和一年生藜科植物等沙生草本植物也相应增多，小叶锦鸡儿占30%，禾草占40%，杂类草占30%，亩产鲜草86 kg。

石质山丘半灌木草原草场：主要分布在阴山山前地带与蒙古高原南缘的石质丘陵。土壤石质化，石生半灌木和杂类草增多，如蒙古莸、铁杆蒿、岩蒿等，石生杂类草有星毛委陵菜、百里香、地蔷薇、草原霞草、齿缘草和三出委陵菜等，禾草有克氏针茅、大针茅、冰草、早熟禾等，群落盖度20%～40%，草层高15～35 cm，每平方米植物15～25种，亩产鲜草50～173 kg。

（5）暖温型半干旱典型草原草场

集中分布于本区南部的清水河县、和林格尔县与凉城县一带的黄土丘陵台地及土石山丘上。主要有两个类型。

黄土丘陵台地本氏针茅草场：群落盖度20%～50%，草层高15～40 cm，分别与百里香、达乌里胡枝子、蒿类、甘草等伴生植物组成群落，亩产鲜草69～123.5 kg。

石质丘坡蒿类半灌木草场：由于强度侵蚀形成薄层土，喜暖的半灌木如铁秆蒿、茭蒿在群落中占主导，伴生植物有本氏针茅、多叶隐子草、达乌里胡枝子和草木樨状黄芪等，群落盖度20%～45%，草层高10～40 cm，亩产鲜草160～172.5 kg，是家畜很好的冬季牧场。

（6）干旱荒漠草原草场

集中连片分布在本区北部高平原地带，占全区草场面积的三分之一以上。主要有三个类型。

淡栗钙土短花针茅草原：分布在高平原中南部缓丘坡或丘间平地，短花针茅为建群种，群落盖度15%～35%，草层高10～20 cm，每平方米植物10～15种，亩产鲜草56.5～74 kg，禾草占50%，葱属、蒿类占30%，杂类草占20%，是较好的放牧场。覆沙地段出现灌丛化特征，灌木种类有狭叶锦鸡儿和小叶锦鸡儿。

棕钙土小针茅草场：主要分布在高平原中北部，群落结构简单，盖度10%～20%，草层高5～15 cm，每平方米植物仅10种左右，亩产鲜草50 kg左右。主要群落类型有：小针茅、无芒隐子草草场；小针茅、冷蒿草场和小针茅、蓍状亚菊草场。

石质丘陵坡地亚菊荒漠草原草场：以小半灌木亚菊为建群种，分布在高平原边缘的石质丘陵，如达茂旗的吉穆斯太山、四子王旗西拉木伦河两岸陡坡地等，多呈岛状、条带状分布。主要植物有三裂女蒿、蓍状亚菊，伴生植物有兔唇花、燥原荠、拟芸香、荒漠丝石竹、芯芭、斑苍点地梅等。群落盖度5%～25%，草层高10～15 cm，每平方米植物不足10种，亩产鲜草27～45 kg。

主要有以下类型：三裂女蒿荒漠草原草场，盖度8%～10%，草群高10 cm，亩产鲜草31 kg；蓍状亚菊荒漠草原草场，群落盖度5%～10%，草群高8～10 cm，亩产鲜草27 kg；岩蒿、石生针茅荒漠草原草场，群落盖度15%～25%，草层高10～20 cm，亩产鲜草50 kg。

（7）很干旱草原化荒漠草场

集中分布在乌兰察布高原的北部，主要有两个类型。

盐生灌木、半灌木草原化荒漠草场：主要分布在本区北部大型盆地底部和缓坡，地表积盐或覆满砾石。分为以下群落类型：红砂、珍珠、小针茅草场，盖度 5%～15%，草层高 5～20 cm，亩产鲜草 48 kg，适合放牧戈壁羊和骆驼；珍珠、小针茅、多根葱草场，盖度 8%～20%，草层高 7～15 cm，亩产鲜草 61.5 kg；红砂、蓍状亚菊、小针茅草场，群落盖度 10%～20%；草层高 10～20 cm，亩产鲜草 75 kg。

石生灌木、半灌木草原化荒漠草场：分布在沿中蒙边境的剥蚀残丘和砾质戈壁。主要有以下群落类型：松叶猪毛菜、小针茅草场，群落盖度 5%～10%，草层高 5～25 cm，亩产鲜草 26 kg；短叶假木贼、小针茅草场，群落盖度 3～8%，草层高 5～10 cm，亩产鲜草 22 kg；霸王、小针茅草场，群落盖度 5%～15%，草层高 10～40 cm，亩产鲜草 17.5 kg；藏锦鸡儿、小针茅草场，群落盖度 10%～25%，草层高 10～20 cm，亩产鲜草 96 kg，上述草场利用价值较低，但藏锦鸡儿草场生产力较高，是小家畜的良好放牧场。

（8）沙地灌丛、半灌木丛草场

主要分布在喇嘛湾附近、白二爷沙坝、白旗沙坝和蓝旗沙坝等固定、半固定沙地。分为以下类型。

固定、半固定沙丘灌木、半灌木草场：建群植物主要为中间锦鸡儿、小叶锦鸡儿，半灌木为沙蒿和羊柴。草场类型有：柠条、沙蒿草场，盖度 20%～40%，草层高 1～2 m，亩产鲜草 142.5 kg；沙蒿、禾草草场，盖度 20%～50%，草层高 30～50 cm，亩产鲜草 90.5 kg；羊柴、沙蒿草场，盖度 10%～40%，草层高 30～70 cm，亩产鲜草 118 kg。

平沙地小半灌木草场：主要为小半灌木百里香、达乌里胡枝子，根茎禾草赖草，沙珍棘豆、冰草等，盖度 20%，草层高 5～15 cm，每平方米植物 10 种，适合轻度放牧小家畜。

覆沙高平原半灌木、灌木草场：分布在北部边境的艾勒格庙、满都拉附近。建群植物为黄沙蒿和二连锦鸡儿，盖度 10%～20%，群落高 30～80 cm，亩产鲜草 63 kg。

（9）盐湿低地草甸、盐生植物草场

主要分布在湖盆低地、高平原洼地局部低湿地，均具有不同程度的盐渍化和草甸化特征。包括以下主要类型的草场：

芨芨草盐湿草甸草场：群落盖度 20%～90%，草层高 0.5～2.5 m，亩产鲜草 150～300 kg。

根茎禾草盐湿草甸草场：建群植物主要有羊草、赖草、野大麦，还有耐盐的碱茅、碱蒿等，群落盖度 40%～100%，草层高 10～40 cm，亩产鲜草 160～310 kg。

盐生灌木、半灌木草场：盐生灌木以细枝盐爪爪、红砂、白刺、柽柳为建群种，多雨年份生长一年生碱蓬、滨藜，群落盖度 15%～70%，亩产鲜草 100～250 kg，适合养驼业。

（10）河湖湿地、沼泽、沼泽化草甸草场

分布在较大的河流沿岸与湖滨，主要有以下类型：

芦苇草场，群落盖度 100%，草层高 2～3 m，亩产鲜草 900 kg；寸草苔、金戴戴、鹅绒委陵菜沼泽化草甸草场，盖度在 80%～100%，草层高 5 cm，亩产鲜草 130～260 kg，主要用作大牲畜夏秋牧场；阴山马先蒿高寒沼泽化草甸，盖度 100%，草层高 5～15 cm，亩产鲜草 119 kg，一般用作马、牛的夏秋季牧场。

（11）森林、灌丛兼用草场

森林、灌丛主要生态功能是水源涵养、水土保持和生物多样性保护，但林间、灌丛间的草类、乔灌木的枝叶仍可作为饲料的补充来源。在大力退耕还林、发展人工林的同时，应有计划地开发来自森林、灌丛的高效饲料和添加剂。

（12）多种人工草场

在实现退耕还林、退牧还草过程中，建设人工草场是畜牧业稳定发展的最重要的保证。目前，全区人工草场的类型很多，如紫花苜蓿草场、沙打旺草场、柠条草场和羊柴草场等。化德等东部地区还有披碱草、老芒麦、羊草、红豆草和串叶松香草等人工草场。

（13）粮草轮作中的临时草地

（14）撂荒地草场

根据以上分析，研究区草场资源的特点有以下几点。

草场类型多样、牧草种类丰富：具有野生牧草 589 种，其中家畜四季采食的有 128 种。天然草场划分为 11 大类、27 个类型组、90 个草场类。

草场生产力低，但牧草品质较好：牧草干物质含量高，家畜喜食的牧草比重高。

草场利用不尽合理、退化现象普遍：牧区有些草场利用强度大，有退化现象；禁牧舍饲在有些地方限制过死，遇到雨水多的年份，休牧后的草场利用不充分。

草场资源的地区差异大：阴山南部草场面积虽小，但生产力和载畜量均高于北部的高平原地区。

1.6　土壤与土壤资源

1.6.1　土壤类型

内蒙古中部地区土壤研究，早期有《内蒙古自治区土壤地理区划》（文振旺等，1959）。尔后，又有中科院蒙宁队的《内蒙古自治区与东北西部地区土壤地理综合考察专集》（1978）。19 世纪 80 年代后期，乌力更等对本区的地带性土壤进行了研究[①]（1988）；1987 年内蒙古草场资源遥感考察队基于野外考察与遥感相结合的方法完成了全自治区 1∶150 万土壤类型图；之后，吴万里研究了大青山及其周围地区的土壤分类与分布，并着重对山地土壤类型与土壤垂直分布规律进行了研究（吴万里，1990）。

以大青山为界，全区分为南部浅山丘陵、河套平原区与后山丘陵、盆地、高平原区两大部分。前山以农业耕作为主，人类活动对土壤分布影响较大。后山为农牧交错区，以草原土壤为主。

内蒙古自然资源系列地图（图 1-22）揭示了本区土壤分布的规律性：大青山以北和东南部属温带干草原栗钙土地带；大青山、乌拉山由于地形起伏大，岩性和成土母质复杂多变，因此土壤类型多样，具有明显的垂直分带性；本区北部属于棕钙土地带。

① 参考资料来自乌力更先生提供的手稿。

吴万里根据国内外土壤分类系统的发展趋势，参照《中国土壤系统分类》的分类原则和分类方案，结合野外调查和室内分析资料，提出如下土壤分类方案（表 1-9）。

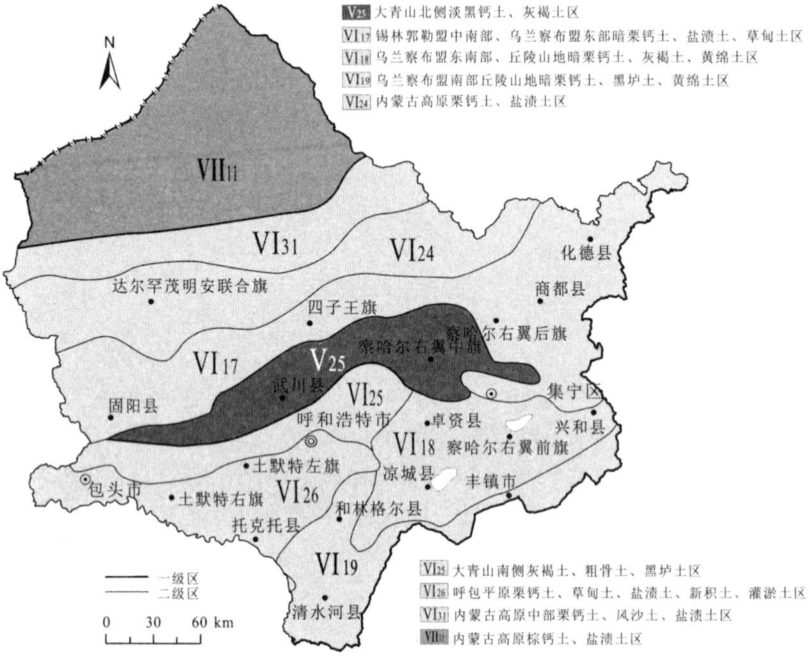

注：据内蒙古自然资源系列地图（1∶500 万）编绘。

图 1-22 内蒙古中部土被区划

表 1-9 内蒙古大青山及其周围地区土壤系统分类表

土纲	亚纲	土类	主要亚类
A．均腐殖质土	A1．湿润均腐殖质土	A1.1 山地草甸土（腐棕土）	A1.11 石质山地草甸土
			A1.12 饱和山地草甸土
			A1.13 潮山地草甸土
	A2.半干润均腐殖质土	A2.1 灰黑土	A2.11 暗灰黑土
			A2.12 黏淀灰黑土
		A2.2 灰褐土	A2.21 淋溶灰褐土
			A2.22 石灰性灰褐土
		A2.3 黑钙土	A2.31 典型黑钙土
			A2.32 淋溶黑钙土
			A2.33 石灰性黑钙土
		A2.4 栗钙土	A2.41 典型栗钙土
			A2.42 非石灰性栗钙土
			A2.43 石灰性栗钙土
			A2.44 暗栗钙土
			A2.45 潮栗钙土
		A2.5 黑垆土	A2.51 腐殖质黑垆土
			A2.52 堆垫黑垆土

土纲	亚纲	土类	主要亚类
B. 初育土	B1. 石质初育土	B1.1 石质土	B1.11 饱和石质土 B1.12 石灰性石质土
		B1.2 粗骨土	B1.21 饱和粗骨土 B1.22 石灰性粗骨土
		B1.3 薄层土	B1.31 饱和薄层土
	B2. 土质初育土	B2.1 冲积土	B2.11 饱和冲积土 B2.12 不饱和冲积土 B2.13 石灰性冲积土
		B2.2 绵土	B2.21 沙绵土 B2.22 黄绵土 B2.23 灰绵土
		B2.3 红色土	B2.31 饱和红色土 B2.32 石灰性红色土
	B3.人为初育土	B3.1 堆垫土	B3.11 饱和堆垫土 B3.12 石灰性堆垫土
		B3.2 灌淤土	B3.21 暗灌淤土 B3.22 淡灌淤土
		B3.3 扰动土	

（1）山地草甸土

文振旺等（1959）命名为山地草甸草原土；之后，中科院蒙宁考察队则降为亚类，并入淡黑钙土；乌力更等命名为淋溶暗黑钙土（1988）；内蒙古自治区 1∶150 万土壤图（1987）将其归入亚高山草甸土（黑毡土或寒毡土）；吴万里（1990）认为：分布在大青山、辉腾锡勒、蛮汉山海拔 2 000～2 300 m 的中山顶部古夷平面或缓坡上的土壤为山地草甸土。成土母质为花岗岩、片麻岩、大理岩或玄武岩的残坡积物。由于海拔高、年平均气温在 −2℃左右，年平均降水量 400～450 mm，气候寒冷湿润，相对湿度大。土壤冻结深度超过 3 m，季节性冻结时间长达 6～7 个月。微地形有直径 1～3 m 的冻融土丘[①]（1988）。因此，山地草甸土具有湿润或半干润的水分状况，冷性土壤温度状况，共同诊断特征是具有厚暗色表层，上覆半分解的有机物质与草根交织形成的草皮层，无腐殖质向下淋溶的舌状物。有机质含量 5%～10%，无游离 $CaCO_3$，pH6～7，H/F 一般≤1.0，盐基接近饱和。黏粒矿物组成以伊利石为主，其次是绿泥石，蒙脱石和高岭石含量很少。主要亚类有石质山地草甸土、饱和山地草甸土和潮山地草甸土等。

（2）灰黑土

发育在大青山中西部红召、九峰山一带海拔 1 900～2 200 m 的中山阴坡云杉林或云杉、白桦混交林下。具有半干润偏湿的土壤水分状况，暗色表层、饱和硅铝层、腐殖质向下淋溶的舌状物等诊断层和诊断特性，pH 6.5～7.3，全剖面无石灰反应。分为暗灰黑土、黏淀

①参考资料来自乌力更先生提供的手稿。

灰黑土等亚类。前者是大青山灰黑土的主体，后者仅见于地势较平缓、土层深厚、土壤水分较多的山坡下部或沟谷底部。

大青山的灰黑土曾被划为淋溶褐土、棕壤或淋溶灰褐土，但均未见分析数据的研究报道。吴万里在大青山中西部的金銮殿、九峰山等地对此类土壤作了较详细的考察和系统采样分析，确认此类土壤为灰黑土。

根据剖面形态和土壤样品分析结果，大青山的灰黑土具有如下特征。

①形态特征：具有深厚的腐殖质层。地表覆盖 5～10 cm 厚的枯枝落叶层，A 层厚度 30～50 cm，颜色黑棕（7.5YR 2/2，润）。剖面中下部通体暗棕（7.5YR 3/3，润）或灰棕（7.5YR 4/2，润），常有腐殖质下渗形成的舌状物。黏淀灰黑土的剖面中部 B 层棕色（7.5YR 4/3，润），质地稍黏、较紧实，核块状结构。在结构面上或裂隙中偶见白色硅质粉末。灰黑土剖面中，木本植物的中、粗根系中量至少量，常向下延伸至基岩裂隙或母质层。全剖面未见石灰反应。发育较好的灰黑土厚度大于 100 cm，剖面构型为 O-A-AB-B-BC-C。在陡坡地形条件下，土层厚度一般＜50 cm，剖面构型为 A-C、A-AB-C 或 A-R 型。

②理化特征：大青山灰黑土质地多为粉壤土。B 层稍黏，为黏壤土，母质层质地较粗，并有较多半风化石砾。＜0.002 mm 黏粒含量 20%～30%，向下有一定移动，至 50 cm 深处仍可达 2%以上，这一点类似黑钙土。H/F 为 0.91～1.28，全剖面呈近中性反应，pH（H_2O）在 6.5～7.3，盐基饱和度在 75%以上。

③化学组成特征：土体全量分析结果显示：灰黑土中除 Ca、Na 在表层有所增加外，其他元素成分在剖面中的分布变化不大，SiO_2/Al_2O_3 和 SiO_2/R_2O_3 值上下基本一致。黏粒的化学组成剖面上下也无明显差异，SiO_2/R_2O_3 在 3.05～3.22。黏土矿物以伊利石为主，伴有较多的绿泥石，而蒙脱石含量较少，这一点又与黑钙土有很大不同，表明灰黑土中矿物风化比较缓慢。

由上可见，大青山海拔 1 900～2 200 m 中山青海云杉、白桦混交林下发育的这类土壤，既不是棕壤，也不是淋溶灰褐土，它兼具森林土壤和草原土壤的某些特点，应归为灰黑土。

（3）灰褐土

分布在大青山、辉腾锡勒、蛮汉山海拔 1 300～1 900 m 的阴坡、半阴坡，植被为杨桦林、油松林和山杏、虎榛子灌丛。受山地气候垂直变化影响，灰褐土的成土条件具有明显的垂直差异。随海拔高度增加，年平均气温由 4～5℃下降到 1～2℃，年平均降水量由 350～400 mm 增加到 400～450 mm。因此，灰褐土的垂直分布大致以 1 500 m（阴坡）或 1 700 m（半阴坡）为界，分为淋溶灰褐土和石灰性灰褐土两个亚类。

灰褐土具有冷性土壤温度状况，半干润的土壤水分状况，较厚的暗色表层，饱和硅铝层、变质黏化层或变质黏化特征。淋溶灰褐土无石灰反应，pH＞7.0。黏化层黏粒含量 20%左右，黏粒的 SiO_2/Al_2O_3 为 3.96、SiO_2/R_2O_3 为 3.06，比其他层次的该项比值略低。盐基饱和度接近 100%。有机质含量比灰黑土减少，一般表层有机质含量 3%～4%，向下逐渐减少。腐殖质组成以胡敏酸为主，H/F＞1.5。阳离子交换总量 200 mg 当量/100 g 土左右。

（4）黑钙土

是大青山分布面积最大的山地土壤类型。发育在海拔 1 600 m 以上的山地阳坡、半阳坡和阴坡、半阴坡的山地草原或草甸草原植被下，在辉腾锡勒熔岩高台地上有大面积分布。大青山地区的黑钙土主要有典型黑钙土、石灰性黑钙土和淋溶黑钙土三个亚类。其中石灰性黑钙土多分布在海拔 1 600～1 900 m 的阳坡、半阳坡。阴坡 1 800 m、阳坡 1 900 m 以上则分布淋溶黑钙土。

黑钙土的共同特征是：具有半干润土壤水分状况，冷性或更暖的土壤温度状况。饱和暗色表层的湿态彩度≤1.5，有机质含量≥4%，H/F=1.77～2.02。剖面可见腐殖质向下淋溶的舌状物。从地表至 100 cm 范围内有或无钙积特征，剖面无石灰反应的为淋溶黑钙土，盐基饱和度 80%～90%。土体全量分析结果表明，黑钙土中矿物质的分解和淋溶作用有所增强，黏土矿物组成主要为蒙脱石和伊利石，约占 80%，绿泥石和高岭石含量较少。

（5）栗钙土

栗钙土为大青山垂直带的基带土壤，也是本区分布最广的地带性土壤。主要分布在海拔 1 300（阴坡）～1 600 m（阳坡）以下的低山、丘陵、山间谷地、山前台地和冲洪积扇顶部。成土母质为坡积物、冲洪积物或黄土状物质。栗钙土形成于温带半干旱草原环境，在大青山北麓，植被类型为克氏针茅为代表的中温性草原；在大青山南麓植被类型为本氏针茅、白羊草及酸枣灌丛为代表的暖温性草原。由于大青山南北基带海拔相差 400～500 m，使得栗钙土的土壤水分、热量状况差别较大。在大青山南侧基带，年平均温＞8℃，属温性土壤温度状况，干燥度＜3.5，属半干润土壤水分状况。大青山北麓（后山）基带年平均温＜8℃，冬夏土壤温度之差＞5℃，属干旱土壤水分状况。

栗钙土的共同特征是：具有栗色或灰棕色的腐殖质层和灰白色紧实的碳酸钙淀积层。它的饱和暗色表层的湿态彩度＞1.5，有机质含量≥2%，H/F≥1。无腐殖质淋溶的舌状物。按剖面有无石灰性、钙积层特征、厚暗色表层及斑纹特征等划分亚类。其中，地表至 50 cm 内有钙积层的为典型栗钙土；具有＞25 cm 厚度暗色表层者为暗栗钙土；在剖面中 50～100 cm 内有斑纹特征的为潮栗钙土。

暗栗钙土分布在大青山北麓的武川—察哈尔右翼中旗—化德一线，地形以丘陵缓坡和高平原为主。这一带湿润度为 0.4～0.6，植被类型为克氏针茅草原。暗栗钙土是腐殖质含量最高的亚类，腐殖质层染色深暗、厚度通常在 35～55 cm，表层有机质含量可达 3.0%～4.5%，$CaCO_3$ 淀积层的位置大多出现在 35～60（70）cm 深处，石灰含量在 7%～35%。代换量变动在 15～24 mg 当量/100 g 土之间。

典型栗钙土分布于二份子（武川）—红格尔（四子王旗）—土牧尔台（察哈尔右翼后旗）一线以南，包括固阳、四子王、武川、察右中和察右后等旗县的中南部，地形为层状高平原。典型栗钙土亚带，湿润度在 0.3～0.4 之间。植被类型为克氏针茅、冷蒿草原。典型栗钙土的颜色稍淡，以栗色或灰棕色为主，腐殖质层厚度 30～50 cm，表层有机质含量一般为 2.0%～3.5%，钙积层通常出现在 35～50 cm，石灰含量一般在 10%～20%。

淡栗钙土分布于百灵庙（达茂旗）—红格尔（四子王旗）—朱日和（苏尼特右旗）一线以南，北与棕钙土带相接，地形为带状分布的丘陵。湿润度在 0.3 左右，植被类型为克氏针茅草原与短花针茅草原，还有小针茅、冷蒿草原，显示从典型草原向荒漠草原过渡的特征。淡栗钙土质地较粗，主要由砂壤、沙和砂砾组成，轻、中壤较少，有些地段有地表覆沙现象。

淡栗钙土腐殖质积累过程减弱，土层颜色较浅，以浅灰棕色或淡栗色为主，腐殖质层厚度 30～40 cm，表层有机质含量 1.5%～2.5%。钙积层出现深度 25～55 cm，石灰含量约 15%～20%。

潮栗钙土主要分布在丘间低平地、河谷阶地。经常与盐化潮土和碱土呈复区分布。植被类型除草原类型外，还有苔草、鹅绒委陵菜、芨芨草等组成的草甸。土壤水分状况优越，底部湿润。腐殖质层厚达 50～80 cm，表层有机质含量 2%～4（5）%。经常有盐化和碱化层，剖面底部有铁锈斑块。钙积层可明显区分，但不如其他栗钙土亚类清晰，碳酸钙含量达 10%～25%。代换量不高，在 10～15 mg 当量/100 g 土。

栗钙土的全量分析结果表明：多数矿物元素在土体内未发生大的移动，但钾的含量在土体表层有所增加，CaO 含量低于母质层，土体 SiO_2/Al_2O_3 为 8.09～9.41，SiO_2/R_2O_3 为 6.72～7.88。黏粒部分的 SiO_2/Al_2O_3 为 3.71～4.11、SiO_2/R_2O_3 为 2.86～3.13。黏土矿物主要是伊利石，占一半以上，其次是蒙脱石、绿泥石和高岭石。

（6）棕钙土

棕钙土是草原向荒漠过渡的地带性土壤。在本区主要分布在达茂旗查干哈达—白彦花—红格尔（四子王旗）—朱日和（苏尼特右旗）一线以北。地形为层状高平原和剥蚀残丘，成土母质以第三纪和白垩纪的砂岩、泥岩以及古老的结晶岩的残坡积物、冲洪积物和风积物为主。棕钙土带属于温带干旱大陆性气候，年降水量为 100～250 mm，年湿润度 0.13～0.30。植被类型为小针茅为主的荒漠草原，除此之外，还有小针茅与藏锦鸡儿、中间锦鸡儿、红砂、珍珠、松叶猪毛菜、霸王等灌木或与三裂女蒿、蓍状亚菊等小半灌木组成的草原化荒漠植被。

棕钙土剖面形态的基本特点是：由浅棕色或褐棕色的腐殖质层和灰白色的碳酸钙淀积层组成，反映草原成土过程。腐殖质积累过程较弱，腐殖质层厚度比栗钙土薄，一般为 20～30 cm，腐殖质向下过渡比栗钙土更为急速而整齐。表层有机质含量一般在 1.0%～1.8%。钙积层一般出现在 20～30 cm，钙积层厚度为 20～30 cm，石灰含量平均 10%～40%，碳酸钙的聚集形式多呈粉末状或斑块状。棕钙土的机械组成较粗，剖面上下普遍存在不同程度的砾石和粗砂，在细粒中细砂占 70%以上。棕钙土也存在黏化现象，黏粒一般在钙积层以上的褐棕色层开始聚集，含量在 15%～20%之间。土体硅铁铝率在 6～14 之间，黏粒部分的硅铁铝率在 3～4 之间，铁铝在表层有增高趋势。

棕钙土根据地理分布、剖面形态、母质特性、土体厚度等分为棕钙土、淡棕钙土和草甸棕钙土三个亚类。前两个亚类与荒漠草原和草原化荒漠地带相一致，后者则属于半水成性土壤。棕钙土分布于达茂旗的白彦花—白音塔拉牧场—江岸牧场一队（四子王旗）一线以南，地形为层状高平原，母质为冲洪积物，地表常砾质化或覆沙，植被类型为小针茅、无芒隐子草荒漠草原。壤质棕钙土主要分布在乌兰察布高原的北部；淡棕钙土分布在上述界线以西北靠近国境线的丘陵带，主要是薄层棕钙土，碳酸钙浸染土体，钙积层出现的位置较高，植被为藏锦鸡儿、红砂、三裂女蒿等组成的草原化荒漠；草甸棕钙土（潮棕钙土）只零星见于低平地、老河床、洼地等地段，受到目前较高地下水位影响，或是有过去草甸过程的遗迹。草甸棕钙土的主要特征是：腐殖质层较厚（35～40 cm），颜色较暗，有的钙积层不明显，有的钙积层埋藏较深。

（7）黑垆土

黑垆土可看作暖温带草原的地带性土壤，主要分布于本区南部的清水河、和林格尔、凉城、丰镇与兴和一带的黄土丘陵地区。地形部位为海拔 1 500 m 以下的山坡坡脚、沟口、河谷坡地和洪积台地，成土母质为黄土状物质或较深厚疏松的洪冲积物。土层厚度因地形而异，在地形平缓处，厚度可＞1 m，在坡脚地形转折地段，黑垆土层堆积较厚，甚至达到 4 m 厚，剖面中常见砾石夹层。土壤剖面发育不明显，主要特征是具有厚度＞50 cm 的暗色表层，但有机质含量＜4%，一般 1%～2%。剖面可见假菌丝状钙积特征，$CaCO_3$ 含量一般为 1%～2%。^{14}C 测年表明：黑垆土是距今 9 000～1 000 年发育的古土壤。黑垆土分布地区，有利的水热条件、平缓的地形和深厚的土层，使它成为长城以北首选的开垦对象[①]（乌力更，1988），现多开垦为旱作农田，农业垦殖活动已使大面积的原始黑垆土遭受强烈侵蚀。根据有无堆垫层分为腐殖质黑垆土与堆垫黑垆土两个亚类。

（8）初育土

包括石质土、粗骨土、薄层土、冲积土、绵土、红色土、堆垫土和灌淤土等土类，是土壤发育程度较低、没有明显诊断层和诊断特性的一类土壤。

石质土多分布于山坡中下部或坡度较陡的山顶，发育在残坡积物或洪积物上，特征是大于 1/2 厚度的土层中，≥2 mm 的砾石含量达 70%以上。在山坡下部或山麓地带冲洪积扇中上部，广泛分布着粗骨土，特征是在剖面内≥25 cm 厚的土层中，≥2 mm 的砾石含量为 35%～70%。薄层土广泛分布在地形较陡的山顶和辉腾锡勒熔岩台地的边缘地带，土层厚度一般为 10～40 cm，以下为石质接触面。薄层土缺少诊断层和诊断特征，植被为稀疏的中旱生草类或蒿类半灌木丛，水土流失严重。在大青山南坡的山麓地带，广泛分布着上述石质初育土，而作为基带土壤的栗钙土在这一地区所占面积并不大，因此，在土壤资源合理利用与保护中对石质初育土亚纲的各类土壤应予足够的重视。

冲积土分布在较大的沟谷阶地、山前平原和冲积平原，为冲积母质上发育的初育土。

绵土类土壤主要分布在低山阴坡以及本区东南部黄土低山、丘陵区，是发育在黄土或黄土状沉积母质上的初育土。其特征是全剖面无石灰质接触面，或 50 cm 深度以下可有石灰接触面，但接触面以上土层中≥2 mm 的石砾含量＜35%，土层厚度＞25 cm。

红色土是发育在武川盆地等地区砂页岩或第三纪红土母质上的土质初育土。按有无石灰性、盐基饱和度等诊断特性，分为饱和红色土与石灰性红色土两个亚类。

由于本区农业开发历史悠久，上述几类土质初育土均已作为旱作农田，遍布山前平原、山间盆地、低山丘陵缓坡和河谷平地。受人类农业生产活动影响，土壤多具堆垫表层或灌淤表层，成为堆垫土或灌淤土，尤其是大青山南侧的土默特平原，是内蒙古中部主要的产粮区，土壤熟化程度较高。

1.6.2　大青山土壤垂直分布

按照大青山基带的土壤温度和水分状况及土壤垂直带谱结构的南北差异，大青山土壤

---

① 参考资料来自乌力更先生提供的手稿。

垂直分布具有以下两种形式（图 1-23）。

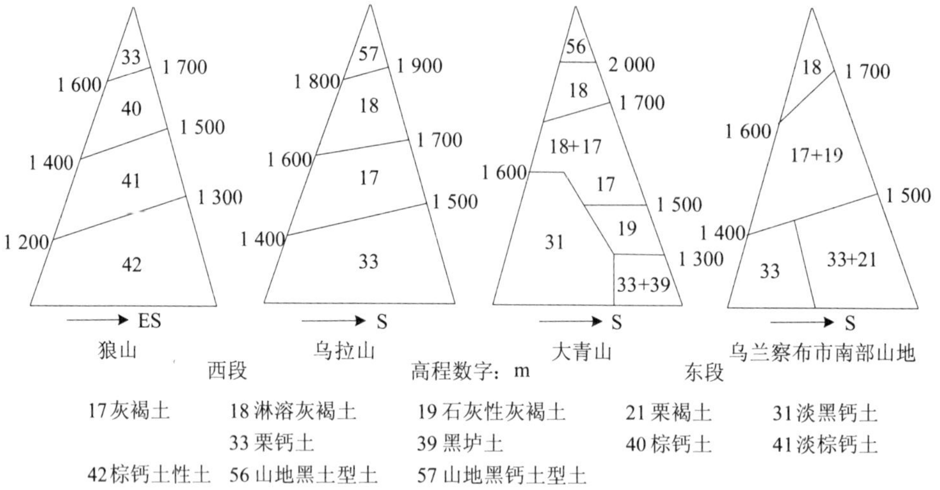

图 1-23 阴山山脉土壤垂直分布

（1）大青山南坡土壤垂直带谱

大青山主分水岭以南的中山山地，西起五当召东至旗下营一带，以及东南部的蛮汉山，基带年均温度一般在 8℃左右，湿润度 0.5～0.6。山体相对高度在 1 000 m 以上，地处暖湿气流的迎风坡，山地中上部降水量可达 450 mm 以上，阴坡多生长森林植被，土壤发育较好、土壤类型多样。其中九峰山、金銮殿一带是大青山土壤垂直带变化最复杂的地区，可以作为这一垂直分布形式的代表。

阳坡：

1 100～1 600 m	暗栗钙土 + 典型栗钙土
1 600～1 850 m	石灰性黑钙土
1 850～2 100 m	淋溶黑钙土
2 100 m 以上	山地草甸土

阴坡：

1 100～1 600 m	暗栗钙土
1 600～1 850 m	石灰性黑钙土
1 850～2 100 m	淋溶黑钙土
2 100 m 以上	山地草甸土
1 100～1 300 m	暗栗钙土
1 300～1 500 m	石灰性灰褐土
1 400～1 850 m（半阴坡）	石灰性灰褐土
1 900～2 100 m	灰黑土
2 100～2 200 m	山地草甸土

（2）大青山北坡、辉腾锡勒山地土壤垂直带谱

分布在大青山主分水岭以北的中山和辉腾锡勒。基带年均温＜8℃，湿润度在 0.4～0.5 之间，降水量明显减少。辉腾锡勒一带相对高差不如大青山西段显著，地形的抬升作用不明显，但熔岩台地地势高亢开阔、风速较大，所以相对湿度偏低。植被以山地草甸草原和山地草甸为主，森林仅零星分布在辉腾锡勒西部阴坡的沟谷中，土壤垂直带谱较简单。

阳坡：

1 450～1 650 m	暗栗钙土+典型栗钙土
1 600～1 850 m	石灰性黑钙土
1 850～2 000 m	淋溶黑钙土
2 000 m 以上	山地草甸土

阴坡：

1 700～1 800 m	暗栗钙土
1 800～1 900 m	石灰性黑钙土
1 900～2 000 m	淋溶黑钙土
2 000 m 以上	山地草甸土
1 700～2 000 m 沟谷	灰褐土

大青山土壤垂直分布主要受地貌和基带海拔高度变化的影响，总的趋势是：自东向西，基带的海拔高度降低，同一土壤垂直带的海拔高度却有升高趋势。例如，石灰性灰褐土分布的下限由大青山东段的海拔 1 250 m 上升到西段的 1 350 m，相应的淋溶灰褐土分布的下限由 1 450 m 上升到 1 550 m 左右，淋溶黑钙土分布的下限也由 1 850 m 上升到 1 900 m 左右。

在相同海拔高度内，土壤类型具有按坡向组合的特点，即在地形变化较大的山地，同一高度范围内常可见不同类型土壤分布在不同坡向的山坡上，形成坡向组合的土被结构。因此，土壤的垂直分布规律往往表现为土壤坡向组合群的变化。在大青山南坡这种变化规律如下。

1 300～1 600 m：暗栗钙土+典型栗钙土（阳坡）—石灰性灰褐土（半阴坡）—淋溶灰褐土（阴坡）

1 600～1 850 m：石灰性黑钙土（阳坡）—石灰性灰褐土（半阴坡）—淋溶灰褐土（阴坡）

1 850～1 900 m：淋溶黑钙土（阳坡）—淋溶灰褐土（半阴坡、阴坡）

1 900～2 100 m：淋溶黑钙土（阳坡、半阴坡）—灰黑土（阴坡）

2 100～2 200 m：山地草甸土（阳坡、半阴坡）—灰黑土（阴坡）

1.6.3　土壤资源评价

（1）水土流失严重，沙化面积在扩大、地力衰退

本区处于风水两相侵蚀区，全区风力侵蚀土地面积达 6 万 km^2，占全区土地面积的 60% 以上，其中强度侵蚀面积占 20%左右。乌兰察布市风力侵蚀面积达 39 263.28 km^2，约占全市土地面积的 50%。风蚀现象集中分布在阴山以北的达茂旗、四子王旗、察右中旗、武川

县，还有东部的商都县和化德县，风蚀面积均占土地面积的90%以上，其中商都、化德、达茂风蚀面积达 100%。水力侵蚀主要分布在阴山山脉以南的各旗县，察右前旗、丰镇、卓资、清水河、呼市郊区、和林格尔与土左旗，水力侵蚀面积均在90%以上，其中呼市郊区、卓资和凉城县尤为突出，水蚀面积达100%。

乌兰察布市水蚀面积 20 064.05 km^2，其中中度以上侵蚀面积 4 704.94 km^2，占土地面积的8.4%。

呼和浩特市由于黄土覆盖面积大、山高坡陡，水力侵蚀较为严重，水土流失面积 12 550.35 km^2，其中中度以上侵蚀面积达 5 259.62 km^2，重度侵蚀面积达 1 541.79 km^2。

包头市水力侵蚀程度较轻，以微度和轻度侵蚀为主，中度以上侵蚀仅有 1 929.50 km^2，其中强度侵蚀仅 797.13 km^2。

全区水力侵蚀面积达 38 916.39 km^2，占全区土地面积的 25.6%。侵蚀模数为 200～10 000 t/（km^2·a）。全市水土流失地区的坡耕地面积占总面积的66.15%。若每年流失表土以1 cm计算，则每亩流失表土3 t左右，每年流失表土共计3 856.4 万 t。水土流失带走了大量的养分和有机质，致使土层变薄、肥力下降，直接影响作物产量的提高。

（2）土壤水分不足

本区地处半干旱区，干旱、少雨、多大风，尤其在春季降水量仅占年降水量的15%，大风日数占全年大风日数的 60%～80%，地面蒸发量大，导致土壤水分不足。年降水量 150～450 mm，降水集中、强度大，年蒸发量为年降水量的4～5倍，3—5月湿润系数在0.02～0.30，干旱持续时间长，土壤水分不足，且有相对长时间呈现干燥状态。如 2011年呼和浩特市土壤水分变化特点：初春土壤墒情较好；5 月下旬～8 月上旬大部分地区持续干旱；8 月中旬—10 月土壤墒情得到阶段性改善；封冻前土壤墒情较好（白静等，2012）。

土壤水分不足，不利于作物和牧草生长，直接影响农作物和牧草的产量，同时抑制了广大地区的植物生长，植被覆盖度低，增加了生态环境的脆弱性。

（3）自然肥力不高

由于植被盖度低，土壤自然肥力不高，全区大部分地区土壤有机质平均含量低于2%，全氮含量0.04%～0.13%。南部的和林格尔县与清水河县有机质含量在1%左右，呼和浩特市黄土丘陵区的栗褐土有机质含量0.7%～1.2%，全氮含量0.05%～0.09%；其他各旗县有机质含量在 2%～2.6%之间，察右后旗和卓资县土壤有机质含量较高，分别为 3.14%和3.42%。

（4）部分土壤盐渍化或有障碍土层

河套平原、洼地、湖泊周围、沙丘间洼地等有不同程度的盐碱土。由于长期大量施用化肥，超量化肥在土壤中积累，造成土壤板结。据相关数据，呼和浩特市土壤盐渍化面积为 58.3 万 hm^2，占土地总面积的 34.5%（内蒙古自治区土地学会，2008）。包头市土壤盐渍化问题也很突出，尤其是黄河冲积平原的农业区，大量引黄灌溉，有灌无排致使土地盐渍化程度愈加突出。仅包头郊区盐土面积达3 036.46 hm^2，占黄灌区土地面积的62.53%，土壤盐碱化，造成土壤有机质含量少，肥力下降（苟文会等，2006）。

本区北部的淡栗钙土、棕钙土地区，土壤的钙积层较厚、出现深度较浅，形成紧实的障碍土层，影响植物根系发育；土壤侵蚀严重的栗钙土、淡栗钙土和棕钙土露出钙积层，形成白干土，成为农牧林业生产的障碍（乌兰察布盟计划委员会，1989）。

1.7 社会经济状况

1.7.1 民族与人口

内蒙古中部地区是一个少数民族聚居区，据《内蒙古自治区 2010 年第六次全国人口普查主要数据公报》①，本区人口总数约 760 万人，占自治区人口总数的 31%（内蒙古自治区常住人口为 24 706 321 人），其中，呼和浩特市 2 866 615 人，包头市 2 650 364 人，乌兰察布市 2 143 590 人。本区主体民族蒙古族有 129 万人，约占人口总数的 17%，遍布全区各旗县，集中分布于呼和浩特市区和北部牧区。汉族有 630 万人，主要分布在农区和半农半牧区。本区南部为人口分布的重心，拥有两座百万人口以上的大城市，呼和浩特市区人口约 200 万人，包头市区常住人口已超过 180 万人。仅从包头市、呼和浩特两市的人口特征可以看出内蒙古中部地区人口变化特征。

（1）包头市人口特点

据《包头市 2010 年第六次人口普查主要数据公报》②：同第五次人口普查（2000 年 11 月）相比，十年间增长 15.36%，年平均增长率为 1.44%。

性别结构：男性人口占 51.64%；女性人口占 48.36%，常住人口性别比（以女性为 100，男性对女性的比例）由 2000 年第五次人口普查的 107.9 下降为 106.79。

年龄构成：全市常住人口中，0～14 岁人口占 13.30%，15～64 岁人口占 77.89%，65 岁及以上人口占 8.82%。同 2000 年第五次人口普查相比，0～14 岁人口的比重下降了 5.78 个百分点，15～64 岁人口的比重上升了 3.06 个百分点，65 岁及以上人口的比重上升了 2.73 个百分点。

民族构成：全市常住人口中，汉族人口占 94.31%，蒙古族人口占 3.21%，其他少数民族人口占 2.48%。同 2000 年第五次人口普查相比，汉族人口增长 15.38%，蒙古族人口增长 25.40%，其他少数民族人口增加 4.06%。

各种受教育程度人口：全市常住人口中，具有大学（含大专）文化程度的人口占 14.06%，具有高中（含中专）文化程度的人口占 18.22%，具有初中文化程度的人口占 38.05%，具有小学文化程度的人口占 20.11%（以上各种受教育程度的人包括各类学校的毕业生、肄业生和在校生）。同 2000 年第五次人口普查相比，具有大学文化程度的人口增加 11.93%，具有高中文化程度的人口增加 0.20%，具有初中文化程度的人口增加 1.63%，具有小学文化程度的人口下降 3.37%。同 2000 年第五次人口普查相比，文盲率（指 15 岁及以上不识字

① 资料来源于 http://www.stats.gov.cn/tjgb/rkpcgb/dfrkpcgb/t20120228_402804333.htm。

② 资料来源于 http://zfwz.baotou.gov.cn/zfsw/bttjj/ggy.asp?mid=113。

人口所占比重）由 8.43%下降为 4.01%，下降了 4.42 个百分点。

（2）呼和浩特市人口特点

据《呼和浩特市 2010 年第六次人口普查主要数据公报》①：呼和浩特市常住人口为 2 866 615 人，同第五次全国人口普查（2000 年 11 月）相比，十年增长 17.59%，年平均增长率为 1.63%。

性别结构：全市常住人口中，男性人口占 51.01%，女性人口占 48.99%。常住人口性别比（以女性为 100，男性对女性的比例）由 2000 年第五次全国人口普查的 108.51 下降为 104.13。

年龄构成：全市常住人口中，0～14 岁人口占 13.91%，15～64 岁人口占 78.45%，65 岁及以上人口占 7.64%。同 2000 年第五次全国人口普查相比，0～14 岁人口的比重下降 5.53 个百分点，15～64 岁人口的比重上升 4.15 个百分点，65 岁及以上人口的比重上升 1.38 个百分点。

民族构成：全市常住人口中，汉族人口占 87.16%，蒙古族人口占 9.98%，其他少数民族人口占 2.86%。同 2000 年第五次全国人口普查相比，汉族人口增长 15.80%，蒙古族人口增长 37.75%，其他少数民族人口增长 12.95%。

各种受教育程度人口：全市常住人口中，具有大学（含大专）程度的人口占 20.86%，具有高中（含中专）程度的人口占 16.31%，具有初中程度的人口占 32.94%，具有小学程度的人口占 19.78%（以上各种受教育程度的人包括各类学校的毕业生、肄业生和在校生）。同 2000 年第五次全国人口普查相比，具有大学程度的人口增加 11.823%，具有高中程度的人口下降 1.35%，具有初中程度的人口增加 1.387%，具有小学程度的人口下降 5.522%。全市常住人口中，文盲率由 9.09%下降为 4.21%，下降 4.88 个百分点。

从以上数据可以看出，两市的人口特征及变化有相同的趋势，在一定程度上代表了内蒙古中部地区的人口特征：人口总数增加，性别比减小，男女比例趋于平衡；15～64 岁人口比例大，且增加速度大，属年轻型，有增长潜力；文盲率减小，大学文化程度文化水平的比例显著增加。汉族所占比例最大，接近 90%，但主体民族蒙古族的增长速度最快，高于汉族增长率 10～20 个百分点。人口数量增加会增加区域的人口承载力，进而影响生态环境及相关经济和市场生产活动；人口质量提升会增加区域的人口文化素质，进而影响生态文明及相关社会活动。

1.7.2 经济与文化

内蒙古中部地区是我国北方的一个边远经济区，是北方城市经济大区中心区（京津唐）的紧密腹地（周一星，2003）（图 1-24）。交通区位优势明显，京包线、集二线、集通线、包西线在区内形成纵横交错的交通网络，尤其是京包铁路、包兰铁路和京藏高速，构成了本区最大的交通廊道，东南与大首都圈连通，西与工业重镇包头市和鄂尔多斯能源基地相连。城市空间正在沿着交通廊道快速延伸，尤其是大青山—土默川山前平原，已经成为新

① 资料来源于 http://www.huhhot.gov.cn/hhhttjj/show_news.asp?id=526。

兴的城市连绵带。

作为内蒙古自治区的政治中心、经济中心、文化中心和物资集散地，本区拥有丰富的矿产资源，重要的能源基地和门类比较齐全、各具特色的工业体系，在内蒙古自治区经济发展中的龙头地位十分明显，2012 年该区 GDP 占整个自治区的 41.69%，近年来，该区经济发展迅速，尤其是呼和浩特市和包头市 GDP 增长迅速（图 1-25），作为北方重要的旅游目的地，以民族风情为特色的旅游业十分发达。

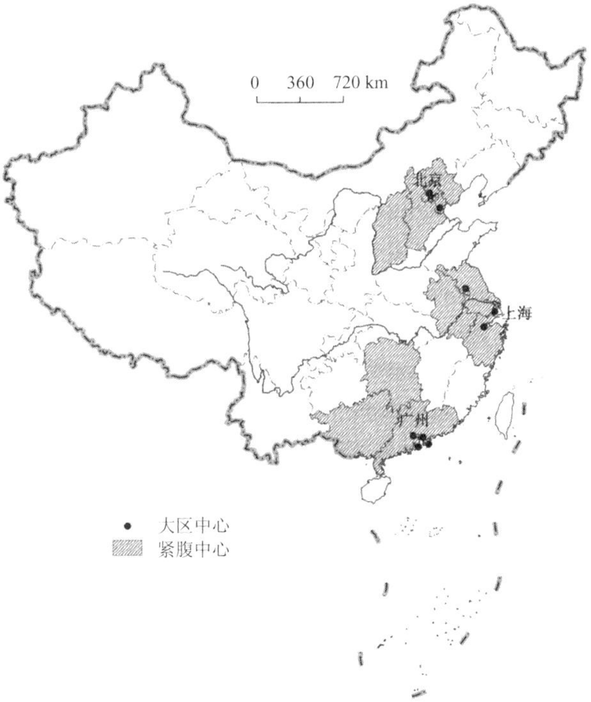

图 1-24　中国一级城市经济区（引自周一星）

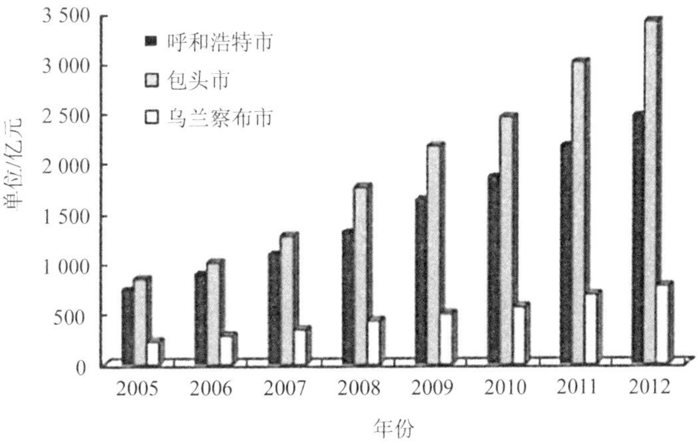

图 1-25　内蒙古中部三市 GDP 变化

呼和浩特市不仅是内蒙古自治区的政治中心和文化中心，而且是内蒙古重要的工业城市，也是我国重要的毛纺织中心之一，现已成为一个门类比较齐全的综合性工业城市。呼和浩特市已构筑起以乳品业为核心的现代农牧业体系，以高科技、高附加值为特征的新型工业体系，以生产性服务业、旅游业为主的现代服务业体系三大优势产业体系。形成了乳品业、电力、电子信息、生物制药、冶金化工、机械制造六大产业集群和乳品、火电、生物发酵三大产业基地。借助得天独厚的自然条件，呼和浩特市乳品业发展迅速，拥有“伊利”、“蒙牛”两大国内知名品牌，具有很强的吸引力和竞争力，依靠奶源优势以及国内外巨大的市场潜力，已形成最具活力的乳品产业链条，成为闻名遐迩的“乳都”，奶牛头数、奶产量、人均占有量、人均消费量等均居全国之冠。近年来，第三产业迅速发展，2012 年，该产业产值占该市 GDP 的 58.68%，远超过第二产业和第一产业（图 1-26）。

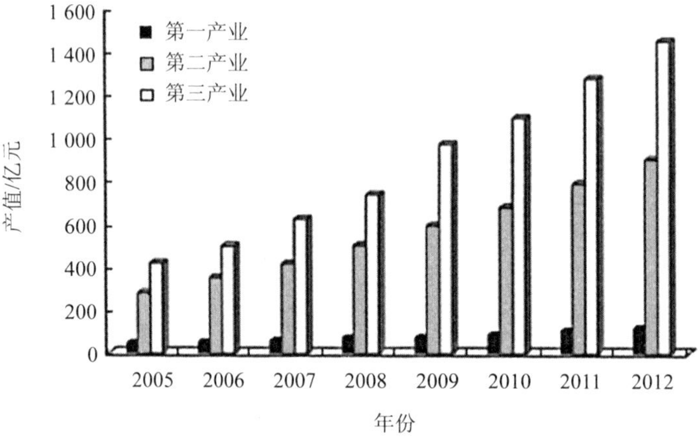

图 1-26　呼和浩特市产业结构变化

包头市作为内蒙古最大的、工业最发达的城市，是我国著名的钢铁、机械工业基地，故称“草原钢城”。包头市又是内蒙古和全国最重要的铁路枢纽之一，京包、包兰、包西铁路连接着华北和西北，公路四通八达，航班可直达北京、武汉、广州、上海、西安、深圳等多个城市，素有“塞外通衢”的美称。包头市是我国重要的能源、冶金、机械、化工和毛纺工业基地之一；稀土科研、生产和应用均已跻身国际先进水平。第二产业发展优势明显，但第三产业的发展相对滞后（图 1-27）。

乌兰察布市社会经济近年来得到快速发展。2012 年全市地区生产总值完成 781.17 亿元，财政收入完成 66.1 亿元，城镇居民和农牧民人均可支配收入分别达到 18 609 元和 5 853 元，但总体上仍属经济欠发达地区。第一产业中，肉羊、奶牛、马铃薯、蔬菜、杂粮等产品产量大、品质高。全市马铃薯在全国地级市中面积和产量均居首位，还是内蒙古自治区最大的多种杂粮、杂豆的生产基地。第二产业重点发展了能源、化工、冶金、建材和机械制造业和农畜产品加工业，集宁被誉为“草原皮都”。电力工业是乌兰察布市的支柱产业。第三产业的发展相对滞后（图 1-28）。

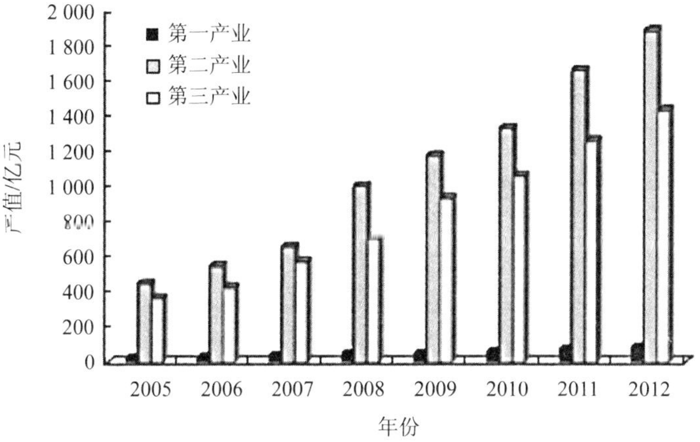

图 1-27　包头市产业结构变化

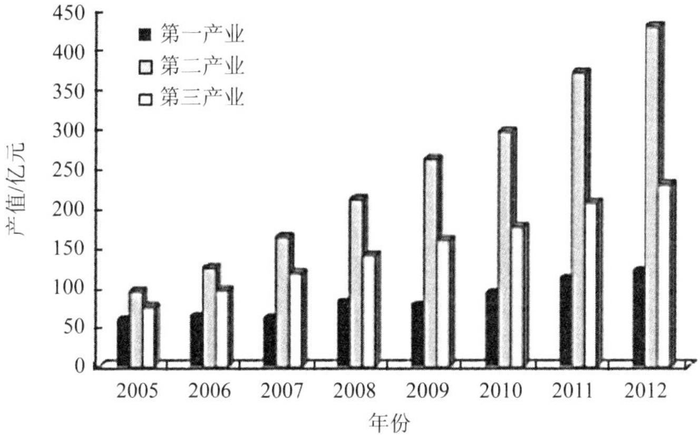

图 1-28　乌兰察布市产业结构变化

基于上述，本区逐渐形成了具有地区特色的优势产业带：

（1）乳品产业带：内蒙古乳品业保持了强劲的发展势头，奶源基地、产业规模、产业素质和市场竞争力得到大幅度提升，乳品加工企业已经形成了以呼和浩特、包头、呼伦贝尔和乌兰察布为重点的乳品产业带（彩照 1-17）。其中，以伊利、蒙牛等企业为龙头的呼和浩特市被称为“乳都”。

（2）马铃薯产业带：依托于得天独厚的自然条件，研究区的三个市均已成为马铃薯优势产区，其中，乌兰察布市有“中国马铃薯之都”的美称，马铃薯种植面积达 400 多万亩，在全国马铃薯主产地市中居首位（彩照 1-18）。

（3）矿产资源产业带：本区矿产资源丰富，包头市尤为突出，白云鄂博大型铁矿是世界罕见的铁、稀土、铌等多金属共生矿床，稀土储量居世界首位，铌储量居全国之首、世界第二位。稀土作为包头极具发展潜力的一个优势产业，已初步形成产业集群。包头市不仅是“草原钢城”，而且还被称为“世界稀土之都”。

研究区是一个极具文化多样性的地区。两千多年来，匈奴、鲜卑、柔然、突厥、契丹、女真、蒙古等民族相继在内蒙古中部演绎了文化传承和民族融合的历史，形成了具有鲜明特色的地域民族文化和旅游景观（图 1-29，彩照 1-19）。

（1）呼和浩特市是内蒙古的历史文化名城。这里有战国云中古城遗址、汉代的昭君墓，有席力图召、乌素图召等宗教文化遗产。依托丰富的文化资源，逐步形成一批文化企业集聚区，如集民族演艺中心、群众艺术场馆、文化休闲、娱乐、购物、展览、收藏、文物鉴定等于一体的综合文化创意产业区。通过挖掘宝贵的文化遗产，形成了影视创作、文艺演出、旅游、商贸、出版等相关产业的文化产业链。

（2）包头自古就是边贸重镇，在历史发展中形成了长城文化、黄河文化、西口文化、阴山边塞文化、民族革命文化、草原文化、现代钢铁文化。主要遗址有赵长城、秦长城、汉长城（彩照 1-20）、北魏长城和金界壕等。五当召与西藏的布达拉宫、青海的塔尔寺和甘肃的拉卜楞寺齐名，是中国藏传佛教的四大名寺之一，也是内蒙古自治区最大的藏传佛教寺院。

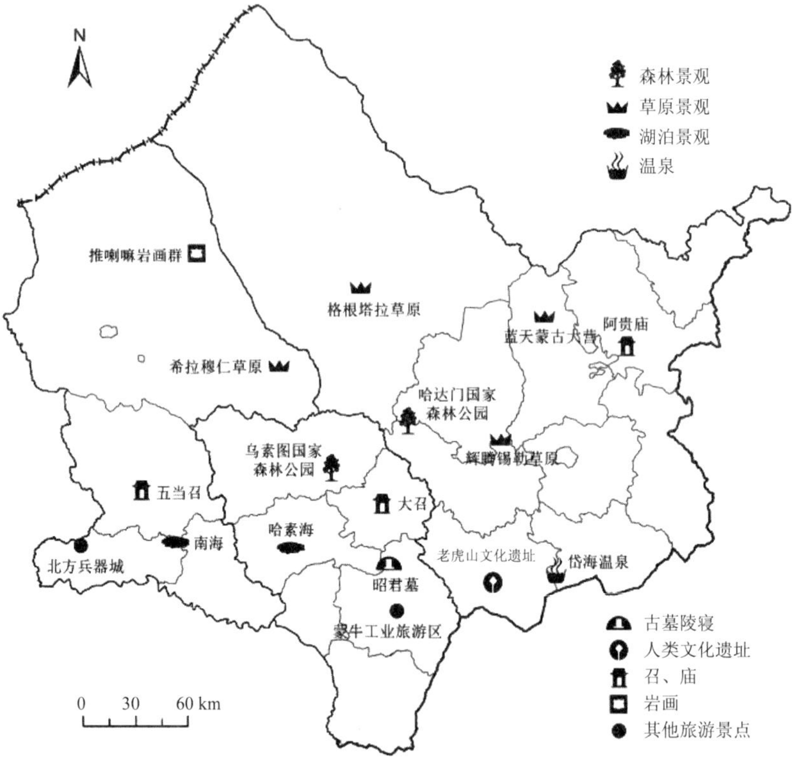

图 1-29 内蒙古中部主要旅游景观（点）

沿袭历史文脉，近年来，形成了以文化创意产业为核心，发展动漫、网络游戏、民族文化、音乐生产出版、文化休闲旅游等门类的文化产业体系。包头乐园成为内蒙古自治区唯一的国家级文化产业示范基地。包头剪纸是国家级非物质文化遗产。

（3）乌兰察布市是全国罕见的蒙元文化遗迹富集区和蒙元文化重要组成之一的察哈尔

文化发源地。古文化遗址众多，主要有环岱海群落遗址、庙子沟文化遗址、元代集宁路遗址和明长城遗址等。其中，凉城是北方人类文明发祥地，迄今为止已发现各个时期的文化遗址 291 处。四子王旗王府是内蒙古自治区阴山北麓乌兰察布高原唯一幸存的清代郡王王府。革命历史遗迹主要有红格尔图（村）战役和集宁战役及集宁战役纪念馆。传统戏剧二人台（东路二人台）是国家级非物质文化遗产。经过长期的历史积淀和传承，形成了独具特色的草原文化、农耕文化、商旅文化等景观。作为草原文化的典型，格根塔拉典型草原景区、辉腾锡勒亚高山草甸、草原景区以及高原湖泊岱海景区已经在区内外享有较高知名度。依托绥蒙革命纪念馆的建设，发展红色文化园区及红色旅游。集宁区按照“草原丝路，商埠重镇”的文化定位，建设元代集宁路文化产业园区，使其成为宜居、宜业、宜游的新城镇。

参考文献

[1] 白静，吴歆彦. 呼和浩特地区年土壤墒情变化特征[J]. 内蒙古科技与经济，2012，（6）：59-63.

[2] 包头市统计局. 包头统计年鉴（2005—2013）. 北京：中国统计出版社，2005—2013.

[3] 蔡文玮，黄炜，白国平，等. 包头地区风能资源分布特征分析[J]. 内蒙古气象，2009，（5）：32-33.

[4] 崔海亭，黄润华，崔之久，等. 内蒙古大青山全新世环境变化的古地理学证据[J]. 中国环境科学，1992，12（5）：323-328.

[5] 崔海亭，吴万里，宋长青，等. 内蒙古大青山地区全新世环境的重建[A].//张兰生.中国生存环境历史演变规律研究（一）[C].北京：海洋出版社，1993：285-295.

[6] 崔之久，宋长青. 内蒙古大青山全新世冰缘现象及环境演变[J]. 冰川冻土，1992，14（4）：325-331.

[7] 邓金宪，刘正宏，徐仲元，等. 包头地区晚更新世—全新世地层划分对比及环境变迁[J]. 地层学杂志，2007，31（2）：133-140.

[8] 呼和浩特市统计局. 呼和浩特经济统计年鉴（2005—2013）. 北京：中国统计出版社，2005—2013.

[9] 林儒耕.内蒙古高原的形成过程[Z]. 1979.

[10] 刘继韩，赵新奕. 我国华北干湿过渡地区近 500 年旱涝变化的基本特征[A].//张兰生. 中国生存环境历史演变规律研究（一）[C]. 北京：海洋出版社，1993：224-226.

[11] 马玉明. 内蒙古资源大辞典[M]. 呼和浩特：内蒙古人民出版社，1999.

[12] 牧寒. 内蒙古湖泊[M]. 呼和浩特：内蒙古人民出版社，2003.

[13] 内蒙古自治区土地学会，内蒙古自治区地理学会编.节约土地资源，建设环境友好型社会[C].内蒙古：内蒙古人民出版社，2008.12.

[14] 邵雪梅，王数芝，徐岩，等. 柴达木盆地东北部 3500 年树轮定年年表的初步建立[J]. 第四纪研究，2007，27（4）：477-485.

[15] 林儒耕，史培军，刘树人. 内蒙古自治区地貌图（1∶150 万），北京：科学出版社，1991.

[16] 文振旺，徐琪，李锦，等. 内蒙古自治区土壤地理区划[A]. //马溶之编. 土壤专报第 34 号：土壤区划[C]. 北京：科学出版社，1959.

[17] 乌兰察布盟计划委员会. 乌兰察布盟国土资源[M]. 呼和浩特：内蒙古人民出版社，1989.

[18] 乌兰察布市统计局. 乌兰察布统计年鉴（2005—2013）. 北京：中国统计出版社，2005—2013.
[19] 吴万里. 内蒙古大青山山地土壤的系统分类和垂直分布规律研究[D]. 北京：北京大学，1990.
[20] 荀文会，王雨晴. 包头郊区土地资源合理开发利用研究[J]. 合作经济与科技，2006，(4)：32-33.
[21] 赵逵，郭少军，陈晓清，等. 三个一百万四年连翻番——乌兰察布市风电产业发展现状[J]. 风能，2010，(4)：44-46.
[22] 智瑞年，赵雪. 阴山山脉大青山山地植被的分布及其利用[J]. 内蒙古大学学报：自然科学，1983，14（1）：131-134.
[23] 中国科学院《中国自然地理》编辑委员会. 中国自然地理：土壤地理[M]. 北京：科学出版社，1981.
[24] 中国科学院《中国自然地理》编辑委员会. 中国自然地理总论[M]. 北京：科学出版社，1985.
[25] 中国科学院南京土壤研究所土壤系统分类基金课题组. 中国土壤系统分类（二稿）[A]. //土壤学进展：土壤系统分类研讨会特刊，1987.
[26] 中国科学院南京土壤研究所. 中国土壤[M]. 北京：科学技术出版社，1978.
[27] 中国科学院内蒙古宁夏综合考察队. 内蒙古植被[M]. 北京：科学出版社，1985.
[28] 中国科学院内蒙古宁夏综合考察队. 内蒙古自治区与东北西部地区土壤地理综合考察专集[M]. 北京：科学出版社，1978.
[29] 中国科学院自然区域工作委员会. 中国综合自然区划（初稿）[M]. 北京：科学出版社，1959.
[30] 周一星，张莉. 改革开放条件下的中国城市经济区[J]. 地理学报，2003，(2)：271-284.

第 2 章　生态分区与生物多样性保护*

提要

生态区划是根据地区的生态一致性和生物生产潜力的相似性进行自然区域的划分。生态区是生态系统（生物地理圈）不同等级的、空间不重复的生态地理单元。生态分区的目的是为生态系统管理与环境保护提供一个框架。

本章首先讨论了生态区划的基本概念，进一步提出划分生态区的指标，据此划分出六个生态区。然后，对每个生态区的生态环境概况、生物多样性特征、大尺度生态系统格局、珍稀濒危物种保护和人类活动等方面进行描述。

生态区划是生态保护与管理的前提。本章根据各生态区的物种丰富度、特有性、珍稀濒危状况，审视了内蒙古中部地区生态保护的现状，提出了进一步完善的建议。

本章作为全书的核心部分，不仅为第 2 章提供了土地利用分区—分类依据，而且为后续各章相关的评价与分析提供了生态区依据。

---

* 本章由崔海亭、朱宗元、王静爱执笔，其他贡献者张春琴。

2.1 生态区划的概念

生态区划（即生态分区）是用来描述生物地理圈的空间分异特征的方法。就整个陆地生物圈来说，最大的分区单元是生物群区（biome），即与地带性气候相一致的植被区域。根据大的气候带划分生物群区，然后再根据大地貌和地方气候的差异将每个生物群区进一步分成若干生态区（ecoregion）。

生态区（ecoregion）的概念最早由加拿大林学家O.Loucks于1962年提出，随后，Crowley根据气候和植被的宏观特征编制了加拿大的生态分区图（Crowley，1967）。美国学者R. G. Bailey用同样的方法编制了美国的生态分区图（Bailey，1976；1994）。尔后，他又划分了北美生态区，基于气候、土壤、地质和潜在的植被，尝试将一个复杂的景观空间划分为相对一致的生态系统区，为生态系统管理与保护提供框架（Bailey，1981；1997）。进一步，他又编制了全球陆地生态分区图（Bailey，1989），并著文论述了确定生态区界线的20个原则（Bailey，2005）。

李博等在内蒙古自治区生态分区图说明中提出了生态区划的原则与方法。认为：陆地生态系统均有一定的区域特点，因此，生态区划就是根据地区的生态一致性和生物生产潜力的相似性划分的自然区域（李博等，1990）。我国从环境管理目的出发，提出全国生态功能区划（傅伯杰等，2001），主要侧重区域主体生态功能的界定，为全国性生态建设与环境保护提供框架。

生态区划与自然地理区划虽然都是基于地域分异规律，但区别在于是否以区域的生态一致性为主导因素。自然地理区划以各种地理要素及其组合的空间分异为标志进行区域划分，如《中国生态地理区域系统》一书（郑度等，2008）提出的区划方案仍属于自然地理区划的范畴，但该方案的第三级区划单元（自然区），与生态区的概念相近。生态一致性主要指自然生态系统功能特征的相似程度。植物群落生产力的高低反映了生态系统的功能水平。因此，顶极性植物群落生产力高低可作为生态一致性和区域生产潜力的标志（李博等，1990）。地生态学理解的生态系统指一定的地理空间，例如，一个盆地、一个流域、一座山、一个湖泊等，它们是占据相对固定的地球空间的结构—功能性容积系统（real structure-functional volumetric system），是地形、土壤、水文以及上覆的植被、大气层相互作用的三维空间。

生态地理空间是一个级秩（等级）（hierarchy）系统（Forman，1995）：可以划分为不同等级的空间单元。因此，生态区划是从系统观点出发，考虑地区生态功能的整体性而不是它的形态（水平结构）的同型性进行地面划分，即不同等级区域生态系统的确定（陈昌笃，1986；2009）。生态区划是将地生态系统（生物地理圈）划分为不同等级的、空间不重复的生态地理单元。

2.2　生态区划的原则

李博等（1990）提出的内蒙古自治区生态区划的原则与方法，至今仍有重要参考意义。

（1）主导因素原则：生态区是一个具有鲜明的生态属性的特殊地理空间，是以优势生态系统或植被类型为标志的。例如，阴山山脉以森林和灌丛占优势，划为独立的生态区。

（2）发生同一性原则：气候是生态系统形成的决定因素，一个生态区内由于生境的多样性，植被和生态系统不可能是同一的，但气候条件标志着该生态区的生态同一性。例如，根据湿润度将温带草原地带划分为草甸草原生态区、典型草原生态区和荒漠化草原生态区。

（3）生态功能一致性原则：不同生态系统和植被类型的生物生产功能、生物多样性维持功能、生态保护功能等方面必然有差异，但一定生态空间的生态功能必然有一致性。例如，典型草原区具有相似的植被指数（NDVI），标志着它们具有相似的生物生产力水平。

（4）空间连续性原则：生态区必须是边界明确的地理空间，区和区之间在空间上是不重复的。所以，生态区是连续生态空间的地理编码。

（5）综合性原则：生态区往往是一组生态因子的共轭空间，可根据热量、湿润度、植被、地貌、土壤以及人类活动的影响等因子进行综合分析。

2.3　生态区划的方法

区划有两种方法：一是自上而下的演绎法，二是自下而上的归纳法。前者适用于大尺度的、地理边界清楚的高级地域单元的划分，后者则适用于平旷地区边界不清晰的地域单元的划分。区划是对一组相关的因子的综合，孰轻孰重，最好有客观的定量依据，因此发展出许多方法，如聚类法、人工神经网络法、小波变换法等（郑度等，2008）。

内蒙古中部地区的地域分异明显，导致地域分异的主导因素和各生态因子的定量指标的空间差异也很清晰，因此，本书采取自上而下的演绎法进行生态区划。

2.3.1　定量指标的选取

（1）气候指标

年平均降雨量、湿润度是划分草原区与荒漠区的重要指标。如湿润度 0.13、年平均降水量 200 mm 等值线可作为荒漠草原与草原化荒漠的分界线；湿润度 0.23、降水量 250 mm 等值线可作为典型草原与荒漠草原的分界线；湿润度＞0.5、≥10℃年积温＜1 800℃等值线是划分具有垂直带特征的阴山山地生态区的指标。

（2）植被生态指标

物种丰富度、地上生物量是气候的函数，不同生态系统之间有明显的差异（表 2-1），根据遥感数据（MODIS，2012）计算的植被指数客观地反映了研究区不同生态系统第一性生产力的高低，南部集约化农业生态系统与森林生态系统具有较高的植被指数（＞0.4），典型草原具有中等植被指数（0.25～0.35），北部草原化荒漠生态系统植被指数处在最低量级（0.05～0.15）（图 2-1）。

（3）地貌形态测量指标

地貌是生态区划的重要依据，地貌形态与海拔高度也是重要的定量指标。例如，阴山山脉横亘于本区中南部，构成了中温型草原与暖温型草原之间的天然分界；荒漠草原生态区的南界大体与阴山北部丘陵带的北界相吻合（海拔约 1 300 m）；阴山山地森林—草原生态区与前套平原灌溉农业—盐湿草甸生态区之间的界线与阴山南坡的山麓线（海拔约 1 100 m）重合；根据岱海盆地封闭性的地貌条件，可单独划为一个生态小区。

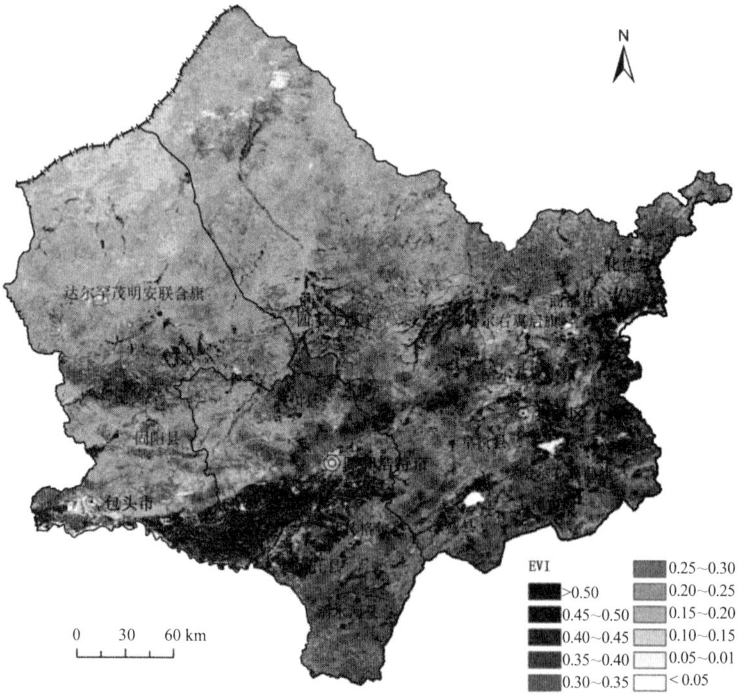

图 2-1 内蒙古中部植被指数图

（2012 年 7 月 MODIS 数据，唐志尧提供）

表 2-1 不同生态系统生态参数的差异

生态系统名称	植物种数/m^2	群落盖度/%	草层高度/cm	产草量/（kg/亩）
高寒草甸	20～37	80～100	10～30	141～218
林缘草甸	25～40	70～100	35～80	266～400
山地草甸草原	20 左右	45～90	30～70	141～281
中温型典型草原	15～20	15～40	20～50	50～122
暖温型典型草原	15～20	20～50	10～40	69～172
荒漠草原	10 左右	10～35	20～30	27～81
草原化荒漠	5 左右	5～20	5～25（40）	17～96

（4）其他指标的选取

土地利用界线是土地自然属性的综合反映，也是区划的重要参考。例如，前套平原灌溉农业—盐湿草甸生态区由于地势低平，以集中连片的水浇地为标志；暖温型草原生态区由于丘陵起伏和覆盖黄土，以旱耕地为主。阴山北麓及东南部波状高平原中温型草原生态区，分为阴山北麓及东部典型草原生态亚区和乌兰察布高原南部典型草原生态亚区，两个亚区土地利用结构差异明显，前者农田占有更大比重，是农业为主的土地利用结构；后者则为典型的农牧交错的土地利用结构。

2.3.2　生态区划单元

（1）生态区划的等级划分

最高一级：生态地带。指地带性植被类型与大气候类型一致的生物—气候单元。研究区包含两个生态地带，即中温带草原地带和暖温带草原地带，地带可作为区划的 0 级单元。

第一级：生态区。指植被亚型一致、生态系统生产力水平一致的区域。全区划分为 6 个生态区。

第二级：生态亚区。指在一个生态区内，水热条件、优势植物群落组合或大地貌条件有一致的区域。

第三级：生态小区。指在生态亚区内由土地利用结构类型差异性所决定的地域单元。

（2）生态区的划分与命名

全区共分为 6 个生态区、12 个生态亚区和若干生态小区（图 2-2）。采用地区名称（或地理特征）+植被类型+标志性群落类型（或优势生活型）的命名方法。

图 2-2　内蒙古中部生态区划

Ⅰ 阴山山地森林—草甸草原生态区，下分为 2 个生态亚区（彩图 2-1）：

Ⅰi 阴山中东段森林—草甸生态亚区（青海云杉、油松、白桦、辽东栎）

Ⅰii 阴山西段森林—草甸生态亚区（油松、侧柏、杜松、白桦、辽东栎）

Ⅱ 阴山北麓及东南部波状高平原中温型草原生态区，下分为 2 个生态亚区（彩图 2-2）：

Ⅱi 阴山北麓及东部典型草原生态亚区（克氏针茅、羊草、杂类草）

Ⅱii 乌兰察布高原南部典型草原生态亚区（克氏针茅、冷蒿）

Ⅲ 阴山南麓黄土丘陵、台地暖温型草原生态区，下分为 2 个生态亚区（彩图 2-3）：

Ⅲi 阴山南麓黄土台地草原生态亚区（本氏针茅、白羊草）

Ⅲii 阴山南部黄土丘陵草原生态亚区（本氏针茅、蒿类）

Ⅳ 乌兰察布层状高平原中温型荒漠草原生态区，下分为 2 个生态亚区（彩图 2-4）：

Ⅳi 乌兰察布层状高平原南部荒漠草原生态亚区（短花针茅、荒漠丝石竹、无芒隐子草、小半灌木）

Ⅳii 乌兰察布层状高平原中北部荒漠草原生态亚区（小针茅、沙生针茅、多根葱、无芒隐子草、小半灌木）

Ⅴ 乌兰察布高原北部中温型草原化荒漠生态区，下分为 2 个生态亚区（彩图 2-5）：

Ⅴi 西北部剥蚀丘陵、戈壁石生灌木、半灌木生态亚区（红砂、短叶假木贼、松叶猪毛菜、沙生针茅）

Ⅴii 东部大盆地灌木、盐生灌木生态亚区（珍珠、红砂、盐爪爪、多根葱）

Ⅵ 前套平原暖温型灌溉农业—盐湿草甸生态区，下分为 2 个生态亚区（彩图 2-6）：

Ⅵi 黑河冲积平原农作植被—盐化草甸生态亚区（芨芨草、马蔺）

Ⅵii 黄河冲积平原农作植被—盐化草甸、沼泽生态亚区（芨芨草、马蔺、芦苇、香蒲）

2.4 内蒙古中部的生态区各论

2.4.1 阴山山地森林—草甸草原生态区（Ⅰ）

（1）生态环境特征

本生态区沿阴山主脉西起乌拉山的大桦背，东至察右中旗的辉腾锡勒一带，从卓资县上高台林场附近折向西南，经蛮汉山止于和林格尔县南天门林场，总面积约 9 000 km^2。地貌以中山为主，海拔高度一般在 1 800 m 以上，海拔超过 2 000 m 的山峰有 60 多座，山脉两侧为低山、丘陵。

本区属于寒冷半湿润山地气候，≥10℃积温 1 400～1 800℃，由于山地迎风坡的地形雨效应，降水量超过 400 mm，湿润度 0.5～0.6。西段的乌拉山降水量偏少，只有 350 mm 左右，湿润度在 0.3 左右。

本生态区的特点为：寒冷半湿润的山地气候，中山为主的地貌，森林、灌丛为主的植被。垂直分异明显：山地下部分布中温型草原（北麓）与暖温型草原（南麓），山地中部分布多种山地落叶灌丛，山地上部分布着针叶林和落叶阔叶林，山顶分布山地草甸及草甸草原。与之相对应的鸟类分布也具有垂直分异特征（凤凌飞，1983）。

（2）生物多样性特征

阴山山地在物种多样性、群落多样性和生态系统多样性方面都是研究区最丰富的。森林含针叶林、混交林、阔叶林、疏林；灌丛含阔叶的、针叶的、中生的和旱生的；草原含草甸化的、典型的、中温型的和暖温型的；草甸含高寒的、林缘的和湿地型的。植被多样性与景观多样性为生物多样性提供了基础。本生态区是研究区物种多样性最繁茂的地区，也是整个内蒙古自治区物种较丰富的地区之一。

①物种多样性。

据《大青山植物检索表》统计，大青山及其附近山地共有高等植物 1 007 种，分属 131 科、473 属。其中，苔藓植物 33 科、68 属、109 种；蕨类植物 11 科、14 属、24 种；裸子植物 3 科、7 属、12 种；被子植物 84 科、384 属、862 种（赵一之，2005）。本区是一个典型的山地森林—灌丛—草原植物区，森林、灌丛种类丰富，辽东栎、青扦、油松、蒙椴、黄刺玫、虎榛子等反映了本区与华北区的联系；禾本科和菊科种数位居前两位，反映出草原植物区系的特征，贝加尔针茅、大针茅、克氏针茅、羊草、线叶菊等均为草原的优势种或建群种。

据统计，阴山山地共有脊椎动物 218 种，分属于 24 目、55 科、122 属。其中，鸟类 173 种，分属于 15 目、37 科、89 属，占内蒙古自治区鸟类总数的 39.7%；兽类 33 种，分属于 6 目、12 科、26 属，占内蒙古自治区兽类总数的 23.9%；两栖类 4 种，分属 1 目、2 科、2 属；爬行类 8 种，分属 2 目、4 科、6 属（邓芳，2004）。

②群落与生态系统多样性。

大青山、乌拉山（东段）地区共有 4 个植被类型、8 个亚型、15 个群系、39 个群丛（邓芳，2004）。主要生态系统类型有（智瑞年等，1983）森林类型 8 个（表 2-2）。

表 2-2　阴山山地森林生态系统特征

植物群落名称	郁闭度	物种数/种	群落高度/m
青海云杉林	0.6～0.9	约 50	8～10
油松林	0.4～0.6	约 85	8～15
杜松林	0.2～0.4	约 30	3～6
辽东栎林	0.5	20～30	3～5
白桦林	0.7～0.8	约 70	8～12
山杨林	0.7	20～30	7～10
蒙椴林	0.6	约 30	6～9
侧柏疏林	0.2～0.4	约 20～30	2～8
灰榆疏林	0.2	约 30	3～5

灌丛、半灌丛类型 9 个（表 2-3）。落叶灌丛、半灌木丛是阴山山地分布最广的生态系统，覆盖了整个山地 60%以上的面积。阴坡的密灌丛盖度高达 80%～90%，生长良好、生境稳定性高。阳坡的稀疏灌丛，由于气候干燥、土层瘠薄，植被盖度低，生态稳定性较低，

受人为活动影响，引起生境退化，导致严重的水土流失。

表 2-3　阴山山地灌丛、半灌丛生态系统特征

植物群落名称	覆盖度/%	物种数/种	群落高度/cm
小叶金露梅灌丛	20～40	20～30	20～50
金露梅灌丛	30～60	20～30	40～60
银露梅灌丛	20～40	20～30	20～50
蒙古绣线菊灌丛	20～40	30	40～60
耧斗叶绣线菊灌丛	20～40	30	30～50
土庄绣线菊灌丛	20～40	30	30～50
大果榆灌丛	30～50	30	100～150
柄扁桃灌丛	20～60	40	100～150
蒙古扁桃灌丛	20～40	30	50～120
虎榛子灌丛	80～90	30	80
山杏灌丛	40～60	30	50～100
黄刺玫灌丛	25～40	55	100～150
酸枣灌丛	20～40	20	50～100
小叶忍冬灌丛	50～80	50	100～200
稠李灌丛	50～80	50	100～200
小叶鼠李灌丛	50～80	50	100～200
柳灌丛	60～80	50	100～250
铁杆蒿半灌木丛	20～30	30	30～90
百里香小半灌木丛	50～60	20	5～20
冷蒿小半灌木丛	20～30	25	10～35

草原类型 7 个（表 2-4）。阴山的草原生态系统，因山区地形的复杂性，分布于不同海拔和坡向，使阴山呈现森林生态系统、草原生态系统与山地草甸生态系统交错分布的格局。

表 2-4　阴山山地草原生态系统特征（人为干扰较重）

植物群落名称	覆盖度/%	物种数/种	群落高度/cm
贝加尔针茅草原	30～60	30～50	50
大针茅草原	30～40	15～20	70～90
克氏针茅草原	30～50	20～50	50
本氏针茅草原	20～30	20	15～50
白羊草草原	30	30	50
线叶菊草原	50～60	20～35	20～40
短花针茅草原	30	10～20	25

草甸类型 3 个（表 2-5）。山地草甸生态系统占据着山地最高的生态位，稠密的草丛保护着山顶环境，生态良好，景观优美，是良好的放牧场和旅游地。

表 2-5　阴山山地草甸生态系统特征

植物群落名称	覆盖度/%	物种数/种	群落高度/cm
高寒草甸（珠芽蓼、嵩草）	90～100	20～35	20～30
林缘草甸（野青茅、杂类草）	70～100	40	35～80

上述生态系统是中温型草原生态系统、暖温型草原生态系统与温带山地森林生态系统的典型代表，因此，阴山山地是本区生物多样性保护的关键地区。为了保护生物多样性，本区陆续设立了九峰山自治区级自然保护区（1996 年）、乌拉山自治区级自然保护区（2003 年）、大青山国家级自然保护区（2008 年），保护区总面积达 388 577 hm^2。2009 年，内蒙古自治区政府办公厅印发了《大青山自然保护区开展清理整顿矿山和占用林地专项行动的通知》，阴山山地的自然保护措施逐渐落实。

③珍稀、濒危物种和特有种、特征种

本生态区属植被类型和景观类型最丰富的地区。然而，由于多年来的非法捕猎、毁林、开矿、乱挖滥采药材、过度放牧等不合理的人为活动，生态环境遭受破坏，生物栖息地受到严重干扰，野生动植物种类急剧减少，许多珍稀、濒危物种处于危急、灭绝状态。

据不完全统计，大青山、九峰山、乌拉山和辉腾锡勒等地拥有国家一、二级珍稀濒危保护动物 30 种。其中，国家一级保护动物 3 种，即金雕、胡兀鹫、雪豹。国家二级保护动物 28 种，有鸢、秃鹫、苍鹰、雀鹰、日本松鹰、乌雕、大𫛭、普通𫛭、白腹鹞、白尾鹞、猎隼、游隼、燕隼、灰背隼、红脚隼、黄爪隼、红隼、红角鸮、雕鸮、长耳鸮、短耳鸮、纵纹腹小鸮、花头鸺鹠、马鹿、青羊、盘羊、黄喉貂（青鼬）、石貂（凤凌飞，1991；旭日干，2001，2007）。马鹿也属国家二级保护动物，历史上文献记载大青山有分布。包头地名源于鹿（宝格图即有鹿的地方），但至少百年来已不见鹿。狼被列入《中国濒危动物红皮书》（赵尔宓，1998）名录，属易危种，过去数量较多，20 世纪 80 年代后已很少见到，近些年偶有出现。雪豹是从西部的贺兰山迁移到本区的，偶见于九峰山、卓资县上高台林场。青羊、盘羊是当地的常见种，过去数量很多。据记载，1935 年德国医生诺尔在包头、固阳、五当召等地曾捕获过数只盘羊和青羊（中国人民政治协商会议内蒙古自治区委员会文史资料研究委员会，1964）。目前，青羊可能只在九峰山高峻山地有少量分布，盘羊可能已在本区消失。

从动物区系地理成分看，大青山没有特有种，但不同生境确有一些明显的特征种：如栖息于针叶林的棕背䶄、红背䶄和栖息于阔叶林的大林姬鼠、巢鼠均不见于其他生态区；花鼠在本生态区分布较多，偶见于其他生态区。本区鸟类区系成分具有明显的过渡性，鸟的种类多达 60 余种。东亚、华北型的鸟类多栖息于阔叶林、针阔混交林和中生灌丛中，特征种有黄腹山雀、山噪鹛、红尾伯劳、大杜鹃、北红尾鸲，有时还能见到大鹰鹃、蓝翡翠（蛮汉山）；中亚型的鸟类多栖息于疏林和中旱生灌丛，特征种有漠地林莺、沙白喉林莺、白背矶鸫、巨嘴沙雀、蒙古沙雀、石雀等；青藏高原东缘高地型的鸟类多栖息于海拔 2 000 m 左右的山原或山势陡峭、巨石嶙峋的山顶，植被为高寒灌丛（小叶金露梅、银露梅），特征种有黑喉雪雀、白眉朱雀、红眉朱雀；全北型鸟类广布种有黑头鸸、褐头山雀、鹪鹩、蚁䴕、大斑啄木鸟、黑枕绿啄木鸟、山斑鸠、灰斑鸠；两栖爬行类特征种有短尾蝮蛇（图 2-3）、虎斑颈槽蛇，它们主要分布在东北、华北以南地区，在研究区仅出现于本生态区；黑斑蛙、大蟾蜍和中国林蛙也以本生态区最多见。其中，短尾蝮蛇、中国林蛙已被列入《中国濒危动物红皮书》（赵尔宓，1998）名录，属易危种。

图 2-3 内蒙古中部短尾蝮蛇分布

蒙古扁桃、毛披碱草、蒙古黄芪均为国家Ⅱ级重点保护植物，已被列入 1984 年国务院环境保护委员会公布（1987 年修订）的《中国珍稀濒危植物保护名录》和 1999 年国家林业局、农业部的《中国重点保护野生植物名录》。列入自治区重点保护植物的有 22 种（1988 年内蒙古自治区人民政府办公厅公布），其中，Ⅱ级 10 种：脱皮榆、五味子、甘草、文冠果、短梗五加、党参、芍药、卵叶芍药、穿龙薯蓣、手掌参；Ⅲ级 12 种：油松、兴安杨、阴山乌头、兴安升麻、阴山棘豆、粗壮黄芪、贺兰山南芥、柄扁桃、二型叶沙参、山丹、泡囊草和大花杓兰。由中国环境与发展国际合作委员会工作组 2004 年出版的《中国物种红色名录》将我国兰科植物全部列入名录中，其中，有大青山的北方鸟巢兰、大花杓兰、斑花杓兰、绶草、原沼兰、二叶兜被兰、角盘兰、裂唇角盘兰、凹舌兰、蜻蜓兰、舌唇兰、手掌参等。上述植物中属大青山特有种的有：阴山棘豆、毛披碱草；没被列入保护植物的大青山特有种有：阴山乌头、阴山马先蒿、阴山毛茛、大青山嵩草、紫芒披碱草、毛花鹅观草和九峰山鹅观草（王铁娟等，2008）。另外，大青山中东段分布的青海云杉是该种分布的最东界，阴山山脉又是油松、侧柏分布区的北端（马毓泉，1998；马保连等，2006）。

（3）大尺度生态系统格局

大尺度生态系统的自然格局与过程决定了一个区域生态系统的基本特征及其持续性。阴山山地是一个由森林、灌丛、草原和草甸形成的大尺度复合生态系统。

阴山山地东西差异显著：阴山山地中东段（土默特左旗的万家沟以东至察右中旗的辉腾锡勒一带）森林生态系统约占 40%，山地森林呈岛状分布于海拔大于 2 000 m 的各个山峰；阴山中西段（土默特右旗的水涧沟以西至乌拉山的大桦背）森林覆盖率约 20%；南段（蛮汉山至和林格尔县的南天门林场）森林覆盖率约 30%。中东段气候比较湿润，金盆、旗下营附近降雨量接近 500 mm；分布面积最大的是白桦林、山杨林，在高海拔山地阴坡残存青海云杉林和青扦林（旧窝铺、李齐沟、金銮殿、九峰山）。西段由于气候明显干燥，水分条件好的阴坡主要为白桦林、山杨林及少量辽东栎林，油松林、侧柏疏林和杜松疏林在较干燥的半阳坡或半阴坡占显著地位，已不见青海云杉林。近 30 年以来，阴山中段天然次生林生态系统得到一定的保护，局部地区群落结构完整、生长良好，郁闭度在 0.5～0.8，是该生态区最重要的生态系统。

植被的垂直分布格局明显：阴山山地相对高度 500～1 000 m，自下而上为山麓草原带—低山落叶灌丛带—中山落叶阔叶林带—中山针叶林带—山顶草甸带。受中尺度地形（主要是坡向）影响，森林与灌丛、灌丛与草原形成多种组合类型。

（4）生态亚区

本生态区分为 2 个生态亚区：

Ⅰi 阴山中东段生态亚区（油松、青海云杉、白桦、辽东栎）

包括土默特右旗的水涧沟以东的大青山、辉腾锡勒和蛮汉山（海拔 2 304 m），山体完整，海拔高度一般在 1 800～2 100 m，海拔超过 2 000 m 的山峰主要分布在这一段，形成一道天然的生态屏障。南坡基带为温暖半干旱气候，1 300 m 以上为冷凉半湿润气候，森林生态系统分布相对较集中，中山落叶阔叶林主要有白桦林、山杨林、辽东栎林，沟谷有蒙椴、辽东栎、槭等组成的阔叶混交林；半阴坡分布少量油松林，阳坡分布杜松疏林；海拔 1 900 m 以上的阴坡分布寒温性针叶林，如青海云杉林和青扦林。广大山地半阴坡及较低海拔阴坡分布多种落叶灌丛，如绣线菊、虎榛子、黄刺玫等，均形成密灌丛。北麓分布大针茅、羊草为主的中温型草原，南麓分布本氏针茅、白羊草为主的暖温型草原。

该亚区动植物区系以华北成分居主导地位。特征种有辽东栎、油松、黄刺玫、土庄绣线菊、蒙古绣线菊、灰栒子、花楸、短梗五加、文冠果等。林下或林缘草本有凸脉苔草、华北苔草、河北鹅观草、粗糙鹅观草、西山委陵菜、等齿委陵菜、牛尾蒿、长柱葱、天蒜、雾灵葱等。动物区系中，以湿润型种[如狍子（见于蛮汉山）、针叶林鼠类棕背䶄、红背䶄]为优势。典型的华北型鸟类（如黄腹山雀、山噪鹛、红尾伯劳、大杜鹃等）也主要集中在该亚区。蜥蜴类种类较少，蛙类、蛇类较西部亚区丰富。

Ⅰii 阴山西段生态亚区（油松、侧柏、杜松、白桦、辽东栎）

包括土默特右旗水涧沟以西的大青山西段和乌拉山东段，除大桦背（海拔 2 322 m）

等个别山峰外，一般海拔高度多在 1 600 m 以下，乌拉山与大青山之间隔着低缓的昆都伦河谷。西段亚区降雨量只有 350 mm 左右，明显较东部亚区偏干，基带为温暖干旱气候，高海拔山地为半湿润气候。森林生态系统呈岛状分布在中山阴坡，森林覆盖率在 20%左右。高海拔阴坡已不见青海云杉林，广大阴坡主要分布白桦和山杨林；半阴坡分布少量的辽东栎林和油松林（图 2-4）；阳坡分布杜松疏林，局部有灰榆疏林；灌丛主要为虎榛子、黄刺玫等中生灌丛；低山沟谷出现以柄扁桃为代表的中旱生灌丛和旱生蒙古扁桃灌丛。由于气候干旱，草原成分进一步增多，主要是山地草原或灌丛化草原，山麓分布短花针茅、克氏针茅草原群落。

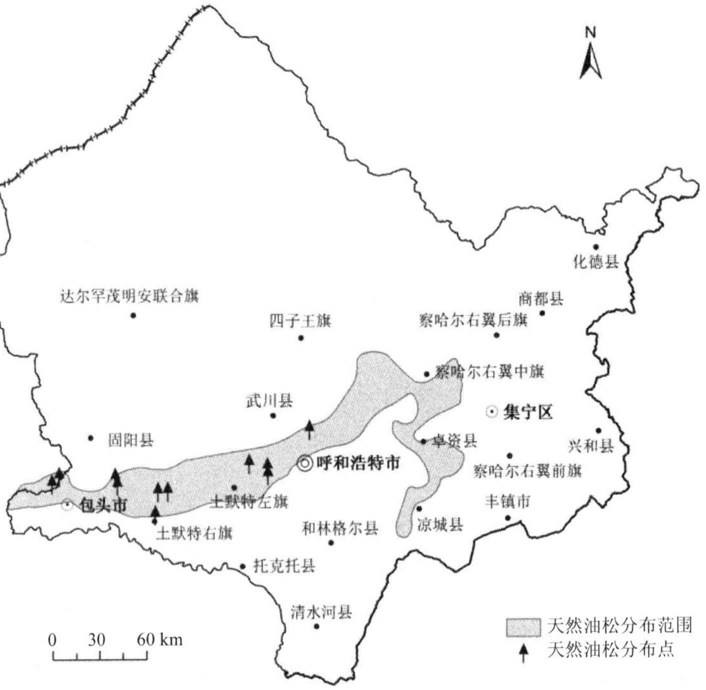

图 2-4　内蒙古中部天然油松残留分布点

植物区系地理成分中，典型的华北成分数量明显减少，广布型或更耐旱的华北种，特别是东亚种起了重要作用。华北成分的蒙椴在沟谷能单独成林，脱皮榆仅见于九峰山和枣沟，灰榆在阳坡形成疏林；东亚成分的侧柏、杜松也形成疏林。山麓可见戈壁—蒙古成分的短花针茅。不见于东中段亚区的种类有阿尔泰金莲花、阿尔泰假报春、阿尔泰多榔菊、乌拉绣线菊、准噶尔栒子木、拟边塞黄芪、锥叶柴胡、贺兰山玄参、术叶合耳菊、掌叶橐吾、内蒙古西风芹等，其中一些种是中亚山地或青藏高原东缘、贺兰山的西来成分。

动物区系也有相似情况，本亚区多栖息于疏林灌丛的鸟类，如漠地林莺、沙白喉林莺、巨嘴沙雀、蒙古沙雀、石雀等。兽类的中雪豹、石貂，鹰类的胡兀鹫应是西来种。蜥蜴类、鼠类明显增多，在包头山麓地带甚至能见到小毛足鼠、三趾跳鼠、子午沙鼠、山地麻蜥、黄石龙子。

（5）人类活动的影响

本生态区涉及的旗县有包头市、土默特右旗、土默特左旗、呼和浩特市、察哈尔右翼前旗、和林格尔县和凉城县等旗县。根据内蒙古统计年鉴，可得到本区三个时段的人口密度变化情况：1988 年 178 人/km^2，2000 年 204 人/km^2，2010 年 222 人/km^2。本区的人口密度一直呈上升趋势，且增长较快。表 2-6 反映了本区从 20 世纪末到 21 世纪初的土地利用变化情况：耕地面积有较大幅度的减少；相反，林地面积有较大幅度的增加；城镇工矿用地也呈上升趋势。

表 2-6　阴山山地生态区土地利用变化情况　　单位：km^2

土地类型＼年份	1988 年	2000 年	2010 年
耕地	2 069.01	1 064.16	1 154.83
林地	1 396.84	2 057.54	2 203.80
草地	3 265.57	3 402.44	3 250.65
水体	0.00	71.27	3.62
城镇工矿	5.59	35.52	107.60
未利用地	0.00	106.08	9.05

2.4.2　阴山北麓及东南部中温型典型草原生态区（Ⅱ）

（1）生态环境特征

该生态区的范围包括阴山北麓低山丘陵与阴北丘陵带之间的广大地区，以及阴山余脉东南部的察哈尔熔岩台地。东与张北高原相接，南与山西省接壤，面积约占研究区的二分之一。属于蒙古高原典型草原区的西部，现为典型的农牧交错带。

本生态区属典型的半干旱草原气候，≥10℃积温在 1 800～2 200℃之间，降水量在 250～400 mm 之间，湿润度在 0.3～0.5 之间。

本区地貌以高原为主，阴山北麓波状高平原海拔高约 1 600 m，地势逐渐向北倾斜，高原上镶嵌着大小不等的许多盆地；东南部的察哈尔熔岩台地，绝大部分海拔在 1 300 m 以上，丘陵与盆地交错分布。地带性植被是克氏针茅为代表的中温带典型草原。土壤为壤质、沙壤质的暗栗钙土和栗钙土。由于良好的土壤条件与和缓的地势，大部分地区已开垦为农田，形成农牧交错的景观格局。

（2）生物多样性特征

①物种多样性。

克氏针茅草原约有种子植物 103 种，分属 28 科、69 属，种的饱和度为 15～20 种/m^2，除建群种克氏针茅外，伴生种有羊草、冷蒿、糙隐子草、阿尔泰狗娃花、乳白花黄芪、细叶葱等，常见植物不过 30 余种。与贝加尔针茅草原和大针茅草原相比，克氏针茅草原的杂类草比重最小，半灌木和多年生禾草比例较高，水分生态类群中旱生植物的比例最高（中国科学院内蒙古宁夏综合考察队，1985）。

克氏针茅是内蒙古高原中西部典型草原的建群种，是本区的优良种质资源，对于维持草原生态系统的稳定具有重要作用。另外，豆科锦鸡儿属旱生灌木，种类繁多，典型草原地区常见的有小叶锦鸡儿、狭叶锦鸡儿和矮锦鸡儿等，常形成灌丛化克氏针茅草原（赵一之，2009）。

②群落与生态系统多样性。

典型草原群落类型随地形和基质变化而不同（表 2-7），群落的种类组成也有明显差异。

表 2-7 阴山山麓及东南部克氏针茅草原群落的多样性

群落类型	生境特点	群落盖度/%	群落高度/cm	植物种数/m^2
克氏针茅、糙隐子草、冷蒿	坡地、丘陵沙壤质栗钙土	20～35	10～25	15～25
克氏针茅、羊草	坡脚、丘间平地暗栗钙土	25～40	10～30	15 以上
克氏针茅、冷蒿	丘陵坡地沙质—沙壤质栗钙土	15～35	5～25	20
克氏针茅、短花针茅	波状高平原、缓丘沙壤质淡栗钙土	15～30	10～25	15 左右
冷蒿、星毛委陵菜	丘陵坡地退化草场	15～25	5～15	15 左右
星毛委陵菜、糙隐子草	丘陵坡地退化草场	25～60	5～10	10 左右
小叶锦鸡儿—克氏针茅、冷蒿	覆沙丘陵、坡地沙质栗钙土	20～35	5～25	15～25
小叶锦鸡儿—冷蒿	丘陵、坡地，栗钙土，地表砂砾质	15～25	5～20	25
百里香、蒙古莸-杂类草	石质低山丘陵	25～40	10～35	20

③珍稀、濒危物种和特有、特征种

本生态区是近百年来垦殖最集中、最严重的地区。由于大面积开垦，尤其是 20 世纪六七十年代的大规模乱捕滥杀，原有的大型野生动物迅速减少，分布范围逐年缩小，如草原广布种黄羊的种群密度大大下降，由常见种变为偶见种，几近绝迹。草原上常见的猛禽，如雀鹰、鸢、大鵟等已成偶见种。相反，由于天敌数量减少，草食性的布氏田鼠数量大增，种群暴发年份对草原构成危害。据不完全统计，草原区哺乳动物只有 15 种左右，包括有蹄类 4 种、食肉类 2 种和啮齿类 9 种；鸟类 12 种；两栖爬行类 7 种（乌兰察布盟计划委员会，1989）。珍稀濒危动物有 8 种，其中，包括国家 I 级保护动物金雕、白尾海雕和大鸨，国家 II 级保护珍稀濒危动物黄羊、大鵟、白尾鹞、猎隼、游隼等（凤凌飞，1991）。

本生态区的动物地理区系成分具有蒙古草原种类的特征。啮齿类中以达乌里黄鼠占优势（占捕获鼠类量的 50%以上），其次是五趾跳鼠（占捕获鼠类量的 30%左右）、达乌里鼠兔（占捕获鼠类量的 10%左右），但总的数量和洞口密度均低于锡林郭勒典型草原区和本地的荒漠草原区（仅及二者的 1/2 或 1/3），原因一是人工植被占有相当大的面积，二是大面积的熔岩台地不利于鼠类生存。农田和芨芨草滩的优势鼠群为长爪沙鼠，农田和人工林内多黑线仓鼠、社鼠。本生态区最南端（丰镇）能见到大仓鼠，东部的商都、化德能见到草原鼢鼠和布氏田鼠。两栖爬行类较少，几乎不见蜥蜴类，蛇也很少，蛙类有花背蟾蜍、黑斑蛙、中国林蛙，偶见大蟾蜍。鱼类有两个特有种，即百灵庙鱥鱼（吐鲁番鱥百灵庙变种）和胡吉尔图条鳅（三鳔条鳅），均产自艾不盖河南部的小溪中。鸟类特征种为蒙古百灵、云雀、凤头百灵、毛腿沙鸡、大鸨、东方鸻等，过去有相当数量分布，后因生态环境改变和人为活动加剧，均已变成零星分布或偶见种。据近几年调查，国家Ⅰ级重点保护动物遗鸥在本区中北部几个小型湖泊中尚有分布（图 2-5）。栖息在大青山及附近山地的大中型猛禽有鸢、秃鹫、大鵟、红隼、红脚隼、燕隼、猎隼、鹏鸮、长耳鸮和红纹腹小鸮等。目前较多的鸟类是耐旱、适应性更强的石鸡（图 2-6），多分布于石质丘陵阳坡或碎石山坡。列入《濒危动植物国际贸易公约名录》的食肉类动物有黄鼬，过去较多，目前已很少，还有数量很少的艾鼬和赤狐。

图 2-5　内蒙古遗鸥分布

本区特有植物较少，目前已知的有囊萼棘豆，仅见于百灵庙南部的石质丘陵；缘毛棘豆分布于察哈尔石质山区，也进入河北省西北部（图 2-7）；四子王棘豆仅见于四子王旗王府草原沙质地（赵一之，1997）。短翼岩黄芪和长叶点地梅是典型草原石质丘陵特征种（以本生态区为中心），前者向南延伸至河北省的西北部、山西北部、陕西北部、宁夏和甘肃东北部，向北进入至锡林郭勒盟南缘；后者向北分布到大兴安岭西麓及蒙古东部。已列入《中国珍稀濒危保护植物名录》的有蒙古黄芪（三级），本区是该种的模式产地和主产区，现有栽培，种植面积达千亩。列入《内蒙古珍稀濒危保护植物名录》的有柄扁桃（二级）、泡囊草（三级，见于察右后旗玻璃敖包、察右中旗的辉腾锡勒，为重要蒙药）、石生鸢尾（三级，见于达茂旗百灵庙附近）、山丹（三级，分布虽广，但数量较少）。

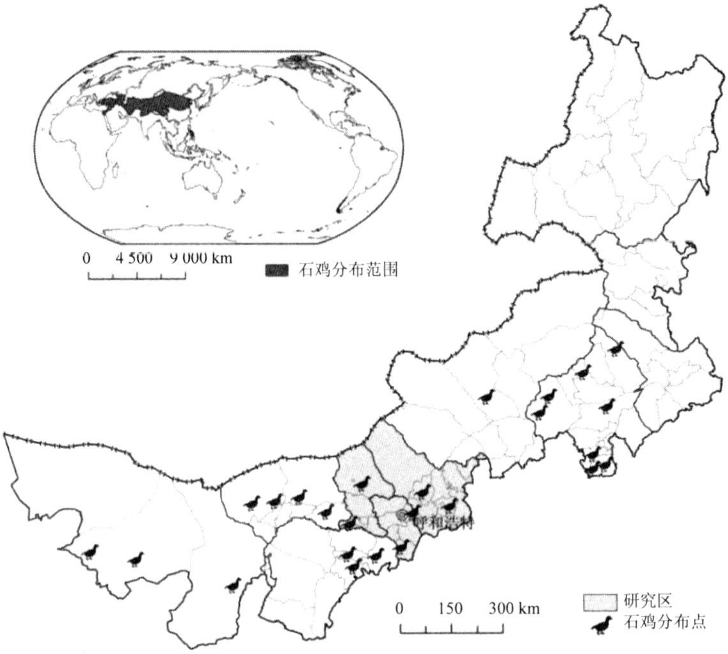

图 2-6　内蒙古石鸡分布

图 2-7　内蒙古中部缘毛棘豆分布

（3）大尺度生态系统格局

克氏针茅草原是本区分布最广的生态系统，大体以阴山山地及其东延丘陵带为界，此线以北，气候比较干燥，以克氏针茅、冷蒿为主。阴山北麓波状高平原地区，草原生态系统占据着丘陵、坡地，盆地、河谷多已开垦为耕地，草原生态系统与农田生态系统构成块状镶嵌分布的格局，在农牧交错带的北部才有连片的草原存在。

阴山山地及其东延丘陵带界线以南，气候比较湿润，以克氏针茅、杂类草为主。农田生态系统占据了河谷和盆地，构成优势景观成分，草原生态系统则被分割得支离破碎。在较大的盆地最低处为内陆湖泊，湖泊外围分布着盐湿性草甸生态系统，草甸外围的平地与缓坡分布农田生态系统，周围的丘陵坡地和玄武岩台地分布着草原生态系统，形成圈层式结构。

（4）生态亚区

本生态区分为两个生态亚区：

Ⅱi 阴山北麓及东南部中温型草原生态亚区（克氏针茅、羊草、杂类草）

包括武川县东南部、察右中旗的中部、卓资县、察右前旗、察右后旗大部、商都、化德、兴和、丰镇和凉城的大部分。气候特点为温冷、半干旱偏润，≥10℃积温 1 800～2 200℃，年平均降水量 350～400 mm，湿润度 0.4～0.5。地貌特征为山前丘陵、熔岩台地与大小盆地的镶嵌组合。土壤以暗栗钙土为主。植被以克氏针茅、羊草及杂类草为主，草原约占总土地面积的 43%，开垦强度较大，耕地约占总土地面积的 50%，是一个农牧结合、以农为主的生态亚区。

Ⅱii 乌兰察布高原南部中温型典型草原生态亚区（克氏针茅、冷蒿）

包括四子王旗和达茂旗的南部、固阳和武川的大部、察右中旗与察右后旗的北部。地貌为波状高平原，丘陵、盆地交错分布。本区为温凉半干旱偏干气候，≥10℃积温 2 000～2 200℃。年平均降水量 250～350 mm，湿润度 0.3～0.4。土壤为栗钙土，植被为克氏针茅、冷蒿草原。北部向荒漠草原过渡，群落中伴生短花针茅。本区草原约占总土地面积的 70%，耕地约占总土地面积的 30%，是一个典型的农牧交错区。

（5）人类活动的影响

该生态区主要涉及固阳县、达茂旗、四子王旗、察哈尔右翼中旗、察哈尔右旗后旗、察哈尔右旗前旗、商都县、化德县、兴和县、丰镇市、凉城县和卓资县等旗县。该生态区是 6 个生态区中旗县最多、面积最广的区域。据内蒙古统计年鉴，可得到本区三个时段的人口密度变化情况：1988 年 63 人/km^2，2000 年 65 人/km^2，2010 年 68 人/km^2。该生态区的人口密度略有增加。表 2-8 反映了本区从 20 世纪末到 21 世纪初的土地利用变化情况：耕地面积先减后增、整体呈下降趋势；林地先大幅度增加，后稍有减少；草地面积呈先增后减趋势；城镇工矿用地呈显著增加趋势，表明人类活动对该区域的影响较大。

表 2-8 阴山北麓及东南部生态区土地利用变化情况 单位：km^2

土地类型＼年份	1988	2000	2010
耕地	23 300.40	20 023.75	22 570.43
林地	1 115.71	2 200.30	1 754.20
草地	19 634.18	20 048.82	18 801.78
水体	131.01	579.47	141.17
城镇工矿	31.77	193.17	482.84
未利用地	32.96	1 200.10	481.58

2.4.3 阴山南麓暖温型草原生态区（Ⅲ）

（1）生态环境特征

本生态区包括阴山南麓、和林格尔中南部以及凉城县岱海盆地的黄土台地与清水河全境的黄土丘陵两部分。东北面以大青山为界，与中温型草原生态区分开；西以黄河为界，与鄂尔多斯高原相对；东南与山西相邻，总面积约 7 000 km^2，是内蒙古中部地区最小的一个生态区。

黄土丘陵、台地区海拔在 1 100～1 400 m 之间，属于黄土高原的一部分。大致以浑河为界，此线以北为黄土台地区，以南为梁峁状黄土丘陵区。

本区为温暖半干旱偏干的气候，年均温 5～7℃，≥10℃积温 2 700～3 200℃，年平均降水量 300～450 mm，湿润度 0.3～0.45。土壤为栗钙土、黑垆土和黄绵土的组合。植被为以本氏针茅为代表的暖温型草原。开垦历史悠久，广大黄土台地、梁峁状黄土丘陵以旱耕地为主，沟谷有部分水浇地。

（2）生物多样性特征

①物种多样性。

本生态区属于黄土高原植物省，植物种类较为丰富。据统计，共有维管束植物 533 种，分属于 80 科、271 属。但由于开垦历史悠久，自然植被主要是处于不同演替阶段的次生植被，物种多样性大为降低。在比较稳定的地段分布着本氏针茅群落，种类组成比较贫乏，约有种子植物 83 种，分属 26 科、68 属。

②群落和生态系统多样性。

本生态区侵蚀切割强烈，水土流失严重，地貌条件复杂多变，促使水热条件再分配，导致生境差异增大，群落多样性随地貌条件而变化，在黄土丘陵区主要有以下群落类型（表 2-9）。

表 2-9 阴山南麓黄土丘陵区植物群落的多样性

群落类型	生境特点	群落盖度/%	群落高度/cm	植物种数/m^2
本氏针茅—百里香	黄土梁、峁顶部坡地、石质丘陵	20～30	5～20	10～15
本氏针茅、达乌里胡枝子	黄土高原坡地，土层较厚	30～40	15～25	25～30
本氏针茅、蒿类	黄土高原陡坡、阴坡	25～45	15～30	15～25
本氏针茅、甘草	黄土高原缓坡，沙壤质	20～50	20～40	20 左右

清水河县南部及沿黄河的土石质丘陵区，切割强烈、沟壑纵横，水土流失，地表粗砾化，侵蚀沟谷坡地分布灌丛（大果榆、酸枣、三裂绣线菊、小叶锦鸡儿）和蒿类半灌木丛（白莲蒿、茭蒿）（表 2-10）。个别低山阴坡尚残存小片桦、杨林、杂木林和中生落叶灌丛（虎榛子、黄刺玫、沙棘等）。

表 2-10　阴山南麓土石丘陵区植物群落的多样性

群落类型	生境特点	群落盖度/%	群落高度/cm	植物种数/m^2
铁杆蒿、本氏针茅	丘陵、坡地，石质土或粗骨土	20～45	10～35	20 左右
茭蒿、本氏针茅	石质丘陵，碎石或裸岩	25～40	10～40	20 以上

③珍稀、濒危物种和特有、特征物种

本生态区特有植物有清水河念珠芥（清水河小蒜芥），与相邻地区共同特有的有黄花角蒿（陕、甘、青黄河沿岸）、长梗茭蒿（与河北、山西）。具有特征意义的有文冠果（与华北共同特有种，在黄土台地崖头形成丛林）、暴马丁香（野生中，见于清水河）、沙棘（在沟谷、坡地形成灌丛）。华北与东亚区系的种有二色棘豆（图 2-8）、草珠黄芪、灰叶黄芪、薤白、曲枝天门冬、北马兜铃，这些种均以阴山为界，不再向北分布。款冬分布于清水河黄土沟谷湿地，在内蒙古也仅见于此地与准格尔。黄河谷地分布的蝟实反映出本生态区与东亚植物区的联系。

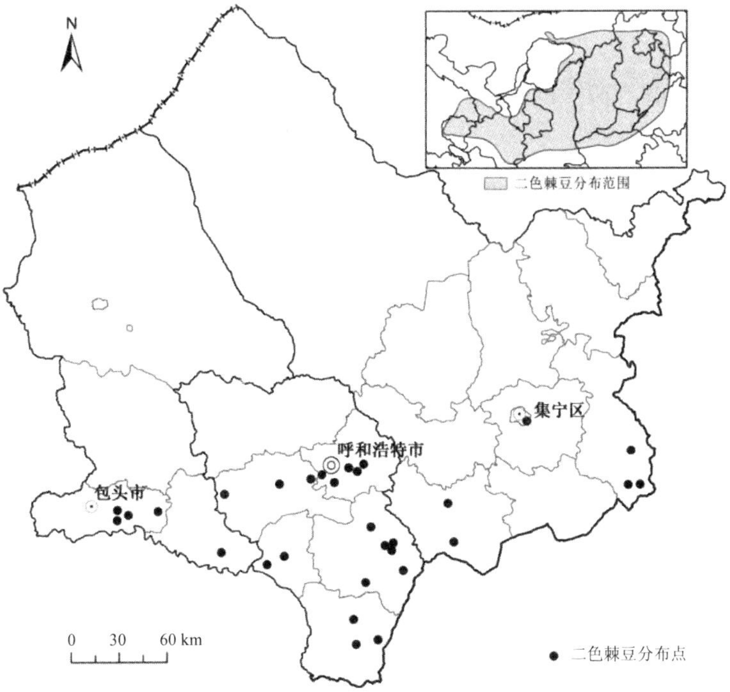

图 2-8　内蒙古中部二色棘豆分布

本区特有动物不超过 10 种，包括食肉类 3 种、啮齿类 6 种，鸟类 11 种，两栖爬行类 10 种，野生鱼类 2 种（乌兰察布盟计划委员会，1989）。由于垦殖历史悠久、人类活动影响强烈，大型野生哺乳动物已近绝迹，以农田、人工林和荒野性的小型哺乳动物占主导，区系成分仍属华北性质。常见啮齿类有黑线仓鼠、大仓鼠、长尾仓鼠，以及广布型的社鼠、巢鼠。还有黄土高原特征种的中华鼢鼠，华北—东北特征种棕色田鼠，蒙古高原草原型的达乌里黄鼠、达乌里鼠兔。区系的过渡性也很明显。食肉目动物多为广布型，数量最多的是黄鼬，20 世纪 80 年代以前数量较多，后因捕杀过度，数量急剧下降。其他的艾鼬、青鼬、赤狐数量较少，增减与黄鼬有类似情况。两栖爬行动物比较贫乏，除少量的山地麻蜥、草原沙蜥、中国林蛙、中介蝮蛇外，花背蟾蜍和中华蟾蜍是沟谷河溪农田常见的蛙类，在内蒙古中部，除阴山以南外，很少进入其他生态区。鸟类最常见的是雨燕、楼燕、家燕、崖沙燕、岩鸽、灰斑鸠、山斑鸠、寒鸦、红嘴山鸦。特征种有黄腹山雀、褐头山雀、山噪鹛、红尾伯劳、大杜鹃、翠鸟等，基本属华北型。国家Ⅰ级珍稀濒危保护动物金鹏过去有记载，现为偶见种；国家Ⅱ级珍稀濒危保护动物有苍鹰、鸢、秃鹫、大鵟、普通鵟、红隼、游隼、红脚隼、鹏鸮、长耳鸮、红纹腹小鸮。

岱海是本生态区的大型内陆湖泊，水域面积 120 km^2，湿地面积 720 km^2。在此有多种水鸟，繁殖鸟有大天鹅、小天鹅、疣鼻天鹅（均为国家Ⅱ级保护动物）、绿头鸭、绿翅鸭、白骨顶、燕鸥等，还有凤头麦鸡、金眶鸻、黑翅长脚鹬、翠鸟、黄头鹡鸰、大苇莺等广布种。

（3）大尺度生态系统格局

区域地貌格局决定了大尺度生态系统的格局。风沙覆盖的黄土台地分布着锦鸡儿灌丛、羊柴半灌木丛和沙蒿半灌木丛。大青山山麓台地与和林格尔黄土台地（海拔在 1 150～1 300 m）多已开垦为耕地，暖温型草原生态系统严重破碎化，只在台地顶部和冲沟边缘分布着本氏针茅、达乌里胡枝子群落的片断，沟谷陡坡分布着白莲蒿半灌木丛，整体上构成农业生态系统与草地生态系统镶嵌分布的格局。

清水河县中部的黄土梁峁丘陵区，适合发展旱作农业，宽阔的河谷分布少量水浇地。暖温型草原以零星斑块状与旱作农业生态系统交错分布。清水河县南部的土石丘陵区，地形破碎，土壤侵蚀严重，暖温型草原植被更加破碎化，丘陵坡地保留着虎榛子灌丛、沙棘灌丛和茭蒿半灌木丛。

（4）生态亚区

本区分为 2 个生态亚区：

IIIi 和林格尔黄土台地生态亚区

主要分布在大青山南麓、和林格尔县浑河以北地区，以黄土台地和梁状丘陵为主，多已开垦为耕地，宽阔的沟谷分布着水浇地，耕地约占总土地面积的 36%。目前，台地顶部和缓坡已经实行退耕还林（草），种植了大面积锦鸡儿灌丛，形成农林结合的生态系统。草地、灌丛、林地约占总土地面积的 54%，其中林地占 8%左右。

IIIii 清水河黄土丘陵生态亚区

包括清水河县中部的黄土梁峁区和南部的土石丘陵区，海拔 1 300～1 450 m，以旱耕地为主，河谷有少量水浇地，暖温型草原斑块所剩无几，是一个典型的农业生态系统。清水河县南部土石丘陵区，缓坡地分布旱作农业生态系统，丘顶、陡坡薄层土上分布着茭蒿、本氏针茅群落，沿黄河土石丘陵的阴坡分布黄刺玫灌丛，个别低山阴坡分布小片落叶阔叶林与落叶灌丛，是一个农林牧结合的生态系统。耕地约占 30%，灌丛草地约占 60%，林地占 8%左右。

（5）人类活动的影响

该生态区主要包括托克托县、清水河县、和林格尔县、凉城县、卓资县和土默特左旗等。根据内蒙古统计年鉴，可得到本区三个时段的人口密度变化情况：1988 年 68 人/km^2，2000 年 75 人/km^2，2010 年 80 人/km^2。本区的人口密度一直呈上升趋势。表 2-11 反映了本区从 20 世纪末到 21 世纪初的土地利用变化情况：耕地面积大幅减少；林地面积有所增加；草地面积大幅增加；城镇工矿用地面积迅速增加，而未利用地略有减少，人类活动对本生态区影响极大。

表 2-11 阴山南麓暖温型草原生态区土地利用变化情况 单位：km^2

土地类型＼年份	1988	2000	2010
耕地	4 802.50	3 503.45	3 604.68
林地	957.48	927.73	1 212.08
草地	2 441.29	3 420.33	3 111.71
水体	160.47	261.84	105.28
城镇工矿	0.00	93.76	256.88
未利用地	0.00	154.42	64.82

2.4.4 乌兰察布层状高平原荒漠草原生态区（Ⅳ）

（1）生态环境特征

本生态区包括达茂旗和四子王旗的中北部，位于阴北丘陵带与北部大盆地之间的广阔的层状高平原上，总面积约 2.5 万 km^2，约占内蒙古中部总面积的四分之一。

本生态区生态环境特征是：半干旱偏干至干旱的气候，年平均降水量在 150～250 mm，湿润度为 0.15～0.3，年均温 2～5℃，≥10℃的积温 2 200～2 500℃。乌兰察布高原南部海拔约 1 450 m，向北逐级下降至 1 000 m 左右，地势开阔，个别地段发育干谷和小型盆地，西南部白云鄂博一带为丘陵地貌。广阔的高平原面有轻度至中度风蚀现象，分布着干谷和干燥剥蚀丘陵，地表多石化、砾质化，局部有积沙现象。土壤为棕钙土，植被为短花针茅、小针茅、沙生针茅为主的荒漠草原（图 2-9）。

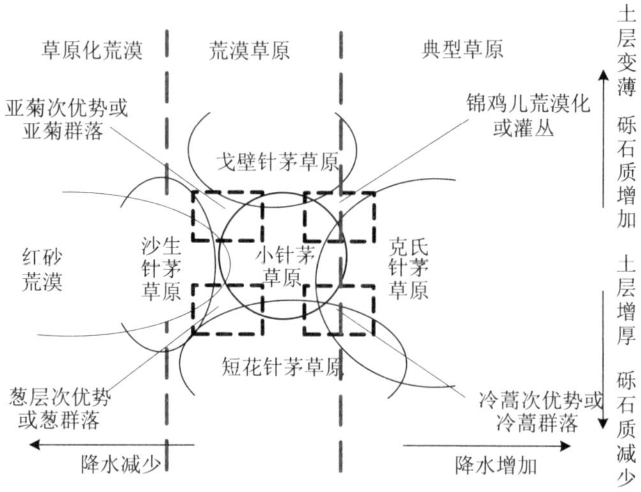

图 2-9 蒙古高原荒漠草原几种针茅草原的生态位系列

（2）生物多样性特征

①物种多样性。

由于气候干旱，荒漠草原生态系统种类组成比较贫乏。据统计，本区约有维管植物 369 种，分属 50 科、180 属（中国科学院内蒙古宁夏综合考察队，1985）。种的饱和度较低，每平方米有植物 10～12 种。除小针茅（*Stipa klemenzii*）、沙生针茅、短花针茅等几种小型针茅外，旱生半灌木与小半灌木冷蒿、驼绒藜、兔唇花、女蒿、蓍状亚菊等和禾本科的无芒隐子草在群落中具有重要作用。

据统计，本区有食肉类动物 3 种、蹄类 4 种、啮齿类 17 种、鸟类 95 种、两栖爬行类 9 种，多属于蒙新荒漠种。

②群落与生态系统多样性。

随着局地尺度地貌和地表基质的不同，群落种类组成发生明显变化。荒漠草原南缘的淡栗钙土带，分布短花针茅草原，多占据开阔的波状高平原或缓丘坡地与丘间平地，群落类型多样（表 2-12）。

表 2-12 乌兰察布短花针茅草原的群落多样性

群落类型	生境特点	群落盖度/%	群落高度/cm	植物种数/m^2
短花针茅、糙隐子草	高平原、缓丘，沙壤质，土层较厚	15～30	10～20	10～15
短花针茅、冷蒿	高平原、缓丘，土层较薄	15～25	5～15	10～15
短花针茅、多根葱	高平原低平地，丘间平地	25～35	10～20	10～15
短花针茅、荒漠丝石竹等杂类草	缓丘坡地，地表有砂砾	20～30	10～20	10～15
小叶锦鸡儿—短花针茅	沙质高平原	15～30	10～20	10～15

层状高平原中北部，地形开阔平坦，土壤为棕钙土，分布大面积的戈壁针茅荒漠草原，草群稀疏、低矮，每平方米仅有植物 10 种左右。石质丘陵坡地分布亚菊类荒漠草原，每平方米植物不足 10 种。群落多样性随生境变化而改变（表 2-13）。

表 2-13　乌兰察布层状高平原中北部小针茅草原的群落多样性

群落类型	生境特点	群落盖度%	群落高度/cm	植物种数/m²
小针茅、无芒隐子草	高平原面，沙质土壤层	25～35	10～15	10 左右
小针茅、冷蒿	高平原南部，微起伏，土壤沙质	10～20	5～15	10 左右
小针茅、女蒿	高平原坡地，地表多石砾质	8～15	10	10 左右
小针茅、多根葱	高平原坡地、洼地，土壤微盐化	20～30	10	10 左右
沙生针茅	高平原覆沙或沙质	10～20	10	10 左右
小叶锦鸡儿—小针茅	高平原低洼地，土壤微盐化	15～20	10～15	10 左右
中间锦鸡儿—沙生针茅	高平原覆沙或沙质	10～20	10～20	10 左右
三裂女蒿	石质丘陵坡地	8～10	10	10 左右
蓍状亚菊	石质丘陵坡地	5～10	8～10	10 左右
岩蒿—戈壁针茅	石质丘陵坡地	15～25	10～20	10 左右

③珍稀、濒危物种和特有、特征种。

本生态区基本上保持着自然植被，并以荒漠草原景观为主。除大型哺乳动物受乱捕滥杀、大型猛禽受草原灭鼠二次中毒影响，数量明显减少或几近灭绝外，其他动物群基本保持了原有特色。黄羊是国家Ⅱ级重点保护动物，是草原（包括荒漠草原）的优势种和特征种。20 世纪 50 年代，本生态区中部曾有数百只至上千只大群出现，经过 20 世纪六七十年代的大量捕杀，目前已为偶见种，但在蒙古国出现雪灾、鼠害时，仍有小群南迁至本区，如能认真加以保护，可能会有留存。小型哺乳动物也有特色，小针茅荒漠草原群落中的啮齿类以五趾跳鼠和巨泡五趾跳鼠占优势，分别占捕获量的 39.5%和 27.88%。数量较多的还有赤颊黄鼠（占 13.15%）（图 2-10），其次是短尾仓鼠、小毛足鼠、三趾跳鼠和长爪沙鼠，这些多是与半荒漠区共有的特征种或特有种。真正的荒漠、半荒漠种，如蒙古羽尾鼠、蒙古兔尾鼠不见分布（施大创等，1994；赵肯堂，1981）。两栖爬行类有密点麻蜥、丽斑麻蜥、无斑沙蜥、变色沙蜥、草原沙蜥，蛇类有岩栖蝮。鸟类优势种为蒙古百灵、凤头百灵、角百灵、云雀、沙百灵、铁嘴沙鸻、东方鸻、毛腿沙鸡、白顶䳭、漠䳭等（赛胜宝等，1995）。国家Ⅰ级保护动物大鸨为草原和荒漠草原特征种；蓑羽鹤为国家Ⅱ级保护动物，也是特征种。蒙古百灵为草原特有种，近年来由于内地人来草原捕捉，数量急剧下降。蒙古族常把百灵鸟作为吉祥、智慧、幸福的象征，因此，1983 年自治区政府批准将百灵鸟定位为内蒙古自治区的区鸟，禁止捕杀，并建议列入保护动物名录。毛腿沙鸡是阴山以北草原特别是荒漠草原的特征种，数量较多，蓑羽鹤（图 2-11）为夏季常见旅鸟，大鸨（图 2-12）过去有一定数量，近年来已成偶见种。

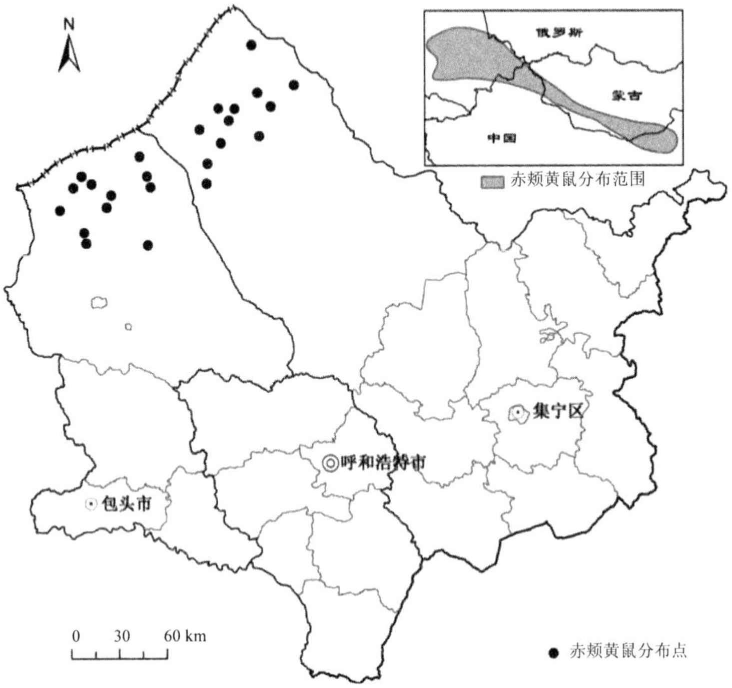

图 2-10　内蒙古中部赤颊黄鼠分布

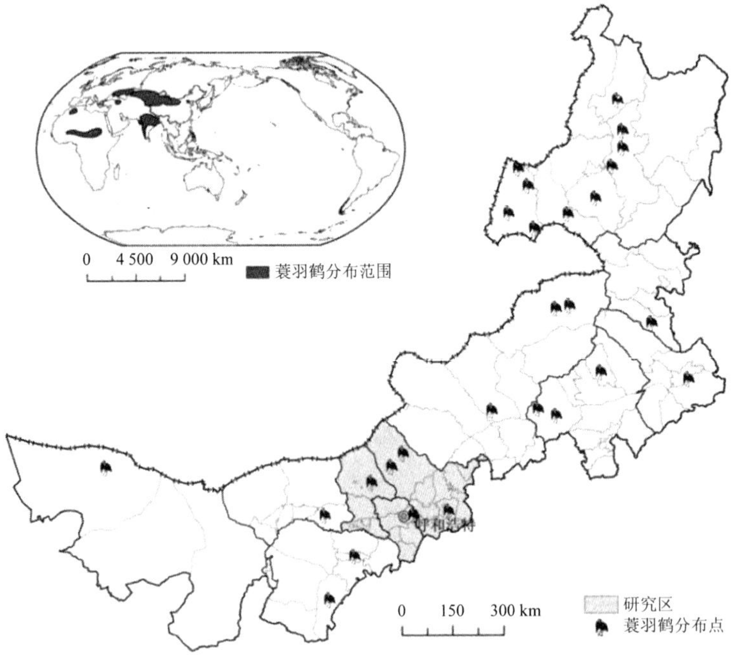

图 2-11　内蒙古蓑羽鹤分布

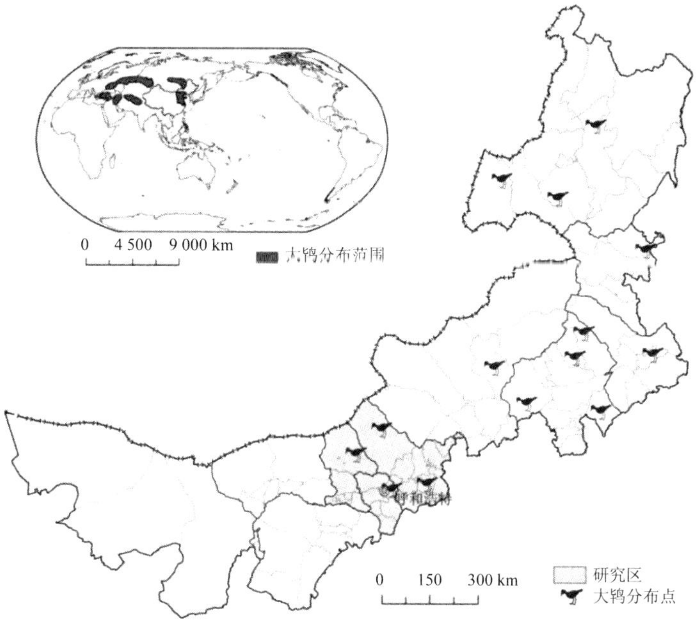

图 2-12　内蒙古大鸨分布

本生态区列入珍稀、濒危动物的有苍鹰、秃鹫、毛脚鵟、红隼、红脚隼、黄爪隼、长耳鸮、鵰鸮和纵纹腹小鸮。

本生态区是蒙古高原草原最干旱的部分，为亚洲中部戈壁—蒙古区系成分的核心区域。特有种不多，有小针茅（*Stipa klemenzii*）、女蒿、窄叶锦鸡儿；特征种有兔唇花、戈壁天门冬、荒漠丝石竹（图 2-13）、鳞萼棘豆、蒙古葱、丛蒿、蓍状亚菊、无芒隐子草、拐轴鸦葱、紫爪花芥（棒果芥）、银灰旋花等，它们从不进入典型草原区，但在荒漠区和草原化荒漠区常成为重要的伴生种。珍稀濒危植物仅有列入《中国重点保护野生植物名录》的发菜、沙芦草（均为Ⅱ级）和列入《自治区珍稀濒危保护植物名录》的甘草（二级）、柄扁桃（三级）、圆叶木蓼（三级）。

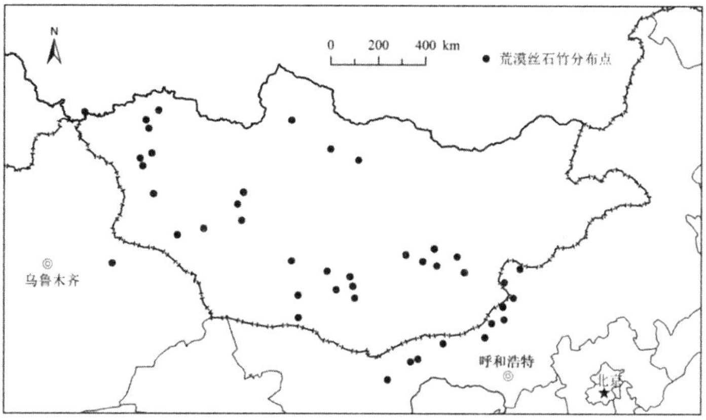

图 2-13　荒漠丝石竹分布

（3）大尺度生态系统格局

乌兰察布高原荒漠草原区的地势由南向北逐渐降低，自东向西逐渐升高。南部的淡栗钙土带有一东西延伸、相对连续的短花针茅带，占据波状高平原的缓坡地或开阔的平地，是典型草原向荒漠草原的过渡类型。达茂旗和四子王旗的中北部，海拔 1 000～1 100 m，地形为开阔平坦的层状高平原，是小针茅荒漠草原分布的中心地带。以小针茅为代表的针茅属羽针组的一系列种在这里组成了不同地境的多种群落类型。轻壤质棕钙土上，主要分布小针茅—无芒隐子草荒漠草原；当土壤砂砾质化时，就会出现沙生针茅—亚菊、沙生针茅—冷蒿以及锦鸡儿灌丛化小针茅、沙生针茅荒漠草原；当地势低洼，土壤可溶性盐类增加，则分布小针茅—多根葱、小针茅—红砂荒漠草原。

在北部和东部，小针茅草原分布在 950～1 000 m 的层状高平原上。地形凸起地段分布着小针茅—隐子草群落，地势较低的小型洼地中分布小针茅—多根葱群落，二者呈交错分布；石质丘陵分布着小针茅—亚菊荒漠草原；河谷与湖盆低地分布着盐湿性草甸生态系统，如芨芨草—禾草草甸、芨芨草—盐生杂类草草甸，盐化的干湖盆多为珍珠、红砂群落。

达茂旗和四子王旗的中北部，地处层状高平原的北缘，地势低平开阔，海拔在 1 000 m 左右。这一带是荒漠草原向草原化荒漠过渡地带，气候更加干旱，地表多石砾或覆沙，小半灌木成分增多，形成女蒿—小针茅草原和蓍状亚菊—小针茅草原。

（4）生态亚区

本区分为 2 个生态亚区：

Ⅳi 南部小针茅、短花针茅生态亚区

地处荒漠草原区的南部，由于海拔较高（1 300 m 左右），干旱程度稍低（湿润度 0.25～0.28），土壤为淡栗钙土向壤质暗棕钙土过渡。在这种生态条件下，短花针茅为主的草原逐渐向小针茅草原过渡，出现了短花针茅+小针茅+无芒隐子草+冷蒿荒漠草原，大面积分布的仍以小针茅—隐子草草原为主。小针茅草原约占内蒙古中部地区草场面积的 32.3%，是内蒙古中部天然草场的主体，牧草产量虽不是很高，但品质好，家畜喜食性禾草比例约占 50%，干物质和蛋白质含量高，小针茅、无芒隐子草、冷蒿、葱类都是优良的牧草，是小家畜（羊）和马的理想放牧场，构成了本区最大的放牧生态系统。

Ⅳii 北部旱生小半灌木、小针茅生态亚区

荒漠草原的最北部，气候更趋干旱，风蚀沙化加重，在石质丘陵坡地、砂砾质层状高平原面，旱生小半灌木在群落中的比重增大，尤其在本生态区西北部出现小针茅、沙生针茅与蒿类（冷蒿、旱蒿）、蓍状亚菊组成的荒漠草原。另外，在荒漠草原向草原化荒漠过渡地带，在湖滨阶地壤质或黏质碱化棕钙土上，分布小针茅—红砂草原，这是荒漠化程度最高的一类荒漠草原（中国科学院内蒙古宁夏综合考察队，1985）。

（5）人类活动的影响

本生态区包括达茂旗和四子王旗。根据内蒙古统计年鉴，可得到本区三个时段的人口密度变化情况：1988 年 8 人/km^2，2000 年 8 人/km^2，2010 年 9 人/km^2。人口密度无显著变化。表 2-14 反映了本区从 20 世纪末到 21 世纪初的土地利用变化情况：耕地面积和林地面积逐渐减少；草地面积略有波动；水体面积先增加后减少，变化幅度较大；城镇工矿用

地面积增加显著，表明人类活动对该生态区影响增大。

表 2-14　乌兰察布层状高平原荒漠草原生态区土地利用变化情况　单位：km^2

土地类型 \ 年份	1988	2000	2010
耕地	631.69	693.42	516.65
林地	312.14	151.89	130.02
草地	23 630.58	22 020.74	23 446.16
水体	21.85	267.80	3.54
城镇工矿	41.54	69.96	92.44
未利用地	235.91	1 670.35	667.57

2.4.5　乌兰察布高原北部草原化荒漠生态区（Ⅴ）

（1）生态环境特征

本生态区包括达茂旗和四子王旗的最北部，东与苏尼特右旗相邻，西与巴彦淖尔市接壤，北面为中蒙国境线，总面积约 10 000 km^2，约占内蒙古中部地区总面积的十分之一。高平原与丘陵、盆地、戈壁镶嵌分布的地貌，温暖很干旱的气候，淡棕钙土为主的土壤，草原化荒漠植被。

本生态区位于乌兰察布高平原的最北部，大部分海拔在 1 000～1 150 m。脑木根—腾格淖尔—满都拉一线，分布着呼和诺尔、腾格淖尔、乌兰诺尔和哈尔淖尔等大型盆地，盆地海拔在 900～1 000 m，整体地势较低，地表积聚盐分或形成碎砾质戈壁。沿中蒙边境为一带剥蚀残丘，海拔 1 300 m 左右。因地处季风尾闾区，形成温暖很干旱气候，降水量 130～150 mm，湿润度低于 0.13，但热量充足，年均温 4～5℃，≥10℃积温 2 800～3 000℃。植被为强旱生耐盐碱或石生、沙生荒漠灌木或小半灌木，还有小针茅、沙生针茅、无芒隐子草、多根葱和蓍状亚菊等。

（2）生物多样性格局

①物种多样性。

草原化荒漠生态系统物种丰富度较低，红砂荒漠种类比较丰富，约有种子植物 170 种，分属 38 科、106 属。其中红砂、松叶猪毛菜、短叶假木贼、霸王都是典型的亚洲中部荒漠种。伴生植物有沙生针茅、无芒隐子草、多根葱、蒙古葱、银灰旋花、戈壁天门冬、女蒿和蓍状亚菊等。草原化荒漠群落种饱和度较低，许多植物群落含有植物不足 10 种，种类较多的霸王群落也不足 20 种。

②群落与生态系统多样性。

群落多样性主要受生境类型的影响，分为盐生和石生两大系列。盐生灌木、半灌木草原化荒漠是本生态区面积最大的生态系统（表 2-15）。

表 2-15 乌兰察布高原北部草原化荒漠生态系统的多样性

群落类型	生境特点	群落盖度/%	群落高度/cm	含植物种数/m^2
红沙、珍珠、小针茅	高平原洼地缓坡和低平地	10～30	20～30	5～10
珍珠、小针茅、多根葱	大洼地底部平地	10～30	7～15	10
红沙、蓍状亚菊、小针茅	高平原丘陵缓坡、洼地缓坡	10～20	10～20	10

大型洼地的干湖底重盐碱土生境，分布着盐生灌木群落（表 2-16）。

表 2-16 乌兰察布高原北部干湖盆盐生灌木群落的多样性

群落类型	生境特点	群落盖度/%	群落高度/cm	含植物种数/m^2
细枝盐爪爪、尖叶盐爪爪	古湖底、湖滨、重盐碱土、土质偏黏	30～70	30～60	5～10
盐爪爪、白刺	重盐碱土、湖泊低地、土壤偏沙	20～50	20～40	5～10
红沙、盐爪爪	湖盆外围低地	15～40	10～30	5～10
柽柳	古湖岸沙丘	40～70	100～200	5～10

剥蚀残丘分布着石生灌木、半灌木草原化荒漠，主要有以下群落类型（表 2-17）。

表 2-17 乌兰察布高原北部剥蚀残丘石生灌木、半灌木草原化荒漠群落的多样性

群落类型	生境特点	群落盖度/%	群落高度/cm	含植物种数/m^2
松叶猪毛菜、小针茅	石质残丘，地表石质、碎石质	5～10	5～25	5～10
短叶假木贼、小针茅	残丘坡麓，地表砾石质	3～8	5～10	5～10
霸王、小针茅	缓丘顶部，地表碎石质	5～15	10～40	10～15
藏锦鸡儿、小针茅	残丘、缓丘，地表砾石质	10～25	10～20	5～10

③珍稀濒危物种和特有、特征种。

本生态区由于靠近中蒙边境，人为活动较少，自然植被保存较好。除大型哺乳动物和大型猛禽受人为影响明显减少外，其他动植物种类基本保持自然状态。

大型动物种类较为贫乏，穴居、爬行动物（蜥蜴类）相对较多。大型食草动物鹅喉羚为国家Ⅱ级保护动物，是当地的特征种和优势种，现已成偶见种；进入本区的还有黄羊，是国家Ⅱ级保护动物，为草原、荒漠草原特征种；国家Ⅰ级保护动物蒙古野驴过去有零星分布，现已近绝迹，但在蒙古国遇有雪灾、饲草短缺年份，会有野驴、黄羊、鹅喉羚等大型有蹄类动物进入本区，因此，应加强野生生物栖息地的保护，创造上述动物回迁的条件。荒漠、半荒漠地带是啮齿类动物繁盛的地带，除具有东亚型特色之外，一部分是内蒙古西部至阿拉善地区的特有种，如蒙古羽尾鼠、小毛足鼠、巨泡五趾跳鼠、蒙古兔尾鼠和赤颊黄鼠。据调查，优势种为五趾跳鼠（占捕获量的 57.36%）、三趾跳鼠（占捕获量的 24.37%）（施大创等，1994；赵肯堂，1981，1991）。在腾格淖、哈日淖和江岸河西岸的白刺、红柳

沙丘上是子午沙鼠（占该类型鼠类的 8.74%），芨芨草滩上是长爪沙鼠（占该类型鼠类的 31.17%）和五趾跳鼠（占该类型鼠类的 36.06%）。具有荒漠特征的鼠类还有黑线毛足鼠、五趾心颅跳鼠和短尾仓鼠。爬行类有变色麻蜥、密点麻蜥和中介蝮。

动物区系地理成分分析表明，中亚型鸟类占优势，东方鸻（当地主要繁殖鸟类，夏秋数量很多）、铁嘴沙鸻、漠䳭、沙䳭、白顶䳭和黑喉石䳭为优势种和特征种，其他有斑翅山鹑、毛腿沙鸡、蒙古百灵。珍稀濒危鸟类有苍鹰、秃鹫，隼类较少，蓑羽鹤和大鸨为偶见种。国家Ⅰ级保护动物波斑鸨（图 2-14）是草原化荒漠的特有种。应加强河湖湿地保护，维护大鸨等珍稀鸟类的栖息地。

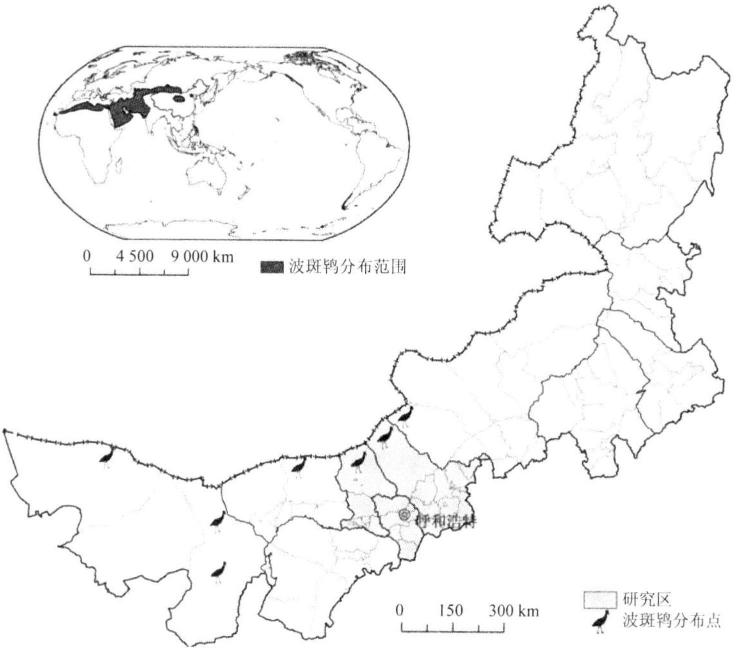

图 2-14　内蒙古波斑鸨分布

植物的特有现象也很明显，如松叶猪毛菜、短叶假木贼、霸王（图 2-15）、珍珠、红砂，它们既是荒漠、半荒漠的特征种，也是亚洲中部戈壁荒漠的特有种。胡杨是亚洲荒漠区的特征种，是国家Ⅲ级保护植物，仅见于四子王旗脑木根的哈沙图查干诺尔淖的干河床上，呈小片分布，这是胡杨最东的分布地点，对研究古地中海植物区系有重要科学意义，1999 年已建立市级保护区。当地特征种和特有植物还有异叶棘豆、大花雀儿豆、厚叶花旗杆、白毛花旗杆、毛灌木铁线莲、革苞菊、锐枝木蓼、刺叶柄棘豆和白龙昌菜等。其中，革苞菊仅见于达茂旗丘陵坡地，为国家Ⅱ级保护植物；大花雀儿豆（红花海绵豆）仅见于达茂旗北部石质丘陵，为内蒙古自治区三级保护植物；白龙昌菜（脓疮菜）仅见于四子王旗北部覆沙地，为内蒙古自治区二级保护植物。低等植物发菜，为原国家林业总局、农业部颁布的国家Ⅱ级保护野生植物。

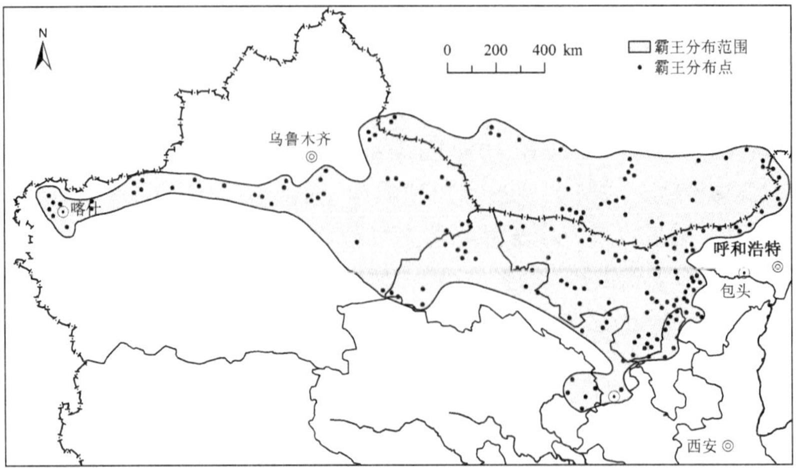

图 2-15 内蒙古霸王分布

（3）大尺度生态系统格局

本生态区东西分异明显，东中部地貌为大型盆地与含盐的第三纪泥质岩石形成的剥蚀台地。从剥蚀台地至盆地底部形成一个盐生生态系列：台地、缓坡以霸王、小针茅生态系统为主；盆地边缘为红砂、沙生针茅生态系统；湖盆边缘的沙丘带为柽柳生态系统；古湖盆底部为盐爪爪或红砂、盐爪爪盐生小灌木生态系统；覆沙高平原上分布针枝蓼、矮锦鸡儿、褐沙蒿和灌木岩黄芪等生态系统。

本生态区的西北部，地貌以剥蚀残丘与戈壁为主，湖盆较小，形成一个石生生态系列：石质丘陵为松叶猪毛菜、短叶假木贼生态系统；砾质戈壁为红砂生态系统；沙砾质高平原为藏锦鸡儿、沙生针茅生态系统；覆沙高平原上分布褐沙蒿生态系统。

（4）生态分区

本生态区下分为 2 个生态亚区：

Vi 西北部剥蚀丘陵、戈壁石生灌木、半灌木生态亚区

包括满都拉苏木和白彦花苏木的北部。地貌特征为干燥剥蚀残丘，石质生境上分布着稀疏的松叶猪毛菜、短叶假木贼等强旱生半灌木和小半灌木，是很干旱荒漠气候的标志。本区风蚀严重，植被稀疏，产草量低，但草场面积不大、利用强度小，适合夏秋季轻度利用，是以养驼业为主的放牧生态系统。其中，藏锦鸡儿草场产草量较高，适合放养小家畜。

Vii 东部大盆地盐生灌木、半灌木生态亚区

包括四子王旗的卫井苏木、白音脑包苏木和脑木根苏木的北部。地貌特征为高平原、缓坡地和大型洼地，土壤为碱化淡棕钙土，植被为珍珠、沙生针茅群落为主，随着土壤盐分增加，则被更为耐盐的红砂、盐爪爪所代替。每平方米干物质 124 g，其中珍珠占 79%，禾草占 14%，葱类占 2%，是当地良好的放牧场，产草量比较稳定，适合放养戈壁羊和骆驼。一般家畜不喜食盐生灌木，但却是骆驼的好饲料，养驼业有一定潜力。

（5）人类活动的影响

本生态区主要涉及达茂旗和四子王旗两个旗。根据内蒙古统计年鉴，得到本区三个时

段的人口密度均为 8 人/km²。表 2-18 反映了本区从 20 世纪末到 21 世纪初的土地利用变化特点是：波动性强，特别是水体。

表 2-18 乌兰察布高原北部草原化荒漠生态区土地利用变化情况 单位：km²

土地类型＼年份	1988	2000	2010
耕地	11.32	14.39	12.76
林地	95.44	8.51	39.69
草地	7 725.76	7 036.53	7 599.44
水体	25.12	122.39	1.24
城镇工矿	0.00	0.00	0.76
未利用地	829.74	1 505.21	1 026.14

2.4.6 前套平原农作植被—盐湿草甸生态区（Ⅵ）

（1）生态环境基本特征

前套平原包括包头市的黄河冲积平原与呼和浩特市的黑河冲积平原，北起乌拉山和大青山的山麓（海拔约 1 150 m），南达黄河岸边，东南以和林格尔黄土台地的北缘为界。东西长约 200 km，南北平均宽约 30 km，总面积约 6 500 km²，是内蒙古中部最大的平原。

本生态区为温暖半干旱气候，热量条件好，大部分地区≥10℃的积温在 2 800℃以上，年降水量在 350～400 mm，年湿润度大部分在 0.3～0.4，东北部有小部分处于 0.4～0.5 之间。前套平原大部分海拔在 1 150 m 以下，为平坦的河湖冲积平原。由于地势低洼、地下潜水位高，土壤以栗钙土、草甸土、新积土和灌淤土为主。自然植被以盐湿性草甸为主，多分布羊草—碱蒿群落、羊草—杂类草群落、羊草—碱茅群落和芨芨草群落，在重盐碱地上有小面积的盐生灌木、半灌木群落。目前平原的大部分已被农业生态系统所代替。本生态区是一个由草甸和湿地生态系统、城镇生态系统和城郊型农业生态系统共同构成的复合生态系统。

（2）生物多样性特征

①物种多样性。

平原地区植物种类组成比较贫乏。据统计，有野生种子植物 137 种，分属于 36 科、93 属。其中，草本植物 121 种，灌木、半灌木 16 种（杨永明等，2005）。大青山山前平原的地带性植被为本氏针茅、白羊草草原，现已保存不多，仅有小面积残留，华北常见的酸枣灌丛亦有零星分布。冲洪积扇缘洼地，由于潜水位较高，自然植被以寸草苔（矮草草甸）、芨芨草盐化草甸、马蔺盐化草甸和芦苇、香蒲沼泽为主。

据统计，呼包平原共有鸟类 172 种，分属 17 目、43 科。其中，国家一级保护鸟类有黑鹳、遗鸥，国家二级保护鸟类有小天鹅、大天鹅、疣鼻天鹅、雀鹰、大鵟、白尾鹞、猎隼、燕隼、红隼、灰鹤、蓑羽鹤等 20 种。收入《中国濒危动物红皮书》的有 7 种，列入《濒危动植物国际贸易公约》（CITES）附录Ⅱ的有 4 种（王晓东等，2007）。

②群落与生态系统多样性。

前套冲积平原地势平缓，但微地貌引起的水盐动态影响着生态系统的形成与演化。扇缘洼地及河旁洼地、湖泊边缘，自然植被以盐化草甸和沼泽为主（表 2-19），但经历上百年的人工改造，绝大部分地区已形成发达的农业生态系统。

表 2-19　前套平原盐化草甸和沼泽群落的多样性

群落类型	生境特点	群落盖度/%	群落高度/cm	植物种数/m^2
羊草、碱蒿	平原洼地边缘	30～80	10～30	10～15
羊草、碱茅	平原洼地边缘	40～100	10～30	10～15
野大麦、杂类草	平原洼地边缘	40～70	10～25	10～15
芨芨草盐化草甸	平原河岸、湖滨	50～90	100～200	15 左右
寸草苔、金戴戴、鹅绒委陵菜沼泽化草甸	季节性积水洼地	80～100	5	10～15
芦苇沼泽	平原湖泊	100	200～300	15 左右

③珍稀、濒危物种和特有、特征种。

本生态区大部分已被开垦为耕地和果园，沿黄河仍保留一定面积的湖沼湿地，成为许多珍稀濒危鸟类的栖息地、繁殖地。主要的水鸟有白琵鹭（国家Ⅱ级保护动物）、苍鹭和大白鹭。常见种还有斑嘴鸭、绿头鸭、赤膀鸭、凤头麦鸡、黑翅长脚鹬、红脚鹬、凤头䴙䴘、白翅浮鸥、须浮鸥、燕鸥、红骨顶和大苇莺等，其中白琵鹭、绿头鸭、须浮鸥为优势种。还有草鹭、大麻鳽、小田鸡、绿翅鸭、赤嘴潜鸭等（旭日干，2007）。鹰隼类国家Ⅱ级保护动物有鸢、秃鹫、白腹鹞、白尾鹞、雀鹰、普通鵟、大鵟、黄爪隼、红隼、红脚隼、灰背隼、燕隼；鸮类国家Ⅱ级保护动物有红角鸮、雕鸮、纵纹腹小鸮、长耳鸮和短耳鸮。旅鸟有大天鹅、小天鹅、疣鼻天鹅、豆雁、鸿雁和灰鹤（均为国家Ⅱ级保护动物）。黑鹳、遗鸥为列入《中国濒危动物红皮书》的国家Ⅰ级保护动物，绿翅鸭被列入《世界濒危鸟类》，大白鹭（图 2-16）、白眉鸭、琵嘴鸭和白眼潜鸭被列入《濒危野生动植物国际贸易公约名录》。

黄河内蒙古段有鱼类 11 种（鲤科 8 种、鳅科 1 种、鲶科 2 种），主要有鲤鱼、鲫鱼和泥鳅。黄河鲤为驰名鱼种，但现已很难捕到。沿黄湿地有中华鳖分布，数量很少，已列入《国家濒危动物红皮书名录》，属易危种。

农田、果园和人工林内动物区系种类组成与阴山南麓暖温型草原生态区近似。本区植物区系地理成分以泛北极、古北极的中生、湿生和水生的广布种为主，缺乏珍稀、特有种类。

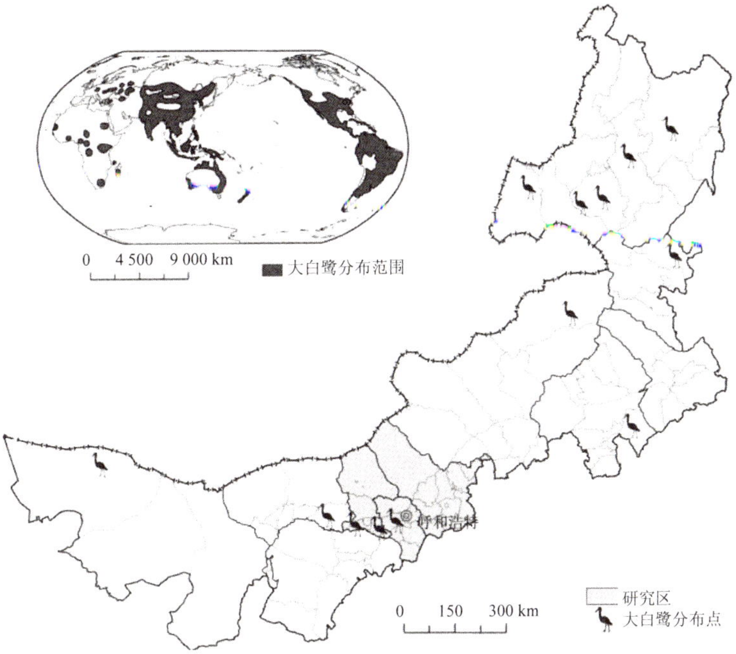

图 2-16　前套平原大白鹭分布

（3）大尺度生态系统格局

前套冲积平原的外围是山前倾斜平原，海拔在 1 030～1 100 m，土壤为栗钙土、冲积新积土和洪积新积土，原生植被为暖温型草原（本氏针茅、白羊草）。但是，由于多年的开发，已经变为农田和园地以及城镇用地。扇缘洼地和广大的冲积平原，海拔高度在 986～1 030 m，隐域性植被为各种盐化草甸和沼泽。近百年来经历了由自然草甸生态系统—放牧生态系统—农业生态系统的不可逆的变化过程（郝润梅等，2004），平坦的地势、深厚的土层和便利的水利条件，使这里形成了发达的城郊农业生态系统与草甸湿地生态系统相结合的人工管理景观。

前套冲积平原明显分为两部分：东部的黑河冲积平原，海拔一般高于 1 000 m，东北高、西南低，南北高、中间低。冲积扇缘洼地中分布着盐化土壤和盐碱土，是盐化草甸和盐生草甸集中分布的地带。大黑河与小黑河等河流沿线分布潮土和灌淤土，是灌溉农田和草甸分布的地区；西半部的黄河冲积平原，海拔较低、地势北高南低，集中连片分布的盐碱土相对较少，多为潮土、盐化潮土和灌淤土，除大面积的水浇地外，分布较多的是草甸和河湖湿地（芦苇沼泽）。

（4）生态亚区

本生态区下分为 2 个生态亚区：

Ⅵi　黑河冲积平原灌溉农业—盐化草甸生态亚区

大致以陶思浩—托克托一线为界，以东的黑河冲积平原海拔高于 1 000 m，整体形状大致呈梯形，面积约 3 000 km^2。该亚区灌溉农业生态系统约占一半，旱作农业生态系统占一定比例，有发达的城郊型农业，城镇体系发达、交通基础设施较为完善。由于微地形变化，生态系统的空间分异明显，在河流两侧与河间地有部分沙化土地，扇缘洼地与河旁洼地中以盐化草甸生态系统占优势，但河湖湿地所占面积相对较少。

VIii 黄河冲积平原灌溉农业—草甸湿地生态亚区

西面的黄河冲积平原大致呈一喇叭形，面积约 4 000 多 km^2，大部分地区海拔低于 1 000 m。本亚区水利设施完善，以灌溉农业生态系统为主，城镇系统和交通基础设施不及黑河冲积平原发达。本亚区河湖湿地生态系统比例较高，黄河沿线及古河道旁分布着许多沼泽。为了保护湿地生态系统，保护鸟类栖息地以及保护珍稀濒危物种，目前已经设立了哈素海湿地自然保护区（1996 年建立）和南海子湿地自然保护区（2001 年建立）。

（5）人类活动的影响

本生态区涉及包头市、土默特右旗、土默特左旗、和林格尔县和托克托县等旗县。根据内蒙古统计年鉴，得到本区三个时段的人口密度：1988 年为 234 人/km^2、2000 年为 275 人/km^2、2010 年为 302 人/km^2。人口密度一直呈上升趋势，且增长较快。表 2-20 反映了本区从 20 世纪末到 21 世纪初的土地利用变化情况：6 种土地利用面积均发生了不同程度的变化。其中，耕地面积先大幅度减少，后又有所增加，但总数减少；林地面积明显减少；草地面积先大幅增加，后又减少；城镇工矿用地增加迅速，2010 年是 1988 年面积的 7 倍多，表明该生态区受城市化影响强烈，是人类活动最密集的区域。

表 2-20　前套平原生态区土地利用变化情况　　单位：km^2

土地类型＼年份	1988	2000	2010
耕地	5 542.43	3 698.32	4 818.82
林地	653.43	181.12	183.14
草地	282.48	1 580.33	500.13
水体	28.94	218.56	111.98
城镇工矿	144.17	597.91	1 053.69
未利用地	35.32	410.51	13.13

2.5　关于建设自然保护区的建议

内蒙古中部地处我国北方生态脆弱带，是生态环境保护的关键地区，承载着治理草场退化、防风固沙、防治土地退化和沙尘暴防治等多重生态服务功能。近 30 年来，国家在这一地区的生态基础设施建设投入是最大的。

生态建设是一个系统工程。一方面，需要通过工程手段对已经损坏的生态系统进行生态修复；另一方面，必须加强对自然生态系统的管护和保育。自然生态系统是一个地区可持续发展的物质基础，既是生物多样性的载体，也是人类福祉的保证。

到目前为止，内蒙古中部地区已经设立了国家级与自治区级的自然保护区 12 处

（表 2-21），还有一些市级和县级的小自然保护区。

表 2-21　内蒙古中部自治区级和国家级自然保护区名录

保护区名称	主要保护对象	面积/km^2	始建时间/年	保护区级别	经纬度
大青山自然保护区	森林生态系统、珍稀野生动植物、水源涵养地	388 577	1996	国家级	109°47'～112°17'E 40°34'～41°14'N
哈素海湿地保护区	湿地生态系统及鸟类	18 140	1996	自治区级	110° 58'1"E 40°36'13"N
南海子湿地自然保护区	湿地生态系统及鸟类	1 664	2001	自治区级	110° 01'25" E 40°32'52"N
梅力更自然保护区	山地森林系统、天然侧柏林、斑羚、秃鹫	22 667	2000	自治区级	109°26'53"E 40°39'48"N
九峰山自然保护区	山地森林系统、珍稀动植物	108 284	1996	自治区级	110°43'24"E 40°34'50"N
巴音杭盖自然保护区	荒漠草原生态系统	49 650	2001	自治区级	109°15'00″～109°33'12″E 41°42'13″～41°55'36″N
苏木山自然保护区	白桦次生林及野生动植物	16 700	1999	自治区级	113°47'38"E 40°34'46"N
岱海湖泊湿地自然保护区	湖泊湿地生态系统	12 970	1999	自治区级	112°42'14"E 40°34'46"N
黄旗海湿地自然保护区	湿地生态系统及珍稀鱼类	36 823	1996	自治区级	113°16'31"E 40°50'21"N
脑木更第三系剖面遗迹自然保护区	第三系地质剖面	10 410	1997	自治区级	111°34'19″～111°35'54.9″E 43°04'33″～43°05'47″N
四子王旗哺乳动物化石自然保护区	哺乳动物化石	48	1997	自治区级	110°42'E 41°34'N
乌拉山自然保护区	侧柏林及天然次生林	83 160	2003	自治区级	108°42'～109°49'E 40°38'～40°52'N

由上可见，已经设立的自然保护区主要集中在阴山山脉和湖泊湿地，几乎全都位于本区的中南部，而广大的典型草原生态系统和草原化荒漠生态系统基本上处于空白状态；另外，内蒙古中部农牧交错带的农田生态系统保护的缺失也是值得重视的问题。

考虑到内蒙古中部生态系统的多样性、区域生态的完整性和生态可持续发展的需要，提出六点建议。

（1）继续加强阴山山地生态屏障建设

大青山与乌拉山等地已建立保护区，但是，作为保护对象的森林生态系统、灌丛生态系统和山地草甸生态系统并不呈连续状分布，因此，必须落实以山体为单元的保护区管理。在现有的基础上，应增加蛮汉山、马头山、摩天岭等保护片，使内蒙古中部地区的南部山地整体上得到保护，进一步发挥生物多样性保护功能，拱卫呼、包二市的生态安全，涵养水源、防止水土流失，使外流水系与内流水系得到持续补给，充分发挥草原地区山地的生态屏障作用。

当前，开矿、采石、非法捕猎等破坏活动已经得到控制。但是，日益增强的人类活动正在增大对山地生态环境和生物的干扰，度假山庄的修建和交通建设用地的增加不仅破坏植被，而且使动物栖息地进一步破碎化。应处理好旅游开发与自然保护的关系，在自然保护区的核心区和珍稀濒危物种集中的山体，应当严禁一般旅游活动，缓冲区也要控制游客容量。要加强宣传教育，吸引公众参与，提高公众的保护意识，以保证自然保护区的可持续发展。

（2）设立后山地区典型草原保护区

克氏针茅草原是亚洲中部草原亚区的典型群系，是内蒙古高原西部中温型草原的基本类型，该群系出现的种类有 103 种，分属于 28 科、69 属。由于过牧和过垦，草原植被景观已经破碎化，草原退化、种类组成减少，诱发各种自然灾害，亟待加强保护。

草原是由草地、野生动物、家畜和人组成的共生系统，也是民族文化的载体，必须从“天地生”和谐发展的高度加强草原的保护。保护克氏针茅草原与草原地区的野生动物，保护牧草基因库，保护草原文化生态系统，全面提升典型草原地区生态文明建设的水平。为此，建议在人口比较稀少、草原生态系统相对完整的地区建立典型草原自然保护区，例如，四子王旗的查干补力格苏木与白音朝克图苏木的南部，保护区面积约 15 万 hm^2。

建立草原保护区，并非绝对禁止利用，而是在保护为主的前提下适度利用，进行轮牧与合理放牧的试验，防止草原退化，使家畜、野生动物和人共生、共荣。

（3）设立乌兰察布层状高平原荒漠草原保护区

乌兰察布高原是小针茅草原的典型地区，也是内蒙古中部最大的放牧生态系统。出现在小针茅草原的种子植物有 74 种，分属于 27 科、52 属，其中包含着蒙古草原成分、亚洲中部荒漠草原成分、欧亚草原成分以及戈壁荒漠成分。这里又是许多珍稀濒危动物的栖息地，但是至今荒漠草原地区仅有巴音杭盖叉子圆柏自然保护区。建议在西拉木伦河以东的白音脑包苏木和脑木根苏木的南部，即察其庙至吉尔嘎郎图苏木（原阿木古郎牧场）一带建立荒漠草原自然保护区，以丁计梁为核心，保护区面积 15 万 hm^2，保护小针茅草原生态系统与黄羊、鹅喉羚等野生动植物的栖息地。

（4）设立边境草原化荒漠保护区

边境干燥剥蚀丘陵区是亚洲中部荒漠的一部分，小灌木草原化荒漠生态系统是珍稀濒危野生动物的栖息地。但是，由于过去的滥捕猎杀，种群数量急剧减少，有的已经绝迹。建议在满都拉苏木与白彦花苏木北部的剥蚀丘陵带，设立草原化荒漠自然保护区，保护区面积 15 万 hm^2，保护荒漠植物和野生动物。这里人口非常稀少，野生生物的生境与相邻的巴彦淖尔市和蒙古国相连，设立自然保护区将促进野驴、鹅喉羚、黄羊、盘羊等野生动物种群的恢复，以维护荒漠生态系统的可持续发展。

（5）建立西拉木伦生态走廊

西拉木伦河是内蒙古中部最大的内流河，由南而北流经典型草原和荒漠草原，最终消失于草原化荒漠区的大盆地，形成一条天然的通道。盐化草甸沿着河谷向北延伸，小半灌木荒漠草原沿着两侧的石质丘陵向南扩展，这就为野生动物的栖息、迁徙创造了条件。建议沿着西拉木伦河两侧设立 20～30 km 宽的生态走廊，在北部折向满都拉丘陵带，这样可以使四子王旗中南部的典型草原保护区、中部的荒漠草原保护区与北部的草原化荒漠保护区串联起来，以适应善于长途奔跑的有蹄类动物的迁徙，利于草原和荒漠野生动物的种群恢复。

（6）设立农田保护区

为了农业的可持续发展、农业生态系统的健康持续稳定，以及土地系统的生态保护，应当在后山农区、东部农区和土默特平原农区选择典型地区设立一定面积的农田保护区，使之成为不同类型农业生态系统保护的示范区。

建议设立四子王旗的巨巾号农田保护区：保护土壤，防止风蚀沙化；发展节水农业，保护地下水资源；防止土壤污染，发展良种高效、绿色安全的现代农业。商都的高乌素农田保护区：发展节水农业，提高水资源利用效率，防止土壤盐渍化；提高农田生态防护的水平，提高绿色农业的产业标准和绿色食品的安全水平。土默特右旗将军窑农田保护区：通过科学调控水盐动态，防止土壤次生盐渍化；合理规划，形成特色农产品，发展城郊型现代农业，构筑区域农业生态安全格局。

参考文献

[1] Crowley J. Biogeography [in Canada][J]. Canadian Geographer，1967，11（4）：312-326.

[2] Forman R T T. Land Mosaics：the Ecology of Landscapes and Regions[M]. Cambridge University Press，Cambridge.In press，1995.

[3] Forman R T T. Some generall principles of landscape and regional ecology. Landscape Ecology，1995，10（3）：133-142.

[4] Bailey R G，Cushwa C T，Crowley J M. Ecoregions of North America，after the classification of J M Crowley[M]. The Survey，1981.

[5] Bailey R G. Ecoregions of the Continents. Scale1：30000000 [map of land-masses of the world，published as a supplement in Environmental Conservation 16（4）]，and Accompanying Explanatory Supplement to Eco-regions of the Continents，1989，307-309.

[6] Bailey R G. Identifying Ecoregion Boundaries[J]. Environmental Management，Vol.34，Suppl. 2005，1：14-26.

[7] Bailey R G. Map：Ecoregions of North America（rev.）. USDA Forest Service，Washington，DC，scale 1：15000000，1997.

[8] Bailey R G. Map：Ecoregions of the United States（rev.）. USDA Forest Service，Washington，DC，scale 1：7500000，1994.

[9] Bailey R G. Map：Ecoregions of the United States. USDA Forest Service，Intermountain Region，Ogden，Utah.Scale 1：7500000，1976.

[10] 陈昌笃. 论地生态学[J]. 生态学报，1986，6（4）：289-294.

[11] 陈昌笃. 再论地生态学[A]. //走向宏观生态学——陈昌笃论文选集[C]. 北京：科学出版社，2009：15-19.

[12] 邓芳. 内蒙古大青山自然保护区评价[J]. 内蒙古林业调查设计，2004，27（4）：16-18，24.
[13] 凤凌飞. 呼和浩特区鸟类的季节型初析及其区划[J]. 内蒙古师大学报：自然科学版，1983（1）：51-56.
[14] 凤凌飞. 内蒙古珍稀濒危动物图谱[M]. 北京：中国农业科技出版社，1991.
[15] 傅伯杰，刘国华，陈利顶，等.中国生态区划方案[J]. 生态学报，2001，21（1）：1-6.
[16] 郝润梅，雷军，李素英，等. 人类历史时期土默特平原生态环境变迁研究[J]. 内蒙古师范大学学报：哲学社会科学版，2004，33（5）：94-96.
[17] 李博，雍世鹏，曾泗弟，等. 生态区划的原则、方法与应用——内蒙古自治区生态分区图说明[J]. 植物生态学与地植物学学报，1990，14（1）：55-62.
[18] 马保连，燕红，朱宗元，等. 内蒙古辉腾锡勒自然保护区植物资源[J]. 内蒙古环境保护，2006，18（2）：52-54.
[19] 马毓泉. 内蒙古植物志：第 2 卷[M]. 呼和浩特：内蒙古人民出版社，1998.
[20] 赛胜宝，李德新. 荒漠草原生态系统研究[M]. 呼和浩特：内蒙古人民出版社，1995.
[21] 施大创，卜祥忠，王志洲. 内蒙古达尔罕茂明安联合旗啮齿类动物区系调查报告[J]. 荒漠草原生态系统研究，1994：176-192.
[22] 王铁娟，赵一之，王娜娜，等. 内蒙古大青山种子植物区系研究. 干旱区资源与环境[J]，2008，22（1）：174-178.
[23] 王晓东，杨贵生，李新，等. 呼和浩特市鸟类区系初步研究[J]. 内蒙古大学学报：自然科学版，2007，38（2）：198-203.
[24] 乌兰察布盟计划委员会. 乌兰察布盟国土资源[M]. 呼和浩特：内蒙古人民出版社，1989.
[25] 旭日干. 内蒙古动物志第 2 卷第 1 部陆栖脊椎动物总论第 2 部两栖纲爬行纲[M]. 呼和浩特：内蒙古大学出版社，2001.
[26] 旭日干. 内蒙古动物志第 3 卷[M]. 呼和浩特：内蒙古大学出版社，2007.
[27] 杨永明，赵承宪. 黄河湿地保护——包头市南海子湿地自然保护区[J]. 中国城市林业，2005，3（4）：55-56.
[28] 赵尔宓. 中国濒危动物红皮书[M]. 北京：科学出版社，1998.
[29] 赵肯堂. 内蒙古啮齿动物[M]. 呼和浩特：内蒙古人民出版社，1981.
[30] 赵肯堂. 中国的跳鼠[J]. 铁道师院学报，1991，8（1）：29-36.
[31] 赵一之，刘丽. 内蒙古棘豆属 Oxytropis 植物区系生态地理分布特征[J]. 内蒙古大学学报：自然科学，1997，28（2）：200-212.
[32] 赵一之. 世界锦鸡儿属植物分类及基区系地理[M]. 呼和浩特：内蒙古大学出版社，2009.
[33] 赵一之. 内蒙古大青山高等植物检索表[M]. 呼和浩特：内蒙古大学出版社，2005.
[34] 郑度，等. 中国生态地理区域系统研究[M]. 北京：商务印书馆，2008.
[35] 智瑞年，赵雪. 阴山山脉大青山山地植被的分布及其利用[J]. 内蒙古大学学报：自然科学，1983，14（1）：131-134.
[36] 中国科学院内蒙古宁夏综合考察队. 内蒙古植被[M]. 北京：科学出版社，1985.
[37] 中国人民政治协商会议内蒙古自治区委员会文史资料研究委员会. 内蒙古文史资料第 4 辑[M]. 呼和浩特：内蒙古人民出版社，1964.

第 3 章　区域景观结构与景观变化*

提要

近 30 年来，欧美景观生态学思想，尤其是北美景观生态学派的理论与方法，对我国地理学产生了深刻影响。从 20 世纪 80 年代以来，我国逐渐形成了地理景观生态学与生物景观生态学并行发展的局面。

自然地理综合研究是我国传统的研究领域，本章试图吸取自然地理学与景观生态学两个研究领域的优点，从内蒙古中部地区的景观类型、形成演化、空间格局、生态过程、人与自然相互影响等方面进行剖析，寻找全球变化背景下景观变化的规律性，探讨区域景观的可持续发展与景观建设的途径。

* 本章由崔海亭、朱宗元、王静爱执笔，其他贡献者张春琴。

3.1 景观研究的简短回顾

一般意义上的景观主要指区域的外貌特征，并无确切的定义。最早使用景观这一术语的是自然地理学的创始人 A. von.洪堡（A.von Humboldt），他以植被外貌特征来命名景观，如常绿雨林景观、季雨林景观等。地理学家认为，景观是指人类与其居住的空间或土地（即人文与自然环境）的形式、结构、外观与可视现象（阿兰 R H 贝克，2008），或者说，景观是自然或文化的综合体，是可以识别的地理单元，如城市景观、乡村景观、山岳景观、草原景观和沙漠景观等，是可以识别的地理单元。

景观学研究的历史可以追溯到 20 世纪 20 年代，德国地理学家施吕特尔（O Schlüter）与其继承人帕萨格（Passarges）是景观学派的创始者。德国有景观研究与景观制图的传统，欧洲地理学家沿袭了人文与自然综合的景观研究方向。前苏联地理学家继承道库恰耶夫的自然地带学说与自然综合研究的传统，并借鉴德国景观学派的思想，发展了综合自然地理学，景观学作为综合自然地理学的一个分支而存在，侧重于景观分类与景观制图研究（A G 伊萨钦科，1965）。

德国地理学家特罗尔于 1939 年提出了景观生态学，将其定义为“研究一个给定景观区段中生物群落和其环境间的主要的、综合、因果关系的科学”，并强调研究景观的空间结构和等级结构的重要性（Carl Troll，1968）。生态学家对景观有另外的解读，北美景观生态学派认为：景观是生物圈的一个组建层次，它是不同生态系统的组合。景观生态学是对不同尺度上景观空间变化的研究，它包括景观异质性的生物、地理和社会的原因与要素系列，它是一门联结自然科学与相关人文科学的交叉学科（李建新，2007）。

20 世纪 50 年代末，我国地理学界学习苏联景观学派的研究方法，开展了综合自然地理综合研究与景观制图。20 世纪 80 年代，我国地理学家参考英、澳学派的土地系统思想，结合我国的实际情况发展了土地类型学，并开展了大规模的土地综合研究（蒙吉军，2005）。20 世纪 80 年代末，引入了北美景观生态学派的概念与方法，遂成为 20 多年我国地理景观学研究的热点。北美景观生态学派强调土地的镶嵌格局（Richard T.T. Forman），区域景观研究的案例较少。我国的景观生态研究主要集中在两个方面：一是土地利用/土地覆盖变化研究，包括土地利用变化格局、过程及其生态环境效应等；二是城市景观变化研究。强调从系统、综合思路出发，以对过程和要素的深入理解带动对地理景观格局变化的研究（宋长青等，2005）。相对而言，区域尺度的景观生态研究的成果较少。这一阶段景观生态学研究成果主要来自地理学科，来自生物学科的景观生态学研究较少，似乎两大学科的“联姻”并不成功。与此同时，我国特色的土地类型研究与区域综合研究一度沉寂，近十多年来，这方面的研究成果更是凤毛麟角，只有刘彦随的《山地土地类型的结构分析与优化利用——以陕西秦岭山地为例》一文（刘彦随，2001）。

地理学认为，景观是一个等级系统，并可分为区域性单元和类型学单元。区域性景观单元必须满足以下标准：①区别于其他地理区域的连续空间；②具有鲜明的个性特征，空间上不重复；③尽管内部存在形态差别，但在成因上具有共同性。最小的区域性单元称为景观，它可以联合成更大的景观单元。区域性景观单元的命名常冠以专有的地理名称，例如，乌兰察布高原荒漠草原景观、前套平原灌溉农业—盐湿草甸景观等。类型学景观单元以离散的斑块和不连贯的景观斑块而存在，它的分布不受区域单元限制，可以在空间上重复出现。最小的景观类型单元是相，相之上还有限区和地方，相当于英、澳土地系统分类的立地、土地单元、土地系统。不过这些名词在近 20 多年的地理文献中已经陌生了。其实景观与土地单元的内涵是相通的，都是指一定地理空间的自然、人文综合体。

地理景观学与景观生态学的研究方法虽有不同，但都需要进行景观类型学研究，也需要进行区域景观学研究。景观类型是景观结构研究的基础，而区域景观学研究则是揭示景观地理规律性的依据。

区域生态综合研究是景观生态学和地理学的共同任务，应该将地理学的地域综合研究与景观生态学的理论方法结合起来，将景观生态学关于景观组分、景观时空格局与动态、景观过程的研究与地理学的区域分析、地貌分析、景观类型和景观区划等理论结合起来。

全球环境变化与区域生态问题的严峻挑战，促进了全球生态学与区域生态学的发展。随着研究尺度的扩展，需要学科间的交叉研究，需要景观生态学与地理科学之间的相互渗透。近年来，我国自然地理学家和生态学家发表了一系列的区域自然地理与区域生态研究的新成果，如程维明、周成虎等利用遥感方法研究了天山北坡前山带景观分布特征，论证了地貌景观对周围生态环境的影响（程维明等，2001）；吴绍洪、彭华、何大明、欧晓昆、顾世祥、崔保山等编著的《纵向岭谷·通道—阻隔·跨境生态安全》的系列专著，对我国西南纵向岭谷区特殊环境格局与生态效应、典型生态系统变化与稳定性机制、跨境生态安全与综合调控体系、生态系统多样性变化与生态安全评价、农业水资源时空格局与持续利用以及重大工程建设与区域生态系统变化交互作用等重大问题进行了系统论述（吴绍洪，2010；彭华，2009；何大明，2009；欧晓昆，2010；顾世祥，2011；崔保山，2009），代表了自然地理学与宏观生态学研究的新趋势。

3.2　区域景观研究的理论与方法

3.2.1　景观分类的方法与原则

（1）景观分类的方法

为了认识景观的多样性与异质性，同时为了景观制图的实际需要，需要进行景观分类。现有的景观分类主要有两种方法：一是土地类型学的分类方法，有严格的分类体系，近年来已经不流行了；二是土地利用与土地覆盖分类。二者虽然都是对土地属性的分类，但是严格意义上讲，前者侧重于土地自然属性的分类；后者更侧重人类活动影响下的土地利用类型，是土地单一属性的分类，并不能反映景观的全部特征。土地类型分类更能反映地表自然景观与人文景观的类型、结构和生态属性，是对景观进行综合分析与评价的基础。

20 世纪 80 年代中国 1∶100 万土地类型制图提出三级分类方案：

第一级根据水热条件、生物气候带划分土地纲；

第二级主要根据地貌类型划分土地类；

第三级根据植被土壤指标划分土地型。

本书采用的景观分类方法与土地类型分类方法大体相似。首先，根据遥感资料进行景观要素的专题解译；其次，主要根据气候类型图、地貌类型图和植被类型图进行综合分析；再根据综合反映景观生态属性的植被指数，划分景观类型。

（2）景观分类的原则

①水热条件是景观分类的主要指标。

采用≥10℃热量指标、降水量和湿润度表征景观的生物气候条件。如年降水量>400 mm 以上，湿润度 0.6 以上为半湿润气候区；年降水量 350～400 mm，湿润度 0.5～0.6 为半干旱偏湿气候区；年降水量 250～350 mm，湿润度 0.23～0.4 为半干旱气候区；年降水量 200～250 mm，湿润度 0.13～0.23 为干旱气候区；年降水量 200 mm 以下，湿润度 0.13 以下为很干旱气候区。≥10℃积温 1 400～1 800℃为中温带温寒气候；1 800～2 200℃为中温带温冷气候；2 200～2 500℃为中温带温凉气候；2 500～2 800℃为中温带温和气候；2 800℃以上为中温带温暖气候。

②地貌是景观类型的载体。

主要分为：高平原（波状高平原、层状高平原）、冲积平原、中山、熔岩台地、黄土台地、黄土丘陵、沟谷、盆地和低洼地等。

③植被类型是景观外貌的标志。

主要分为：典型草原、荒漠草原、草原化荒漠、森林、灌丛、草甸、湿地沼泽和农作植被等。

④土地利用是景观的文化标志。

主要分为：耕地、园地、林地、草地、城镇工矿用地、水域和未利用土地等。

（3）景观分类系统

本书根据上述景观分类的原则，将研究区景观划分为三级。第一级，根据水热条件划分 6 个景观纲；第二级，根据大、中尺度地貌特征与植被类型（或亚型）划分 11 个景观类；第三级，根据群落优势种或土地利用特征划分为 32 个景观型。

Ⅰ温寒半湿润景观纲

Ⅰ-1 中山上部森林—亚高山草甸景观类

①山顶高寒灌丛草甸（小叶金露梅、禾草）景观型

②阴坡寒温性针叶林（青海云杉）景观型

③阳坡草甸草原（羊茅、线叶菊）景观型

Ⅰ-2 中山下部森林—草原景观类

①阴坡中生落叶阔叶林（白桦、山杨）景观型

②阴坡中生落叶灌丛（虎榛子、绣线菊）景观型

③阳坡大针茅、克氏针茅典型草原景观型

Ⅱ中温带半干旱景观纲

Ⅱ-1 波状高平原典型草原景观类

①波状高平原克氏针茅、杂类草草原景观型

②盆地—滩川地农牧复合景观型

③河流湿地盐生草甸景观型

Ⅱ-2 熔岩台地典型草原景观类

①石质丘陵克氏针茅、冷蒿草原景观型

②盆地—滩川地农（牧）林复合景观型

③低地盐化草甸、湿地景观型

Ⅲ暖温型半干旱景观纲

Ⅲ-1 黄土台地暖温型草原景观类

①覆沙台地小叶锦鸡儿灌丛景观型

②黄土台地本氏针茅草原景观型

③黄土冲沟农耕—草甸景观型

Ⅲ-2 黄土丘陵暖温型草原景观类

①土石丘陵本氏针茅、茭蒿景观型

②黄土梁、峁农林复合景观型

③深切沟谷农耕—草甸景观型

Ⅳ中温带干旱—半干旱景观纲

Ⅳ-1 层状高平原荒漠草原景观类

①层状高平原小针茅荒漠草原景观型

②开阔洼地多根葱、小针茅荒漠草原景观型

Ⅳ-2 石质丘陵荒漠草原景观类

①丘陵坡地小半灌木、小针茅景观型

②覆沙丘陵中间锦鸡儿、沙生针茅景观型

③石质丘陵岩蒿、戈壁针茅景观型

Ⅴ中温带很干旱景观纲

Ⅴ-1 干燥剥蚀丘陵草原化荒漠景观类

①高平原沙生针茅荒漠景观型

②石质丘陵松叶猪毛菜荒漠景观型

③丘陵缓坡红砂、蓍状亚菊、小针茅荒漠景观型

Ⅴ-2 盆地—戈壁草原化荒漠景观类

①戈壁低地红砂、珍珠荒漠景观型

②大盆地盐爪爪荒漠景观型

Ⅵ温暖半干旱景观纲

Ⅵ-1 山前平原草原景观类

①山前平原本氏针茅草原景观型

②平原果林复合景观型

③山前平原城镇景观型

Ⅵ-2 冲积平原草甸景观类

①冲积平原农林复合景观型

②扇缘、河旁洼地盐生草甸景观型

③低地沼泽、湿地景观型

虽然景观分类与生态区划概念不同，但在原则和方法上存在一些共性。生态区划也分为三级：生态区、生态亚区和生态小区。根据水热条件划分的 6 个景观纲，与根据植被亚型和生态系统生产力水平的一致性划分的 6 个生态区范围大致吻合（表 3-1）。

表 3-1 景观纲与生态区的对应关系

编号	景观纲	生态区
Ⅰ	温寒半湿润景观纲	阴山山地森林—草甸草原生态区
Ⅱ	中温带半干旱景观纲	阴山北麓及东南部中温型草原生态区
Ⅲ	暖温型半干旱景观纲	阴山南麓暖温型草原生态区
Ⅳ	中温带干旱—半干旱景观纲	乌兰察布层状高平原荒漠草原生态区
Ⅴ	中温带很干旱景观纲	乌兰察布高原北部草原化荒漠生态区
Ⅵ	温暖半干旱景观纲	前套平原农作植被—盐湿草甸生态区

3.2.2 区域景观结构分析

地带性是重要的地理规律，然而，在自然界中地带性与非地带性并非截然分开的，在一定区域地貌和气候条件下，二者可以相互结合、同时出现。下面从三个尺度进行区域景观结构分析。

（1）区域尺度

区域是宏观尺度的景观集合。如地处黄土高原、鄂尔多斯高原与内蒙古高原接合部的内蒙古中部地区，从暖温带半湿润季风气候向季风尾闾地区的半干旱、干旱气候过渡，森林草原景观向典型草原景观、荒漠草原景观和荒漠景观过渡，形成带状的景观格局，构成这一格局的主导因素是气候。但是，高原为主的区域地貌特征对景观格局产生了深刻影响，内蒙古高原与阴山山脉的同步抬升，促成了本区特有的景观格局。热量资源与水分资源因地形变化而重新分配，阴山以北出现了纬向的水分梯度与逆纬向的热量梯度，即水分随纬度增加而降低，热量则自东南向西北随地势降低而递增。阴山以南随海拔降低热量也呈递增趋势，降水却随海拔降低而减少。这一水热条件交叉分布的格局，改变了整个内蒙古高原草原区域东西分异的大格局，水平地带性与垂直带性在特定的区域相结合，使大青山南北的草原呈现南北分异的格局，由南而北形成了与地貌单元相对应的景观地带（图 3-1）。

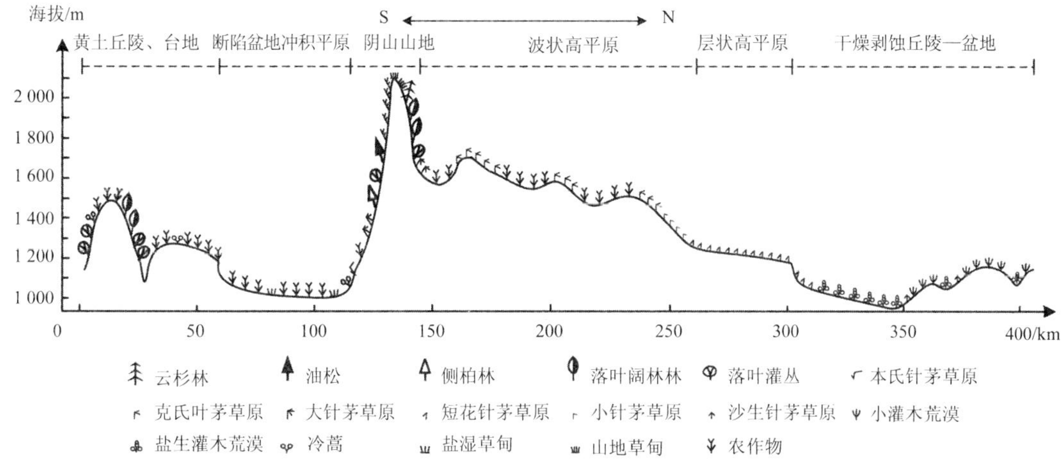

	黄土丘陵、台地	断陷盆地冲积平原	阴山山地	波状高平原	层状高平原	干燥剥蚀丘陵—盆地
气候特征	半干旱偏干温暖气候，年均温度 5～7℃，≥10℃积温 2 700～3 200 ℃，年降水量 300～450 mm，湿润度 0.3～0.45	半干旱偏湿暖温气候，年均温度 6～8℃，≥10℃的积温 2 800 ℃以上，年降水量 350～400 mm，湿润度 0.3～0.4	寒冷半湿润山地气候，≥10 ℃积温 1 400～1 800℃，年降水量>400 mm，湿润度 0.5～0.6，西段的乌拉山气候较干燥	半干旱温寒气候，年均温 2～3℃，≥10℃积温 1 800～2 200℃，年降水量 250～400 mm，湿润度 0.3～0.5	半干旱偏干—干旱温和气候，年均温 3～4℃，≥10 ℃积温 2 200～2 500℃，年降水量 150～250 mm，湿润度 0.15～0.3	很干旱温暖气候，年均温 4～5℃，≥10 ℃的积温 2 800～3 000℃，年降水量 130～150 mm，湿润度 <0.13
地貌特征	海拔 1 100～1 500 m，北部以黄土台地为主，南部以黄土丘陵为主	海拔 980～1 150 m，以河湖冲积平原为主，有许多低洼地	海拔 1 800～2 300 m，断块中山为主，南北两麓为低山	海拔 1 300～1 600 m，波状高平原上镶嵌着大小不等的盆地	海拔 1 100～1 300 m，层状高平原、干谷、小型盆地，西南部为丘陵	海拔 900～1 000 m，干燥剥蚀残丘 1 300 m，与大盆地交错分布
植被特征	本氏针茅—冷蒿、本氏针茅—茭蒿暖温型草原	平原以农作植被为主，低洼地为盐化草甸和沼泽	森林、灌丛为主，草原与草甸垂直分异明显	克氏针茅—冷蒿、克氏针茅—杂类草草原与农作植被	小针茅、短花针茅、多根葱荒漠草原	沙生针茅、盐生灌木草原化荒漠、小灌木草原化荒漠
土壤特征	黄绵土、黑垆土与初育土组合	潮土、灌淤土、堆垫土、盐化草甸土	山地草甸土、灰黑土、灰褐土、淡黑钙土、栗钙土呈垂直分布	栗钙土、石质土、盐化草甸土镶嵌分布	淡栗钙土、棕钙土与石质土	淡棕钙土、盐碱土与石质土
土地利用特征	以旱耕地和草地为主，其次是灌丛、林地	灌溉农田占绝对优势，其次是城镇工矿用地，零星分布湿地	以林地和灌丛为主，山顶为草地	旱耕地、水浇地，零星分布天然草地、难利用土地	草地为主，还有灌丛和难利用土地	草地为主，还有盐碱地和难（未）利用土地

图 3-1 清水河南部—四子王旗北部景观剖面及地貌景观特征

（2）地区尺度

地区是中尺度景观分异的体现。正负地形的组合，中尺度地貌的边界条件，地貌过程以及与之相联系的土壤过程构建了地区尺度的景观格局。

在中尺度上研究区的景观明显呈块状格局：大青山为构造侵蚀—剥蚀山地，由于垂直气候带的“湿润化”，发育了半干润均腐殖质土，形成森林—灌丛为主的景观，又因东西气候差异，分为东、中、西三段。阴山南部黄土丘陵是典型的风、水两相堆积—侵蚀地貌，在干湿过渡与生境不稳定的背景下，发育了土质初育土，形成灌丛草原景观，又明显分为黄土台地景观和黄土丘陵景观两部分。前套平原是典型的构造—堆积地貌，在地质构造和水文地质条件影响下，发育了土质初育土、人为初育土，形成盐湿性草甸景观，由于地貌的分异，分为山前平原草原景观与冲积平原草甸景观。大青山以北、以东景观形成过程迥然不同：阴山北麓、东部波状高平原为风力侵蚀—堆积地貌，在半干旱气候影响下，发育了栗钙土，形成典型草原景观和盆地、滩川地农耕景观；层状高平原为风力侵蚀—寒冻剥蚀地貌，在干旱气候影响下，发育棕钙土，形成层状高平原荒漠草原景观与开阔洼地葱类荒漠草原景观；边境丘陵、大盆地为干燥剥蚀—风力侵蚀地貌，在很干旱气候影响下，发育了石质初育土，形成丘陵小灌木草原化荒漠景观和大盆地盐生灌木草原化荒漠景观。

（3）山体尺度

山地垂直景观带源于山地的相对高度和具体的地貌形态。乌拉山的大桦背、大青山的九峰山、金銮殿、蛮汉山等山体，相对高度大，具有相对完整的垂直景观带。如金銮殿相对高度超过 1 200 m，发育了比较完整的植被垂直带谱，而呼和浩特与武川之间的大青山相对高度只有 800 m，垂直带谱中缺少寒温性针叶林带和亚高山草甸带（图 3-2）。

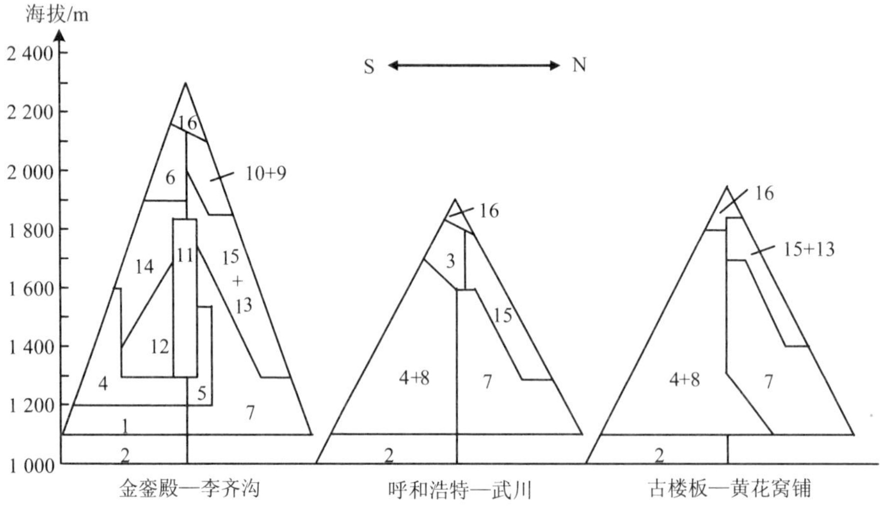

1 本氏针茅、白羊草草原　2 本氏针茅、蒿类、百里香草原　3 克氏针茅草原
4 大针茅草原（石质生境为戈壁针茅）　5 线叶菊草原　6 贝加尔针茅、羊茅草原
7 虎榛子、绣线菊灌丛　8 黄刺玫灌丛　9 小叶金露梅、蒙古绣线菊灌丛
10 青海云杉林　11 油松林、侧柏疏林、杜松疏林　12 辽东栎林
13 蒙椴林　14 灰榆疏林　15 白桦、山杨林
16 亚高山草甸及灌丛

图 3-2　大青山不同地段植被垂直带谱的差异图式（根据智瑞年等，1983）

以主分水岭为界，大青山大南坡地势陡峭，相对高度大，植被以多种灌丛与森林为主，草原植被穿插在阳坡；大北坡逐渐向乌兰察布高原倾斜，相对高度小，森林、灌丛类型贫乏，山顶草甸植被直接过渡为草原植被（图 3-3）。

山地的走向在景观形成中同样具有重要意义。阴山山地是一条东西走向的山脉，降水存在明显的东西差异，导致景观的东西分异，表现为明显的带段性：东段山地含有喜冷湿的青海云杉林、青扦林，西段则以耐旱的油松、侧柏、杜松为主。

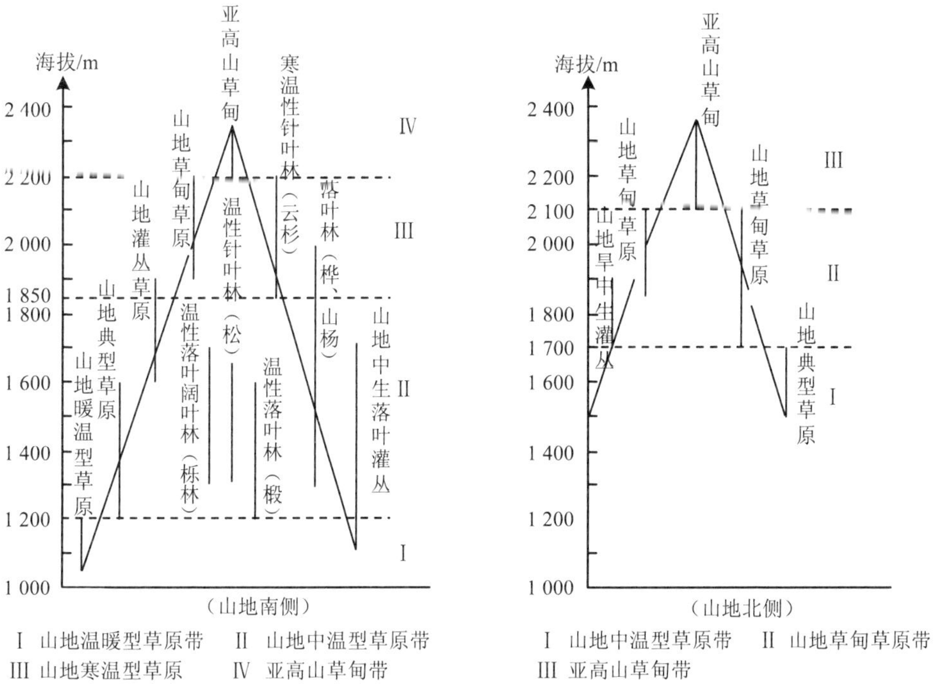

图 3-3　阴山中段南北坡山地景观垂直结构的差异图式（根据黄润华等，1991）

3.2.3　地貌演化与景观演变的关系

地形在景观形成演化中具有决定性的影响。早在 20 世纪中叶，前苏联景观学家和植被生态学家就论证了地形对植被的影响，并从景观发生学的视角论证了生物与地形之间的相互联系（F.N.米里科夫，1949，1953）。研究区的景观格局与区域地貌格局的演化有密切相关，并存在对应变化的关系。

（1）地貌演化与景观演化的关系

在内蒙古高原形成过程中有三大自然历史事件：

①在古近纪（始于距今约 6 500 万年）开始了喜马拉雅运动，在它影响下内蒙古高原逐渐抬升，并伴随差异性蠕动，分化为高平原、丘陵和大型盆地，后经长期夷平，逐渐准平原化。

②新近纪以来（始于距今 2 300 万年），尤其是更新世末期以来，随着青藏高原迅速抬升，内蒙古高原也抬升到现今的高度。与此同时，阴山山脉以断块形式隆起成山，并逐渐达到现今的高度，而前套地区则形成断陷盆地，接受了巨厚的第四系河湖相沉积，形成冲积平原。

③随着大地构造的演变，从古近纪到更新世（始于距今 260 万年），气候发生了显著变化。青藏高原的迅速抬升，对东亚季风起着维持和加强的作用，对西伯利亚—蒙古高压也产生了决定性影响，西北内陆因日趋闭塞而发育荒漠气候（莫申国等，2004）。渐新世

（始于距今 3 200 万年）期间，干旱气候已初见端倪，新近纪温度进一步降低、干旱化加强，更新世期间气候从暖湿逐渐变为冷干（张兰生，2012）。

在上述背景下，内蒙古高原的植被景观发生了浓墨重彩的变化。古近纪时期，亚热带的北界限可达到 42°N 附近，此线以北分布暖温带落叶阔叶林与针叶林，此线以南为常绿阔叶与落叶阔叶混交林（张兰生，2012）。草原形成于新近纪，是在新生代气候衰落的背景下，由古近纪以前的森林景观演化而来的（孙金铸，2003）。随着气候变干，渐新世出现了以针茅属为代表的适应干旱气候的草本植被，这就是内蒙古草原的雏形。与此同时，出现了多种鼠、兔等小型草原哺乳动物（邱铸鼎等，2004）。新近纪，暖温带森林逐渐南退，内蒙古高原逐渐被草原景观所替代；全新世期间，东亚季风的强度达到了现有规模，最终形成接近现代的草原景观（莫申国等，2004）。

（2）景观变化的过程

①东亚季风进退与景观变化。

现代季风系统形成于 2.6Ma B.P.（张兰生，2012）。早更新世气候虽然向干冷方向发展，但仍有许多湖泊；早更新世至中更新世期间，气候变得干冷，发生自然荒漠化过程，亚洲中部荒漠—戈壁植物区系成分大量扩展，在乌兰察布高原中北部形成荒漠景观与荒漠草原景观。中更新世以后，冰期/间冰期的交替出现，使大青山以北的自然景观在草原与荒漠之间往复变化。晚更新世末至全新世早期，东亚冬季风的强度增强，荒漠景观又一次扩张，草原景观随之南退，阴山山脉以北的高原部分进入了纬度冰缘带，在极端寒冷干燥气候的控制下，河湖水系萎缩，在湖盆、洼地的底部和边缘发育了成型土、砂楔、冰卷泥等冰缘地貌，至今在乌兰察布高原干涸的古湖盆中仍可见到多边形土的遗迹（照片 3-1）；大青山南麓被草原景观占据，极端寒冷气候的影响明显减弱，仅存在“石线”与古土壤交替发育的弱冰缘现象（崔之久等，1992）。

②气候冷暖波动与垂直景观带的升降。

在晚更新世期间，阴山山地曾多次处于冰缘或准冰缘环境之中（中国科学院《中国自然地理》编辑委员会，1984）。在极端寒冷的冰缘气候下，大青山高海拔山顶（2 200 m 以上）进入高度冰缘带，发育倒石堆、泥流舌等冰缘地貌（照片 3-2），表明在末次冰盛期和全新世小冰期，山顶处于干冷气候控制之下，以高寒稀疏植被和高寒草甸植被占优势，树线下降至海拔 1 800 m 附近，垂直带下降的幅度约 300～400 m。

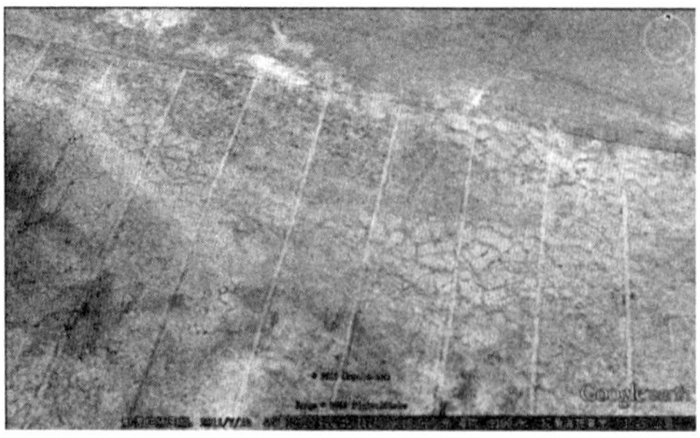

照片 3-1　四子王旗阿木古郎东部的古冰缘地貌：成型土（崔海亭摄）

照片 3-2　大青山金銮殿古冰缘地貌：倒石堆（崔海亭摄）

植被对气候变化十分敏感，寒冷气候期，树线下降，以高寒山地稀疏草本植被为主，形成高寒草地景观；全新世气候转暖，树线上升，山地以木本植物群落占优势，形成森林景观。大青山东段的辉腾锡勒的白素海子（海拔 2 000 m 左右）剖面，记录了近万年来环境演变的信息（图 3-4）。从植物残体和孢粉组合得知，中全新世，湖泊附近曾生长温性针叶林（松林）和落叶阔叶林。据此推断，中全新世温度比现代约高 3～4℃，温性针叶林和落叶阔叶林带的上限较现代升高了 300～400 m（黄润华，崔海亭等，1991）。

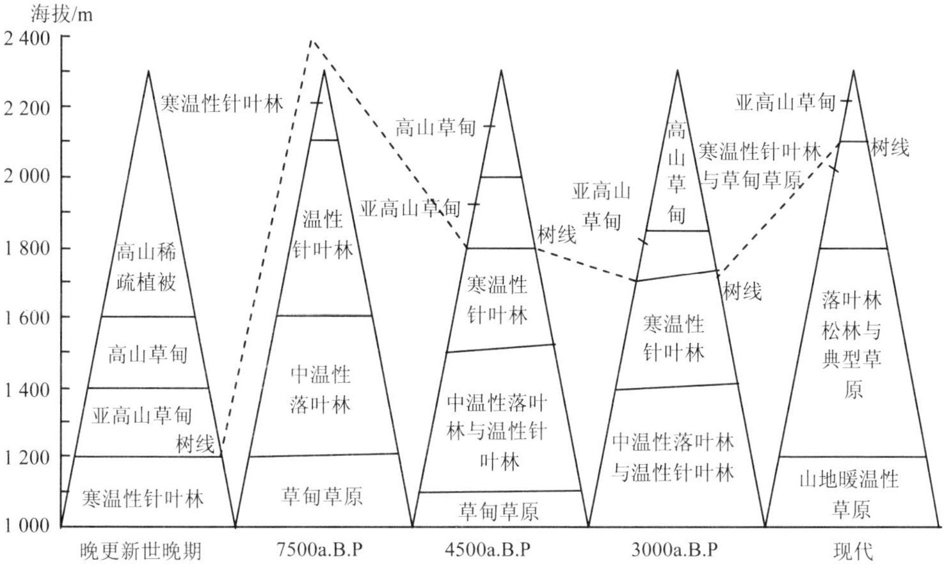

注：a.B.P：表示距今年限。如 1000 a.B.P 就是距今 1 000 年，下文同。

图 3-4　晚更新世以来大青山植被垂直带变化图式（根据黄润华等，1991）

③沙地进退与景观变化。

沙地与戈壁并存的景观现象始于新近纪，第四纪期间现代季风系统形成，早、中更新世，东亚冬季风与夏季风往复变化，出现了风沙活动的正逆交替（张兰生，2012）。晚更新世冰盛期，沙地扩张，在乌兰察布高原中北部的丘陵带和层状高平原，由于风力强劲，并不形成连续的沙带，而是形成不连续的覆沙丘陵；而在阴山北麓的典型草原带却因山体的阻挡形成一个连续的伏沙带。由于强劲的风沙活动，在阴山南部的黄土丘陵台地（托克托南部至和林格尔中部）形成另一条断续的伏沙带。

沙地活化与沙地固定是全新世景观变化的主要表现形式之一。近万年来，内蒙古中东部曾经历过四次半干旱草原景观与半湿润森林草原景观的交替变化（崔海亭等，1992）（表 3-2）。

草原带的沙地具有某种“缓冲作用”，缓解了干旱气候对植物群落的冲击。由于沙土有利于涵蓄降水，往往比同一地区非沙地增加了更多的有效降水，有利于木本植物生存。因此，在草原带的沙地，仍残留着叉子圆柏群落；在固定、半固定沙地分布着小叶锦鸡儿、羊柴等灌木、半灌木群落。

表 3-2 内蒙古中东部及东南部全新世沙地景观变化系列

^{14}C 年代（a.B.P.）	沉积物特征	气候特征及景观
现代	现代风沙土	温和半干旱草原
1 065±60	黑沙土，含陶片	温暖半湿润森林草原
2 790±70	黑沙土	温和半湿润森林草原
4 470±90	黑沙土，含陶片	温凉半湿润森林草原
8 040±80	黑沙土，含陶片	温和半湿润森林草原

（3）地貌分异的景观生态效应

为了界定地形的景观生态效应，需要从景观结构—功能的视角进行地貌分析。美国动物学家 Merriam 于 1895 年提出生命地带（life zones）学说，强调水平和垂直温度变化对动植物分布的影响。前苏联的植物地理学家和景观学家提出了生物地形学分析。例如，阿略兴提出的“先期适应法则”，认为：南坡的植物群落含有更南的平地植物群落的种类，北坡植物群落则分布着更北的平地植物群落的物种（V.V.阿略兴，1950）。米利科夫则从自然历史的视角论证了地形对动植物分布的影响，探讨了河谷、分水岭、高原的景观生态效应（F.N.米里科夫，1953）。

我国植物地理学家和地理学家从大尺度物种分布和物质能量传输的角度论证了生物通道的作用。吴征镒用“寒暖交汇、五方杂处”来形容横断山地区植物区系成分的特征，揭示了纵向岭谷生物通道的存在（吴征镒等，1965）；高登义、杨逸畴、李渤生等论证了藏东南大峡谷水汽通道的生态地理学意义（杨逸畴等，1987）；潘韬、吴绍洪等从气候、生物地理等方面，揭示了横断山纵向岭谷的“通道—阻隔”的生态效应（潘韬等，2012）。

①屏障作用。

阴山山脉的隆起形成了一道气候屏障，阻挡了东亚夏季风的北进，加剧了内蒙古高原内部的干旱程度。另外，内蒙古高原升至 1 000～1 400 m，若按每上升 100 m 温度降低 0.5～0.6℃计算，则年平均温度约降低 5～7℃，而阴山山脉海拔 2 000 m 以上，年平均温度下降 10℃左右，于是暖湿气候因此退出了内蒙古中部地区。阴山山脉又构成一道生物屏障，成为戈壁—蒙古成分与东亚的中国—日本成分、特别是华北成分的分界线，阻挡了喜暖植物的北进，成为油松、侧柏、杜松、辽东栎、蒙椴、黄刺玫、虎榛子和酸枣分布的北界，本氏针茅、白羊草等也只分布在阴山南麓；同时，阻挡了亚洲中部中温性的荒漠草原和草原成分的南下，如小针茅、窄叶锦鸡儿和达乌里芯芭等基本上分布于阴山山脉以北（图 3-5）。

②分割作用。

大青山的隆起，分割了第三纪已形成的古草原景观，使处于典型草原向荒漠草原过渡的短花针茅草原分割为南北两个亚带：大青山北麓 41°50′N，海拔 1 300～1 400 m 有一个短花针茅亚带；大青山南麓黄土丘陵区 40°10′N，海拔 1 100～1 300 m 分布另一个短花针茅亚带。所不同的是前者热量在 2 200℃左右、湿润度 0.3，为短花针茅与小针茅结合的中温型荒漠草原；后者热量在 2 500℃左右、湿润度在 0.3～0.4，为短花针茅与本氏针茅结合的暖温型草原。

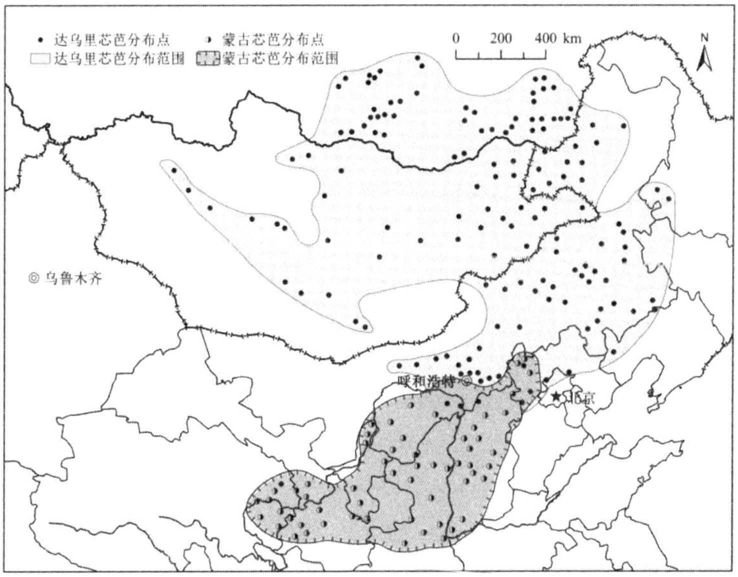

图 3-5　达乌里芯芭与蒙古芯芭的天然分界线（大青山）

③庇护作用。

末次冰盛期，山顶极端寒冷的气候不适合森林植被和喜暖植物的生存。但山地地形复杂，坡度、坡向、坡位、岩性与海拔高度相结合，形成多维的生态空间，构成了“生物避难所”，使得青海云杉、小叶金露梅、银露梅、珠芽蓼、嵩草等耐寒种类向山下迁移，得以残存；并且庇护了大批第三纪森林植物区系的残遗植物，如小叶朴、侧柏、油松、青扦、杜松、茶条槭、蒙椴、辽东栎、脱皮榆、花楸、东陵八仙花、堇叶山梅花、黄花忍冬、鸡树条荚蒾、沙棘、酸枣、文冠果、大果榆、灰榆和柄扁桃等。在半干旱草原背景上的阴山山脉，如今拥有近千种（978 种）野生维管植物（赵一之，2012），成为内蒙古生物多样性最丰富的地区之一，也证实了山地“生物避难所”的存在。

冰后期气候转暖，发生了相反的迁移过程，森林植物沿着海拔梯度逐渐上升至现在的高度。同时，阴山山地的许多山峰形成相对隔离的“山岛”，气候转暖后，一些北极-高山成分、古北极成分、泛北极成分向高海拔回迁，如顶冰花、洼瓣花、大花杓兰等至今残留在高海拔山地；“山岛效应”的另一表现就是阴山山地的特有现象，据统计，大青山有 14 个特有种，阴山特有 4 种，乌拉山特有 4 种，蛮汉山特有 2 种，共计 24 个特有种（赵一之，2012）。

④垂直带的“萌芽”。

即使是相对高差较小的丘陵地区，由于地形变化（坡向、坡度、微地形）导致的水热条件再分配，也会引起景观的正负分化。例如，化德附近的黄花乌拉（石质丘陵）相对高度不超过 100 m，石质丘坡分布着杜松疏林（照片 3-3），沟谷中生长着由山杨、茶条槭组成的落叶阔叶疏林（照片 3-4），山麓平地却分布着典型草原植被。这是因为石质丘陵的基岩裂隙和沟谷含蓄了更多的水分，丘陵土壤淋溶过程旺盛，缺少明显的钙积层，有利于木本植物的根系的伸展；平地发育的栗钙土，有明显的钙积层，不利于木本植物生长，而有利于草本植物生长。因此，在内蒙古高原上即使在相对高度不大的垂直空间里也会发育垂直带的“萌芽”。

照片 3-3 黄花乌拉（花岗岩丘陵）的杜松疏林（崔海亭摄）

照片 3-4 黄花乌拉沟谷落叶阔叶疏林（山杨、茶条槭）（崔海亭摄）

3.2.4 景观结构与功能关系的探讨

（1）景观楔

高原的抬升与山地的隆起对水平景观的“扰动”作用，主要表现在由于垂直地形的复杂化引起的景观垂直分带现象。山脉的隆起好像在水平景观带中加了一个“楔子”，撑起了水平景观，不妨称为“景观楔”。

内蒙古高原抬升到海拔 1 000～1 400 m，由暖温带气候变为中温带气候；阴山山脉抬升到海拔 2 000 m 以上，山地气候变为垂直寒温带气候。因此，“景观楔”是叠加在均质景观基质之上或相邻景观之间的附加景观，是水平景观在垂直空间的变异和拓展，是一个三维的景观实体。由于“景观楔”的存在，使山地具有超地带性特征，如大青山由暖温带落叶阔叶林景观趋异分化为暖温型草原景观—暖温型落叶灌丛景观—中温型落叶阔叶林景观—寒温性针叶林景观—高寒草甸景观。另外，由于“景观楔”的存在，在气候恶化（寒化、旱化）过程中，提供了垂直景观变化的“缓冲器”。例如，在末次冰盛期，寒冷气候控制了山地，据估计，当时温度较现代降低了 6～7℃，林线高度降低到 1 300 m 附近。但是，寒温性针叶林并没有被摧毁，而是沿垂直景观梯度下降（崔海亭，1990）。“景观楔”的提出，有助于揭示景观变化的复杂性，丰富了区域景观生态学的理论。

“景观楔”的存在，一方面在短距离内增加了景观异质性，增加了景观的多样性，为生物多样性提供了物质基础。另一方面，打破了原来的景观地带的格局，增加了与相邻景观的相互作用。可以理解为通过增加景观结构的复杂性，提高生态系统的张力，从而增加生态多样性。

阴山山地为一介于两个地带之间的“景观楔”，在其两侧产生了“等生态效应”。由于大青山的隆起打破了原有的水平热量带格局，在内蒙古中部地区的中南部产生了一个近东西向的“冷脊”，从主分水岭向南北两侧随着海拔降低，温度分别呈递增的趋势。在南北相同海拔的地区各产生一个热量相近的“暖区”（土默特暖区、满都拉暖区），但是，由于水文地质条件和南北湿度的差异，形成了北部的干旱区和南部的半干旱偏湿区。这种生态效应在植被景观上也有反映：在阴山以北出现了干旱荒漠草原景观带与草原化荒漠景观带，阴山南麓出现盐湿性草甸占优势的植被景观带。

（2）景观通道

本区最大的通道应属黄河谷地，黄河流经托克托之后，进入鄂尔多斯高原与黄土高原之间的峡谷，在本区绵延130多千米，形成平均宽度超过千米的通道。这是一条干暖型的河谷，是华北植物区系成分与蒙古—达乌里植物区系成分交流的通道，如华北成分的荆条、大果榆、酸枣、三裂绣线菊、黄刺玫、小叶鼠李、柽柳和文冠果等在通道两岸的丘陵形成灌丛植被，山地还零星分布森林群落，如白桦林、山杨林、油松林、侧柏林和杜松林，并广泛分布禾草与白莲蒿、茭蒿等组成的暖温型草原半灌木丛[①]。

大青山发育了一系列近南北向的河谷，如枪盘河、东河（哈拉沁沟）、五坝滩河的上游已经切入乌兰察布高原，构成了南北通道，使阴山山地草原植被兼有蒙古高原草原区与黄土高原草原区大多数群系的类型，山区通道对于两地区之间草原植被的过渡起着中间桥梁的作用。另外，大青山东西长300余千米，西与狼山山脉相连，组成阴山山脉的主体，大青山—乌拉山—色尔腾山—狼山—贺兰山及青藏高原边缘的祁连山形成了动植物交流的通道。一些华北成分沿此通道一直断续出现在贺兰山、祁连山，乃至青藏高原东缘，植物中有油松、黄刺玫、灰榆等，动物中有山噪鹛、红尾伯劳、楔尾伯劳、北红尾鸲等。与此相反，青藏高原东缘、祁连山、贺兰山一些高地种类也沿此通道进入大青山或更东的地区。植物中有青海云杉、贺兰山玄参、术叶合耳菊等。动物种类更加明显，如胡兀鹫、雪豹、黑喉雪雀、白眉朱雀、红眉朱雀等。

另外，在乌兰察布高原上，内流水系（锡拉木伦河、艾布盖河）的河谷与许多纵向干谷成为典型草原植物与荒漠植物交流的通道，如克氏针茅、糙隐子草、冷蒿、银灰旋花、北芸香等典型草原成分可以进入荒漠草原，也有一些荒漠旱生植物，如红砂、珍珠、松叶猪毛菜、短叶假木贼、盐爪爪、小果白刺和藏锦鸡儿等沿着盐化低地和河谷两侧的石质丘陵，从荒漠区进入荒漠草原区。特别是亚洲荒漠区特有的河岸森林——胡杨林，沿着古河道一直分布到锡拉木伦河下游的哈沙图查干诺尔附近，形成残遗森林群落（朱宗元，1981），这是天然胡杨林分布的最东界。

（3）景观缓冲器

米里科夫最早揭示了俄罗斯平原景观垂直正负分异的现象（F. N. 米里科夫，1949），并指出同一物候现象在高原上可能是不同时的，而在低地上则会同时出现（F. N. 米里科夫，1953）。

内蒙古中部半干旱典型草原地区，许多中小型盆地及其周围高平原、丘陵存在景观垂直正负分异的现象。盆地周围的高平原和缓丘等正地形是一个侵蚀环境，随着地表物质、水分及可溶性盐分的流失，土层变薄，小地形和生境不断分化，植物生态条件趋向旱生化，

① 刘钟龄，郭柯．中国自然地理系列丛书:中国植物区系与植被地理[M]．科学出版社（出版中）。

发育与大气候背景一致的地带性植被——克氏针茅草原；相反，负地形，如盆地、宽谷是物质流与能量流汇聚的场所，是一个堆积环境，水分、盐分和地表物质从周围向盆地迁移，生境趋向湿生化。另外，盆地又是冷空气下沉、积聚的场所，形成偏冷的小气候，由于水热条件变化，在盆地底部往往形成盐湿性羊草草原或非地带性的盐化草甸景观，或分布芨芨草盐化草甸和芦苇湿地（照片 3-5）。

照片 3-5　土默特平原哈素海的香蒲（左图）、芦苇（右图）湿地景观（马文红摄）

土默特平原的景观垂直分异与水盐运移关系密切。冲积平原地下水埋深较浅（1～3 m），随着季节交替，水位频繁变化，人为灌溉也影响水位变化。在较高的地下水位影响下，土体湿润，土壤底层处于还原环境，发育潜育层，这一过程称为草甸过程，发育潮土，地表生长草甸植被，形成草甸景观。由于地下水位下降，产生脱潜育过程，发育脱潜土，草甸景观发生退化。在地势低洼地段，地下水位高，含有可溶性盐类，气候干旱、蒸发强烈，地下水携带的盐分不断在地表积累，发育草甸盐土，形成盐湿草甸景观（杨际雅等，1992）。潮土与草甸盐土镶嵌分布是土默特平原土壤景观的显著特征（图 3-6、照片 3-6）。二者的理化性状有明显的差别（表 3-3）。

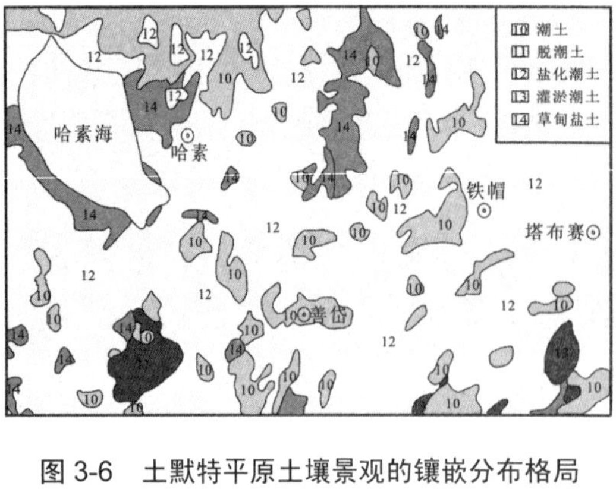

图 3-6　土默特平原土壤景观的镶嵌分布格局

（根据杨际雅等，1992）

照片 3-6　土默特平原的盐湿景观的镶嵌格局

表 3-3 潮土和草甸盐土的理化性状

土类	有机质含量/%	全氮/%	速效磷/$\times10^{-6}$	速效钾/$\times10^{-6}$	代换量/(me/100 g 土)	pH	地下水埋深/m	含盐量/%
潮土	1.1～3.5	0.08～0.21	5～9	142	13.5	7.6～9.1	2～3	<1
草甸盐土	0.3～1.5	0.02～0.08	5～8	138	11.31	8.5～9.5	1～2	>1

注：根据《呼和浩特市土壤》，1992。

在乌兰察布高原北部干旱、很干旱气候条件下，高平原面侵蚀-剥蚀环境发育薄层土，形成强旱生的小灌木（霸王）组成的荒漠景观；盐分聚积的大盆地则形成盐生灌木（盐爪爪）荒漠景观。

地形垂直分异不仅增加了景观异质性，而且起着某种缓冲作用。例如，草原带的大小洼地、湖盆聚盐、积水，形成湖泊湿地或盐湿草甸景观，这在半干旱草原景观基质上，增加了相对湿润的斑块，以此来缓冲草原景观的干旱程度。实际上，地形的垂直分异引起了景观单元的功能分化。例如，研究区北部很干旱区的农业用地并不在层状高平原上，而是在低洼的景观通道中，低地、河谷的热量和水分发挥了生态补偿作用；东南部半干旱草原区，农业景观也集中分布在盆地之中，高原面与丘陵则分布草原景观，凸显了正负地形的生态补偿作用；后山农牧交错景观的形成也是由于盆地、滩川地的生态补偿作用的结果。

3.3 人类活动与景观变化

景观变化是全球变化研究的基础，并且是全球变化的可视化尺度。全球变化研究的途径有地球物理的、生物地球化学的和生物生态学的，景观尺度土地利用与土地覆盖的变化、人文与自然的相互作用研究留给了景观生态学。但是，景观生态学家又来自不同的研究领域，生物学背景的景观生态学家研究物种或群落水平的分布格局及其生态过程；地理景观学家研究景观要素的时空格局及其变化规律；真正将自然景观、人文景观结合起来的区域景观生态学研究成果相对较少。

文化景观的扩张与自然景观的丧失互为因果，这一过程从原始农业的诞生就开始了。

3.3.1 原始农业的摇篮

原始农业在研究区南部的发展是人与自然相互选择的结果。“新石器时代，随着原始农业的发展以及随之而来的人口膨胀，人类逐渐向土地资源丰富的平原地区扩张，他们首先占领地势较高的河流阶地和山前台地”（夏正楷，2012）。

夏正楷在《环境考古学——理论与实践》一书中论述了中国新石器文化的同一性与地区差异，并联系地貌与气候条件论证了文化的多样性。考古学家苏秉琦将我国考古（新石器）文化划分为六大区系，内蒙古中南部属于以燕山南北长城地带为中心的北方区系（夏正楷，2012）。

在全新世大暖期的背景下，古人选择山前台地与大型盆地的边缘定居，在黄土较深厚的地貌部位进行原始农业活动。大青山南麓的阿善文化、西园文化，岱海盆地、黄旗海盆地的老虎山文化和庙子沟文化正是环境与人相互选择的结果。大暖期和地貌条件提供了自然的机遇，另外，文化交流的南北通道的存在，也有利于本区新石器文化的发展（图 3-7），本区新石器文化曾受到来自南部和东部的文化的影像，最终促成地域性文化的诞生。

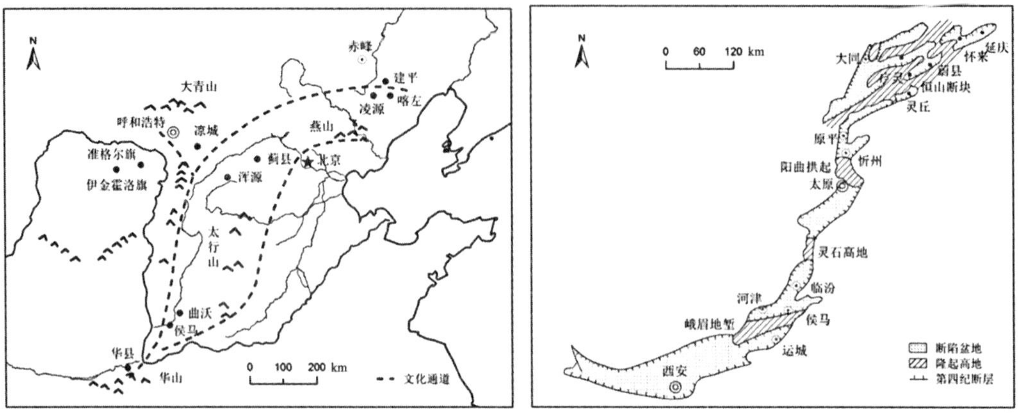

注：左图引自郭大顺，右图引自杨景春等，根据夏正楷，2012。

图 3-7　新石器文化两条南北交流的通道

3.3.2　长城不是景观线

研究区境内有六条长城遗迹（图 3-8），它们分别是：沿阴山南麓的赵长城、沿阴山山脊的秦长城、跨越秦长城的汉长城、阴山以北的北魏长城、绵延于北部草原的金界壕（照片 3-7）和南部黄土丘陵区的明长城（照片 3-8），如此丰富的文化景观在我国北方是绝无仅有的。从公元前 300 年至明代的 1 800 年间，虽然经历了无数征战和政权更迭，也经历过气候波动，农业文化在阴山以南广阔空间的进退，主要是政治、文化驱动的结果。农业景观与牧业景观的界线基本上没有发生重大变化，所以，长城并不是一条农牧分野的景观界线，它的功能主要是用作军事防御，反映着农业民族与游牧民族之间的互动关系，农业景观仍集中分布在阴山以南。

3.3.3　农牧交错景观的形成

清代开始的农垦潮，逐渐改变了本区的文化景观格局。农业景观迅速扩展，突破了前套地区，推进到阴山以北和察哈尔熔岩台地的草原地区，形成了两个不同的农业景观类型：前套冲积平原灌溉农业景观和内蒙古高原雨养农业（旱作农业）景观。农业垦殖活动是一种人类对景观的认知过程，在半干旱草原地区，地形选择决定着农业生产的成败，限制条件主要是水分条件和坡度条件，旱作农业景观占据了滩川地和盆地，草原景观占据着高原与丘陵、台地，于是形成了农牧交错的景观格局。随着垦殖高潮的推进，草原自然景观发生了深刻变化，草原植被逐渐被农耕景观代替，新的聚落不断涌现，野生动植物的生境丧失，人类活动对景观的影响在地名上留下了深刻的烙印，例如，在后山地区有许多叫黄羊城的地名，它们或者是过去黄羊出没的草原或是人们围猎黄羊的地点（图 3-9）。

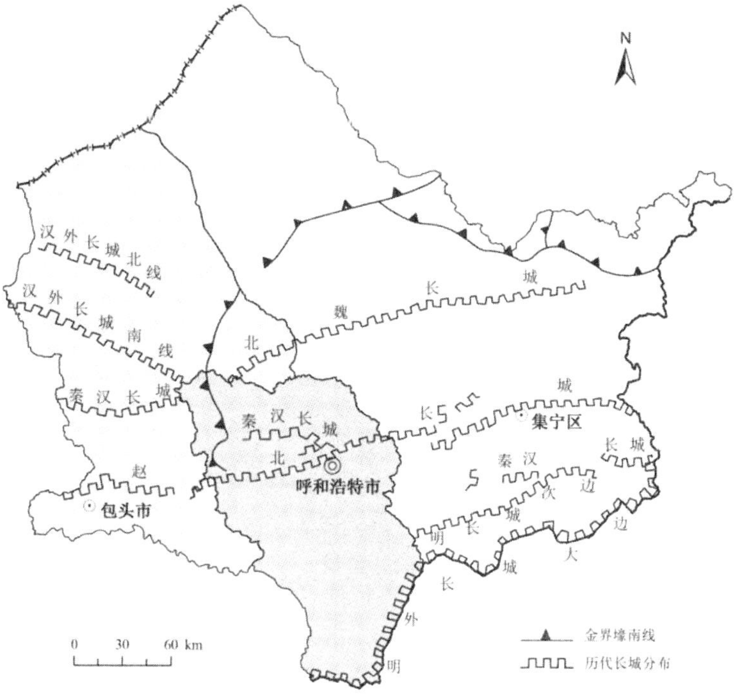

注：引自《中国文物地图集》内蒙古自治区分册，2003。

图 3-8 内蒙古中部历代长城分布

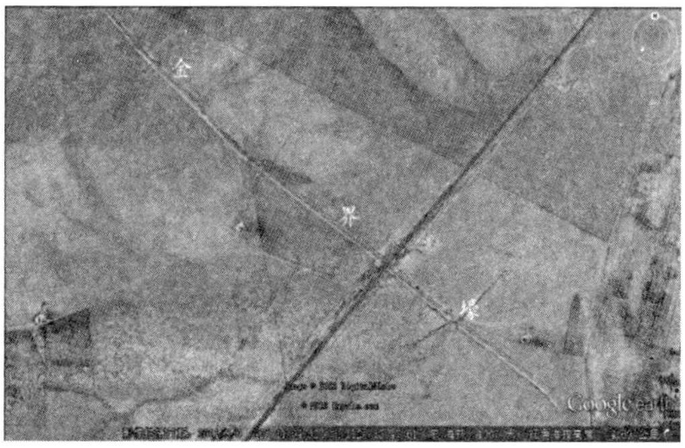

照片 3-7 四子王旗白音希勒水库西北部的金代界壕

（引自 Google Earth，2013）

照片 3-8 和林格尔县境内的明长城遗迹

（引自 Google Earth，2013）

图 3-9 察右中旗、察右后旗以黄羊命名的地名
（根据内蒙古自治区地图册，2001）

3.3.4 新文化景观格局

土地利用/土地覆盖在气候、人口、市场、经济、政策和技术等驱动因子的影响下不断发生改变。土地利用与土地覆盖变化导致景观生态过程的改变，新的种植格局首先引起水量平衡与水分空间格局的改变；另外，施肥、农药改变了农区的土壤地球化学循环过程；并在一定程度上影响着当地生物多样性格局。

经历了最近 30 年的发展，研究区的农业正在从传统农业模式向现代农业发展。前套地区和高平原地区的农业都在从资源驱动型向市场和技术驱动型转变。种植业规模不断扩大，生产技术不断进步（主要是滴灌、喷灌技术），经营模式也突破了单纯农户的局限，走向公司加农户、家庭农场或生产合作社的组织形式。农业的改革促使研究区景观进一步分化：前套平原形成高效绿洲农业景观；阴山北部、东南部形成节水灌溉农业景观；南部黄土丘陵区则维持传统农业与生态农业并存的景观格局。景观的分化体现了土地利用“因地制宜”分区适应模式。

农牧交错是半干旱地区人类文化适应的合理选择，并反过来影响景观的变化。农业发展不仅是生产技术的变革，也不仅是经营模式的改变，它同时推动着社会组织形式的改变，有着深刻的文化内涵。人口是驱动土地利用/覆盖的重要因子之一。在人类活动影响下，研究区的景观面貌发生了巨变，人工管理景观迅速扩展，并成为占优势景观组分或构成主导景观。主导景观的影响日益突出：沿着中南部的交通廊道，建成了交通基础设施发达、新兴产业密集和文化科技实力雄厚的城镇连绵带，构成研究区最具代表性的新文化景观带。典型草原地区退耕还牧、退耕还草和禁牧、舍饲等生态举措取得巨大成效，以风力发电和喷灌技术为标志的新技术应用，提高了生产力，提高了生态文明程度，增加了人文景观的多样性。

草原上星罗棋布的蒙古包接待着八方来客，风力发电机矗立在蓝天碧野之间，喷灌机在大地上画出一个个大圆，正在形成新能源带和新旅游景观带（照片 3-9）。四子王旗中北部的吉尔嘎郎图苏木，建成了我国航天主着陆场，成为草原文化的新亮点（照片 3-10）。广袤的荒漠草原上，返回舱划破长空从天而降，使古老的草原闪耀着科技的光芒，形成一种特有的文化景观。

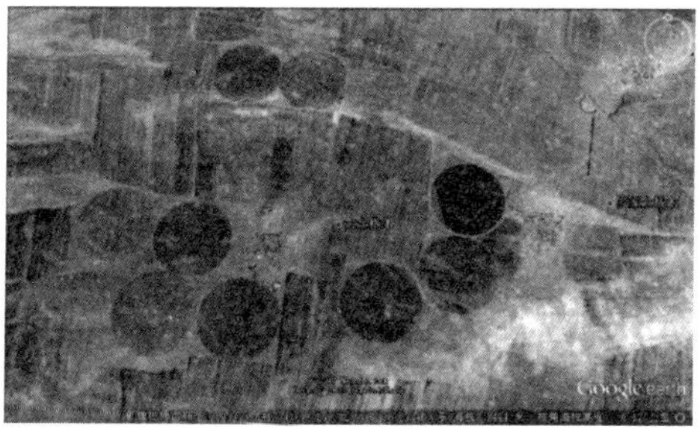

照片 3-9　四子王旗吉生太乡的喷灌农业景观

（引自 Google Earth，2013）

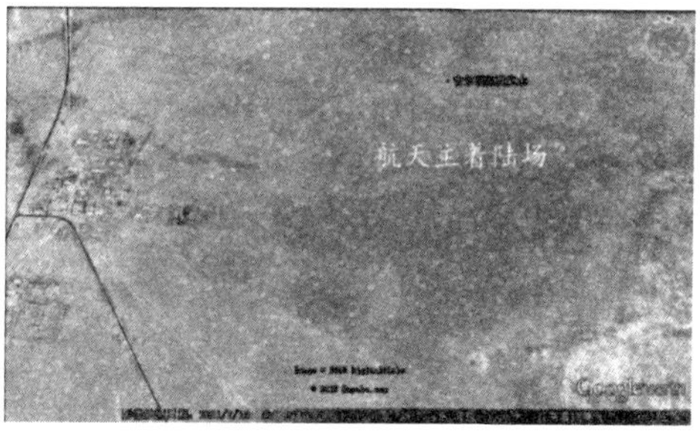

照片 3-10　四子王旗吉尔嘎郎图苏木的航天主着陆场

（引自 Google Earth，2013）

3.4 景观变化的文化生态学透视

3.4.1 建立“合、和”生态观

藏传佛教生态观的核心是包括人类在内的“天、地、生”的和谐共生（照片 3-11）。画面上蓝天、祥云代表风调雨顺，盛开的莲花、牡丹花和巢中的小鸟意味着生命的繁荣昌盛和生态平衡，红色的咒语和中间的神杖代表自然的法力和不灭的生命之火。画面还表达了生态系统各部分的相互关系：土地是生态系统的基础，气候是生态系统的保障，植物与动物、植物与土地、植物与气候、动物与动物之间相互联系，被一条循环往复的链条所联结，朴素地道出了生态系物物相关、协调稳定的运行机制。另外，农牧交错带的藏传佛教文化也有明显的地域特色，在寺庙的壁画上有骑着鸭子和骑着猪的菩萨（照片 3-12），反映了农牧交错的文化内涵。

和谐生态观的核心概念就是适度利用、持续发展，或可通俗地表达为“看菜下饭，量体裁衣”。因为在生态过渡带水土资源、生物资源均处于边际状态，资源的稀缺性和不断增大的人类生态足迹之间形成“剪刀差”，严重制约着区域可持续发展。

研究区草原带发展农业的生态学依据就是巧妙地利用了海拔高度对水分蒸散的缓冲作用，盆地、滩川地和伏沙带对土壤水分的补偿作用。如果超出了约束条件，就会打破自然界的平衡。但是，如何构建和谐景观？应该遵循哪些生态学原则呢？

照片 3-11 达茂旗广福寺壁画中的藏传佛教的生态观（崔海亭摄）

照片 3-12 寺庙壁画中的农牧交错文化内涵（崔海亭摄）

（1）以草定畜

草原生态系统的生物生产功能和生产力水平在典型草原—荒漠草原—草原化荒漠间形成明显的级差，不同类型的草场承载了包括家畜和野生动物在内的消费者。受气候条件制约，天然产草量不可能有大幅度的提高，整个研究区共有草场面积约 480 万 hm^2，天然草场总产草量约 28 亿 kg，按 1 只羊日食量 1.5 kg 计算，理论载畜量约为 500 万个羊单位，实际上载畜量已经超过 1 600 万个羊单位。天然草场产量不稳，但是可以利用滩川地和有水源条件的地方发展人工草场，以大幅提高产草量。截至 2011 年，整个研究区人工草场与饲料地的面积为 48.01 万 hm^2，总产量约 110 亿 kg，为高效畜牧业的发展提供了高产优质饲料。通过提高出栏率和商品率，大大提高了畜牧业的生态效益和经济效益。因此，“以草定畜”是一条不可违背的生态法则。

（2）以水安农

农牧交错带的降水保证率是很低的，为了提高农作物的产量，正在大力推广喷灌和滴灌技术，发展节水农业。但是，干旱、半干旱区的地下水是有限的，超采必然导致地下水位下降，这已经是不争的事实。应该以流域为单元进行水资源评估，确定开采的数量和范围，以保证节水农业的可持续发展。截至2011年，整个研究区拥有地表水资源7.22亿m^3，可开采地下水资源为21.5亿m^3，现有水浇地约104万hm^2，开发潜力是有限的[①]。必须走节水农业的道路。

（3）生态安居

不仅要关注人口的数量，更要关注人口的质量和人类生存环境的质量。强风蚀、干旱、风沙、水土流失严重和重盐碱环境等不适合人居的地方应进行生态移民，向城镇集中，以合理的城镇化带动草原地区的生态文明建设，建设生态良好、生产发达以及生活宜居的新城镇，才能让广大的农牧民实现生态安居，才能使天然草场休养生息，促进草地生态系统的自然恢复。

（4）以景观调控促生态平衡

景观尺度的生态规划与生态工程是维持区域生态系统平衡的杠杆。经过多年的生态治理与生态恢复，草原退化的态势已经初步得到遏制。从中得到的启示是：只要在区域和景观尺度上对景观要素进行调控，生态恶化是可以较快地得到逆转的。例如，通过调整土地利用结构和增加林（灌）比重以增强景观的生态服务功能；通过减少耕地数量以减轻对土地系统的胁迫；通过增加投入和科技支撑以提高生态系统的生态效益与经济效益，实现生态平衡。

3.4.2 生态文明建设与民族文化发展

草原文明是几千年来马背上民族宝贵的文化遗产，它的内涵博大精深，它的精髓在于“敬畏自然、尊重自然、与自然和谐相处”。

（1）生态文明建设的重点是加强生态基础设施建设。发扬草原民族敬天的文化传统，尊重自然和保护自然。进一步实施退耕还林、还牧、还草的生态保护战略，保护森林生态系统，保护草原和湿地生态系统，让人类赖以生存的土地恢复良好的生态功能，造福子孙，实现可持续利用，让“父亲的草原”永远芬芳，让“母亲的河”永远流淌。

（2）应加强非物质文化遗产保护。研究区的文化具有草原文化与农业文化交融渗透的特色。文化只有融入人民生活，活在社会生活当中，才是活的文化。虽然研究区是一个多民族文化融合的地区，各民族和谐相处创造了新的生态文明，但不可忽视主体民族文化在生态文明建设中的作用。民族文化包含了语言、文字、歌舞、美术、服饰、饮食、技艺和宗教等，要建立保护和传承民族文化的机制，融合与传承相结合，时尚与传统相结合，在继承传统的基础上创造新的民族文化。

（3）加强生态文明建设，建设美丽乡村。在景观规划的基础上，走节约和集约资源、保护自然环境和文化特征的城镇化道路。实施景观改造生态工程时，应尊重草原地区的文化传统，遵循自然生态规律，充分发扬农牧交错的文化特色。建设生态良好、环境优美、宜居安定的新农村。美丽乡村建设是一项景观生态工程，对于改变农区和牧区的生态—生

---

① 资料来源于内蒙古自治区水资源公报（2011）。

产范式、改变人们的生活方式具有推动作用，是实现景观科学管理的突破口。在草原农牧区要特别重视小城镇的发展，适应高原多风沙、寒冷气候，以新能源、绿色材料的推广利用带动城镇现代化建设，建筑规划应尊重草原自然景观和民族文化特色，避免“千城一面”。

3.5 景观变化的预测

景观管理是一门科学，应加强景观历史研究，加强景观变化的预测，以便总结规律、实现科学管理。

3.5.1 景观变化的周期性与波动性

环境演变研究证明：全新世以来，研究区气候曾多次波动，大青山麓有过 5 个成土期（代表暖湿气候）和 4 个“石线”期（代表干冷气候）（图 3-10）。5 个成土期分别是：9 600～8 800 a B.P.、8 000～7 200 a B.P.、5 200～4 500 a B.P.、2 500～2 000 a B.P.、1 500～800 a B.P.；4 个“石线”期分别是：8 500 a B.P.、6 000 a B.P.、3 500 a B.P.和 1 800 a B.P.（崔之久等，1992）。景观周期性的变化，属于 10^2 a 或 10^3 a 尺度长时间的周期性变化，人类不易察觉。

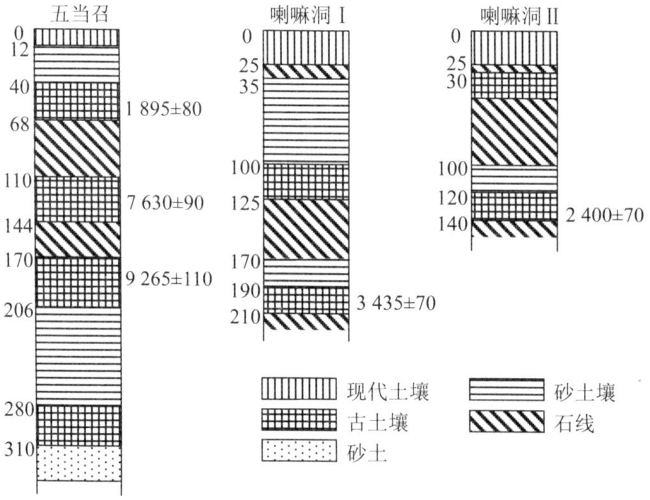

图 3-10　五当召、喇嘛洞古土壤与石线互层剖面（根据崔之久等，1992）

土地利用/土地覆盖变化是短时间尺度的变化，随着气候波动和人类活动的持续影响，也可以在几十年、上百年时间尺度发生景观变化。例如，现代农牧交错的土地利用格局与 20 世纪的气候转暖相对应（张兰生等，1997），但是，这一变化仍属于土地利用界线的变动，不属于景观类型的改变。要特别重视由于人类活动导致的景观退化，这一退化过程主要是从土地退化和植被退化开始的。

3.5.2 景观变化的滞后性

植被变化是景观变化的标志，但植被变化是一个渐变的过程。随着气候波动，植物群落的盖度和种类组成将发生变化，当气候变化的幅度增大，植被类型将发生变化。但是因为任何一种植被类型都有一定的稳定性，因此，景观变化有一定的滞后性。例如，草原地带的沙地疏林草原景观大致形成于距今 7～3 千年，多数文献认为它是一种植被类型，其实它只是草原区的一类景观。由于沙地增加了有效降水，在草原植被的背景上增加了木本植物，形成了疏林草原景观。全新世晚期，距今 1.4～1 千年气候更为干旱，风沙活动加强，但草原带的沙地景观并没有发生根本性的变化，仍保持着沙地疏林（灌丛）草原景观的面貌。

3.5.3　景观变化的敏感带

处于临界状态的景观带对全球变化最为敏感，近年来出现的一些环境变化的早期信号值得关注。在研究区有三个景观敏感带。

（1）北部荒漠敏感带

该区域主要位于乌兰察布高原北部中温型草原化荒漠生态区，对水热条件的变化十分敏感，由于干旱加剧、沙化和盐碱化，霸王群落和藏锦鸡儿群落等旱生灌木荒漠与红砂群落和盐爪爪盐生灌木荒漠有扩展的趋势（照片 3-13）。另外，该敏感带的植被指数处在研究区的最低量级（0.05～0.15），植被指数的变化反映出低湿地植被有减少的趋势。

照片 3-13　四子王旗东北部的霸王群落

（2）南部敏感带

该区域主要位于前套平原农作植被—盐湿草甸生态区。受人类活动的影响，该生态区已成为一个由草甸和湿地生态系统、城镇生态系统和城郊型农业生态系统共同构成的复合生态系统。在黄河冲积平原河湖湿地生态系统广泛分布，有许多沼泽，但由于全球升温、降水减少、蒸发量增加和不合理利用水资源，导致湖水位下降以致干涸的事件时有发生。湖面萎缩是湖泊湿地生态系统退化的先兆。在此建立湿地自然保护区是保护湿地生态系统的必要措施。另外，由于气候变暖，许多喜暖树种（如刺槐、国槐和银杏）已能成功地种植在呼和浩特市一带；玉米种植区域在研究区也呈扩展的趋势。

（3）山地敏感带

该区域主要位于阴山山地森林—草甸草原生态区。该生态区是一个由森林、灌丛、草原和草甸组成的复合生态系统。全球的暖化将影响山地暗针叶林带的分布，青海云杉林的面积将会缩小，大青山以西的乌拉山的植被将更趋干旱化。据报道，由于全球升温，尤其是北半球春季的快速升温引起森林群落的水分亏缺，可导致森林死亡（Allen et al.，2010），阴山山地也应特别重视对这一现象的观察研究。

3.6 景观建设与保护的思考

全球变化背景下，研究区正在经历区域性景观的快速变化。以草地退化、土地沙化、盐碱化、水资源短缺和环境污染为标志的景观退化已经引起广泛关注。许多学者从景观和区域尺度探讨生态恢复、生态重建的良策与景观建设的途径。张新时提出了北方农牧交错带优化生态—生产范式体系构建（张新时等，2003），并结合不同地区的生态建设问题进行深入探讨；蒋高明针对浑善达克沙地退化草地生态系统的生态恢复和生态建设进行了一系列论述（蒋高明，2002），这些论述为草原地区的景观建设指出了方向。

3.6.1 重建内蒙古中部的景观“安全带”

“敕勒川，阴山下，天似穹庐，笼盖四野。天苍苍，野茫茫，风吹草低见牛羊。”不仅是一首脍炙人口的诗歌，更重要的是描绘出 1 600 年前大青山下田园牧歌式的景观面貌。

内蒙古中部景观的“安全带”主要位于阴山山地森林—草甸草原生态区。阴山与敕勒川自古就是一个整体，阴山山脉的森林、灌丛与平原的河湖湿地是一个完整的大生态系统。平原的河湖湿地主要指前套平原农作植被—盐湿草甸生态区。茂密的山地植被为动植物提供了安定的栖居场所，使阴山山地的物种多样性、群落多样性和生态多样性都是研究区最丰富的；山地植被涵养了水源，构成了平原生态系统的“水塔”，浇灌着草甸和沼泽，为人类提供畜牧和耕作的条件。但是，由于千百年来的人类破坏，这一“安全带”的功能受到损害，生物多样性降低，水土流失，野生生物的栖息地丧失；土默特平原的景观功能也由于过度开发而不堪重负，环境污染、人口膨胀、交通不畅以及水资源短缺等问题日益突出。

以往的景观规划忽视了山地和平原的生态统一性，现在认识到山地是平原景观安全的保障，加强山地生态保护，才能确保平原景观的可持续性。景观建设的目标是：构建山地—城市—农田—河湖—湿地大系统的景观安全格局。

①建立自然保护区，保护植被和野生动物，保护珍稀濒危物种，保障生态系统的健康，保障城市生态系统的安全。景观规划设计在生物多样性保护中起着决定性的作用（俞孔坚等，1998），建立绝对保护的栖息地核心区，即建立自然保护区是自然保护中最传统的且有效的战略方法。但建立自然保护区只是确立了生态保护的目标，实现生态系统管理是一项艰巨的系统工程，必须一步一步地落实。

②建设山地水文定位观测站。在金銮殿、蛮汉山、辉腾锡勒、九峰山和乌拉山等地建立山地森林生态系统水文定位观测站，观测水源涵养功能的动态变化，保障山地—平原景

观系统的水生态安全。

③建设强大的山麓生态屏障。山地平原过渡带是整个大系统的关键地带，是山地自然景观向城市化景观的过渡带，是边际效应表现最强烈的地区。保护天然植被，增加森林覆盖率，限制和减少不合理的土地开发、旅游度假区建设和交通建设的负面影响，沿着山麓地带和交通干线建成林果结合、乔灌结合的绿色景观廊道，构建山前城镇连绵区的生态屏障。

④促进河湖湿地生态系统的恢复。前套平原农作植被—盐湿草甸生态区是人类活动最密集的区域，受城市化影响强烈。近 20 年来，快速城市化使建成区不断膨胀、并向郊区辐射，加剧了对平原农业生态系统和河湖湿地的生态压力。加之气候的暖干旱化以及人类不合理利用水资源，导致河湖面萎缩、湿地退化，生态系统受损。因此，在前套平原应开展以植被恢复和植被建设为先导、以水生态安全为中心的景观建设。加强道路沿线、农田四周和河流两旁的林带、林网建设，增强生态廊道的生态过滤功能，恢复河流故道和冲积扇边缘洼地的湿地景观。

3.6.2　实施“西部大草原”恢复计划

内蒙古草原分为东、中、西三段，乌兰察布高原的草原可称为“西部大草原”，是一个以克氏针茅为主的典型草原与短花针茅、小针茅为主的荒漠草原构成的广大区域。西部大草原主要位于阴山北麓及东南部中温型典型草原生态区和乌兰察布层状高平原荒漠草原生态区。西部大草原在我国北方主体生态功能区中具有重要的地位。

阴山以北已经形成农牧交错的景观格局。但是，如果能在生态保护战略的引导下，逐步调整景观结构，增加林（灌）、草比例，发展禁牧舍饲，将会形成发达的现代农业景观与保护性的天然草原相结合的新景观格局。

阴山以北的草原生态系统与荒漠生态系统南北相连、相互制约，景观建设应按照“南部维稳、中部恢复、北部保护”的总体思路安排。按照草原地区地形的宏观格局，进一步优化南部的景观结构；促进中部高平原、丘陵与开阔洼地的自然植被恢复，天然草地比例应维持在 70%以上；加强北部荒漠草原和草原化荒漠植被的保护，促进植被的自然恢复。

只要坚持退耕、禁牧，再经过 10 年左右的努力，草原生态系统得以恢复，乌兰察布草原的面貌一定会朝着生态良好的方向发展，真正成为大首都圈北部有效的生态防护体系。

3.6.3　保护为主的南部景观带

南部景观带主要位于阴山南麓暖温型草原生态区，包括和林格尔黄土台地和清水河丘陵两个生态亚区。黄土高原区开垦历史悠久，地势起伏大，植被盖度低，风水两相侵蚀，水土流失严重，景观稳定性较差。景观建设的总体构想应以小流域为单元，以保水、保土为中心的植被恢复与植被建设为主。建设保护为主的南部景观带，不仅有利于黄河流域的水生态安全，也是大首都圈生态安全保障体系的组成部分。

黄土梁、峁丘陵区景观垂直分异明显，景观建设亦应重视垂直结构的调整。景观建设的目标是：

①建设生态“安全岛”。建设突出于黄土高原之上的岛状山体，如南天门、摩天岭等应成为景观建设的重点，恢复天然植被和野生生物的栖息地，发挥“岛屿”在生物多样性保护与维持景观安全中的作用。

②景观建设的具体模式应适应本区的地形特点。同土地利用适应模式相似，景观建设也需“因地制宜”分区适应。如梁、峁顶部应以林草建设为主，坡地应以植被恢复为主，沟谷应以适度利用为主。理想的模式是无数的丘陵景观“颗粒”，形成景观的基质，在垂直空间又各自具有成层结构，这些景观要素之间被网络状的沟谷廊道所连接，由此构成景观安全格局。

③在构建景观安全格局时，应加强生态经济模式的设计。应提高景观建设的生态效益与经济效益，如种植药材和经济植物，发展林果业，搞好小流域经济；利用丰富的人文资源发展旅游业和文化产业。

3.6.4 建立景观预警机制

政府间气候变化专门委员会（IPCC）第五次评估报告第一工作组的报告指出：在过去的一百多年里（1880—2012 年）全球平均温度上升了 0.85（0.65～1.06）℃；2003—2012 年间的平均温度比 1850—1900 年升高了 0.78℃；在北半球，1983—2012 年可能是近 1 400 年里最暖的 30 年；未来全球持续增加的 CO_2 排放量将延续这种升温的趋势（IPCC，2013）。

保守地估计，未来全球变化情景下，平均温度将上升 2～4.8℃，必然导致一些区域变得干旱（Christensen et al.，2007；Richard Seager et al.，2007）。如果持续下去，干热胁迫将会在许多区域改变森林的种类组成、结构和地理分布（Allen et al.，2010）。

研究区地处季风尾闾区，气候波动性较大，全球气候变化必然对景观变化产生深刻影响；研究区又是灾害多发的地区，未来气候波动将诱发各种自然灾害，影响草原景观系统与农业景观系统的健康。根据研究，研究区 1851—1950 年的 100 年中，共发生灾害 221 次，在所有成灾的 95 年中，旱灾、水灾占 85%，重灾中又以旱灾占首位。灾情序列变化具有阶段性与周期性，并与气候变化有很好的对应关系（方修琦，1989），这种对应关系使根据气候变化规律性来预测灾情变化成为可能。快速城镇化带来的景观变化打破了原有的平衡，尤其是沿着研究区的发展轴，景观承载力进一步加重，各种生态冲突也会显现出来。

景观预警是对区域景观系统的生态诊断与景观安全评估，必须建立在长期监测基础上。现代技术手段完全可以支撑景观预测、预警。景观预警主要包括四方面内容。

（1）建立景观预警监测系统

景观预警监测系统不同于单要素的监测系统，而是对景观结构、景观过程与景观功能的动态变化进行监测。该系统是不同分辨率的遥感数据、气候数据、图库与地面观测资料结合的技术系统，可在国土资源部门的土地利用/土地覆盖监测系统基础上加以改进，结合气象、环境、林业和水文等信息系统来构建大数据系统。

（2）进行景观“红色”制图

不同景观对全球变化响应的敏感程度不同。对重点地区、重点景观（自然保护区、大中城市、重要湿地景观和典型农业景观）的重复监测，能够从景观要素的面积、斑块动态、界线变化和相互关系的变化等方面反映出来。根据景观变化的负面影响，进行预警性制图，称为景观红色制图。制图的重复周期为 5～10 年。

（3）景观变化的指示性

全球性升温必然引起干旱和热胁迫增大，并引发病虫害，甚至景观组分与景观结构发生改变。包括研究区在内的内亚（Inner Asia）半干旱区域许多地方已经出现干、热胁迫，促使树木生长衰减、死亡率上升以及林火事件增多。如果这一趋势持续下去，内亚半干旱区的森林将会消失（Liu et al.，2013）。树木生长和土壤水分是重要的景观变化预警指标，应在大青山的中成熟天然林地建立观测站点，一并观测树木生长率变化与土壤水分变化。

（4）定期发布景观预警报告

综合多种观测数据与模型预测资料，进行综合分析，每 5 年做出景观趋势性预警报告，以指导生态建设和景观保护，这是景观管理的重要内容。

参考文献

[1] [俄] F N 米里科夫著. 地形对动植物的影响[M]. 唐永銮，吴静如译. 北京：科学出版社，1956.

[2] [俄] F N 米里科夫. 基于俄罗斯平原景观地带分析揭示的若干地理规律性. 原载《自然地理学问题》杂志（俄文）：1949.

[3] [苏] A G 伊萨钦科著. 自然地理学原理[M]. 中山大学地质地理系译. 北京：高等教育出版社，1965.

[4] [英] 阿兰 R H 贝克著. 地理学与历史学：跨越楚河汉界[M]. 阙维民译. 北京：商务印书馆，2008.

[5] Christensen J H，Hewitson B，Busuioc A，et al. Regional Climate Projections，Climate Change，2007：The Physical Science Basis. Contribution of Working group I to the Fourth Assessment Report of the Intergovernmental Panel on Climate Change，University Press，Cambridge.

[6] Allen C D，Macalady A K，Chenchouni H，et al. A global overview of drought and heat-Induced tree mortality reveals emerging climate change risks for forests[J]. Forest Ecology and Eanagement，2010，259：660-684.

[7] Liu H Y，Williams A P，et al. Rapid warming accelerates tree growth decline insemi-arid forests of Inner Asia[J]. Global Change Biology，2013，19：2500-2510.

[8] Huang R H，Cui H T，Cui Z J，et al. The impact of climate changes on Landscape Ecology in the Holocene in the Yin shan Mountains，Inner Mongolia[J].Chinese Journal of Arid Land Research，1991，4（2）：129-141.

[9] IPCC. Summary for Policymakersin. In：Climate Change 2013：The Physical Science Basis. Contribution of Working Group I to the Fifth Assessment Report of the Intergovernmental Panel on Climate Change [Stocker T F，Qin G K. Plattner M Tignor，S K Allen，J Boschung，A Nauels，Y Xia，V Bex，P M Migdley（eds）]. Cambridge University Press，New York，USA，2013.

[10] Seager R，Ting M F，Held I，et al. Model projections of an imminent transition to a more arid climate in

Southwestern North America[J]. Science，316（5288）：1181-1184.

[11] V V 阿略兴. 植物地理学（第三版，俄文）[M]. 莫斯科，1950.（1953 年有中译本）

[12] 程维明，周成虎，汤奇成，等. 天山北坡前山带景观分布特征的遥感研究[J]. 地理学报，2001，56（5）：541-548.

[13] 崔保山. 纵向岭谷区重大工程建设与区域生态系统变化交互作用[M]. 北京：科学出版社，2009.

[14] 崔海亭，黄润华，崔之久，等. 内蒙古大青山全新世环境变化的古地理学证据[J]. 中国环境科学，1992，12（5）：323-328.

[15] 崔海亭，孔昭宸. 内蒙古东中部地区全新世高温期气候变化的初步分析. //施雅风. 中国全新世大暖期气候与环境[M]. 北京：海洋出版社，1992.

[16] 崔之久，宋常青. 内蒙古大青山全新世冰缘现象及环境演变[J]. 冰川冻土，1992，14（4）：325-331.

[17] 方修琦. 内蒙古呼和浩特及邻区历史灾情序列的初步研究[J]. 干旱区资源与环境，1989，3（3）：204-213.

[18] 顾世祥. 纵向岭谷区农业水资源时空格局与持续利用[M]. 北京：科学出版社，2011.

[19] 郭大顺. 史前三大文化区的交汇与中国文明起源[J]. 故宫学术季刊，2007，24（4）：1-24.

[20] 国家文物局. 中国文物地图集内蒙古分册[M]. 西安：西安地图出版社，2003.

[21] 何大明. 纵向岭谷区跨境生态安全与综合调控体系[M]. 北京：科学出版社，2009.

[22] 黄奕龙，陈利顶，吴健生. 我国城市景观生态学的研究进展[J]. 地理学报，2006，61：224.

[23] 蒋高明. 浑善达克沙地退化生态系统恢复的对策[J]. 中国科技论坛，2002：12-14.

[24] 李建新. 景观生态学实践与评述[M]. 北京：中国环境科学出版社，2007.

[25] 刘彦随. 山地土地类型的结构分析与优化利用——以陕西秦岭山地为例[J]. 地理学报，2001，56（4）：426-436.

[26] 蒙吉军. 综合自然地理学[M]. 北京：北京大学出版社，2005.

[27] 莫申国，张百平，程维明，等. 青藏高原的主要环境效应[J]. 地理科学进展，2004，23（2）：88-96.

[28] 欧晓昆. 纵向岭谷区生态系统多样性变化与生态安全评价[M]. 北京：科学出版社，2010.

[29] 潘韬，吴绍洪，何大明，等. 纵向岭谷区地表格局的生态效应及其区域分异[J]. 地理学报，2012，67（1）：13-26 .

[30] 彭华. 纵向岭谷区典型生态系统变化与稳定性机制[M]. 北京：科学出版社，2009.

[31] 邱铸鼎，李传夔. 中国哺乳动物区系的演变与青藏高原的抬升[J]. 中国科学（D 辑：地球科学），2004，34（9）：845-854.

[32] 宋长青，冷疏影. 21 世纪中国地理学综合研究的主要领域[J]，地理学报，2005，60（4）：546-552.

[33] 孙金铸. 内蒙古地理文集[M]. 呼和浩特：内蒙古大学出版社，2003.

[34] 吴绍洪. 纵向岭谷区特殊环境格局与生态效应[M]. 北京：科学出版社，2010.

[35] 吴征镒，李锡文著. 云南热带亚热带植物区系研究报告第 1 集[M]. 北京：科学出版社，1965.

[36] 夏正楷. 环境考古学——理论与实践[M]. 北京：北京大学出版社，2012.

[37] 许学工，李双成，蔡运龙. 中国综合自然地理学的近今进展与前瞻[J]. 地理学报，2009，64（9）：1027-1038.

[38] 杨际雅，吕振兴. 呼和浩特市土壤[M]. 呼和浩特：内蒙古大学出版社，1992.

[39] 杨景春，李有利. 地貌学原理[M]. 北京：北京大学出版社，2005.

[40] 杨逸畴，高登义，李渤生. 雅鲁藏布江下游河谷水汽通道初探[J]. 中国科学（B 辑），1987（8）：893-902.

[41] 俞孔坚，李迪华，段铁武. 生物多样性保护的景观规划途径[J]. 生物多样性，1998，6（3）：205-212.

[42] 张兰生，方修琦，任国玉. 我国北方农牧交错带的环境演变[J]. 地学前缘，1997，4（1-2）：127-136.

[43] 张兰生. 中国古地理——中国自然环境的形成[M]. 北京：科学出版社，2012.

[44] 张新时，史培军. 边际生态系统管理的理论与实践——我国北方草原与农牧交错带“优化生态-生产范式”构建[J]. 植物学报，2003，45（10）：1137-1138.

[45] 赵一之. 内蒙古维管植物分类及其区系生态地理分布[M]. 呼和浩特：内蒙古大学出版社，2012.

[46] 智瑞年，赵雪. 阴山山脉大青山山地植被的分布及其利用[J]. 内蒙古大学学报：自然科学版，1983，14（1）：131-134.

[47] 中国科学院《中国自然地理》编辑委员会. 中国自然地理古地理上[M]. 北京：科学出版社，1984.

[48] 朱宗元. 内蒙古中部草原区发现天然胡杨林[J]. 植物生态学与地植物学丛刊. 1981，5（3）：237.

[49] 訾冬梅，高秀静. 内蒙古自治区制图制印院编制. 内蒙古自治区地图册[M]. 北京：中国地图出版社，2001.

第 4 章　土地利用时空变化*

提要

本章在梳理内蒙古中部垦殖历史脉络和新中国成立以来土地利用格局的基础上，结合国家“六五”攻关项目“遥感技术在内蒙古草场资源调查中应用研究”课题的土地利用研究成果，利用遥感信息，采用“分景—分区—分类”的方法，编制了三期土地利用图。按照区域、旗县两个尺度，分析 1988 年末、2000 年与 2010 年三期土地利用图反映的 20 余年的土地利用格局变化、数量变化、变化速度及空间转移等情况。并从气候、人口、市场、经济、政策与技术等方面分析了土地利用变化的驱动力。

研究表明：土地利用的大农业性显著，即以牧为主、农牧林交错多种经营；土地利用的区域分异凸显，形成高平原草地带、丘陵草地与耕地交错带、山地森林与草地交错带、平原水浇地与城镇交错带。根据三期土地利用的变化可以看到，国家的退耕还林（草），重大生态工程建设已初见成效。在生态建设的基础上，各旗县根据土地利用现状进行了结构调整，宜农则农、宜牧则牧、宜林则林，总体上使土地利用类型与数量结构得到优化。由于土地利用的总体方向受气候波动制约，但其区域组合则主要取决于地貌，因此提出“波动农牧业”分时适应和“因地制宜”分区适应的土地利用模式。

---

* 本章由王静爱和崔海亭执笔，其他贡献者有杨会民、张春琴。

4.1 内蒙古中部垦殖历史脉络

内蒙古中部土地利用方式复杂，兼有农牧用地，农牧（林）交错，没有明显的以某种用地方式为主（史培军等，2009）。近些年来，由于土地利用强度增加、人口增长的压力等历史原因，滥垦、樵采、过度放牧时有发生，加剧了土地风蚀、沙化、盐碱化和干旱化程度，导致草地面积减小，景观破碎度加大，造成水环境恶化和荒漠化程度加重等生态环境问题（林彰平，2002）。人口、聚落的不断增加及其向边远地区的转移与垦殖的持续推进关系密切。

内蒙古中部垦殖历史文献浩如烟海、头绪纷繁，笔者对其历史脉络进行了梳理。国土的疆域、位置是决定农业地理格局的基本要素（韩茂莉，2012）。疆域与位置决定了水热条件的基本状况，不同历史时期的区域环境变迁、重要历史事件、人口迁移、城镇聚落分布等情况影响着垦殖的数量、深度与范围。考虑到各建制机构所选址基本均能保证有一定范围的经济腹地从事农耕生产，在缺乏历史文献直接记载的情况下，可根据各级聚落的位置、规模及其分布大致推测出农业开垦的范围。根据《中国历史地图集》（中国历史图集编辑组，1975；谭其骧，1982）统计各级聚落的数量（图 4-1）分布状况，结合不同历史时期重要历史事件（图 4-2）来梳理垦殖历史的脉络。

根据不同历史时期聚落数量的波动情况，将研究区垦殖历史大致分为五个阶段：新石器时代原始农业文化孕育阶段、战国至北魏垦殖缓慢推进阶段、隋唐至元代垦殖低潮阶段、明代至民国垦殖大力发展阶段、新中国成立后至今垦殖与保护并重阶段。不同历史时期、不同民族的实力强弱变化，疆域界限北推南移，垦殖潮起潮落，“草尖文化”与“锄尖文化”此消彼长或融合共存，在研究区得到充分展现。

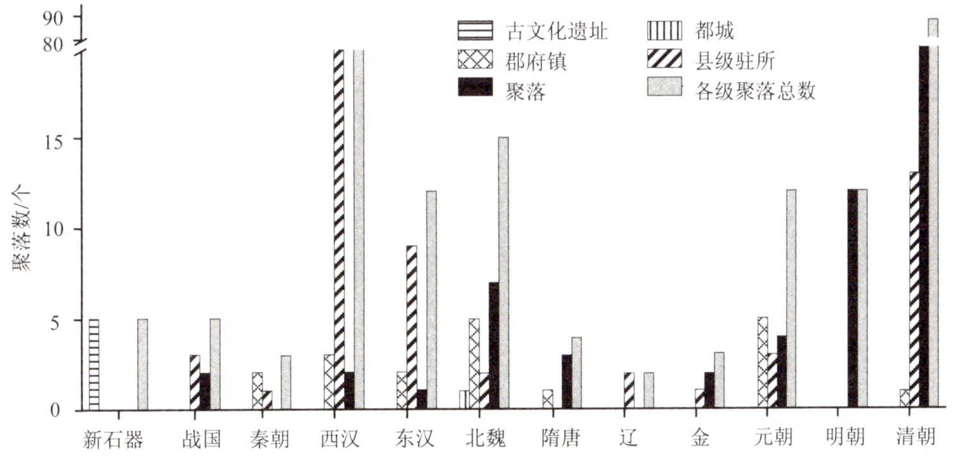

图 4-1 历史时期内蒙古中部聚落数目变化

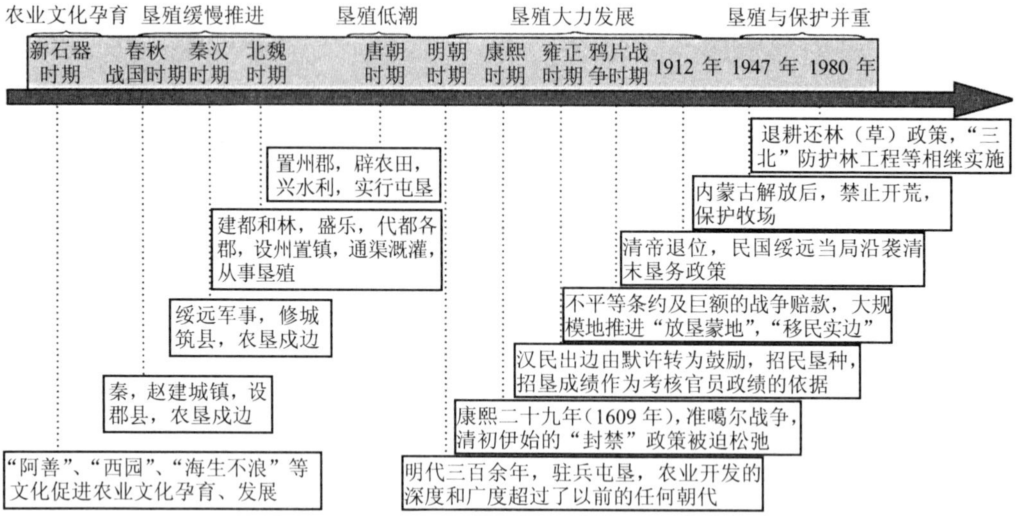

图 4-2　内蒙古中部垦殖历史重要事件

4.1.1　新石器时期原始农业文化阶段

新石器时期，大青山南麓、土默特平原和中南部的岱海、黄旗海盆地等地，陆续出现了“阿善文化”、“西园文化”、“白泥窑子文化”、“庙子沟文化”等原始农业文化（图 4-3）。

图 4-3　内蒙古中部新石器时期文化遗址分布

黄河以东的低山丘陵区、岱海盆地周围，以森林草原、灌丛草原景观为特色，有利于原始农业文化的发展。阿善二期文化与三期文化，发现大型打制、磨制的石刀、石铲与小型石叶、石片、柳叶形石镞等细石器；凉城老虎山遗址，相当于龙山文化早期，以多种细石器为特色，如石刀、石镞等，石器、陶器与定居的房址共存。上述文化属于原始农业、畜牧业与狩猎等多种文化因素共存的混合型经济。各遗址中房址、石城的变化也显示了与农业相伴的定居生活发展的过程，原始农业文化在此得到孕育并不断发展（曹永年，2007）。

4.1.2　战国至北魏垦殖缓慢推进阶段

从战国开始，各国变法图强，耕地成为强国之本，垦殖面积不断扩展，将农耕区不断向北推进。赵武灵王“胡服骑射”，北破林胡、楼烦，同时沿阴山筑长城，并在研究区置云中郡、雁门郡、代郡，在此期间，出现了九原、原阳、云中等不同级别的聚落（图 4-4a）。伴随郡县的设置、长城的修筑及屯戍城、障等的开辟，形成了内蒙古中部地区最早的地方行政中心和军事重镇，促进了城镇的兴起。长城沿线的屯戍点，城、障、烽燧逐渐发展成为居民点、贸易点，有的成为永久性城镇，如托克托古城村的古城、和林格尔县土城子的古城等。大量移民从中原迁来，出现了村郭毗邻、人丁密集的繁荣景象。城镇的形成是社会经济发展的标志，对推动内蒙古中部地区社会经济的发展起了十分重要的作用。另外，长城沿边村镇的出现，促进了中原农耕文化与北方游牧文化的交流与融合，导致农耕文化一步步向北扩散。

秦汉至北魏时期，军事、农垦并重，自关内移民垦殖，借以实边。在此期间研究区增设不同级别的聚落 60 余个，其中秦、西汉、东汉（图 4-4b）、北魏（图 4-4c），分别约增设 3 个、30 个、12 个、15 个，主要集中在今包头地区与呼和浩特附近，出现北扩南移趋势，在阴山北麓出现怀朔镇、武川镇与抚冥镇，今清水河、凉城等地也出现少数聚落，这一历史阶段县级以上聚落占总数一半以上。据《史记》所载，秦始皇三十三年（前 214 年）曾将大批罪犯徙居至此，以此为基础设置三十四县，推测人口不在少数。秦始皇三十六年约有 3 万户迁至这里（《史记》卷六《始皇本纪》），若以每户 5 人计，约合 15 万人，加上此前移民，这里已有了可观的农业人口。当时移民叩石垦壤，将耕地北界从秦昭王长城推向更靠北的秦始皇长城。汉武帝元朔二年（前 157 年）募召十万徙朔方，主要安排在河套平原及黄河以南地区（《汉书》卷六《武帝本纪》）。此后不久，西汉朝廷又在“上郡、朔方、西河、河西开官田，斥塞卒六十万戍田之”。经过多次大规模移民，增设定襄、朔方两郡，并改秦九原郡为五原郡，从此，阴山下、黄河边出现一定规模的农业开垦，创造了有史以来农业发展的最盛期。

经三国、两晋的荒废后，北魏建都和林、盛乐、代都，设州置镇（图 4-4c），从事垦殖，令今呼和浩特一带及长城以南各郡“各修水田，通渠溉灌”，确定了“息众课农”和后来的“计口授田”的农业生产发展方针（李兴盛，1999），当时除盛乐附近已经有了比较发达的农业经济以外，在大青山麓和山北地区都有一定数量的农业。相传《敕勒歌》出自公元六世纪中叶北魏末年敕勒族大将斛律金之手。“敕勒川，阴山下，天似穹庐，笼盖四野。天苍苍，野茫茫，风吹草低见牛羊”生动地描写了当时大青山麓的风光（戴学稷，1981）。当时阴山下的敕勒川是一个水草丰美、牛羊成群的地方，各族牧民过着穹庐古毡、逐水草而居的生活。尽管城镇设置较前期有了较大幅度的增加，但是由于垦殖规模有限，并未对当地生态环境构成破坏。

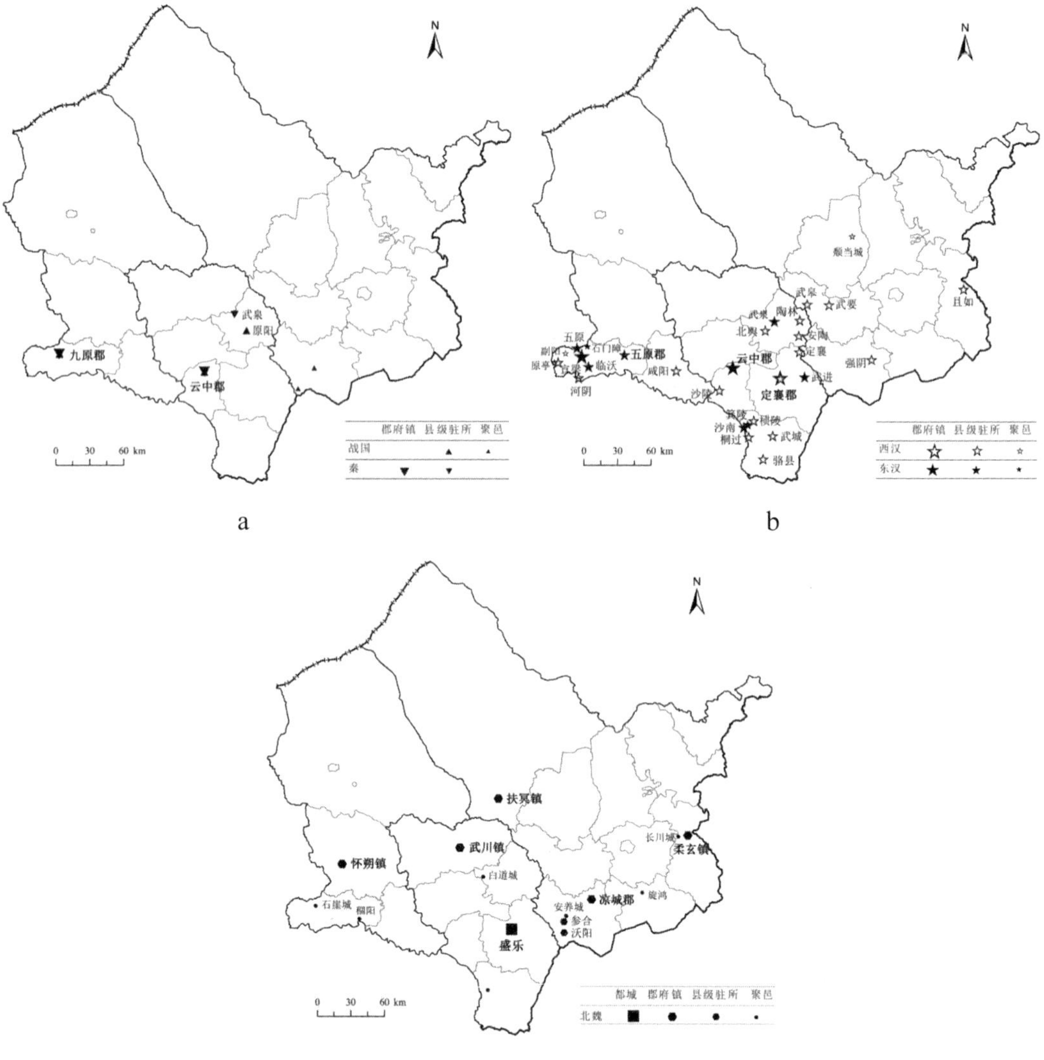

c

图 4-4　内蒙古中部战国—北魏重要聚落分布

4.1.3　隋唐至元朝垦殖低潮阶段

隋、唐、辽、金战争频发、社会不稳，加之自然条件限制，农业经济大受影响，在此期间城镇、聚落增设速度减缓，约增加 10 个（图 4-5），农业人口呈不稳定性增加。

图 4-5　内蒙古中部隋唐—元朝各级聚落分布

元代，粮食生产除了供应当地外，还要为岭北行省提供军粮。由于自金以来内地移民逐渐增多，带来先进的农业生产技术和生产工具，粮食的需求和先进的生产技术有力地促进了农业生产的发展。元朝主要在今呼和浩特一带进行垦殖，农业在阴山山麓地区迅速发展起来，各级别聚落增加 10 余个，在今四子王旗、达尔罕茂明安联合旗境内设德宁路、净州路及砂井总管等级别较高的行政建制。经过数十年的开垦经营，土默特平原一带已经是良田沃野，屯田还逐渐向蛮汉山麓发展。但是，由于当时生产力相对低下，尚属粗放的、广种薄收的耕作方式。

4.1.4　明代至民国垦殖大力发展阶段

明代三百余年，设州置镇、驻兵屯垦，约增设各级聚落 12 个，有向中东部及北部的四子王旗等地扩散的趋势（图 4-6a），农业开发的深度和广度超过了以前的任何朝代。顾祖禹在《读史方舆纪要》中写道：“南至边墙，北至青山，东至威宁海（今岱海），西至黄河岸，南北四百里，东西千余里，一望平川，无山坡溪涧之险，耕种市廛，花柳蔬圃，与中国无异。”

清代以前，虽有一定规模的农业经济，实施了小面积的垦殖，但畜牧业经济始终占据主导地位，研究区生态环境并未因垦殖而遭到大范围的破坏。可从呼和浩特（明万历三年命名，蒙语青色的城）和包头（雍正初年命名，蒙语有鹿的地方）这两个地名得到佐证，在十六世纪或者更晚的时候，这里还是一个有森林、有草原、有鹿群出没的地方（内蒙古自治区地名委员会，1987）。

康熙二十九年，准噶尔战争开始以后，归化城成为攻打噶尔丹的重要通道，为了保证军粮供应，增加粮饷，清廷被迫放松封禁政策，在黑河流域圈占了大量土地，放租给长城以内的汉族农民，收租充饷，出现了大批“春出秋归”（后改为“冬还”）的“雁行人”。

乾隆朝之前，内地的汉族农民“雁行”于乌兰察布草原，进行分散的、不固定的垦殖。

乾隆年间，当地的农业经济已有一定规模，起初，农业作为牧业的补充，伴随着牧业缓缓地向前推进，最终游牧经济逐渐被强劲的农业经济所取代。

鸦片战争以后，与列强签订不平等条约，巨额的赔款、边疆危机，迫使清廷逐渐“放垦蒙地”、“移民实边”，乃至最后全面放垦。清末，土默特地区除山河、沙碱等不能耕种之地外，差不多都已开垦为农田了。大批移民使研究区聚落大幅增加，增加近 90 个（图 4-6b），北部四子王旗与达尔罕茂明安联合旗等腹地也得到了不同程度的开垦。据当年验收达尔罕茂明安联合旗的垦务委员称：“行抵该旗，一路踏看情形，该旗地段均有汉民居住务农”，“该旗地段自道光年间由东西界开放，租与民户耕种，至今所开之地约有十之八九”，“未垦荒地寥寥无几”，可见内蒙古中部农区面积之大、农户之众（内蒙古自治区档案馆，1999）。

民国时期，研究区垦务沿袭了清朝放垦内蒙古草原的“蒙地汉化”政策，制订了许多奖励开垦的办法。1914 年，北洋政府颁布了《国有荒地承垦条例》，绥远当局强行清丈土默川地区的土地，并发放财政部的土地照票，由县署代征占地岁租。1915 年 4 月，改督办垦务公所为督办办事处，并组建绥远垦务总局。绥远省建立后，着手整理垦务，改组垦务总局及所属各分局，制定了《绥远省垦务计划》及各种放垦、征租章程，放垦蒙旗土地成为省政府的主要工作。傅作义主绥后，以“开发西北”、“充实边防”、“寓兵于农”的名义，开始在绥远推进垦荒活动。截至 1933 年，研究区除了四子王旗与达尔罕茂明安联合旗之外，垦殖面积为 $11.24\times10^3\,km^2$，占研究区总面积的 14.66%（卜凯，1937）。“七七事变”后，垦务受战时影响转入低潮。

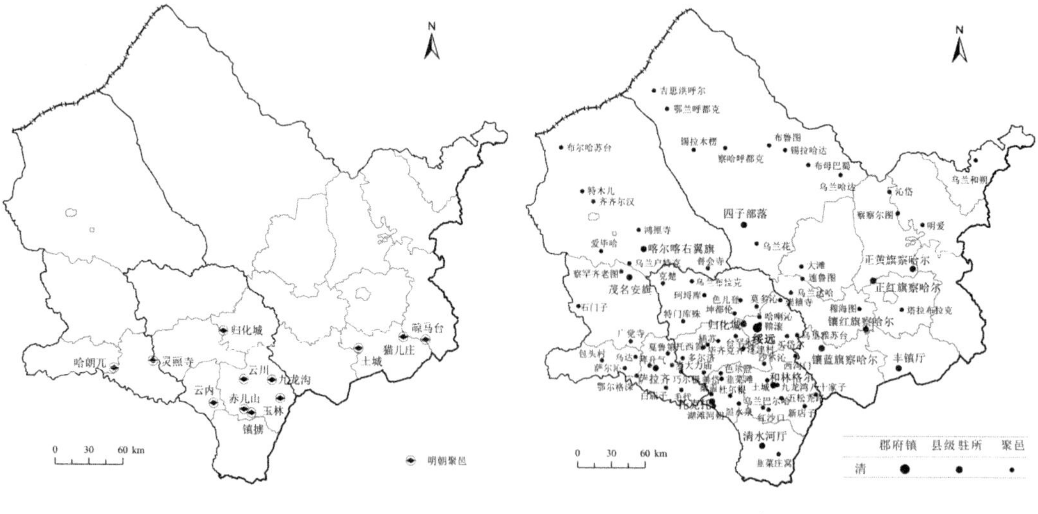

图 4-6　内蒙古中部明、清—民国三代城镇分布

4.1.5　新中国成立后至今垦殖与保护并重阶段

回顾新中国成立后的垦殖历史，主要经历了以下 5 个阶段：新中国成立初期，采取

了禁止开荒、保护牧场的政策，草原的生态系统有所改善，促进了畜牧业生产的发展，牲畜头数比新中国成立前成几倍和几十倍的增长，人民生活有所改善。1958—1988 年，研究区受政策的影响呈现“开荒”和“撂荒”并存的局面。特别是，1958—1962 年间强调大办农业，“以粮为纲”，因此，在牧区和半农半牧区大量垦“荒”，如开垦草原、大办农业和副食基地；“文革期间”，又提出“牧民不吃亏心粮”，大办生产建设兵团和国有农场，草原遭到进一步的破坏，加之自然灾害频发，土地退化加剧，生态安全受到严重威胁；1981 年内蒙古自治区针对上述情况，提出“林牧为主，多种经营”八字方针，之后（1986 年），提出“念草木经，兴畜牧业”，把八字方针落到实处，发展畜牧业，大片耕地撂荒（内蒙古党委政策研究室，1987）；1988 年末以来，国家逐步实施退耕还林、退牧还草以及京津风沙源治理等工程，实行禁牧舍饲等生态保护政策，草原垦殖、荒漠化和水土流失逐渐得到一定遏制，耕地面积减少，利用方式由粗放型向集约型转变，生态环境得到较大改善。

综述新中国成立后研究区有关土地利用的文献，最早可追溯到 1953 年，赵松乔在对张北、察哈尔盟和锡林郭勒盟等地考察之后，著文指出这里是一个典型的农牧交错带，是从外长城以南的集约农业地带逐渐向北过渡为粗放的农业区、定牧区、定牧游牧过渡区，直至游牧区的广阔过渡带。这里不仅是自然条件和农业生产的过渡带，也是汉族和蒙古族交错居住的地区，对这一地带进行研究，有非常重要的科学和政治意义。此文的发表，开启了内蒙古中部土地利用研究的序幕。图 4-7 梳理了新中国成立至 20 世纪 90 年代初内蒙古中部土地利用的相关研究进展。

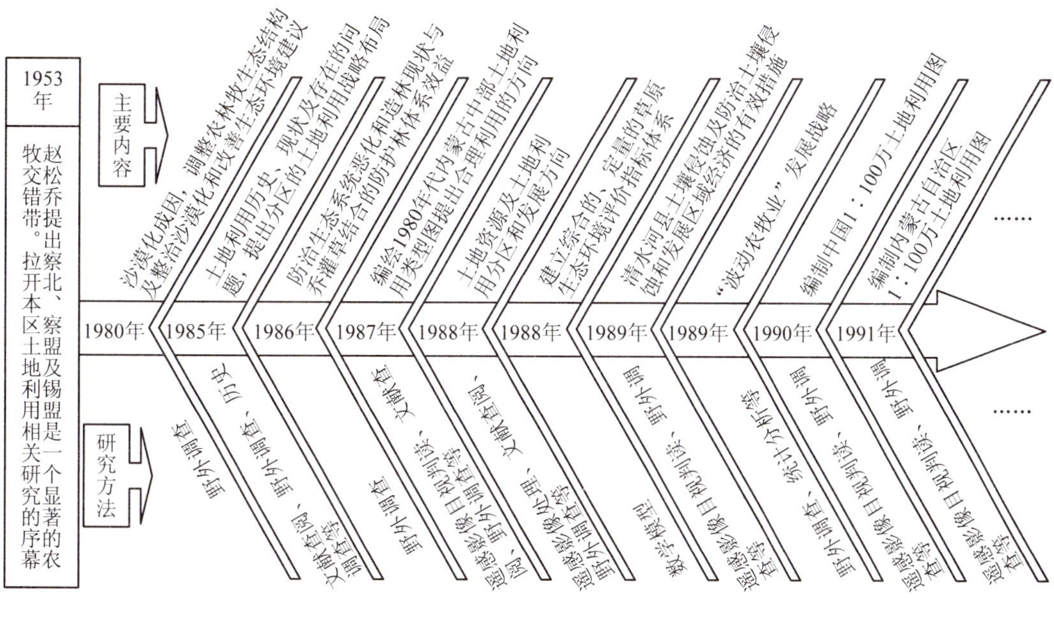

图 4-7　内蒙古中部新中国成立后至 1990 年代初土地利用研究的主要进展

朱震达等（1980）认为：干旱的气候、多大风、平缓起伏的地貌、大量疏松的沙质沉积物和过垦、过牧等不合理农业经营活动，是乌盟后山沙漠化发生与发展的主要原因，提出分区调整农林牧结构、扩大林牧业占地比重、整治沙漠化土地、改善当地生态环境的建议。李孝芳等（1985）研究了乌兰察布盟后山农牧交错带土地利用历史、现状及存在的问题，发现当地种植业靠开垦草原扩大耕地，来维持着不稳定且趋向减产的旱作农业，草场面积减少，畜牧业发展缓慢，提出乌兰察布盟分区的土地利用战略布局：北部退耕还牧还林区、中部牲畜育肥与农林牧结合区、南部商品粮油和畜产品加工区。肖龙山（1986）研究内蒙古阴山以北农牧交错地带环境的脆弱性、沙漠化的成因、造林现状与效益，认为建立以防止土地沙漠化为目的，开展区域性带、网、片、散结合，乔、灌、草结合的防护体系是解决这一地区土地沙漠化的重要措施之一。郝允充等（1987）采用1980年代美国陆地卫星影像，以目视判读为主要方法，并配合图像处理、野外调查、综合分析等手段，编绘出内蒙古中部的土地资源利用类型图，据此分析了研究区土地资源利用中存在的问题与合理利用的方向。王静爱等（1988）根据遥感应用研究的最新成果，提出内蒙古农牧交错带的范围及该带中农牧区和牧农区的分异，从土地资源利用角度讨论了研究区发展战略及土地利用分区及发展方向。黄雅琴等（1988）研究了草原生态环境评价指标体系，认为该系统具有层次结构，可分为草原环境指标、草原生物指标和社会经济技术指标三个子系统，并将各子系统进一步地细分，最后一级予以数量化或等级化，不同层次指标基于其权重建立模型进行组合，开展区域综合评价。王静爱（1989）根据小流域库坝泥沙资料及遥感影像，分析清水河地区土壤侵蚀的类型、特征与影响因素，提出分区域，考虑土壤侵蚀年内和年际变化，区域资源开发、国土整治、脱贫致富与减轻土壤侵蚀，防灾减灾与灾害保险相结合的防治对策。史培军（1989）依据中国北方农牧交错地带年降水量的变化呈现出不同时间尺度的准周期及历史上经济发展的农牧更替，提出以提高水分利用率为核心，以水定田，以水定草、定畜的农牧业经济发展的“波动农牧业”的战略与战术。

基于上述，可以看出本研究区土地利用研究主要集中在三个方面：一是空间格局研究，通过野外调查、编制土地利用图和土地利用分区，探讨“因地制宜”的土地利用格局；二是时空变化研究，通过气候统计、农牧业历史与开发政策分析，探讨“因时制宜”的波动土地利用方式；三是土地退化及成因研究，主要探讨了“风蚀沙化、水土流失和草场退化”与“气候波动及不合理土地利用”的关系。

4.2 土地利用研究框架

纵观研究区的垦殖历史，各级聚落及垦殖面积随着时间推移不断发生变化，这种变化是由自然因素与社会因素共同决定的。气候的干湿冷暖变化是农、牧业生产波动的自然驱动力，政策的农牧业方针变化则是耕地与草场退化的人为驱动力。因此，建立“波动农牧业”、“因地制宜”和“大面积搞生态，小面积搞生产”的生产—生态范式，是区域农牧业可持续发展的必然选择。

为了适应气候变化，实现区域可持续发展，从国家层面先后出台了一系列生态建设的相关政策，与研究区密切相关的有：中国退耕还林工程（1999 年）、西部十一省退牧还草政策（2003 年）、《全国生态环境建设规划》（1999 年）、《全国生态环境保护纲要》（2000年）、京津风沙源治理（2002 年）、《全国生态功能区划》（2008 年）和《全国主体功能区规划》（2011 年）等，这些政策对研究区土地利用变化产生重大的驱动作用。因此，本章基于遥感影像数据对土地利用进行分类，编制 1988—2010 年 20 余年的三期土地利用图，建立土地利用时空格局变化图谱；探讨土地利用变化的驱动因子以及土地利用变化对生态环境的影响；提出研究区可持续发展的、因地制宜的“波动农牧业”土地利用适应模式。

笔者在国家“六五”攻关项目“遥感技术在内蒙古草场资源调查中应用研究”中对研究区开展了大量的野外调查和土地利用制图，获得了 1988 年的土地利用数据，以此为基础，开展了 20 余年的土地利用研究。

图 4-8 给出了内蒙古中部土地利用研究框架，主要包括四个方面。一是以遥感信息与野外调研相结合为特色的基础数据库建设；二是以遥感分景—分区—分类、土地利用图谱编制及变化检测为核心的技术方法设计；三是以土地利用与气候、人口、市场和经济的相关性分析以及案例分析为重点的驱动力分析；四是以“分时”和“分区”为基本维度的土地利用适应模式的建立。

4.3 土地利用分类与制图

4.3.1 土地利用分类系统

建立合理科学的土地利用/覆盖分类体系是开展土地利用/覆盖变化研究的前提。全国先后出现过 4 种土地利用分类体系（表 4-1）：1984 年全国农业区划委员会颁布的《土地利用现状调查技术规程》中的土地利用现状分类，采用二级分类，其中，一级类分 8 类，二级类分 46 类，该分类侧重农业用地，用于第一次全国土地详查和土地变更调查。1990 年吴传钧主编的 1∶100 万中国土地利用图的分类系统，采用三级分类，其中，一级类分 10 类，二级类分 42 类，三级类分 35 类，为查清我国土地资源以及土地资源合理利用、规划和管理提供科学依据（郭焕成，2008）。刘纪远等基于 1995/1996 年和 1999/2000 年两期 Landsat-TM 影像编制的 1∶10 万全国土地利用数字图（10 km 网格），土地利用分类采用二级分类，其中，一级类分 6 类，二级类分 25 类，基于这一分类系统进一步编制出 2000—2010 年土地利用及其变化数字图（10 km 网格），该研究为全球与区域环境变化相关领域研究提供有价值的科学信息（刘纪远等，2002，2009）。2007 年由国家标准化管理委员会和国家质量监督检验检疫总局联合发布的《土地利用现状分类》（GB/T 21010—2007）国家标准，采用二级分类，其中，一级类分 12 类，二级类分 56 类，用于第二次全国土地详查和土地变更调查。此外，在全国生态功能区划和主体功能区划中，一级分区体现了按生态功能、生产功能和生活功能的土地利用分类思想（环境保护部，中国科学院，2008；国务院，2010）。

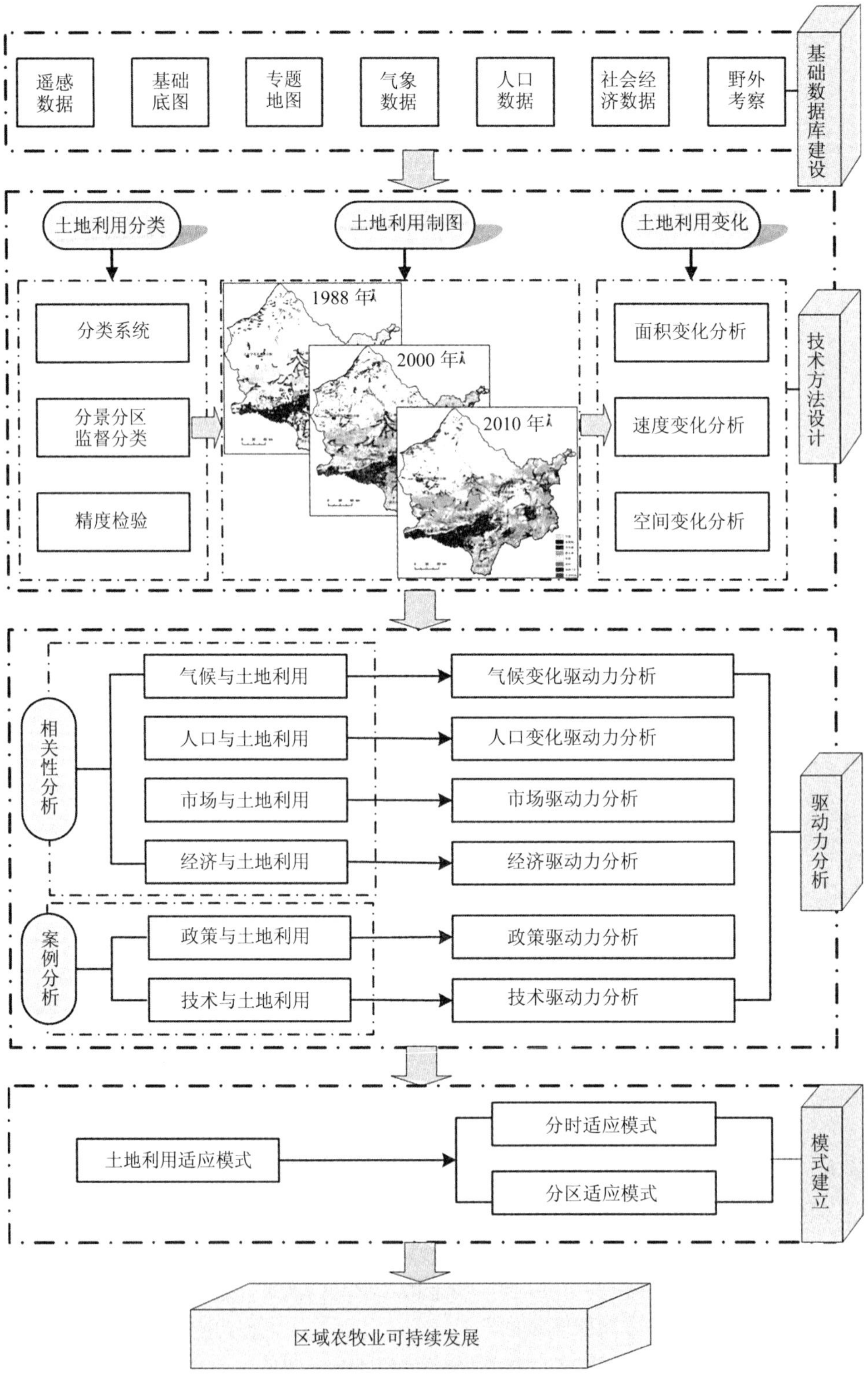

图 4-8 土地利用研究框架

表 4-1 我国土地利用现状分类体系

方案名称	一级分类名称	参考文献
“八大类”土地利用分类系统	耕地	全国农业区划委员会. 土地利用现状调查技术流程[M]. 北京市：测绘出版社，1984：5-13.
	园地	
	林地	
	牧草地	
	居民点及工矿用地	
	交通用地	
	水域	
	未利用土地	
1∶100 万土地利用分类系统	耕地	吴传钧.中国 1∶100 万土地利用图[Z]. 西安：西安地图出版社，1990.
	园地	
	林地	
	牧草地	
	水域和湿地	
	城镇用地	
	工矿用地	
	交通用地	
	特殊用地	
	其他用地	
1∶10 万土地利用分类系统	耕地	刘纪远等. 20 世纪 90 年代中国土地利用变化的遥感时空信息研究[M]. 北京：科学出版社，2005.
	林地	
	草地	
	水域	
	城乡、工矿、居民用地	
	未利用土地	
“十二大类”土地利用分类系统（国家标准）	耕地	国家标准化管理委员会，国家质量监督检验检疫总局. 土地利用现状分类（GB/T 21010—2007）. 2007.
	园地	
	林地	
	草地	
	商服用地	
	工矿仓储用地	
	住宅用地	
	公共管理与公共服务用地	
	特殊用地	
	交通运输用地	
	水域及水利设施用地	
	其他用地	

在内蒙古中部地区，不同区域和不同比例尺的土地利用分类系统大约有 30 种（史培军等，2009）。研究区的土地利用分类系统在全国“八大类”分类系统的基础上，主要参考了 1∶150 万内蒙古土地利用图的分类系统（赵济等，1991）（表 4-2）。

为了使研究区三期土地利用不仅具有区域特色，而且具有类型的可比性，将土地利用图的分类系统归纳为：水浇地、旱地、乔林地、灌木林、草地、水体、城镇工矿用地和未利用地 8 个类型，这为后续的制图、数据统计和区域分析提供了基础。

表 4-2　内蒙古中部土地利用分类系统

一级分类		二级分类		三级分类	
编号	名称	编号	名称	编号	名称
I	耕地	1	水田		
		2	水浇地		
		3	旱地		
		4	菜地		
II	林地	5	果园		
		6	天然林		
		7	人工林		
		8	疏林地		
		9	灌木林		
III	草地	10	放牧草地	101	草甸草原
				102	干草原
				103	疏林草地
				104	荒漠草地
				105	山地草场
		11	割草草地		
		12	兼用草地		
IV	难利用地	13	沼泽地		
		14	盐碱地		
		15	裸沙土		
		16	裸岩		
		17	沙地		
V	水体	18	水体		
VI	其他用地	19	工矿用地		
		20	自然保护区		

4.3.2　遥感影像分类

用于分类的遥感数据主要来源于 Landsat MSS（1988）、ETM（2000）和 TM（2000，2010）。其中，MSS 影像 4 个波段的空间分辨率均为 79 m；TM 影像第 6 波段空间分辨率为 120 m，第 1～5、7 波段空间分辨率为 30 m；ETM 影像第 6 波段空间分辨率为 60 m、第 8 波段空间分辨率为 15 m，第 1～5、7 波段空间分辨率为 30 m。

本书基于 ENVI4.8 遥感图像处理软件，以 2010 年的 TM 影像为例，采用了“分景—分区—分类”的技术进行遥感影像土地利用分类。分区—分类的优势在于可以通过引入人工智能，将遥感影像与地学分析原理有效融合，在一定程度上可以解决遥感影像分类中遇到的“同物异谱”和“异物同谱”现象。

由于不同生态系统之间有明显的差异，而同一生态系统内部具有生态一致性和生物生产潜力相似性，反映在遥感图像的光谱信息也将具有相对一致性。研究相对较大尺度的区域和地表起伏较缓和的地区，可以考虑按生态区先分区再分类。又由于研究区涉及的 10 景影像存在时间差异（7—9 月），故进行分景—分区—分类（图 4-9）。

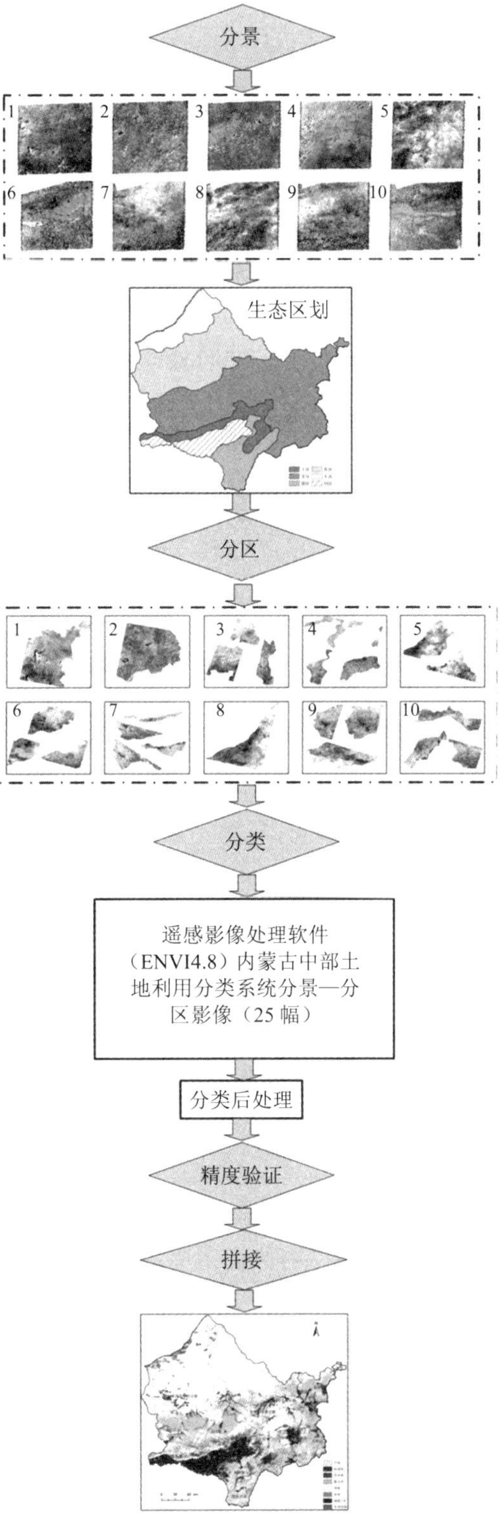

图 4-9　土地利用分类技术流程

（1）图像预处理

遥感影像目视解译标志与波段的选择有很大关系。根据先验知识和区域特征，选择TM5、TM4、TM3作为最优波段组合进行影像合成。这个组合的合成图像中植被信息比较醒目，居民地、水域和道路等信息也较清晰，因此便于土地利用类型及组合特点的分析。

研究区涉及10景遥感影像，首先对校正过的影像进行研究区边界裁剪，再根据研究区的生态区划界线对影像进行分景—分区裁剪，最后共生成25幅影像，用于后续的影像分类。

（2）影像分类

根据前述的研究区土地利用分类体系，分别对25幅影像进行分类。

①训练样区选择。

为了保证监督分类结果有较高精度，需要注意三个问题。第一，要保证有足够数量的训练样本，以克服各种偶然因素的影响，一般情况下，每类地物至少要有50～100个训练样本数据；第二，选择样本像元应具有代表性，即训练样本的统计信息量必须与该类型总体统计信息量相接近；第三，分布在不同位置的同类地物由于自然、社会等因素的影响，光谱特征往往会有些差异，样本像元的选择应尽可能与该地类分布相一致，避免集中在局部地段上。

在图像解译前，根据研究区域的实地调查和Google Earth的高清影像资料等，建立解译标志（表4-3）。根据影像上地物的光谱特征、大小、几何形状、色调、阴影、纹理及相关性等直接解译标志和地貌、植被、位置等间接解译标志，结合基础图件、地带性植被及参考野外调查数据等选择训练区并进行优化。

表4-3 土地利用类型目视解译标志

一级地类	二级地类	TM影像目视解译标志（543波段组合）
耕地	水浇地	鲜绿色，深绿色斑点、点状或斑块状，一般分布在水源附近及低山丘陵间河谷地
	旱地	浅绿色，绿色斑点、点状或斑块状
林地	乔木林地	深绿色斑块，多分布于山地、丘陵阴坡
	灌木林地	暗红绿色点状、条带状，分布于丘陵地带
草地	高中低覆盖草地	橙黄色，浅红色、青黄色、浅绿色片状
水体	湖泊	黑蓝或淡蓝斑块，形状不规则
	水库、坑塘	黑蓝或淡蓝斑块，一般面积较小
城镇工矿用地	城镇用地	红色，暗红色不规则斑块，一般有大的交通线路穿过
	农村居民点	浅红色，图斑形状不规则，面积较小
	工矿用地	青灰色斑点，可参照其他辅助资料解译
未利用土地	沙地	白色片状、带状
	盐碱地	蓝白色絮状，一般分布在水体周围
	裸岩	黑红色、深褐色斑块状

②分类及后处理。

本书主要采用了监督分类和神经网络分类两种分类法进行影像分类；采用Majority/Minority分析、聚类统计、去除分析等方法进行分类后处理，去除原始分类结果中的部分孤立像元和碎斑，连接补平一些较小的间断或缺损，并将一些细小的图斑或像元归并到包围它们且连续分布的类别中；此外，参考高精度影像对部分错分的地类进行手动修正。

③图像拼接与精度验证。

将进行了分类后处理的25幅遥感分类图像进行拼接，以得到整个研究区的分类图像，并对此进行精度验证。精度验证时，要考虑以下误差纠正（Congalton R G，1993）：一是参考数据与遥感分类图的配准误差纠正；二是建立精度评价数据库时的数据录入错误纠正；三是图像目视判读错误纠正；四是遥感卫星过境后土地利用发生变化，致使野外工作时实地数据与影像数据不匹配纠正；五是遥感影像拼接误差纠正。分类精度的表达通常有三种方式：总体精度（overall accuracy）、用户精度（user accuracy）和生产者精度（producer accuracy）。Kappa系数已广泛用于不同分类方法的比较。

精度评价工作一般应进行抽样检验，然后进行实地调查，或利用更准确的资料（如大比例尺航空像片）得到验证数据，在此基础上建立误差矩阵，进行各种精度指标的计算。但此种方法对数据的位置精度要求很高，且工作量巨大，因此可通过目视判读直接从高精度遥感影像上获取验证数据。本书的验证数据通过Google Earth的高清影像（Quick Bird影像，空间分辨率0.61 m；SPOT影像，空间分辨率2.5 m）获取，将验证数据与解译后的土地利用分类图进行对比，进行土地利用分类的精度检验。最后得到2010年精度较高的矢量文件，总体精度93.69%，Kappa系数为0.894 7，Kappa系数大于最低允许的判别精度0.7的要求。

4.4　土地利用格局及其变化

受自然因素（如气候暖干化、水资源缺乏，生态环境脆弱等）和社会因素（如国家退耕还林政策、市场需求等）的综合影响，研究区农林牧各类用地组合区域差别较大。从宏观自然地带看，由东南到西北呈现草甸草原、典型草原向荒漠草原的过渡；从地貌看，由于水分与热量的再分配，使得土地具有兼用性，农业用地和牧业用地呈现插花分布（王静爱等，1999），总体上表现为农牧林交错的土地利用特征。

为了在宏观尺度上进行土地利用格局分析，参照北方农牧交错带土地利用性质的分类标准（史培军等，2009），将县级土地利用结构分为11个组合类型（表4-4）。

4.4.1　1988年的土地利用格局

1988年研究区土地利用空间格局（彩图4-1）呈现出一个“单聚集中心”——土默特平原（呼包平原），耕地集中分布于此，其他区域呈现耕地、林地、草地三种土地利用类型交错分布的局面。从南到北各土地利用类型组合呈现条带状分布。

表 4-4 内蒙古中部土地利用组合结构

编号	组合类型	土地利用结构特征（面积比例/%）	
		主类别及比例范围	次级类别特征
1	农牧	耕地面积最大，33＜耕地比例＜70	草地比例大于林地比例
2	农林	耕地面积最大，33＜耕地比例＜70	林地比例大于草地比例
3	牧农	草地面积最大，33＜草地比例＜70	耕地比例大于林地比例
4	牧林	草地面积最大，33＜草地比例＜70	林地比例大于耕地比例
5	林农	林地面积最大，33＜林地比例＜70	耕地比例大于草地比例
6	林牧	林地面积最大，33＜林地比例＜70	草地比例大于耕地比例
7	农业	耕地比例很大，耕地比例大于 70	草地、林地比例均小于 15
8	林业	林地比例很大，林地比例大于 70	耕地、草地比例均小于 15
9	牧业	草地比例很大，草地比例大于 70	耕地、林地比例均小于 15
10	其他	其他用地面积最大	
11	农林牧	耕地、林地、草地比例介于 10～40，有一种面积大于其他用地	

研究区土地利用从宏观上看，具有以下特征：

①土地利用的大农业性显著，即以牧为主、农牧林交错多种经营。

②土地利用的地带性分布突出，自北而南：高平原放牧草地带、高平原兼用草地带、丘陵兼用草地与旱耕地交错带、山地森林与草地交错带、平原水浇地带、丘陵旱耕地与放牧地、林地交错带，这充分体现了研究区的地貌分布和水热组合分布规律的地带性特征。

③土地利用的区域性差异显著：乌兰察布以牧为主，牧业用地几乎占总面积的 60%，农牧交错区面积广大，形成北牧—南农牧交错分布形式；呼、包二市则为北部牧农交错，中部林牧交错，南部以城市为中心的城郊农业的格局。

④土地利用的过渡性显著，自然条件由东向西具有：气候由半干旱到干旱，植被由典型草原到荒漠，土壤由栗钙土到淡棕钙土过渡的特点。加上阴山山地绵亘中部，使得研究区又叠加了垂直地带性规律，使原来过渡性的自然环境更加多样化，直接制约着土地的利用。在人类长期的生产活动中，形成了典型的农牧交错区，同时也显示了这个地区生态环境的脆弱性，即某些生态因子发生变化，极易打破原来的生态平衡。

⑤土地利用的总体方向受大的气候带制约，但其区域组合则主要取决于地貌。地貌影响土地利用结构的空间组合和利用程度。例如，乌兰察布盟的旱耕地分布特点为：大方向呈条带状，局部为团块状，与地貌的分布相一致，主要分布于阴山北部丘陵带和东南部丘陵盆地区、河谷平原、湖积平原上；草地则以高平原草地和丘陵草地为特色。

内蒙古中部 1988 年末土地利用从数量上看（图 4-10），耕地、草地和林地是主要的土地利用类型，耕地和草地占到 93.83%，而林地只占 4.55%。从全区的土地利用结构看，耕地、林地和草地的比例为 8.02∶1∶12.57，林地比例过小，且区域差异较大。

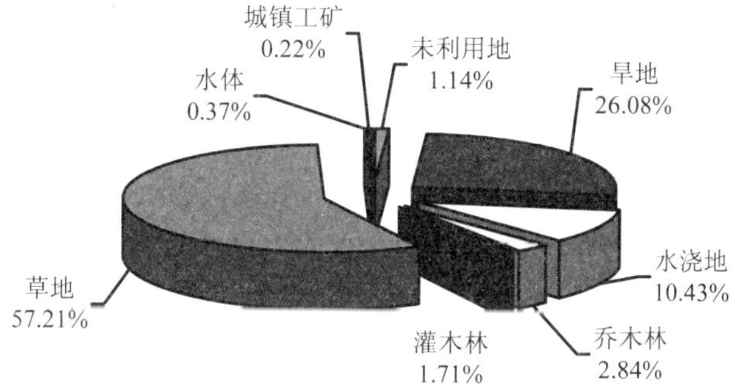

图 4-10　内蒙古中部土地利用类型构成（1988）

以旗县作为统计单元，呈现农牧类型、牧农类型、农业类型、农林类型和牧业类型“镶嵌”分布的特征（图 4-11）。土地利用类型的数量结构、空间差异受地貌、土壤、水热等因素影响，河谷平原、山间盆地比较大的旗县耕地比例较大，山地多的旗县耕地较少，高平原草地面积较大。统计表明：1988 年，内蒙古中部各旗县土地利用类型为农业类型 1 个（集宁区）、农牧类型 9 个（清水河县、和林格尔县、凉城县、丰镇市、察哈尔右翼前旗、兴和县、商都县、察哈尔右翼中旗、固阳县）、农林类型 3 个（土默特左旗、土默特右旗和托克托县）、牧农类型 4 个（武川县、卓资县、察哈尔右翼后旗、化德县）、牧业类型 2 个（四子王旗与达尔罕茂明安联合旗），此外，呼和浩特市和包头市属于城镇农牧类型。农牧类型为主，占到 52.38%；牧农类型次之，占到 19.05%。充分反映了研究区土地利用耕地、林地、草地交错，多种土地利用类型镶嵌的特点。

图 4-11　内蒙古中部县域土地利用结构（1988）

4.4.2 2000年初土地利用格局

2000年初，研究区土地利用空间格局（彩图4-2）与1988年的土地利用空间格局总体相似，呈现出五个类型区。水浇地出现了“两中心”聚集——呼包平原与东部，与1988年相比增加了一个。北部沿河流呈线状分布的水浇地范围有所扩大，东部察哈尔右翼中旗、察哈尔右翼前旗、商都县和兴和县的沿河流呈线状分布的水浇地转变为成片状分布。水浇地“二聚集中心”的出现主要与技术进步有关。技术进步推进了水利设施及井灌设施的建设，极大地改善了当地的灌溉条件，从而出现聚集。灌木林地分布向中东部（固阳、武川、察哈尔右翼中旗）扩散。未利用地（盐碱化、沙化土地与裸岩等）面积有所增加，并向中部扩散。

研究区2000年初土地利用类型的数量构成中（图4-12），耕地、草地和林地是主要的土地利用类型，耕地和草地占到总面积的84.55%，而林地较少。耕地、林地和草地的比例为5.24∶1∶10.41，与1988年相比，林地比例已有一定提高。

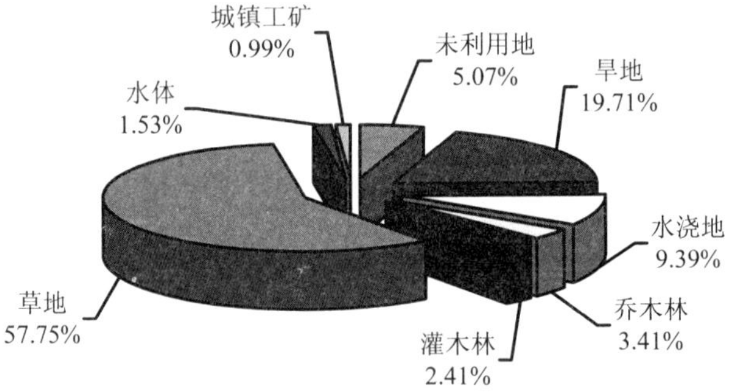

图4-12 内蒙古中部土地利用类型构成（2000）

以旗县为统计单元，2000年研究区土地利用空间分异特征呈现农牧类型、牧农类型、牧业类型的“平行带状”格局（图4-13）。农牧类型旗县11个（和林格尔县、凉城县、丰镇市、兴和县、察哈尔右翼前旗、商都县、化德县、察哈尔右翼中旗、武川县、托克托县、土默特右旗）、牧农类型旗县4个（固阳县、卓资县、清水河县、察哈尔右翼后旗）、农林牧类型旗县1个（土默特左旗）、牧业类型旗县2个（四子王旗与达尔罕茂明安联合旗）、呼和浩特市和包头市属于城镇牧农类型，其他类型旗县1个（集宁区）。在该研究时段，研究区仍以农牧类型为主，占52.38%；牧农类型次之，占28.57%，充分反映了内蒙古中部耕地、林地、草地交错的特点。

与1988年相比，土地利用组合区有部分变化：研究区21个旗县（市）中，包头市、察哈尔右翼前旗、固阳县、呼和浩特市、清水河县均由1988年的耕地比例最大、草地比例大于林地比例的农牧类型转变为2000年的草地比例最大、耕地比例大于林地比例的牧农类型。说明国家的退耕还林（草）等重大生态工程建设已初见成效。当地的坡耕地、沙化土地和盐渍化土地实行退耕还林（草），草地逐渐得到恢复。在保证当地生态功能的前提下，农业结构逐步进行优化。土默特右旗和托克托县也由1988年的耕地比例最大、林地比例大于草地比例的农林类型转变为 2000 年的耕地比例最大、草地比例大于林地比例的农牧类型，表明草地面积的增长超过了林地面积。此外，化德县和武川县由牧农类型转变为农牧类型；土默特左旗由农林类型转变为农林牧类型；集宁区由农业类型转变为其他类型；其他 11 个旗县土地利用性质基本未发生变化，其中，四子王旗与达茂旗仍是牧业类型的土地利用格局。

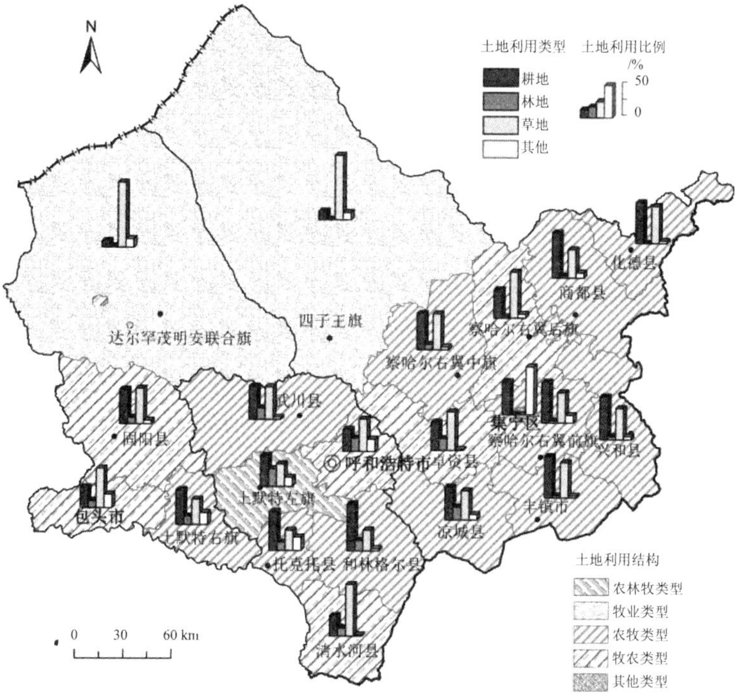

图 4-13　内蒙古中部县域土地利用结构（2000）

4.4.3　2010 年初的土地利用格局

2010 年，研究区土地利用空间格局呈现四个类型区（彩图 4-3）。与 2000 年相比，研究区耕地与草地的破碎度变小，片状分布趋势增大，耕地面积增加，总体呈现向南部集中的趋势，在中部地区，以前的坡耕地、沙化土地由于防风固沙林的营造，已变成大片的草地或灌草地。水浇地仍呈现“两聚集中心”，即水热组合较好、灌溉条件优越的呼包平原区与东部地区，北部沿河谷呈线状分布的水浇地范围缩小，但在达茂旗南部沿河谷新出现一些水浇地，这些新增的水浇地与先进灌溉技术（喷灌、滴灌等）的引进与推广关系密切。林地分布范围变化不大。城镇工矿用地围绕市区和工矿区快速扩张，呈放射状向周边扩展。未利用地中的沙化与盐碱化土地主要出现在黄旗海、岱海等水体周边，与以前相比变化较大。

2010 年内蒙古中部土地利用类型构成表明（图 4-14）：耕地、草地和林地仍是研究区的主要土地利用类型，耕地和草地合计占 90.09%，林地只占 5.42%。从全区的土地利用构成看，耕地、林地和草地的比例为 5.92∶1∶10.27，与 20 世纪 90 年代相比，耕地有一定的增加，且大都呈连片分布。

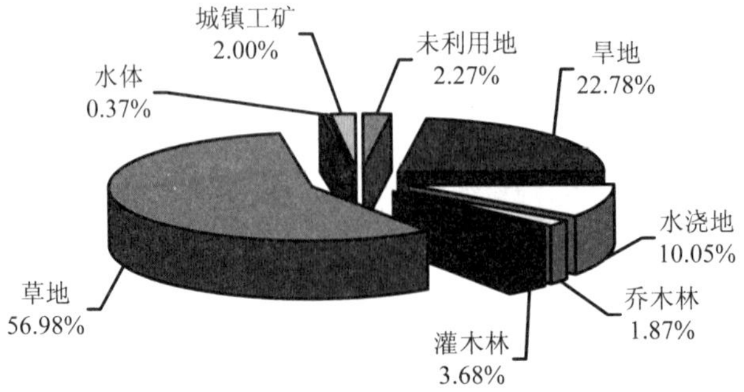

图 4-14　内蒙古中部土地利用类型构成（2010）

2010 年，研究区农牧类型旗县 12 个（固阳县、武川县、土默特左旗、土默特右旗、托克托县、和林格尔县、凉城县、丰镇市、兴和县、察哈尔右翼前旗、商都县、化德县）、牧农类型旗县 4 个（察哈尔右翼中旗、察哈尔右翼后旗、卓资县、清水河县）、牧业类型旗县 2 个（四子王旗与达尔罕茂明安联合旗）、呼和浩特市和包头市是城镇农牧类型，其他类型旗县 1 个（集宁区）。农牧类型仍占主要地位，农牧类型、牧农类型旗县个数分别占 61.90%和 19.05%。牧业类型和其他类型旗县均占 9.52%。

2010 年研究区县域土地利用结构（图 4-15）显示：绝大多数（17 个旗县）土地利用类型基本保持不变。

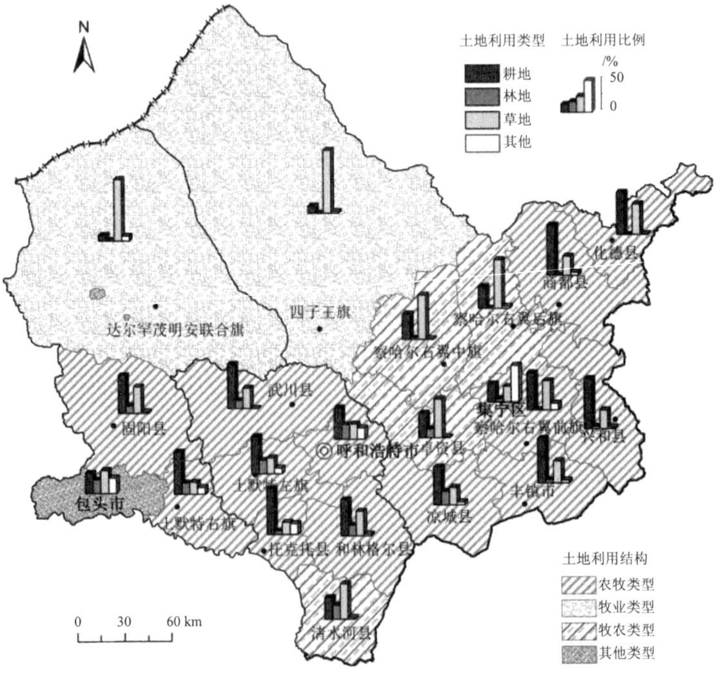

图 4-15　内蒙古中部县域土地利用结构（2010）

三个时段的土地利用结构变化表明：国家的退耕还林（草）等重大生态工程建设已见成效。在生态建设的基础上，各旗县根据土地利用现状进行了结构调整，宜农则农、宜牧则牧、宜林则林，有些旗县林草面积有所增加，有些旗县通过土地调整释放大量耕地，总体上使土地利用类型与数量结构继续得到优化。

4.5　土地利用变化分析

土地利用变化主要包括土地利用的面积变化、变化速度和空间变化。面积总量变化反映不同时段各种土地利用类型整体变化趋势（史培军等，2009）。本书基于 1988—2000 年、2000—2010 年两个时段，分析耕地、林地、草地、城镇工矿和其他土地利用类型的变化特征，以期探讨土地利用的时空变化过程。

4.5.1　土地利用面积与结构变化

（1）1988—2000 年各土地利用类型、面积与结构变化

表 4-5 是研究区 1988—2000 年土地利用类型、面积及结构变化统计结果。从中可以看出，这一时期研究区只有耕地面积有所减少，约减少 $7.3715\times10^3\ km^2$；其余土地利用类型均不同程度有所增加。其中，林地面积增加了 $0.9957\times10^3\ km^2$；草地面积增加了 $0.5278\times10^3\ km^2$。林地与草地比例的增加，主要是十余年来研究区大力推行“退耕还林（草）”等生态建设取得的效果。

表 4-5　内蒙古中部土地利用面积变化（1988—2000 年）　单位：$10^3\ km^2$

土地利用类型	1988 年	2000 年	面积变化
耕地	36.357 1	28.985 7	−7.371 5
林地	4.531 5	5.527 3	0.995 7
草地	56.989 9	57.507 6	0.527 8
水体	0.377 4	1.521 5	1.154 1
城镇工矿	0.223 1	0.990 4	0.767 3
未利用地	1.133 7	5.046 9	3.913 2

（2）2000—2010 年各土地利用类型、面积与结构变化

表 4-6 是研究区 2000—2010 年土地利用类型、面积及结构变化统计结果。从中可以看出：这一时期，研究区耕地面积和城镇用地面积分别增加了 $3.6926\times10^3\ km^2$ 和 $1.0038\times10^3\ km^2$；林地面积变化不大；草地面积减少了 $0.7977\times10^3\ km^2$；水体面积减少了 $1.1546\times10^3\ km^2$，水体面积的大量减少，与当地气候变暖、降水量减少和水资源利用不合理有关。

表 4-6 内蒙古中部土地利用面积变化（2000—2010 年） 单位：10^3 km^2

土地利用类型	2000 年	2010 年	面积变化
耕地	28.985 7	32.678 2	3.692 6
林地	5.527 3	5.522 9	–0.004 3
草地	57.507 6	56.709 9	–0.797 7
水体	1.521 5	0.366 8	–1.154 6
城镇工矿	0.990 4	1.994 2	1.003 8
未利用地	5.046 9	2.262 3	–2.784 6

通过研究区土地利用数量结构变化（图 4-16）可以看出，研究区草地占绝对优势，其次为耕地和林地，林地比重较小。总体来看，土地利用结构不断优化，向着合理性方向变化。

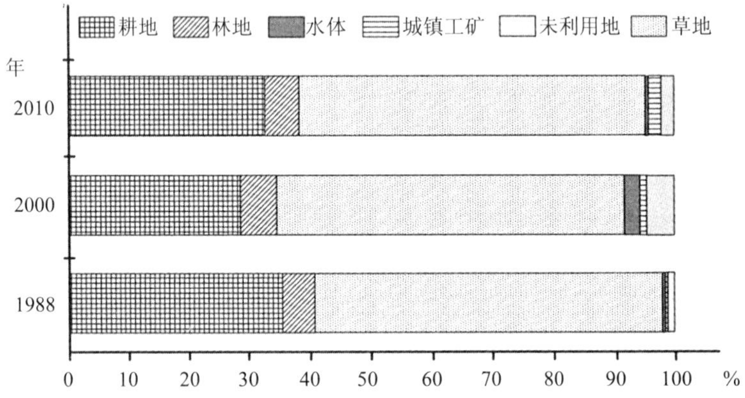

图 4-16 1988—2010 年内蒙古中部土地利用数量结构图式

（3）不同时期各旗县土地利用类型面积变化分析

分旗县统计三个时期各土地利用类型面积的变化，以期了解其数量变化规律。

①耕地面积变化。

由图 4-17 可以看出：察右后旗、察右前旗、察右中旗、和林格尔、集宁区和卓资县在 1988—2010 年 22 年耕地面积不断减少；达茂旗先增加后略有减少；其余 14 个旗县均呈现先减少后增加的趋势。耕地的减少与“退耕”政策的有效实施有关，耕地的增加主要得益于农业技术水平的提高。

②林地面积变化。

由图 4-18 可以看出，丰镇市、固阳县、呼和浩特市、集宁区、凉城县以及清水河县这 6 个旗县林地面积在不断增加，其中，以清水河县增加最为显著，林地的增加主要是灌木林面积的增加；察右后旗、察右前旗、化德县、商都县、四子王旗和托克托县的林地面积变化与之相反，呈不断减少的趋势，以四子王旗最为显著；其余旗县林地面积先增加后减少。

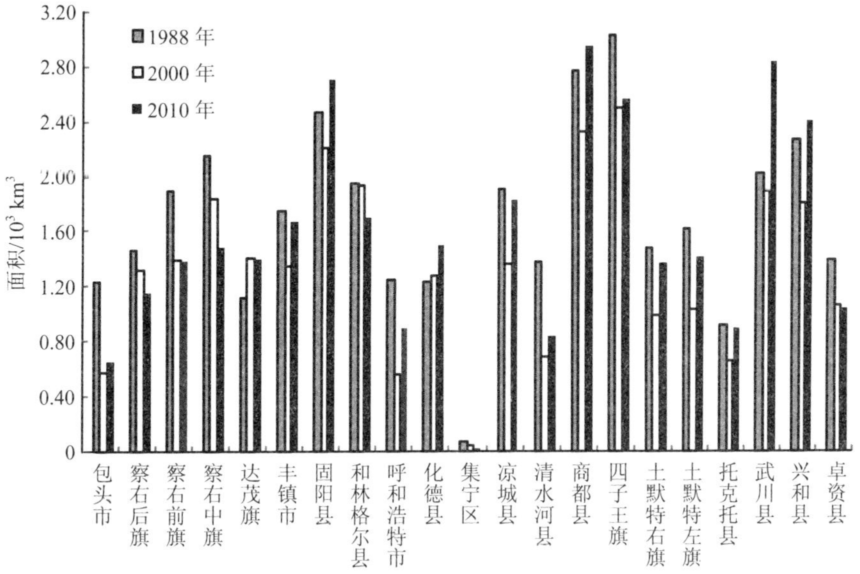

图 4-17　各旗县三个时期耕地面积变化

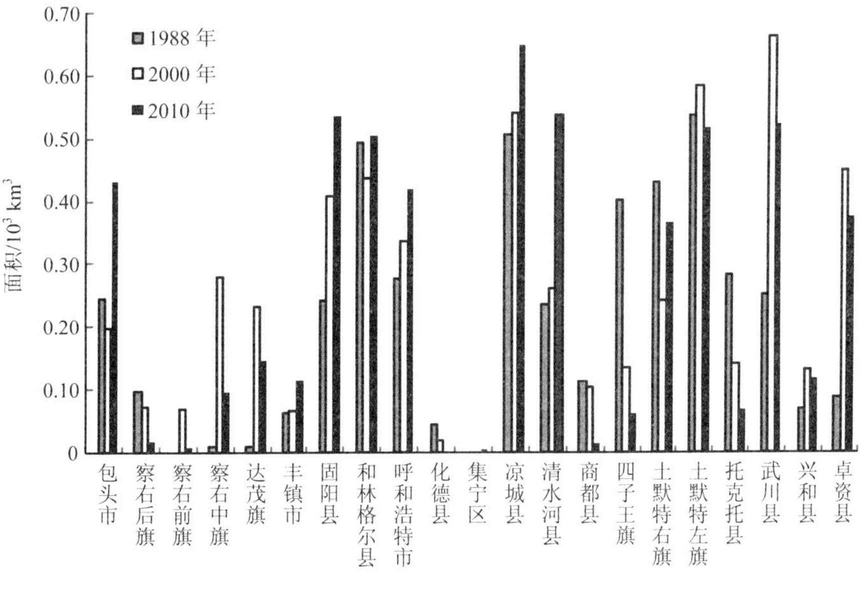

图 4-18　各旗县三个时期林地面积变化

③草地面积变化。

由图 4-19 可以看出，察右后旗、察右前旗以及和林格尔等地的草地面积不断增加，草地资源得到比较好的恢复和保护；固阳县、化德县和武川县草地面积不断减少，这与耕地面积增加有一定的关系；察右中旗、清水河县、四子王旗、土默特左旗和卓资县等地的草地面积在波动中增加；其余旗县都呈现不同程度的波动性减少。

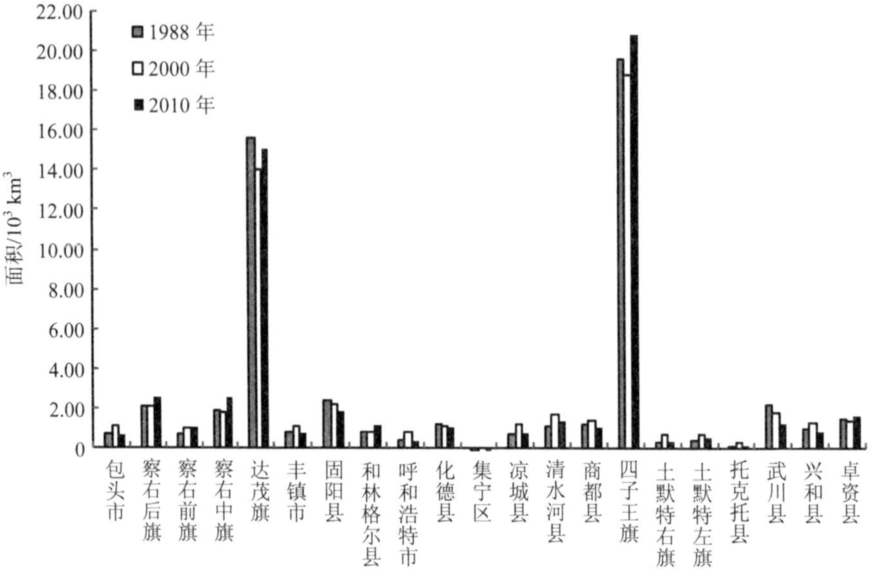

图 4-19 各旗县三期草地面积变化统计

④其他用地面积变化。

图 4-16 表明，与耕地、林地、草地相比，水体所占的面积很小。图 4-20 反映了 1988—2010 年，各旗县地表水体总体呈现不断减少或波动性减少的趋势。除察右前旗和四子王旗以外，2000 年各旗县均出现地表水体面积扩大现象，推测与当时所选遥感影像为丰水期有关，当年降水增多，致使积水体面积扩大。2010 年研究区水体面积呈减少趋势，许多湖泊干涸，这与区域性气候的暖干化有关，同时当地工农业生产、生活用水量不断增大、水资源不合理的分配也是导致研究区地表水体急剧萎缩的重要原因。

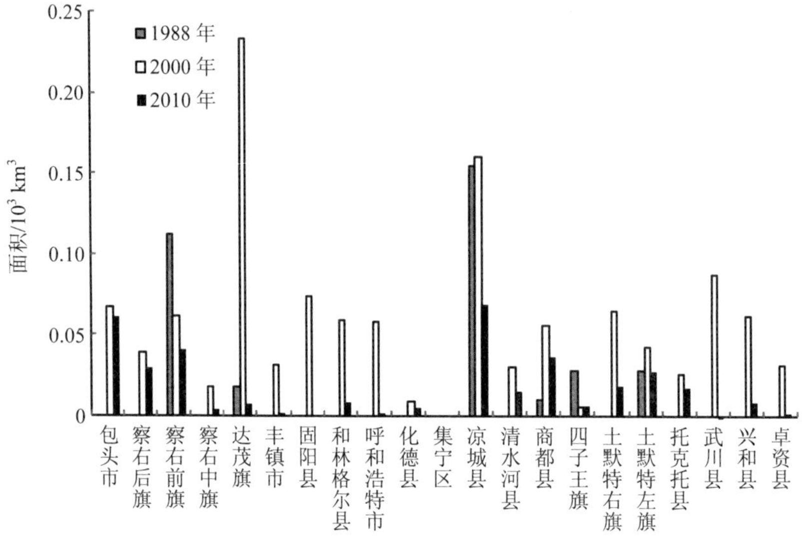

图 4-20 各旗县三个时期水体地面积变化

图 4-16 表明，城镇工矿用地总体所占的面积较小。图 4-21 反映了 1988—2010 年，各旗县城镇工矿用地变化总体呈现不断扩大的趋势，其中，包头市、丰镇市、固阳县、和林格尔县、呼和浩特市、土默特右旗、土默特左旗和托克托县等地增加迅速。这与日益加速的城镇化和矿产开采关系密切。城镇建筑用地快速增加，挤占了耕地与草地，不合理的采矿业使当地生态环境遭受破坏。

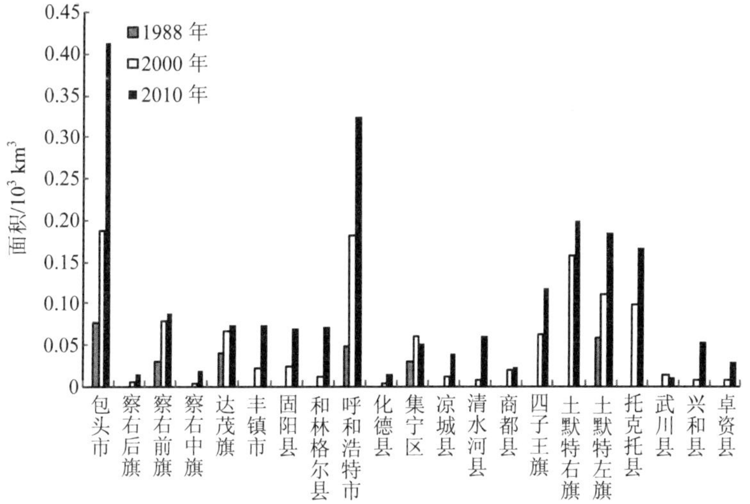

图 4-21　各旗县三个时期城镇工矿用地面积变化

图 4-16 表明，沙化、盐渍化、裸岩等未利用地在研究区所占面积极少。图 4-22 反映了 1988—2010 年，各旗县未利用土地总体上呈现先增后减的趋势，2000 年未利用土地面积最大，这与当地 1988 年过度开荒、过度放牧、不合理灌溉等人类活动有关。近年来国家大力推行退耕还林（草）等重大生态工程建设，研究区土地退化、沙化与盐渍化得到一定治理，生态环境进一步改善。

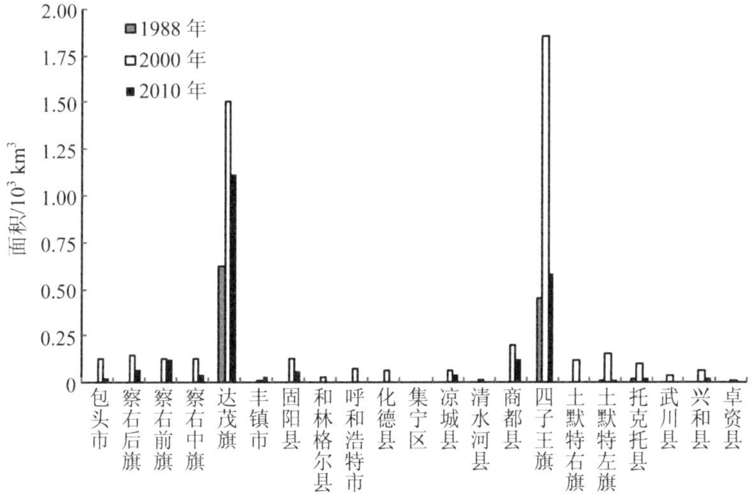

图 4-22　各旗县三个时期未利用地面积变化统计

4.5.2 土地利用变化速度

土地利用动态度是描述区域土地利用的变化速度的主要方法，对于预测未来土地利用变化趋势和区域发展差异有重要意义。

（1）区域土地利用动态度分析

为了表征各种土地利用类型的数量变化情况，本书采用单一土地利用类型动态度（王秀兰等，1999；朱会义等，2001）进行分析。单一土地利用动态度的计算公式为：

$$K = \frac{U_b - U_a}{U_a} \times \frac{1}{T} \times 100\% \tag{4-1}$$

式中：K——T 时段内某种土地利用类型的动态度；

U_a 和 U_b——分别为研究期初及研究期末某一种土地利用类型的面积数量；

T——研究时段的长度，当 T 设定为年时，K 为研究时段内某一土地利用类型的年变化率。

根据式（4-1）计算出研究区 1988 年、2000 年和 2010 年耕地、林地、草地、城镇工矿用地和未利用地的年变化率（表 4-7）。

表 4-7 内蒙古中部六种土地利用类型面积年变化率

土地利用类型	1988 年/10^3 km^2	2000 年/10^3 km^2	2010 年/10^3 km^2	土地利用变化/10^3 km^2		土地利用年变化率/%	
				1988—2000 年	2000—2010 年	1988—2000 年	2000—2010 年
耕地	36.357 1	28.985 7	32.678 2	−7.371 5	3.692 6	−1.56	1.16
林地	4.531 5	5.527 3	5.522 9	0.995 7	−0.004 3	1.69	−0.01
草地	56.989 9	57.507 6	56.709 9	0.527 8	−0.797 7	0.07	−0.13
水体	0.377 4	1.521 5	0.366 8	1.154 1	−1.154 6	24.16	−6.90
城镇工矿	0.223 1	0.990 4	1.944 2	0.767 3	1.003 8	26.46	9.21
未利用地	1.133 7	5.046 9	2.262 3	3.913 2	−2.784 6	26.55	−5.02

从表 4-7 可以看出：1988—2000 年，耕地变少速率为 1.56%，其他土地利用类型的增加速度排序依次为：未利用地、城镇工矿、水体、林地、草地。其中城镇工矿用地的年变化率达 26.46%，与研究期内人口的增长、城镇化的快速推进有关。

2000—2010 年，土地利用变化速度放缓，除城镇工矿用地外，其他 5 种土地利用类型方向都发生了变化。林地、草地、水体和未利用地由 1988—2000 年的增加转变为减少。其中，水体的变化速度最快，年均减少 6.90%，这跟气候暖干化以及人口增加、人类不合理利用水资源有关；未利用地变化速度次之，年均减少 5.02%，这与未利用地中的沙化土地、盐渍化土地生态改善有关；耕地和草地在研究区所占比例较大，而变化的土地绝对数量较小，所以这两种土地利用类型的年变化率较小。耕地在 2000—2010 年呈现增长趋势，年均增加 1.16%；草地呈现小幅度减少趋势，年均减少 0.13%；林地变化很小；只有城镇工矿用地呈现持续增长的趋势，且速度较快，年均增加 9.21%。总之，20 余年，研究区土地利用总体变化速度较快。

（2）区域土地利用空间变异速度分析

为了进一步分析土地利用空间变异速度的区域差异，理解变化的区域规律性，本书利用各旗县综合土地利用动态度表征土地利用变化的区域差异。综合土地利用动态度指数综合考虑了研究时段内土地利用类型间的转移，着眼于变化的过程而非变化的结果，其意义在于反映区域土地利用变化的剧烈程度。某一地区的综合土地利用动态度指数计算公式为（朱会义等，2003）：

$$\mathrm{LC}_T = \frac{\sum_{i=1}^{n} \Delta \mathrm{LU}_{ij}}{\sum_{i=1}^{n} \mathrm{LU}_i} \times 100\% \qquad (4\text{-}2)$$

式中：LU_i——研究期初第 i 类（$i=1,2,\cdots,n$）土地利用类型的面积；

$\Delta \mathrm{LU}_{ij}$——研究时段内第 i 类土地利用类型转为第 j 类（$j=1,2,\cdots,n$）土地利用类型的面积的绝对值；

T——研究时段，当设定为年时，LC_T 值即为研究区此时段内土地利用的年综合变化率。

根据式（4-2）计算了研究区 1988—2000 年和 2000—2010 年，21 个旗县综合土地利用动态度。

研究区 1988—2000 年，综合土地利用动态度的区域差异较为明显（图 4-23）。动态度指数在 15%～40%的旗县仅有 2 个，分别为四子王旗和达尔罕茂明安联合旗；动态度指数在 40%～50%的旗县也是 2 个，分别为固阳县和察哈尔右翼后旗；动态度指数在 50%～60%的旗县有 10 个，分别为化德县、商都县、兴和县、丰镇市、卓资县、固阳县、土默特左旗、土默特右旗、清水河县、呼和浩特市；动态度指数在 60%～70%的旗县有 6 个，分别为察哈尔右翼中旗、察哈尔右翼前旗、凉城县、包头市、和林格尔县、集宁区；动态度大于 70%的旗县有托克托县。从空间分布来看，动态度指数较高（大于 50%）的地区主要分布在研究区中部及南部的农牧区、牧农区、经济发展较快的城市及其周边区域。一方面说明这一时期，上述地区经济社会快速发展、城市化等引起土地利用方式的急剧变化；另一方面，退耕还林（草）等重大生态工程的实施，促使当地土地利用在空间上发生了显著的变化，坡耕地与劣质耕地退为林地与草地，从而导致这些地区综合土地利用动态度指数高于其他区域。

2000—2010 年，研究区综合土地利用动态度的区域差异依然很大，但各旗县土地利用动态度与 1988—2000 年各旗县动态度相比有所减小（图 4-24）。研究区动态度指数都在 15%～60%，无大于 60%的旗县。与前期相比，动态度指数减小幅度超过 10%的旗县有 7 个，即包头市、察哈尔右翼后旗、察哈尔右翼前旗、察哈尔右翼中旗、集宁区、土默特左旗、托克托县。从空间分布来看，动态度指数较高（大于 50%）的地区主要分布在大青山、蛮汉山的山前以及东部旗县，变化原因主要有两点：一是国家对土地利用的相关政策；二是“农牧业—奶牛养殖—乳品加工—销售”产业链的快速形成，“公司—基地/合作社—农户”的经营模式，促使用地结构发生了显著的变化。自 1999 年以来，和林格尔推行“公司—基地/合作社—农户”的经营模式，城镇、工厂建设占用大量的土地，养牛需要大量饲料，促使当地种植结构进行调整，大力发展玉米种植业，农业用地、牧业用地与城镇建设用地快速转换，致使当地土地利用动态度高。

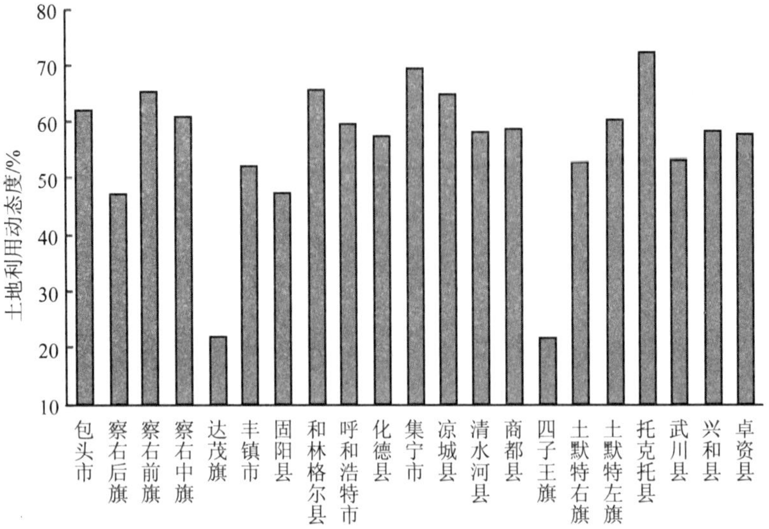

a. 数量分布

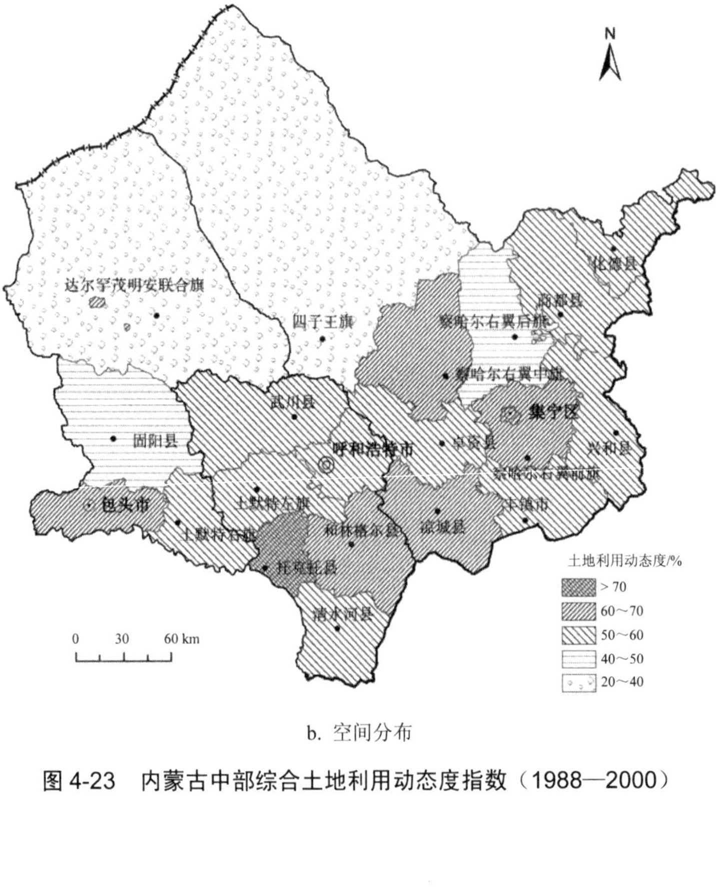

b. 空间分布

图 4-23　内蒙古中部综合土地利用动态度指数（1988—2000）

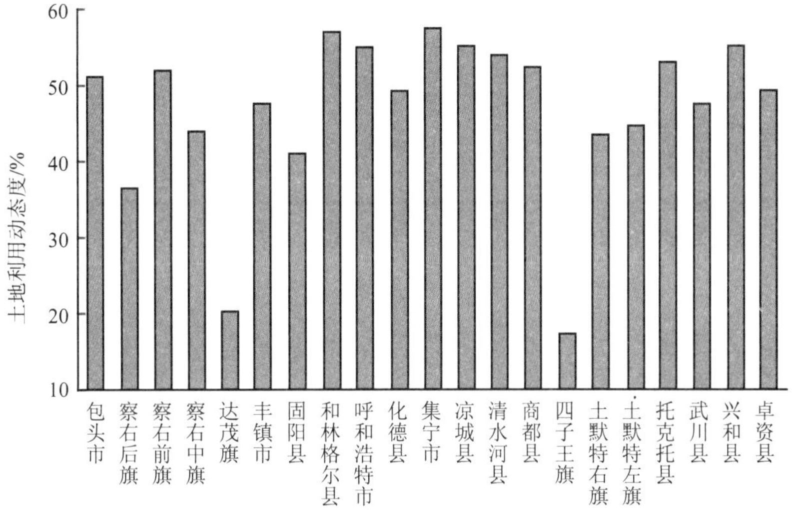

a. 数量分布

b. 空间分布

图 4-24　内蒙古中部综合土地利用动态度指数（2000—2010）

4.5.3　土地利用空间变异

为了分析研究区每种土地利用类型的空间变化情况，可利用土地利用转移矩阵来刻画区域土地利用变化的结构特征与各用地类型的变化方向。该方法来源于系统分析中对系统状态与状态转移的定量描述。运用两个时相的影像分类进行比较，可获得每一个像元的土地利用转变类型，这不但能获得变化的数量和空间位置，而且能获得变化的类型。式(4-3)是常用的转移矩阵的数学形式。

$$S_{ij}=\begin{bmatrix} S_{11}\cdots S_{1n} \\ \vdots \\ S_{n1}\cdots S_{nn} \end{bmatrix} \tag{4-3}$$

式中：S——土地面积；

n——土地利用类型数；

i、j——分别为研究期初和研究期末的土地利用类型。

单一地类变化的流向分析，可揭示各地类流转的主导类型，便于进一步弄清其变化的驱动机制。该分析可分为单一地类流出百分比和流入百分比，流出百分比（B）是单一地类流出量占该地类研究期初总面积百分比，流入百分比（C）则是单一地类流入量占该地类研究期末总面积百分比。

在 ENVI 与 Arcgis10.1 软件的支持下，利用 3 个时期（1988 年、2000 年、2010 年）的土地利用图计算出 1988—2000 年、2000—2010 年土地利用转移矩阵（表 4-8 和表 4-9）。

表 4-8 内蒙古中部土地利用转移矩阵（1988—2000 年）

单位：A—km^2；B—%；C—%

		耕地	林地	草地	水体	城镇工矿	未利用地	2000 年合计
耕地	A	19 145.10	1 219.11	8 486.45	83.42	36.37	26.92	28 997.38
	B	52.64	26.90	14.89	22.71	16.31	2.38	
	C	66.02	4.20	29.27	0.29	0.13	0.09	
林地	A	1 888.18	1 045.20	2 582.09	4.24	1.03	6.33	5 527.08
	B	5.20	23.06	4.53	1.15	0.46	0.56	
	C	34.16	18.91	46.72	0.08	0.02	0.11	
草地	A	12 850.91	1 988.25	41 761.80	43.07	26.07	836.60	57 506.71
	B	35.38	43.88	73.30	11.73	11.69	73.82	
	C	22.35	3.46	72.62	0.07	0.05	1.45	
水体	A	688.01	46.05	622.84	139.49	10.00	14.92	1 521.32
	B	1.88	1.02	1.09	37.97	4.49	1.32	
	C	45.22	3.03	40.94	9.17	0.66	0.98	
城镇工矿	A	666.10	71.15	115.38	0.45	135.24	2.00	990.31
	B	1.82	1.57	0.20	0.12	60.63	0.18	
	C	67.26	7.18	11.65	0.05	13.66	0.20	
未利用地	A	1 118.45	161.78	3 408.44	96.68	14.34	246.52	5 046.21
	B	3.07	3.57	5.98	26.32	6.43	21.75	
	C	22.16	3.21	67.54	1.92	0.28	4.89	
1988 年合计		36 356.75	4 531.55	56 977.00	367.36	223.06	1 133.30	99 589.03

注：A 为某一地类转移面积，B 为某一地类流出百分比，C 为某一地类流入百分比。

（1）1988—2000年土地利用转移矩阵

从表4-8和彩图4-4可以看出：耕地流转为林地、草地、水域、建设用地与未利用地的面积分别占1988年耕地总面积的5.20%、35.38%、1.88%、1.82%、3.07%，分别占该时段耕地流出总量的10.97%、74.72%、3.98%、3.84%与6.48%；林地、草地、水域、建设用地与未利用地流入耕地的面积分别占2000年耕地总面积的4.20%、29.27%、0.29%、0.13%和0.09%，分别占该时段耕地流入总量的12.36%、86.14%、0.85%、0.38%与0.26%。耕地向林地与草地的转换主要分布在南部的清水河、和林格尔、凉城等地的坡耕地及水土流失区，以及中东部的察哈尔右翼中旗、卓资、兴和、商都，化德等地，即三北防护林等重大生态工程的建设区域。另外，城镇工矿建设占用了大片的耕地，在呼包平原的某些区域出现了耕地的次生盐渍化与沙化。林地转换为耕地主要发生在呼包平原及东部的商都与化德等旗县；草地转换为耕地主要发生在后山的武川、固阳及中东部各旗县；水体转换为耕地主要发生在黄旗海与岱海等湖泊河流的干涸区。已发生转换的林地、草地，水域，由于土壤及水热条件相对较好，在人口增长压力下，出现重新开垦的现象。

从表4-8可以看出，由林地流转为耕地、草地、水域、建设用地、未利用地的面积分别占1988年林地总面积的26.90%、43.88%、1.02%、1.57%与3.57%，分别占该时段林地流出总量的34.97%、57.03%、1.32%、2.04%与4.64%。林地与草地的转换面积大，其次是耕地，其他各类转换很小。耕地、草地、水域、建设用地与未利用地流入林地的面积分别占2000年林地总面积的34.16%、46.72%、0.08%、0.02%、0.11%，分别占该时段林地流入总量的42.13%、57.61%、0.10%、0.02%与0.14%。林地向草地转换主要发生在大青山、蛮汉山等山地及四子王旗北部；耕地向林地的转换主要发生在大青山及蛮汉山等地的沟谷、坡耕地、水土流失地区。

从表4-8和彩图4-5可以看出，草地流转为耕地、林地、水域、建设用地、未利用地的面积分别占1988年草地总面积的14.89%、4.53%、1.09%、0.20%与5.98%，分别占该时段草地流出总量的55.77%、16.97%、4.09%、0.76%与22.40%。耕地、林地、水域、建设用地与未利用地流入草地的面积分别占2000年草地总面积的22.35%、3.46%、0.07%、0.05%与1.45%，分别占该时段草地流入总量的81.63%、12.64%、0.26%、0.18%与5.30%。草地的转出类型主要为耕地、未利用地与林地，草地转换为耕地的比例较大，主要分布在后山及研究区的中东部，具备耕作条件且人口密集较大的地区；其次为草地转换为未利用地的比例，主要表现为草地的不合理利用，导致的草原沙化、盐渍化等；再次为草地转换为林地，主要发生在蛮汉山、察哈尔右翼中旗、丰镇与兴和交界处。

（2）2000—2010年土地利用转移矩阵

从表4-9和彩图4-6可以看出：耕地流转为林地、草地、水域、建设用地与未利用地的面积分别占2000年耕地总面积的2.11%、22.17%、0.09%、2.42%、0.13%；分别占该时段耕地流出总量的7.75%、81.42%、0.33%、8.89%、1.58%。林地、草地、水域、建设用地与未利用地流入耕地的面积分别占2010年耕地总面积的3.43%、27.21%、1.60%、1.04%、2.17%，分别占该时段耕地流入总量的9.68%、76.78%、4.51%、2.93%、6.12%。耕地向草地转换是耕地流出的主要类型，主要发生在和林格尔、察哈尔右翼中旗、察哈尔右翼前旗、卓资以及商都和化德县的北部、达茂旗和四子王旗的南部等地。此外，在包头、呼和浩特以及集宁等地，部分耕地流转为城镇工矿用地。

表 4-9 内蒙古中部土地利用转移矩阵（2000—2010 年）

单位：*A*—km^2；*B*—%；*C*—%

		耕地	林地	草地	水体	城镇工矿	未利用地	2010 年合计
耕地	*A*	21 099.94	1 120.24	8 893.21	521.95	339.43	708.66	32 691.99
	B	72.77	20.27	15.47	34.34	34.28	14.05	
	C	64.56	3.43	27.21	1.60	1.04	2.17	
林地	*A*	612.00	2 382.42	2 347.46	44.62	21.61	117.29	5 525.48
	B	2.11	43.11	4.08	2.94	2.18	2.33	
	C	11.08	43.12	42.48	0.81	0.39	2.12	
草地	*A*	6 426.52	1 930.97	44 479.78	559.95	107.35	3 231.30	56 749.46
	B	22.17	34.94	77.37	36.84	10.84	64.06	
	C	11.33	3.40	78.40	0.99	0.19	5.70	
水体	*A*	27.05	6.03	48.36	240.95	1.64	41.30	367.79
	B	0.09	0.11	0.08	15.85	0.17	0.82	
	C	7.40	1.65	13.24	65.95	0.45	11.30	
城镇工矿	*A*	702.70	60.88	549.05	79.51	495.17	107.33	1 995.51
	B	2.42	1.10	0.95	5.23	50.01	2.13	
	C	35.23	3.05	27.53	3.99	24.82	5.38	
未利用地	*A*	125.50	25.85	1 175.37	73.07	24.90	838.10	2 263.92
	B	0.43	0.47	2.04	4.81	2.51	16.62	
	C	5.55	1.14	51.94	3.23	1.10	37.04	
2000 年合计		28 997.49	5 527.08	57 509.19	1 521.32	990.31	5 046.66	99 596.16

注：*A* 为某一地类转移面积，*B* 为某一地类流出百分比，*C* 为某一地类流入百分比。

从表 4-9 可以看出：林地流转为耕地、草地、水域、建设用地、未利用地的面积分别占 2000 年林地总面积的 20.27%、34.94%、0.11%、1.10%、0.47%，分别占该时段林地流出总量的 35.63%、61.42%、0.19%、0.93%、0.83%。耕地、草地、水域、建设用地、未利用地流入林地面积分别占 2010 年林地总面积的 11.08%、42.48%、0.81%、0.39%、2.12%，分别占该时段林地流入总量的 19.48%、74.68%、1.42%、0.69%、3.73%。林地主要流转为耕地和草地。林地转换为耕地呈零星分布，主要发生在呼包平原南部、和林格尔、达茂旗、四子王旗南部、察哈尔右翼前旗、凉城等旗县；林地向草地转换主要发生在大青山、蛮汉山所在旗县以及察哈尔右翼中旗西南部和清水河县。

从表 4-9 和彩图 4-7 可以看出：草地流转为耕地、林地、水域、建设用地、未利用地的面积分别占 2000 年草地总面积的 15.47%、4.08%、0.08%、0.95%、2.04%，分别占该时段草地流出总量的 68.36%、18.03%、0.35%、4.20%、9.01%。耕地、林地、水域、建设用地、未利用地流入草地面积分别占 2010 年草地总面积的 11.33%、3.40%、0.99%、0.19%、

0.45%，分别占该时段草地流入总量的 52.45%、15.74%、4.58%、0.88%、26.39%。草地的转出类型主要为耕地、林地与城镇工矿用地，草地转换为耕地的比例最大，主要分布在四子王旗和达尔罕茂明安联合旗的南部、武川和固阳北部、呼包平原以及察哈尔右翼前旗、商都、化德、兴和、丰镇、凉城、卓资等旗县。喷灌、滴灌等灌溉技术的应用，使耕地向四子王旗、达尔罕茂明安联合旗的南部扩散；草地转为林地，主要发生在大青山及蛮汉山等地。

2000—2010 年，研究区的土地利用类型转移的主要方向如下：耕地与林地、草地互转，总体呈现增加趋势，主要是草地的转入；林地与耕地、草地互转，总体上林地流入量小于转出量，林地略有增加，主要是草地的转入。草地与耕地、林地互换，草地与耕地表现为流入小于转出，草地面积略有减少；水域的转入主要来自草地，而流失于耕地与草地；城镇工矿用地的流入主要源自耕地和草地，城镇工矿呈持续增加的趋势；未利用地流入主要源自草地，亦流失于草地。

（3）三个时段土地利用转移矩阵趋势

基于上述，1988—2010 年，研究区的土地利用流转类型有两种：一是不同土地利用类型间的相互转化，如草地流向耕地、未利用土地，耕地流向城镇工矿用地，期间经过一次或多次（重）转换，多次转换体现出人为干扰加强了土地类型变化的频率。二是一种土地利用类型经过几次转换后又变回原来的类型，如草地转化为耕地，但是在退耕还林还草政策的实施后又转为草地。土地利用转移的总趋势表现为：所研究的六类土地类型之间互有转换，但是转换趋势与重点各不相同。从统计数据来看，耕地与林地、草地互有转化，总趋势是耕地和草地面积减少，林地面积增加；水体波动较大，总趋势是耕地、草地向水体转换，水体向耕地和未利用地转换；其他五类土地利用类型向城镇工矿建设用地转换，以耕地与草地向城镇工矿建设用地转换为主；对未利用地来说，主要表现为未利用地与草地的互转。

在自然因素与人为因素的共同作用下，研究区土地利用二十余年来不断发生变化。在全球气候变暖的影响下，研究区气温缓慢持续升高、降水逐渐减少，导致部分地区农业耕作条件恶化，不得不弃耕转为林地或草地。人口数量的增加与城镇化进程加快，导致生活用地、生产用地、城镇聚落用地与交通用地的增加，土地利用类型随之变化；另外，技术进步、经济发展、文化水平的提高、产业结构的优化升级，绿色产业链条及新的经济增长点的形成，市场需求和利益最大化，决定着农业与牧业的结构，导致耕地、林地、草地与城镇工矿用地等土地利用类型发生流转；生态保护政策与生态工程的实施扭转了局部地区由于长期不合理的土地利用造成的土地退化，生态环境得以逐渐恢复。总之，在多种因素的综合作用下，土地利用变化趋势是朝着与自然环境与社会经济发展适合度更高的方向演变，朝着支撑当地经济社会可持续方向发展。

4.6 土地利用变化驱动力分析

土地利用/覆盖变化（LUCC）是一个自然与人为因素共同作用的综合过程，其驱动因素有着较大的地域性和差异性。自然条件和经济社会条件都不同程度地对土地利用/覆盖变化产生影响。自然因素包括气候、水文、地质地貌、植被等。人为因素又分为直接因素和间接因素两类，直接因素包括人类对土地产品的需要、对土地资源的投入、城市化进程、土地利用的集约化程度等；间接因素包括人口数量的增减、技术进步、经济增长、政治经济政策、富裕程度和价值取向等。人类驱动力因子应包括人口、技术、收入、发展和经济政治状况等多个方面。影响土地利用变化的因素众多，在大的空间尺度上，自然因素对土地利用方式的变化起着决定作用，而在小尺度上，人类的影响起着主导作用。另外，从时间尺度上分析，较短的时间尺度内社会因素是土地利用变化的主要驱动力，而在较长的时间尺度内，自然因素是土地利用变化的主要驱动力。

近半个世纪以来，内蒙古中部地区乃至整个华北地区气候都表现出明显的暖干化趋势，加剧了土地退化，增加了农业干旱风险，从而影响了土地利用变化。人口的数量增长和空间移动主要影响耕地和草地的分布格局。经济因子，尤其是产业结构的变化，是耕地、林地和草地变化的主要驱动力。近 10 多年来，国家实施的退耕还林（草）政策对于研究区的土地利用变化，特别是对耕地、林地、草地之间的比例和分布格局产生了不可忽视的影响。技术进步主要体现大中型喷灌、滴灌设施的引进与推广，在很大程度上改变了区域土地利用方式，同时促进了当地农业的规模化和产业化发展。

4.6.1 气候变化驱动力分析

我国北方农牧交错带属于季风尾闾地区，降水变率大，而且这一地区总体上属于边际土地，生态环境脆弱。根据集宁区、呼和浩特市和包头市三个气象站（图 4-25），分析 1960—2010 年的年平均气温和年降水量变化可知，近 50 年来，受全球气候变化影响，研究区出现暖干化的趋势，表现为气温明显升高、降水在波动中减少。

研究区耕地的空间分布明显受到温度与降水的影响，而且降水比积温的限制作用更强些。耕地的面积与空间分布可用耕地的重心来表示，借鉴人口地理学中常用的人口重心的计算方法，可以计算出研究区耕地面积重心的变化，重心的位置一般是以地图的经纬度来表示（包玉海等，1998）。第 t 年耕地重心的经纬度计算公式为：

$$
\begin{aligned}
x_t &= \sum c_{ti} x_i / \sum c_{ti} \\
y_t &= \sum c_{ti} y_i / \sum c_{ti}
\end{aligned}
\tag{4-4}
$$

式中：x_t、y_t——t 年耕地重心的经纬度坐标；

c_{ti}——i 县（旗）的耕地面积；

x_i、y_i——i 县（旗）所在地的经纬度坐标。

根据式（4-4）得出 1988 年、2000 年和 2010 年耕地重心的经纬度分别为：112.092 9°E，40.959 2°N；112.126 2°E，41.017 2°N；112.100 8°E，40.998 5°N。

图 4-25 内蒙古中部气象台站分布

耕地重心的变化表明温度升高和降水量减少会对耕地的分布产生影响。三个研究时段中，1988 年的耕地重心纬度偏低、经度偏西；2000 年较 1988 年纬度有所增高、经度东移，成为三个时段纬度最高、经度最偏东的时段；2010 年纬度较 2000 年略有南移、经度略偏西。结合这三个时段研究区的降水量和气温图，不难发现，2000 年前 3～5 年研究区降水量总体呈现减小趋势，气温呈现升高趋势，考虑降水对耕地面积与分布影响的时滞性，再加上当时灌溉条件有限，种植业很大程度上“靠天吃饭”，致使 2000 年研究区耕地重心向北和向降水量大的东部移动。2010 年前 3 年研究区降水量总体处于较低水平，但由于引进了先进的灌溉设施，降水量对耕地重心迁移的影响相对以前有所降低，与 2000 年相比，耕地重心只出现了少许的西移。总之，降水对研究区耕地的面积与空间分布有一定的影响，是土地利用变化的驱动因素之一。从图 4-26 可以看出，研究区除河曲站点，其余 9 个气象站点半个世纪以来的年平均气温均呈升高趋势，并且 10 个站点中有 7 个气象站点的年降水量呈下降趋势。由此可见，近 50 年来研究区暖干化趋势非常明显，干燥度的增加促使土壤水分亏缺，加剧干旱化程度，减弱了土壤的抗侵蚀能力，造成土地荒漠化的进一步扩展。20 余年来，虽然国家采取了各种防风治沙工程，但是土地沙化面积仍然呈现增长趋势，这与气候暖干化也有较大的关系。

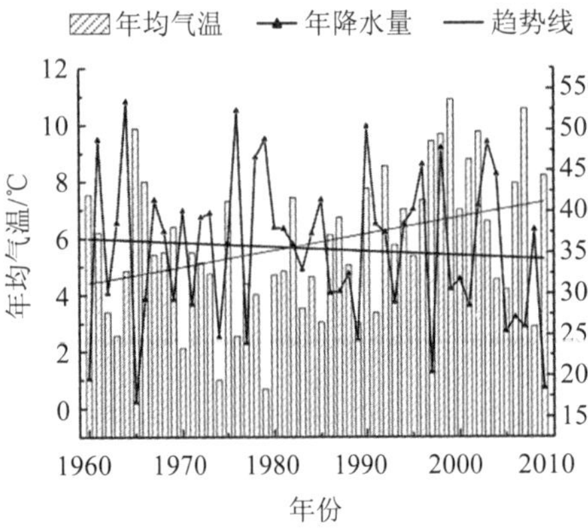

集宁

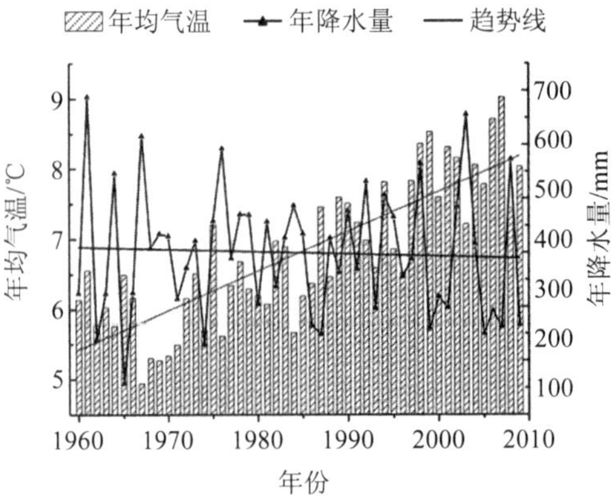

呼和浩特

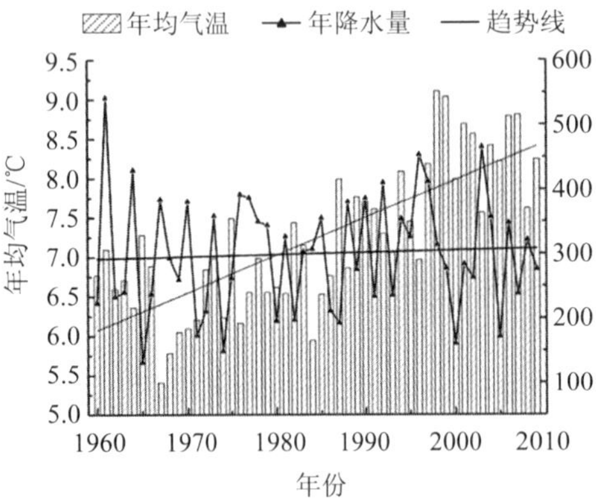

包头

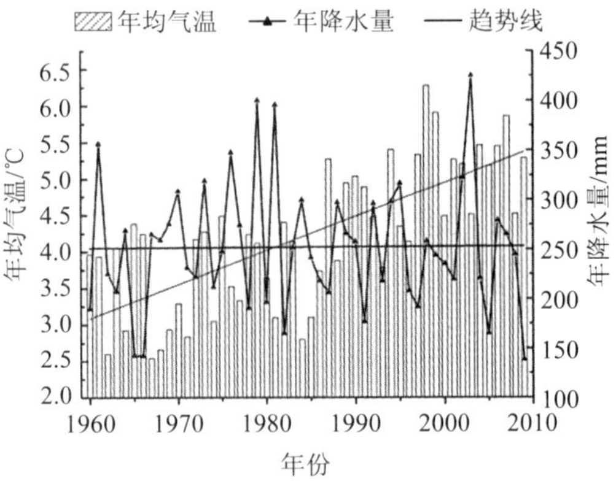

达尔罕茂明安联合旗

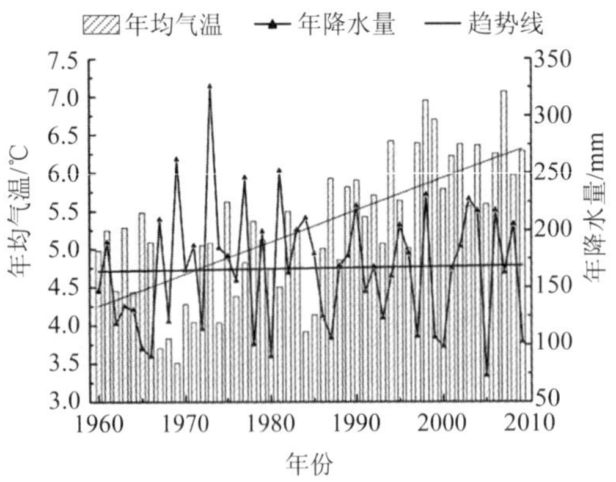

满都拉

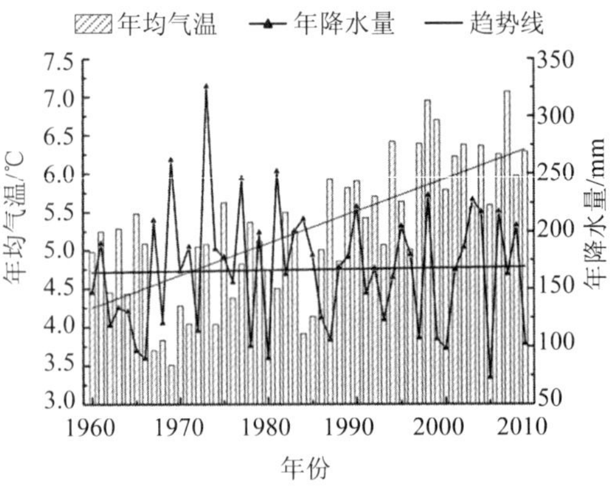

四子王旗

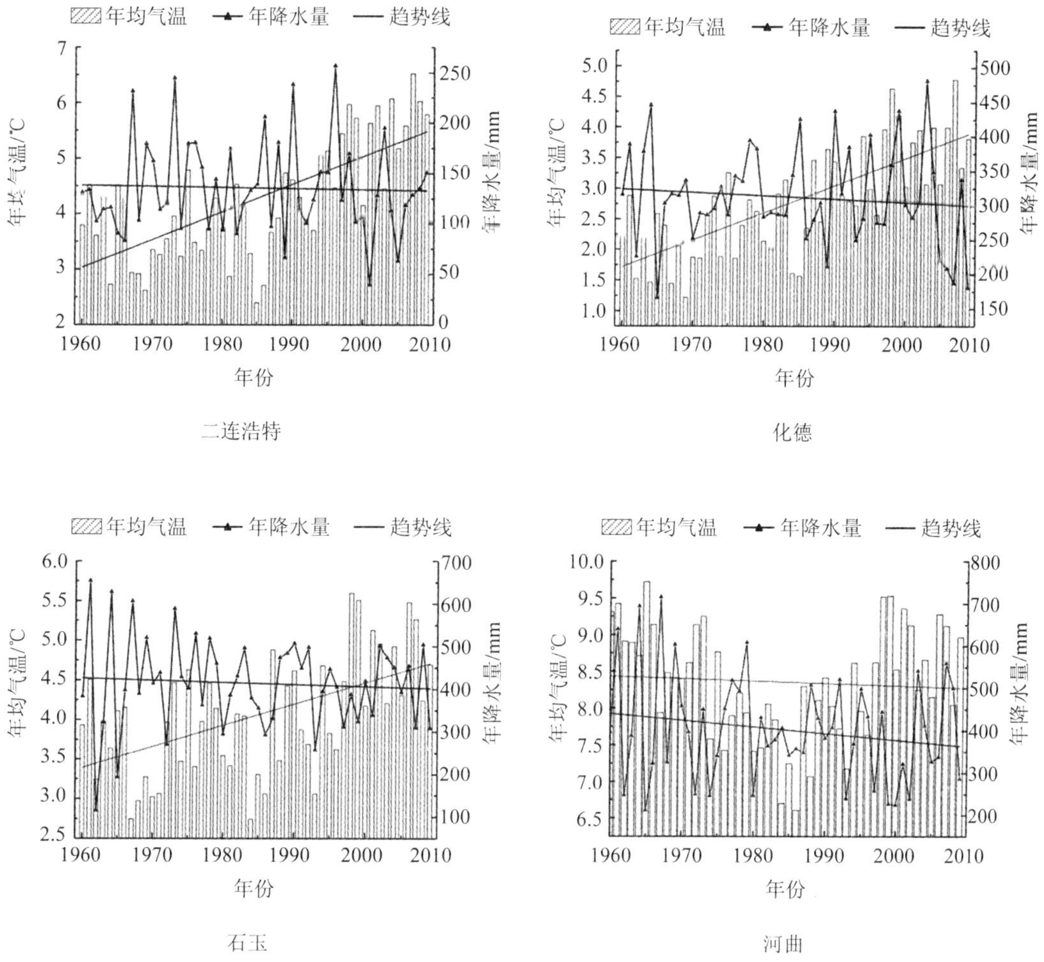

图 4-26 1960—2010 年内蒙古中部及周边地区气象台站年均气温和降水量变化

4.6.2 人口驱动力分析

人口的增加必然增大对土地的压力，并导致土地利用系统输出产品需求量的增加。而土地利用系统输出产品量的增加通常可有两条途径：一是调整系统结构，提高系统的能量转化和生产能力；二是扩大土地利用面积，开发未利用的土地资源。

城市发展过程中，农业人口向中心城市聚集、农业人口转变为非农业人口、乡村景观向城市景观转化是一种普遍现象。城镇建设用地增加，导致耕地、林地和草地面积不同程度地减少，从而影响土地利用格局，同时还可能带来土地退化、环境质量降低等问题。这说明人口总量与分布对研究区土地利用格局具有驱动作用。

根据内蒙古统计年鉴，1988 年、2000 年与 2010 年，呼和浩特市常住人口分别为 133.3 万人、243.79 万人和 287.36 万人，2010 年与 1988 年相比增加了 1.16 倍；包头市常住人口分别为 169.50 万人、229.74 万人和 265.61 万人，2010 年增长至 1988 年的 1.57 倍。

而对应年份随着人口的增长，建筑面积也有不同程度的增长（图 4-27），人口总量的增长在一定程度上推动城镇建设面积的增加，尤其是非农业人口数量的增加，必然对居住用地产生一定压力，影响着土地利用的变化。

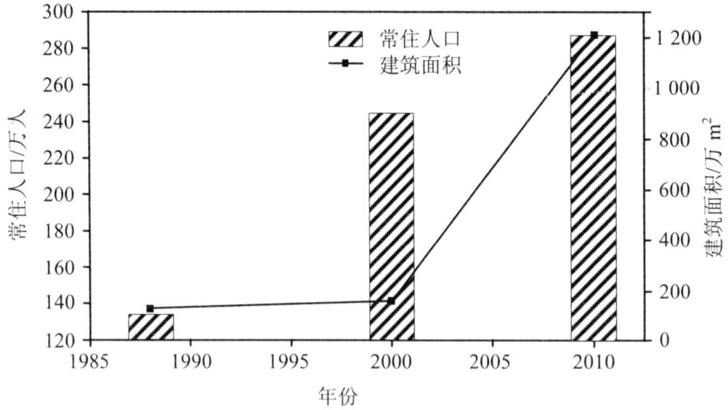

a. 呼和浩特市

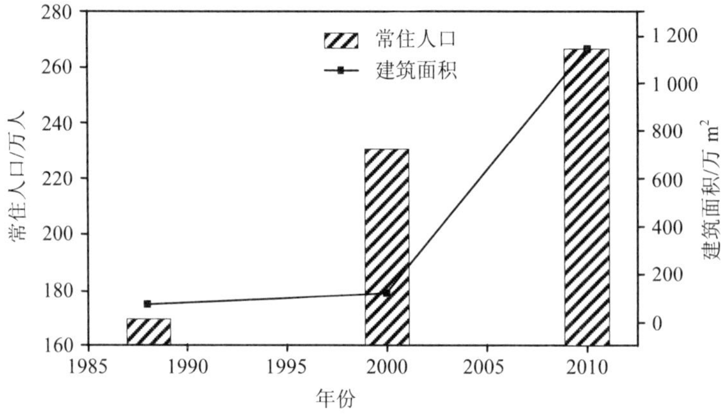

b. 包头市

图 4-27 人口增长与建筑面积变化

20 多年来，研究区人口数量迅速增加。依据内蒙古统计年鉴，以人口密度（人/km^2）作为统计量，绘制了 2010 年人口密度图（图 4-28）和 1988—2000 年、2000—2010 年、1988—2010 年三个时段的人口密度变化图（图 4-29）。2010 年人口密度呈现南北差异：北部人口稀疏，南部人口密集，二者相差 2 倍左右。北部草原、牧农交错地区干旱少雨，生态环境、生活条件较差，生态承载力有限，人口分布较为稀少；以呼和浩特、包头、集宁等城市为中心，人口高度聚集，人口密度最大的是集宁区，达 2 500 人/km^2 以上。由图 4-29 可知，人口密度变化也呈现南北差异，北部人口密度增长远小于南部，还不及南部的 1/10，这与牧区和农牧交错区的差异相吻合；人口高值区人口密度变化通常为 10～100 人/km^2，这与城市化发展相吻合。

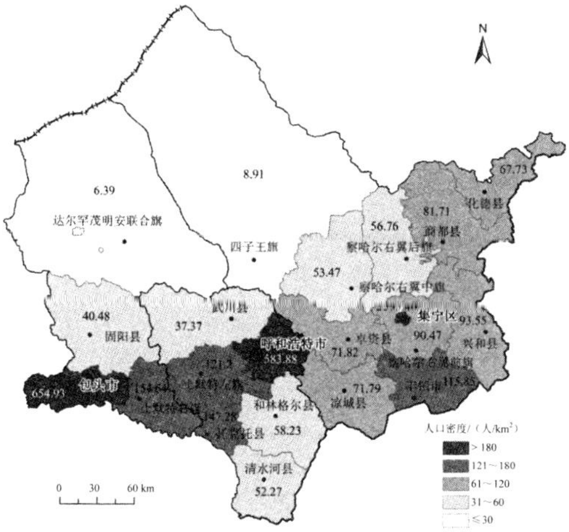

图 4-28　2010 年内蒙古中部人口密度

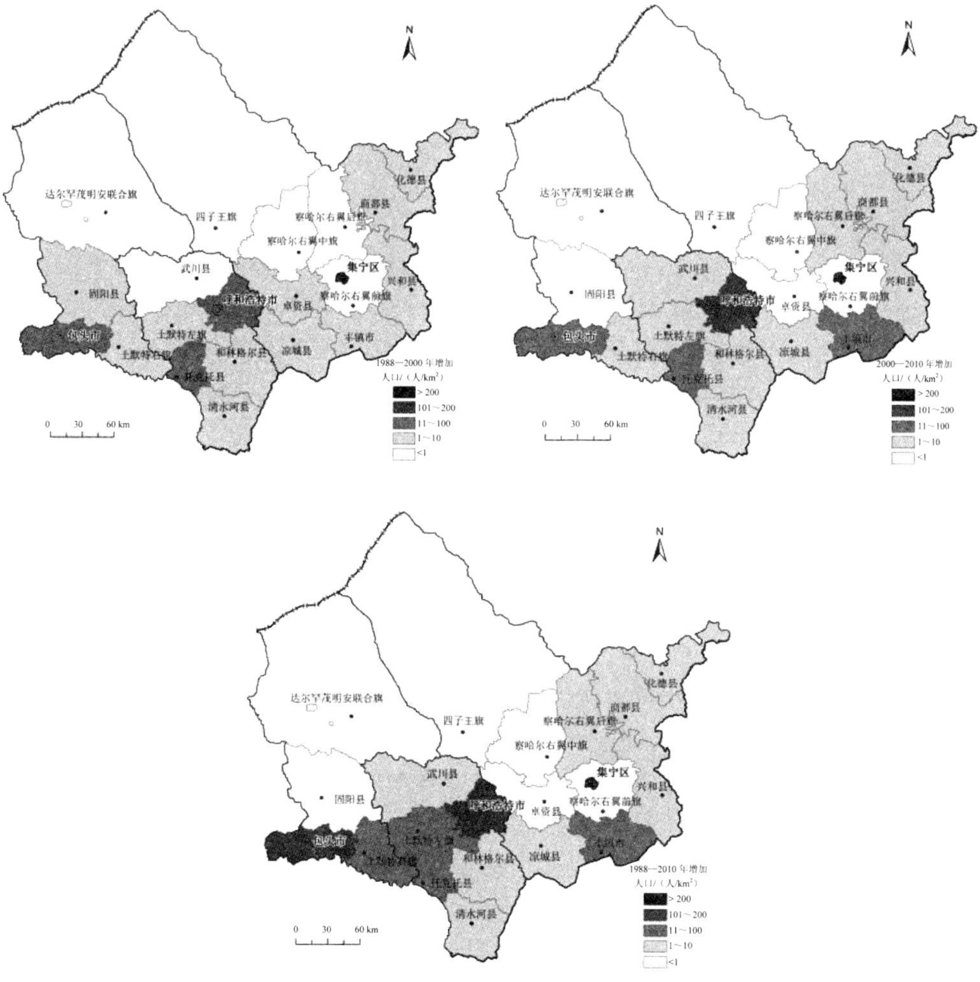

图 4-29　内蒙古中部人口密度变化

对比分析研究区土地利用与同时期的人口密度之间的相关性（表 4-10），可以看出：1988 年、2000 年和 2010 年，人口密度与耕地、林地与草地均呈负相关，尤其与耕地呈显著负相关，说明人口密度对各类型土地的面积与分布存在较强的相关性。数据分析结果表明，人口密度的增加，居住、交通等使用面积的增加导致研究区其他非建设用地面积的减少，耕地比例的减少尤为显著。总之，人口总量、密度及分布对耕地、林地和草地的变化具有一定的驱动作用。

表 4-10 内蒙古中部土地利用类型与人口增长因子的 Pearson 相关系数

人口增长因子	年份/年	样本数/个	耕地	林地	草地
			相关系数		
人口密度	1988	21	−0.630**	−0.217	−0.219
	2000	21	−0.600**	−0.301	−0.212
	2010	21	−0.553*	−0.194	−0.188

注：**、*相关性的置信度在 0.01 水平（双侧）上显著相关。

4.6.3 市场驱动力分析

近年来，市场经济发展和人们生活水平的提高，对奶制品、肉制品，以及小杂粮的需求快速增长，极大地推动了研究区的种植业和养殖业发展。同时，对于区域土地利用方式和农业产业结构的调整产生了积极的推动作用。

研究区紧邻京津唐经济中心区，是该区农副业消费品的主要输出地。以北京为例，依据《北京市统计年鉴》，计算出北京市历年常住人口及主要生活消费品的人均消费量。北京市 1987—2010 年各类生活消费品消费量均呈不断增加的趋势，农副业消费品的消费结构在不断优化。2010 年与 1999 年相比，猪牛羊肉和奶及奶制品的消费量分别增长了 81.68% 和 192.11%（表 4-11），需求量的增大给研究区农牧业生产带来了极大的发展动力。

表 4-11 北京市 1987—2010 年主要生活消费品消费量 单位：10^4 kg

年份	粮食	豆制品	蔬菜	猪牛羊肉	蛋类	奶及奶制品
1987	22.65	—	19.42	1.19	0.65	—
1988	23.50	—	19.53	1.08	0.63	—
1999	17.77	0.63	13.34	1.91	1.14	0.76
2000	22.39	0.53	14.11	2.00	1.10	0.47
2009	18.54	0.93	16.78	3.25	1.93	2.23
2010	20.62	1.00	19.21	3.47	2.06	2.22

数据来源：《北京市统计年鉴》（1988—2011）。

20 多年来，研究区确立了"以发展壮大奶牛、肉羊规模养殖为重点，大力发展生猪、禽类养殖"的畜牧业发展思路。近些年，农牧部门特别重视推进畜牧业规模化、标准化、集约化和产业化，积极推进奶牛、肉羊、生猪和肉鸡牧场园区建设，发展现代畜牧业，猪、牛、羊等养殖业。特别是乌兰察布市，是内蒙古自治区的畜牧业大市，奶牛、肉羊养殖业是该市的主导产业（表 4-12）。

表 4-12　乌兰察布市牛羊养殖情况（2011）

旗县	出栏肉牛/头	出栏肉羊/只	牛肉产量/t	羊肉产量/t	牛奶产量/t
集宁区	5 733	49 776	900	807	32 000
丰镇市	17 454	956 337	2 740	15 502	118 124
卓资县	21 460	550 070	3 369	8 917	51 300
化德县	11 171	715 078	1 754	11 591	48 000
商都县	22 500	1 000 000	3 533	16 210	80 850
兴和县	28 866	1 283 576	4 532	20 807	100 000
凉城县	22 009	885 247	3 455	14 350	156 000
察后前旗	24 399	963 797	3 831	15 623	165 000
察右中旗	20 895	948 300	1 711	15 372	98 000
察右后旗	8 670	723 515	1 361	11 728	34 049
四子王旗	10 361	1 189 978	1 627	19 290	33 803
合计	183 518	9 265 674	28 813	150 197	917 126

资料来源：《乌兰察布市统计年鉴》（2012）。

随着研究区养殖业的大发展，饲料产业得到了长足发展，农区、半农半牧区全面实行禁牧、休牧政策，加强草场围栏建设和草地改良，走建设养畜之路。巩固和扩大生态建设成果，进一步扩大以玉米为主的饲草和优质牧草种植，面积稳定在 133 000 hm^2 左右。特别是禁牧、舍饲等政策的实施，对研究区农业种植结构由粮食作物向饲草作物青玉米调整产生了积极的推动作用。杂粮种植业也得到了快速发展。乌兰察布市是内蒙古最大的杂粮、杂豆生产基地，播种面积每年都在 46 700 hm^2 左右，其中由莜麦制成的“燕麦片”等产品畅销国内外市场，高营养保健品荞麦出口日本、韩国以及东南亚等国。同时，反季节绿色蔬菜种植已形成一定规模，种植面积达 42 700 hm^2。由此可见，市场需求对于研究区土地利用和农业种植结构调整具有一定的带动效应。

4.6.4　经济驱动力分析

土地利用变化与经济发展有着非常密切的联系。随着经济的发展和产业结构的调整，土地利用必然朝着有利于经济发展的方向发展。通过对研究区 2000 年和 2010 年的县域经济发展指标与各县（旗）耕地、草地和林地面积做相关分析，找出驱动土地利用变化的经济发展因子。乌兰察布市、呼和浩特市和包头市的国内生产总值和农牧民年人均纯收入均呈现显著的增长（图 4-30）。

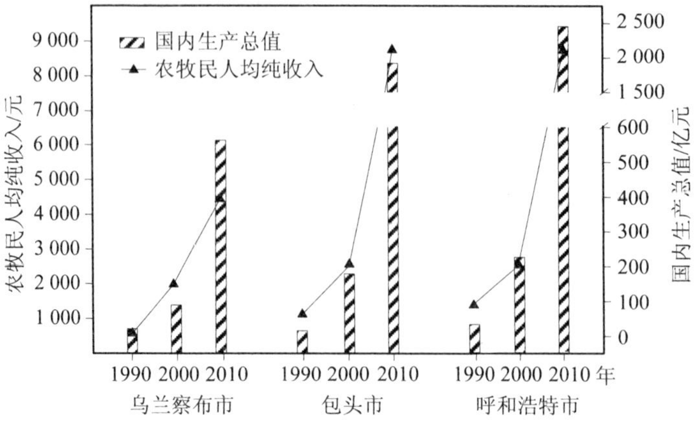

图 4-30　1990—2010 年内蒙古中部三市农牧民人均纯收入与国内生产总值变化

经济的迅速发展、生产规模的扩大、收入及投资的增加、城乡建设和交通运输用地以及生活娱乐用地的迅速增加，使得农业用地向非农用地的转化速度明显加快。呼和浩特市“十二五”规划中提出“打造优势产业集群，发展现代农业”（专栏 4-1），把呼和浩特打造为“中国乳都”，形成乳制品加工、粮食加工和肉制品加工为主体的食品工业产业集群，大大提高研究区产业聚集程度，经济的活跃度，加速研究区土地利用结构的变化。食品工业产业的集群发展势必挤占其他用地和影响周边地区的土地质量。乡镇企业与旅游业的快速发展带动了整个经济的发展，受利益最大化的影响，土地利用也向多样化、高效化和商品化方向发展，导致土地利用数量及空间结构发生变化。经济的发展对研究区土地利用方式存在一定的影响。

专栏 4-1　打造优势产业集群，发展现代农业

打造乳业为核心的绿色食品加工产业集群。扩大乳制品生产规模，做优做强伊利、蒙牛等龙头企业和知名品牌。加快发展高品质液体乳和婴幼儿奶粉生产，积极开发功能性产品和特色乳制品。到 2015 年，日处理鲜奶能力达到 1.5 万 t，乳制品国内市场占有率提高到 60%，巩固和提升“中国乳都”的地位。瞄准世界 500 强和中国 100 强食品企业，加大招商引资力度，形成乳制品加工、粮食加工、肉制品加工和啤酒饮料为主体的食品工业产业集群，打造国家级畜牧业示范基地及绿色食品产业生产基地。“十二五”期末，力争形成 1 000 亿元乳品销售收入。

坚持都市型现代农业的发展方向，重点发展乳、肉、薯、菜和观光休闲五大产业。实施“百、千、万”牧场建设工程，提高牛奶产量和质量。“十二五”期间，新建和改建标准化规模养殖场 750 个，规模化程度达到 70%以上，保持 100 万头适龄优质高产奶牛的动态平衡，单体奶牛产奶量平均达到 7 t 以上，建成全国最大的优质奶源基地。发展肉羊产业，使肉羊产业成为贫困山区农民增收的重要产业。“为养而种”调整种植结构，优质牧草种植达到 100 万亩，青贮玉米种植面积扩大到 200 万亩，优质玉米种植面积保持在 100 万亩。实施绿色有机蔬菜基地建设项目，加强“菜篮子”工程示范基地建设，大力发展设施无公害农产品、蔬菜和马铃薯，提升农产品品牌知名度。到 2015 年，设施蔬菜、马铃薯面积达到 30 万亩。建设设施农业生态观光示范园区，发展旅游观光休闲农业。

严格保护耕地，加快农村土地整理复垦，大规模建设旱涝保收高标准农田。围绕土地规模化、集约化经营，提升农业装备水平，加快推进农业机械化。建立现代化灌区管理体系，大力推进大黑河、麻地壕、哈素海等大中型灌区节水改造工程，积极扶持“民办公助”形式的小型农田水利建设。“十二五”期间，新增节水灌溉改造面积 112 万亩，新发展农田有效灌溉面积 30 万亩。推进 30 万亩现代农业示范区建设。

来源：《呼和浩特市国民经济和社会发展第十二个五年规划》。

4.6.5　政策驱动力分析

研究区属于季风尾闾地区，降水极不稳定，十年九旱，有些耕地已经不适合开发利用，而且这一地区生态环境脆弱，水土流失、土地沙化等生态问题非常严重，已经对当地百姓的生产和生活活动构成严重威胁，影响这一地区的可持续发展，并对华北地区的生态环境造成不良影响。新中国成立初期至 2000 年，该区大量开垦农田，很多草地都转变成了耕地，草地减少，耕地增多，土地利用类型发生变化，不合理地开垦耕地，过度地利用草场，造成土地退化加剧，土壤肥力降低。20 世纪末开始执行退耕政策（专栏 4-2），使得土地利用结构得到调整，更适宜于半干旱的大陆性气候。

专栏 4-2　退耕政策实施案例

案例 1：以乌兰察布市凉城县为例，2000 年凉城县被列为全国退耕还林还草工程试点示范县，据凉城县统计，2000—2004 年，全县共完成退耕地造林（种草）23.5 万亩，完成宜林荒山荒地造林 41 万亩，共涉及 24 个乡（镇），113 个行政村，26 583 户农户，83 546 口人。国家共补助种苗费 3 225 万元，补助退耕地钱粮共 7 680 万元（每斤粮食按 0.7 元计算），农民人均补助 545 元。

资料来源：王睿娜，武建军，等. 内蒙古凉城县“退耕还林还草”生态工程的调查报告，[EB/OL]. 兰州大学网，2004-11-12.

案例 2：以和林格尔县为例，2002 年退耕还林工程正式启动，涉及全县 13 个乡镇的 58 个行政村的 219 个自然村的 5 784 个农户。截至目前，全县共完成退耕还林总面积 1.83 万 hm^2，增加植被覆盖度 5.33%，控制水土流失 5.5 万 hm^2。2002 年度完成 11.19 万 hm^2，其中退耕地种树种草 0.33 万 hm^2；荒山荒地造林 0.86 万 hm^2。植树造林全部为生态型公益林，主要林种为水土保持林和防风固沙林。按树种折合面积统计，2002 年及 2003 年春共计营造乔木林（油松、落叶松、樟子松为主，杨、柳、榆为辅）0.64 万 hm^2，灌木林 1.03 万 hm^2，人工种草 200 hm^2。退耕还林还草工程通过大力建设林草业，改变以往种植业粮、经二元结构的格局，20 年来逐步扩大种植青饲料、牧草的面积，促使种植业粮、经、饲结构的形成。

资料来源：皇甫祯富，成格尔，国润才等. 西北地区退耕还林（草）生态工程综合效益分析——以内蒙古和林格尔县为例[J]. 内蒙古林业科技，2003（增刊）：53-55.

新中国成立初期，先后制定和颁布了一系列政策和法律法规，制止乱开垦、围垦和破坏生态环境的行为。20 世纪 70 年代，制定了坚持“林牧为主，农林牧结合，因地制宜，多种经营”的方针，实施了“三北”防护林工程，“植树造林，防风固沙”成为政府长期执行的国策。20 世纪 80 年代中期，《中华人民共和国森林法》（1984）和《中华人民共和国草原法》（1985）颁布后，使得毁草、毁林的行为受到法律的约束。自 1999 年开始试点退耕还林还草政策，到 2002 年京津风沙源治理实施，增加了林草植被，水土流失和风沙危害明显减轻，缓解了生态环境恶化局面，对研究区的土地利用格局、数量与结构变化产生一定的驱动作用。

研究区退耕幅度较大，要求开垦的林地和“税外地”要坚决退下来；坡耕地和严重风蚀沙化地，要根据财力、物力、人力和科技条件的可能，合理确定退耕还林（草）任务。此举与研究区耕地转化为草地的程度相对应。2000 年以来，政府部门把生态建设的重点从“九五”时期以退耕为主，转向退耕与“三荒”治理同步，以人工种植为主转向人工种植与禁牧、自然恢复并举。研究区还推进土地整理，增加耕地和提高土地利用效率，如在一部分耕地以及被耕地包围的草地和未利用地上平整土地、建造水井，使得一部分的草地和未利用地向耕地转变。此外，研究区还尝试对一部分土地贫瘠、生态环境恶化或者山区交通不便地区的居民进行迁移。陆续建立的移民新村主要集中在耕地较为肥沃、距离公路较近或者土地整理项目实施的范围内，移民新村的建立是居民点及城镇用地增加的主要来源之一。

上述政策的执行，驱动研究区土地利用不断发生变化。在人为活动因素影响下朝着适应研究区干旱半干旱的生态环境，满足经济社会发展需求的方向演变。

4.6.6　技术驱动力分析

技术发展水平和应用程度直接影响着土地利用的广度和深度。在农业生产领域，技术进步可以大大提高农业的集约化程度，提高粮食单产，减缓人口增长对农业用地的压力。农业技术涉及土壤改良、栽培技术、良种培育，灌溉技术、化肥、农机、农药、农膜等许多方面。研究区农业技术的推广应用主要体现在喷灌和滴灌技术上。

（1）喷灌技术

由于近年来农村青壮年劳力大量输出，造成地多人少的北部地区大量土地闲置。乌兰察布市、呼和浩特市与包头市等地，在国家和自治区政策的大力支持下，从欧美国家引进先进的喷灌、滴灌设备。当地政府通过对喷灌设施购置实施补贴政策，加大扶持力度，在土地集中连片、水源条件较好的地区，积极引导，加快土地使用权流转，通过公司租赁、大户承包、农民联户等形式将土地相对集中，以大型喷灌设施为龙头，实现了土地的规模化、集约化经营。不仅大大地减少了劳动力，同时显著提高了农作物的单产。

以乌兰察布为例，2011 年喷灌设备共 1 705 套，喷灌面积共 72.584 万亩（表 4-13）。喷灌设施的大力推广，不仅解决了作物种植的缺水问题，马铃薯等作物的产量增加、商品率提高，马铃薯亩均增加纯收入 1 000 元以上，户均收益超万元。兴和县自 2003 年开始，大力发展喷灌和滴灌设施农业，截至 2010 年底，已建成喷灌圈 140 套（照片 4-1），种植面积达到 7 万多亩，膜下滴灌种植面积 3 万多亩，同时建成特色精品葡萄、蔬菜示范基地 0.1 万多亩。“十一五”期间，全县粮食平均总产达到 1 亿千克，2010 年实现农业产值增加值 8.3 亿元，农民人均纯收入达到 3 087 元。喷灌技术与设备的广泛应用，有效推动了土地规模化、集约经营、高效种植，促进研究区传统农业向现代农业转变。

表 4-13　乌兰察布市喷灌情况（2011）

旗县	面积/万亩	台套数量		
		500 亩/套	200～300 亩/套	100～150 亩/套
察右前旗	3.21	25	28	50
察右中旗	13.03	184	103	70
察右后旗	9.98	188	18	3
四子王旗	13.85	179	8	112
卓资县	0.10	2	—	—
凉城县	0.60	10	—	—
兴和县	11.15	222	—	3
丰镇市	0.65	3	3	30
商都县	17.65	241	130	—
化德县	2.09	19	24	44
集宁区	0.29	5	1	—
总计	72.58	1 078	315	312

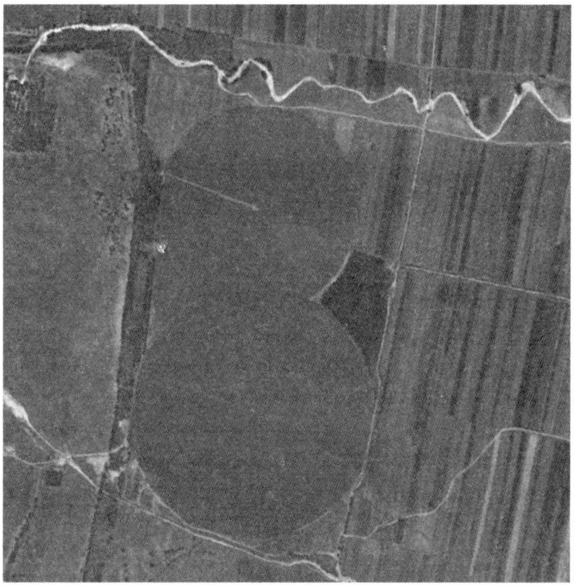

照片 4-1　兴和县喷灌圈遥感影像（引自 Google Earth，2013）

研究区喷灌和滴灌等技术的大力推广，在一定程度上解决了当地干旱缺水的状况。使原来不具备种植条件或种植条件差的区域能够种植，而且还能有一个好的收成（专栏 4-3）。据实地调查，灌溉后的马铃薯比原来的产量增加了 4 倍多，显著减弱了干旱对研究区域农业生产的制约。

专栏 4-3 当郎忽洞苏木喷灌建设记事

察右后旗当郎忽洞苏木 2007 年在旗政府政策、资金等方面的扶持下，依托土地开阔、地下水资源富集的优越条件，建成大型指针式喷灌设备 14 套，其中杨贵村由农户联合建成喷灌设备 10 套，开创了全旗大型指针式喷灌设备由企业或大户租用农民土地建设向农户自我联合建设的先河。不仅为农民解决了缺水的困扰，而且使马铃薯种植水平有了质的提高，年终算账，因马铃薯的商品率提高和产量增加，亩均增加纯收入 1 000 元以上，户均收益超万元。2007—2008 年，旗委、政府在喷灌建设上力度更大，使全苏木喷灌总数累计达到 52 套，2009 年又落实大型指针式喷灌 24 套，有效实现了土地集约经营、高效种植，推动全苏木传统农业向现代农业转变。

来源：中国节水灌溉网《内蒙古乌兰察布市察右后旗当郎忽洞苏木推进喷灌圈建设调查》，2009。

（2）滴灌技术

膜下滴灌技术不仅可以充分利水资源，提高水的利用率，促进节水农业的发展，而且可以有效改善区域的生产条件和生态环境，促进传统农业向现代农业的转变及农业的可持续发展。采用农业机械化膜下滴灌有利于提高优势农作物的产量和质量、增强优势农产品在市场上的竞争力，对经济和社会效益的提高有显著的影响。

乌兰察布市 2010 年膜下滴灌实施面积 22 310.5 hm^2，2011 年膜下滴灌实施面积 33 268.7 hm^2，增加 10 958.2 hm^2，膜下滴灌实施面积增长迅速，但各旗县增长速度不一（表 4-14）。

表 4-14 乌兰察布市膜下滴灌实施面积统计（2010—2011） 单位：km^2

旗县	2010 年	2011 年
集宁区	9.70	6.95
察右前旗	26.94	37.75
察右中旗	17.60	40.98
察右后旗	19.43	30.41
丰镇市	10.89	23.40
凉城县	10.64	19.38
兴和县	15.31	36.47
卓资县	14.07	16.36
四子王旗	53.17	65.62
商都县	36.57	42.65
化德县	9.91	14.38
合计	224.23	334.35

资料来源：乌兰察布市农牧业局种管科。

此外，滴灌技术的推广示范不仅可有效缓解区域水资源匮乏的矛盾，还可优化施肥方式，改善土壤结构，增强土壤蓄水能力。大面积推广应用，可遏制地下水位下降速度，减缓荒漠化进程，改善农业生态环境。

（3）地膜覆盖技术

农用地膜具有保湿、保温、抗虫、防病、抑制杂草生长等作用，有利于作物生长发育，提高作物产量和农业效益。地膜覆盖耕作措施因其显著的增产作用，在研究区得到大面积的推广和应用，它通过改善耕层土壤水热状况，活化土壤养分，对提高水分、养分利用率和实现粮食增产具有重要作用。同时，地膜覆盖的大面积使用有效缓解了气温和降水波动对农业生产的限制，进而改变区域农业生产方式和作物种植结构。

以乌兰察布市为例，伴随地膜覆盖的实施，近年来马铃薯、玉米、蔬菜等对光温条件比较敏感的作物的种植面积不断扩大（表 4-15）。地膜覆盖技术使得原先很多水分条件差、不适合耕作的旱地也能进行种植，为区域土地利用结构调整和种植布局优化提供了有利条件。

表 4-15　乌兰察布市地膜覆盖面积情况统计（2011）　单位：km^2

旗县	覆膜	玉米			马铃薯				蔬菜	
		总播面积	覆膜面积	旱地覆膜	总播面积	覆膜面积	旱地覆膜	膜下滴灌	总播面积	覆膜面积
察右前旗	176.21	100.50	100.50	40.20	120.60	40.87	10.72	30.15	19.43	9.38
察右中旗	226.48	67.00	67.00	33.50	361.80	156.13	89.78	66.35	50.25	0.00
察右后旗	147.74	100.10	33.84	33.84	268.00	111.57	66.06	45.51	40.27	0.67
四子王旗	272.36	100.50	28.14	14.74	683.40	218.76	108.54	110.22	20.10	5.36
卓资县	67.83	67.00	3.35	2.01	201.00	59.79	40.20	19.59	33.50	2.01
凉城县	335.65	254.60	254.60	154.77	234.50	62.29	40.20	22.09	—	—
兴和县	100.98	123.95	46.90	33.50	268.00	40.87	7.37	33.50	33.50	7.92
丰镇市	201.00	147.40	120.60	80.40	234.50	67.00	46.90	20.10	46.90	13.40
商都县	251.50	105.86	30.15	13.40	326.96	203.80	137.55	66.25	43.55	2.68
化德县	131.50	93.80	20.10	6.70	201.00	79.24	67.00	12.24	28.14	13.40
集宁区	14.10	13.40	3.35	2.68	16.75	10.08	2.68	7.40	10.72	0.00
合计	1 925.35	1 174.11	708.53	415.74	2 916.51	1 050.40	617.00	433.39	326.36	54.82

（4）作物品种优选

作物新品种的采用，或提高产量、品质，或根系发达，抗旱、抗倒伏、抗病性强，或提高生长速度，从而更好地适应研究区干旱及年降水分配不均的环境特点，提高研究区农牧民的经济收入。研究区主要作物有马铃薯、玉米、油菜、杂粮与蔬菜等，主要新品种见表 4-16。

表 4-16 乌兰察布市主要作物新品种统计

主要作物类别	新品种
马铃薯	克新一号、紫花白、大西洋、夏波蒂、费乌瑞它、底西芮、早大白、坝薯十号等
玉米	哲单 7 号、南北 1 号、铁源 24 号、京科 528 和大地 5 号
油菜	寒绿油菜、五月蔓油菜
莜麦	保罗、内农 1 号、内农筱 2 号、“内燕 1 号、2 号”、乌燕 1 号、“内燕 4 号、5 号、6 号、10 号”、华北 2 号、和丰 1 号、晋燕 2 号、贝莜 3 号、蒙燕 7312 等
番茄	佳粉 15 号、毛粉 802、百果强丰、合作 908、彩色番茄美丽、迷你樱桃番茄等
胡萝卜	日本新黑田五寸、广岛人参、金冠五寸、红映二号、金红四号、KS-夏莳、宝冠等

信息来源：内蒙古农牧业信息网。

乌兰察布市马铃薯研究和种薯生产的历史悠久，在长期的实践中积累了丰富的技术和经验，一些技术成果居全国乃至全世界领先地位。马铃薯种植已经形成区域化、规模化、集约化生产格局。为了解决缺水问题，2006 年乌兰察布市新上指针式喷灌圈 107 套，移动式、卷盘式喷灌圈 40 套，建成了设施配套的原种、加工专用薯基地 4 000 hm^2，截至 2011 年，马铃薯喷灌溉种植面积已达到 37 479 hm^2（表 4-17）。

表 4-17 马铃薯分品种喷灌种植情况（2011） 单位：km^2

旗县	克新一号原种	大西洋	夏波蒂	费乌瑞它	底西芮	其他	面积合计
察右前旗	12.26	—	—	—	—	0.07	12.33
察右中旗	33.50	6.70	20.10	4.69	5.53	0.00	70.52
察右后旗	7.75	0.54	46.97	0.00	0.00	0.47	55.72
四子王旗	58.42	3.15	3.48	1.61	3.55	0.00	70.22
卓资县	0.34	—	0.34	—	—	—	0.67
凉城县	—	—	—	—	—	—	—
兴和县	14.71	7.71	36.52	—	—	—	58.93
丰镇市	4.02	—	—	—	—	—	4.02
商都县	20.23	—	68.81	—	—	—	89.04
化德县	13.97	—	—	—	—	—	13.97
集宁区	1.25	—	—	—	—	—	1.25
总计	166.45	18.09	176.21	6.30	9.08	0.54	376.66

综上分析，过去 20 多年来，在多种驱动因素作用下，研究区的农业生产和经营方式发生了重大变革。当地农业向着集约化、规模化和产业化方向发展，不仅自然环境得到很大程度的改善，国民经济和农牧民生活水平也有很大提高，有效适应区域气候和干旱缺水自然条件的同时，土地利用正朝着区域农业、社会经济以及生态环境可持续发展的方向转变。

4.7　土地适宜性评价与土地利用

20 世纪 80 年代末，由中国科学院、国家自然资源综合考察委员会已完成全国的土地适宜性评价，并编制出版了《中国 1∶100 万土地资源图》（1990）。该图的内蒙古中部土地适宜性评价结果，可作为研究区土地利用变化和土地退化的背景值。基于此图，提取了研究区不同土地适宜类的面积比，包括：宜农耕地、宜牧土地、宜林土地、宜农宜牧土地、宜林宜农土地、宜林宜牧土地、宜农林木土地和不宜农林牧土地类等面积比，分别为 16.66%、51.39%、6.54%、5.45%、0.33%、17.76%、1.28%、0.06%。数据表明，研究区以宜牧土地为主，其次是宜农耕地和宜林宜牧土地。

按照六个生态区，即：阴山山地森林—草甸草原生态区（Ⅰ区）、阴山北麓及东南部中温型典型草原生态区（Ⅱ区）、阴山南麓暖温型草原生态区（Ⅲ区）、乌兰察布层状高平原荒漠草原生态区（Ⅳ区）、乌兰察布高原北部草原化荒漠生态区（Ⅴ区）和前套平原农作植被—盐湿草甸生态区（Ⅵ区）等，得到了不同土地适宜类在各生态区的百分比（表 4-18），从中可以看出各生态区对每个土地适宜类的贡献率。

表 4-18　内蒙古中部不同土地适宜类在各生态区的百分比　单位：%

土地适宜类	生态区					
	Ⅰ区	Ⅱ区	Ⅲ区	Ⅳ区	Ⅴ区	Ⅵ区
宜农耕地	3.69	44.72	13.57	1.72	0.00	36.29
宜牧土地	0.94	36.36	1.61	44.57	16.25	0.27
宜林土地	40.54	50.55	8.84	0.07	0.00	0.07
宜农宜牧土地	0.27	95.42	4.31	0.00	0.00	0.00
宜林宜农土地	0.00	100.00	0.00	0.00	0.00	0.00
宜林宜牧土地	16.74	47.42	21.91	10.18	1.63	2.12
宜农宜林宜牧土地	1.10	64.31	31.24	0.14	0.00	3.21
不宜农林牧土地	0.00	0.00	0.00	0.00	100.00	0.00

阴山北麓及东南部中温型典型草原生态区和前套平原农作植被—盐湿草甸生态区对宜农耕地的面积贡献率可达 81.01%；阴山北麓及东南部中温型典型草原生态区和乌兰察布层状高平原荒漠草原生态区对宜牧土地的面积贡献率可达 80.93%；阴山山地森林—草甸草原生态区和阴山北麓及东南部中温型典型草原生态区对宜林土地的面积贡献率高达 91.09%。阴山北麓及东南部中温型典型草原生态区为农牧林交错的多适宜土地，而不宜农林牧土地主要分布在乌兰察布高原北部草原化荒漠生态区。

表 4-19 反映了在不同自然条件影响下，各生态区之间的土地适宜类结构差别。Ⅰ区以宜林土地为主，宜林宜牧宜农土地交错；Ⅱ区宜牧土地偏多，宜牧宜农宜林土地交错，是典型的农牧交错区；Ⅲ区宜农耕地偏多，宜林宜牧宜农交错，也是典型的农牧交错区；Ⅳ区和Ⅴ区都以宜牧土地为主，前者是典型草原牧区，后者为荒漠草原牧区；Ⅵ区以宜农耕

地为主，是典型的灌溉农区。

表 4-19　内蒙古中部各生态区的土地适宜类结构　　单位：%

土地适宜类	生态区					
	Ⅰ区	Ⅱ区	Ⅲ区	Ⅳ区	Ⅴ区	Ⅵ区
宜农耕地	9.12	16.78	27.03	1.15	0.00	90.35
宜牧土地	7.13	42.09	9.92	91.49	95.31	2.08
宜林土地	39.28	7.45	6.92	0.02	0.00	0.00
宜农宜牧土地	0.21	11.70	2.81	0.00	0.00	0.00
宜林宜农土地	0.00	0.75	0.00	0.00	0.00	0.00
宜林宜牧土地	44.05	18.97	46.53	7.22	3.31	5.64
宜农宜林宜牧土地	0.21	1.85	4.77	0.01	0.00	0.61
不宜农林牧土地	0.00	0.00	0.00	0.00	0.65	0.00

为了进一步分析各生态区土地适宜性与土地利用的关系，分别计算了各区域内的耕地、草地和林地利用面积与该土地适宜类面积的比值，以此反映区域土地可持续性的状态。当二者比值等于 1 时，表明某种土地利用类型与该种土地适宜性相一致；当二者比值小于 1 时，表明某种土地利用面积还有发展的空间，区域内还存在相应的土地适宜区；当二者比值大于 1 时，则表明某种土地利用面积已超过相应的土地适宜区面积，在考虑技术进步的同时，还应适应降低或者控制该土地利用类型的发展。

不同生态区的土地适宜性与土地利用的比值关系差异较大。（1）阴山山地森林—草甸草原生态区：耕地、草地和林地的发展很不协调，其中，耕地和草原面积超过了相应的土地适宜区，且后者尤为突出，比值分别为 1.85 和 6.98；而林地的面积还不及宜林土地的四分之一，退耕还林是维持山地生态系统可持续发展的关键。（2）阴山北麓及东南部中温型典型草原生态区和阴山南麓暖温型典型草原生态区：耕地面积超过宜农土地，比值分别为 1.73 和 1.26；草地面积与宜牧土地的比值分别为 1.04 和 3.88；而林地面积与宜林面积相差甚远，比值分别为 0.15 和 0.28。协调耕地/宜耕地与草地/宜牧地的动态关系，退耕还草与防治草场退化是协调农牧交错系统良性循环的关键。（3）乌兰察布层状高平原荒漠草原生态区：耕地面积超过宜农耕地，比值为 1.85；草地面积与宜牧土地相当，比值为 1.06；而林地面积与宜林面积相差甚远，比值为 0.07。退耕还灌草与防治草场退化是保障区域牧业可持续发展的关键。（4）前套平原农作植被—盐湿草甸生态区和乌兰察布高原北部草原化荒漠生态区是内蒙古中部两个比较极端的生态区。前者是人口密集、快速城市化且经济发达的区域，耕地与宜耕地比值为 0.82，林地与宜林地比值为 0.50。因此，协调部分宜农耕地与城市占用的矛盾、加大林地覆盖，是支撑区域经济可持续发展的关键。后者是人口稀疏的荒漠牧业区，草地面积略小于宜牧土地，比值为 0.94，保持原生态、适当发展牧业是守护区域可持续发展的关键。

4.8 土地利用时空格局适应模式

气候与地貌决定了研究区的土地利用基本格局，在自然与人为因素的影响下，土地利用格局逐年发生着细微的变化，如何在保证研究区生态环境质量不降低的前提下，促进其经济与社会的可持续发展，是一个永恒的命题。在厘清研究区垦殖脉络，分析土地利用的时空格局及其土地利用的驱动因素基础上，针对土地利用与生态环境格局特点，探讨研究区分时分区的土地利用适应模式。

4.8.1 “波动农牧业”分时适应模式

受气候波动和全球变暖的影响，研究区年降水量较少、降水保证率低、相对变率大，而且降水集中于夏季，农业生产的气候条件极不稳定。旱作作物及牧草的产量与降水量呈显著的正相关关系，水分保证程度是研究区农牧业生产的主要制约因素，降水的波动必然引起第一性生产力的波动。有学者提出，研究区降水在长时间尺度表现出有 22 年、36 年、83 年、102 年和 400 年的准周期，因此，研究区的农牧业生产应采取波动的发展战略。当地的农牧业活动可根据降水波动的趋势，采取不同的适应战略。“波动农牧业”战略包括：制定波动性的生产指标，即有一个波动幅度，原则上应与降水量的波动水平相当；波动性的用地规划，不同地区农牧林用地比例按干湿周期调整，根据降水带的摆动，调整土地利用的空间结构和数量结构，湿润期增加旱作用地及草场的载畜量，干旱期减少旱作用地和草场载畜量（史培军，1989）。

新中国成立以来，我国的国民经济实行“五年计划”体制，这与降水量的波动周期不同步。基于这一现实，史培军等认为地区的农牧业生产规划应尽可能考虑到降水的准周期性，如与 3 年、12 年准周期等起始年相一致，可以保证某一个相对湿润段或相对干燥段，制定合理的农牧业生产计划指标。“波动农牧业”战略只有通过相应的战术才能够实现，可以从下述五方面入手。

第一，根据年降水量的趋势预测，制定来年旱作农业用地和放牧牲畜的数量。

第二，稳定旱作耕地面积应与地区的多年平均降水量相对应，波动旱作耕地面积（轮耕地面积）应与平均年降水量±1 倍方差的降水量相对应。稳定放牧牲畜量（放牧草场载畜量）也应与相应地区的多年平均降水量下的产草量相对应，而波动放牧牲畜量应与平均降水量下产草量±1 倍方差的产草量相对应。

第三，轮耕地的水土流失、风蚀沙化的防治应与轮耕地转为旱作耕地同步进行，要采取草田轮作的办法种植旱作作物、防护性灌木和草本植物。在保护中促进利用，在利用中加强保护，做到地尽其力。

第四，强化旱作农业技术，提高旱作耕地的水分利用率。提高地下水的利用率，采用先进的喷灌、滴灌技术与设备，采用地膜增湿、保肥、保墒。

第五，重视交错带内隐性低湿地、沙地、碱地草场的利用，积极研究盐生植物的畜牧业利用技术，从而发挥低湿地较充沛的地下水资源的生物利用。

鉴于研究区降水量的变化存在着不同时间尺度的明显波动，影响研究区以水为制约因素的旱作农业、放牧畜牧业的生产经济过程。研究区发展农牧业必须走与降水量在时空上波动相匹配的“波动农牧业”的道路。区域规划的时段划分应与降水量不同时间尺度准周期起始年限相一致，以提高水分利用率为核心，以水定田，以水定草、定畜，实现研究区农牧业的可持续生产。

草地“畜牧业波动”是“波动农牧业”的典型模式（图 4-31）。降水量的波动与草地载畜量波动的关系有四种：一是降水增多情况下，载畜量也增多；二是降水减少情况下，载畜量也减少；三是降水增多情况下，载畜量减少；四是降水减少情况下，载畜量增多。前两种是自然与人为相互适应的情景；后两种情景相反，降水增多、载畜量减少带来草地恢复，降水减少、载畜量增加则加剧草场退化。

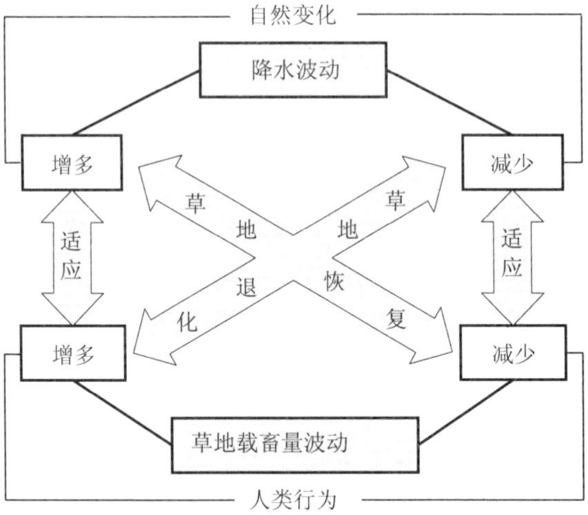

图 4-31　“波动农牧业”分时适应模式

4.8.2　“因地制宜”分区适应模式

图 4-32 是研究区土地利用分区适应模式。

从水平自然带来看，研究区属于温带草原地带，土地利用的原始方式应以草地为主，但由于大地貌的分异，使得不同地貌单元产生土地利用的组合区差异。研究区的大地貌单元主要有北部高平原、南部呼包平原、中部大青山—蛮汉山山地、后山丘陵、前山丘陵山地等，形成了与之相对应的草原区、农用/城镇区、林农牧交错区、后山牧农交错区和前山农牧交错区。这些区域又在低一级的地貌类型差异下，特别是山地的阴阳坡差异、丘陵的缓坡和陡坡差异、是否有黄土覆盖的地貌物质差异和高原的地表起伏差异等，造成土地利用类型有所不同。因地制宜就是要采取适宜地貌类型的土地利用方式，宜林则林，宜牧则牧，宜农则农，宜农牧交错则农牧交错。

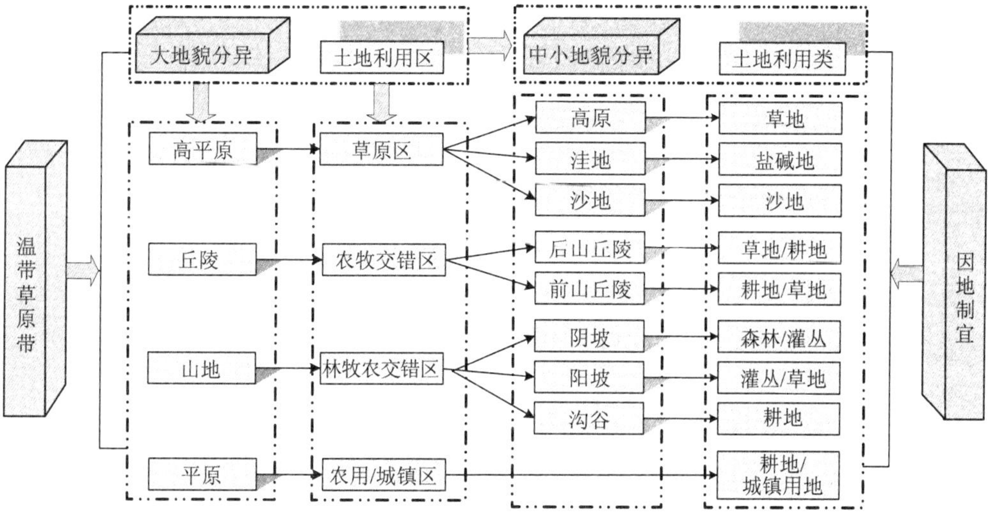

图 4-32 “因地制宜”分区适应模式

参考文献

[1] Congalton R C. A practical look at the sources of confusion in error matrix generation.Photogrammetric Engineering and Remote Sensing，1993，59（5）：641-644.

[2] 包玉海，乌兰图雅，香宝，等. 内蒙古耕地重心移动及其驱动因子分析[J]. 地理科学进展，1998，17（4）：47-54.

[3] 北京市统计局，国家统计局北京调查总队. 北京市统计年鉴（1988—2011 年）[M]. 北京：中国统计出版社.

[4] 卜凯. 中国土地利用统计资料[M]. 上海：上海商务印书馆，1937.

[5] 曹永年. 内蒙古通史（1—3 卷）[M]. 呼和浩特：内蒙古大学出版社，2007.

[6] 戴学稷. 呼和浩特简史[M]. 上海：中华书局，1981.

[7] 郭焕成. 吴传钧先生对中国土地利用研究的重要贡献[J]. 经济地理，2008，28（2）：187-188.

[8] 国家标准化管理委员会，国家质量监督检验检疫总局. 土地利用现状分类（GB/T 21010—2007）. 2007.

[9] 国务院. 全国主体功能区规划. 2010.

[10] 韩茂莉. 中国历史农业地理（上册）[M]. 北京：北京大学出版社，2012.

[11] 韩茂莉. 中国历史农业地理（下册）[M]. 北京：北京大学出版社，2012.

[12] 郝允充，王静爱. 乌兰察布盟、包头市、呼和浩特市土地资源利用遥感应用研究[J]. 内蒙古大学学报：自然科学版，1987（3）：32-39.

[13] 环境保护部，中国科学院. 全国生态功能区划. 2008.

[14] 黄雅琴，肖健民，刘沙滨，等. 草原生态环境评价指标体系的研究[J]. 农村生态环境，1988（2）：7-10，26.

[15] 李孝芳，张敬业，朱宗元，等. 内蒙古乌兰察布盟后山农牧交错带土地利用结构的战略布局[J]. 自然资源，1985（3）：1-6.
[16] 李兴盛. 乌兰察布盟古代农牧业发展概况[J]. 农业考古，1999，3（24）：185-187.
[17] 林彰平. 基于 GIS 的东北农牧交错带土地利用变化的生态环境效应案例分析[J]. 地域研究与开发，2002，21（4）：51-54.
[18] 刘纪远，刘明亮，庄大方，等. 21 世纪中国土地利用变化的空间格局与驱动力分析[J]. 地理学报. 2009，64（12）：1411-1420.
[19] 刘纪远，刘明亮，庄大方，等. 中国近期土地利用变化的空间格局与驱动力分析[J].//中国地理学会自然地理专业委员会. 土地覆被变化及其环境效应学术会议论文集. 北京：星球地图出版社，2002：89-98.
[20] 刘纪远等著. 20 世纪 90 年代中国土地利用变化的遥感时空信息研究[M]. 北京：科学出版社，2005.
[21] 内蒙古党委政策研究室. 内蒙古畜牧业文献资料选编第二卷综合（下册）[G]. 1987（3）：318.
[22] 内蒙古统计局. 内蒙古统计年鉴[M]. 北京：中国统计出版社，1985—2012.
[23] 内蒙古自治区档案馆. 内蒙古垦务档案史料汇编（第 5 分册）[Z]. 呼和浩特：内蒙古人民出版社，1999.
[24] 内蒙古自治区地名委员会. 内蒙古自治区地名志：包头分册[M]. 呼和浩特：内蒙古自治区地名委员会，1985.
[25] 全国农业区划委员会. 土地利用现状调查技术流程[M]. 北京：测绘出版社，1984：5-13.
[26] 史培军，李晓兵，杨劼，等. 中国北方农牧交错带土地利用时空格局与优化模拟[M]. 北京：科学出版社，2009.
[27] 史培军. 中国北方农牧交错地带的降水变化与“波动农牧业”[J]. 干旱区资源与环境，1989，3（3）：3-9.
[28] 谭其骧. 中国历史地图集[M]. 北京：地图出版社，1982.（1-8 册，部分）
[29] 王静爱，史培军. 论内蒙古农牧交错地带土地资源利用及区域发展战略[J]. 地域研究与开发，1988，7（1）：24-28.
[30] 王静爱，徐霞，刘培芳. 中国北方农牧交错带土地利用与人口负荷研究[J]. 资源科学，1999，21（5）：19-24.
[31] 王静爱. 内蒙古清水河县土壤侵蚀灾害与防灾减灾对策[J]. 干旱区资源与环境，1989，3（3）：197-203.
[32] 王秀兰，包玉海. 土地利用动态变化研究方法探讨[J]. 地理科学进展，1999，18（1）：81-87.
[33] 吴传钧. 中国 1∶100 万土地利用图[Z]. 西安：西安地图出版社，1990.
[34] 肖龙山. 内蒙古阴山以北农牧交错地带防治生态系统恶化的造林现状与效益[J]. 中国沙漠，1986，6（1）：36-41.
[35] 赵济，梅安新. 内蒙古土地利用图[Z]. 北京：科学出版社，1991.
[36] 中国历史图集编辑组. 中国历史地图集[M]. 上海：中华地图学社，1975.（1-8 册，部分）
[37] 朱会义，李秀彬，何书金，等. 环渤海地区土地利用的时空变化分析[J]. 地理学报，2001，56（3）：253-260.
[38] 朱会义，李秀彬. 关于区域土地利用变化指数模型方法的讨论[J]. 地理学报，2003，58（5）：643-650.
[39] 朱震达，刘恕. 内蒙古后山地区的沙漠化问题[J]. 内蒙古林业科技，1980，4：17-24.

第 5 章　土地退化风险评价*

提要

土地退化是人地相互作用过程中，不合理的人类活动，特别是不合理的土地利用所导致的生态致灾因子。基于对土地退化相关概念的理解，从全国性与区域性两个尺度，梳理了土地退化的研究历史，特别是对与内蒙古中部密切相关的土地退化评价结果进行梳理。基于灾害系统理论，从孕灾环境的不稳定性、致灾因子的危险性和承灾体的脆弱性三个维度，分别对研究区的风蚀沙化、水土流失、盐渍化以及草场退化等灾害进行了风险等级评价，利用“三度模型”综合评价了土地退化风险等级，并编制了风险等级评价系列地图。

研究表明：阴山北麓及东南部中温型典型草原生态区的高风险等级面积占研究区高风险等级面积的 42.88%，水土流失、风蚀沙化和草场退化风险等级均较高；乌兰察布高原北部草原荒漠生态区和乌兰察布层状高平原荒漠草原生态区的高风险等级面积，分别占研究区高风险等级面积的 33.81%和 23.31%，风蚀沙化和草场退化风险等级均较高。这可为确定各生态区风险防范的重点提供科学依据。

* 本章由王静爱、崔海亭执笔，其他贡献者尹卫霞、张春琴。

5.1 土地退化研究

5.1.1 对土地退化的理解

“土地退化”（Land Degradation）一词应用广泛，但是不同研究者的定义不同。土地退化的概念可以从广义和狭义上理解。广义的土地退化系指对生态安全造成威胁的土地退化，主要表现为：植物生产条件的恶化，直接损坏生态系统的生产力；通过水分与物质循环，对全球气候及 C、N、S、P 等元素循环产生不利影响；导致政策与社会的不稳定性，并加速森林破坏、土壤侵蚀、水体污染、温室气体向大气扩散等。狭义的土地退化则指对生产安全造成威胁的土地退化，主要指人类对土地资源不合理利用而导致的土地质量下降过程，表现为以土壤有机质下降为标志的耕地退化和草地退化（王静爱，2007）。

“荒漠化”（Desertification）是一个与土地退化密切相关的概念。国内外学者对“土地退化”和“荒漠化”概念的内涵与外延有不同的理解。有的学者将土地退化等同于土地荒漠化（罗明等，2005），也有的学者认为土地退化是荒漠化研究的核心内容，意指荒漠化包括土地退化（杨朝飞，1997）。联合国《防治荒漠化公约》（INCD，1994）指出：荒漠化是干旱、半干旱和亚湿润地区由于气候变化和人类活动影响引起的土地退化。这里的土地退化包括风蚀或水蚀导致的土壤物质流失，土壤物理、化学、生物特性或经济特性的退化，自然植被长期衰退。土地退化的主要表现是植被和土壤理化特性的退化，以及由此造成的土地系统生物地球物理和生物地球化学过程的变化。从区域分布看，土地退化可以发生在任何空间，而土地荒漠化主要发生在除极地、副极地区外，年降水量与潜在蒸散比值在 0.05～0.65 的区域（INCD，1994）。

“土壤侵蚀”也是一个与土地退化密切相关的概念。土壤侵蚀按侵蚀营力划分，主要分为水力侵蚀和风力侵蚀（刘宝元，2010）。土壤侵蚀与土地退化在发生空间上没有地域差别，它们之间既有联系也有区别。土壤侵蚀可以引起土地退化，如黄土高原、东北的黑土岗地、南方的红土丘陵等，强烈的水力侵蚀会引起严重的水土流失。干旱半干旱地区的风力侵蚀会引起严重的荒漠化。土壤侵蚀导致的土壤生产力下降是威胁全球粮食、环境、经济安全的重要因素之一。土壤侵蚀导致表层土壤深度下降，有效水分、有机碳减少，盐碱度或其他化学成分的变化，直接或间接导致粮食产量下降（Stocking M，2003）。随着土壤侵蚀累积量的增加，作物产量呈现指数减少趋势（FAO，1985）。但土地退化并不都是土壤侵蚀的结果，如草场过度利用可以引起草地退化，又如南方热带雨林破坏后，被热带灌草所代替，土地侵蚀量虽不会增加，但林相、林种的衰退会导致土地生物生长量和生物种类的减少，土地发生退化（陈佐忠，1988）。和水力侵蚀相关的概念是“水土流失”。水土流失是对土壤和水分损失的综合描述，指地表土壤在人为因素和自然因素的共同作用下，以雨滴和地表径流为营力而发生的剥离、搬运和堆积。有些中国学者则认为水土流失是水蚀过程的水分和土壤损失，不包含风蚀；美国学者一般认为水土流失就是水分和土壤的损失，同时包含水蚀和风蚀造成的损失（刘宝元，2010）。和风力侵蚀相关的概念还有

“风蚀沙化”和“沙漠化”。风蚀沙化指地表干燥的沙质土壤在风力作用下发生侵蚀，地表出现风沙活动过程。

“草地退化”是自然或人为因素驱动下的草地生态系统的退化，它既包括“草”的退化，也包括“地”的退化，其突出的景观标志是牧草群落的简化、草质变劣、第一性生产力下降、植被覆盖度降低及土壤肥力下降，其结果是使草地环境容量持续衰减，载畜量下降（亢庆，2006）。草地生态学者更强调草地退化是在放牧、开垦等人类活动影响下，草地生态系统远离顶极状态的程度，表现为牧草种类组成简化、变劣、生产力下降、土壤侵蚀、虫鼠害加剧。草地畜牧学者强调草地退化是草地载畜（草食性动物，包括家畜）量下降引起的畜产品生产力下降。草地生态系统是中国面积最大的生态系统类型，在生产有机物，固定 CO_2，释放 O_2，固定 N、P、K 等生态服务功能和营养物质循环、涵养水源、水土保持等生态服务功能方面占有重要的地位。草地退化过程就是草地生态资产储量耗竭和生态服务功能衰退的过程。

“土壤盐渍化”是指由于地面蒸发作用的影响，底土和地下水中所含的盐分随毛管水上升至土壤表层，并发生聚积，从而使土壤发生盐化和碱化的过程，分为原生盐渍化和次生盐渍化。主要发生在干旱、半干旱地区及滨海地带。土壤盐渍化会降低土壤质量、抑制作物生长、限制农业生产，更严重的情况下会导致土地弃用（Amezketa，2006）。土壤盐渍化是干旱区土地荒漠化的主要原因之一（UNEP，1991），被认为是土壤退化和农业减产的主要因素之一。盐渍化是个复杂的过程，包括季节性的水盐运动和与地下水的交互作用，通过影响植物根系吸收水分的能力而对耕地有负面作用（Bouksila et al.，2013）。不合理灌溉的盐渍化是个普遍现象，广泛存在于干旱、半干旱和半湿润地区。当耕地所处的含水层埋深浅且半封闭时，土壤表层排水受到向上的水压所影响，会加速盐渍化的发生（Mirlas，2012）。灌溉耕地的盐渍化导致的农业减产每年可达 110 亿 t，并在持续增长（Ghassemi et al.，1995）。假定世界人口增长率保持当前水平，则全球的粮食产量需要在 2025 年之前增长 38%，在 2050 年之前增长 57%，而大约已有 15%的土地受包括盐渍化在内的化学或物理侵蚀而退化（Wild，2003）。为了满足世界人口的增长需求，会有更多的土地被灌溉，因此土地盐渍化的风险也会扩大（Metternicht et al.，2003）。

最近几十年以来，土地退化和荒漠化已成为全球关注的问题，特别是在 1992 年联合国环境与发展会议（UNCED）发布《二十一世纪议程》以后，受到了特别的关注[①]。由于农牧业迅速发展（特别是过度放牧和垦殖）、城市化、森林砍伐等过程以及干旱、沿海土地盐碱化等极端事件的激增，土地加速退化导致了沙漠化土地扩大、粮食产量下降、水源枯竭、人口被迫搬到更适宜居住的地区等一系列问题，严重影响着全球的粮食安全及健康问题[②]。

联合国环境规划署（UNEP）项目 GLASOD（Global Assessment of Human Induced Land Degradation）（1987—1990）制作了全球人类导致的土壤退化图，该图是通过综合世界众

① Desertification: a global assessment and risks to sustainability. Evaluation globale de la désertification. Les risques pour la durabillté des terres.

② http://www.who.int/globalchange/ecosystems/desert/en/.

多土壤科学家的专家经验判断得到，比例尺为 1∶10 万，涉及 12 种土壤退化类型。第一类是水力侵蚀（Water Erosion），包括表层土流失和块体运动；第二类是风力侵蚀（Wind Erosion），包括表层土流失、地形改变和风沙沉积；第三类是化学退化，包括营养物质或有机质的损失、盐碱化、酸化、污染。还包括物理退化等几类（Oldeman et al.，1991）。全球由人类活动导致的土壤退化的面积约 20 亿 hm^2（表 5-1），其中，水蚀导致的土壤退化面积达 11 亿 hm^2，风蚀导致的土壤退化面积达 5.5 亿 hm^2，这两类土壤侵蚀总面积约占总土地退化面积的 80%（Oldeman et al.，1991）。

表 5-1 全球人类导致的土壤退化面积（引自 Oldeman et al.，1991）

世界区域	土地总面积/10^6 hm^2	人类活动导致的土壤退化/10^6 hm^2	土壤侵蚀/10^6 hm^2	
			水力侵蚀	风力侵蚀
非洲	2 966	494	227	186
亚洲	4 256	748	441	222
南美	1 768	243	123	42
中美	306	63	46	5
北美	1 885	95	60	35
欧洲	950	219	114	42
大洋洲	882	103	83	16
综合	13 013	1 965	1 094	548

5.1.2 1950—1960 年的两次综合考察研究

新中国成立以后，国家和内蒙古自治区的许多研究者通过大型区域综合考察方式，从不同角度对黄河中游地区和内蒙古及其东西毗邻地区的资源、环境进行考察，特别是对水土流失和风蚀沙化等土地退化问题进行了广泛的调查和研究。

黄河中游水土保持综合考察队于 1955 年初成立，由马溶之、林镕主持。参加考察队的有中国科学院和高校的 30 多个单位的科学工作者 230 多人（樊洪业，1999）。黄河中游水土保持综合考察队采取面上考察、定点试验和室内研究相结合的方法，从 1955 年到 1958 年历时 4 年，考察了东起太行山，西迄洮河流域，南至秦岭，北抵大青山，总面积约 35 万 km^2 的区域。在自然条件、社会经济条件、水土流失情况、农林牧等方面搜集了大量的科学资料，产出一大批研究成果。其中有“黄土地区土壤侵蚀分布略图”（水蚀和风蚀侵蚀强度等级分布）、“黄河中游水土保持土地合理利用区划图”等，为我国土壤侵蚀研究奠定了重要基础，也为研究区的水土流失研究提供了科学背景。

1961 年，中科院组织了内蒙古、宁夏综合考察队，考察队由侯德封、马溶之主持，对内蒙古、宁夏两个自治区的自然资源进行了全面的考察研究。提出了内蒙古、宁夏地区有关自然资源及其开发利用和工农业发展布局的总体报告和专题研究报告，以及草场、水资源、畜牧等科学专著（樊洪业，1999）。这些成果中与内蒙古中部土地退化相关的研究主要有三个方面。

一是《内蒙古自治区及其东西部毗邻地区天然草场》（中国科学院内蒙古宁夏综合考察队，1980）对内蒙古自治区天然草场进行了等级评定。当时乌兰察布盟土地面积占全区总面积的 25.4%，草场面积占全区草场面积的 23.0%，草场面积占其土地面积的 83.6%。呼包二市土地面积占全区总面积的 2.0%，草场面积占全区草场面积的 1.5%，草场面积占其土地面积 67.3%。其中，乌兰察布盟的一等、二等、三等、四等、五等草场比重（各等级占内蒙古自治区所属四盟该等级的比重）分别为 1.42%、30.46%、10.89%、15.80%、2.17%，可见质量良好的二等草场在乌兰察布盟分布较多。该研究为内蒙古中部草场退化分析提供了重要基础。

二是《气候与农牧业的关系》（中国科学院内蒙古宁夏综合考察队，1976）中为了土地资源的合理利用以及防风固沙的需要，根据区域自然条件特点和遭受风害的情况，按风力（起沙风的累计风速及出现日数，结合下垫面遭受风害等级等综合考虑）将内蒙古自治区及东北西部组合成 10 个风害等级。内蒙古中部（本书研究区）风害等级格局呈现西北—东南分异，四子王旗、达茂旗是强风沙灾区，向东南方向依次为轻风沙灾区、烈风蚀区、弱风蚀区、轻风蚀区、强风蚀区。该研究为内蒙古中部风蚀沙化的气候条件提供了重要基础。

三是《内蒙古自治区及东北西部地区林业》（中国科学院内蒙古宁夏综合考察队，1981）中针对不同地区配置防护效能较高的林带，在春季干旱区分区的基础上（分为春季极干旱地区、春季重干旱地区、春季重干旱或微干旱地区），根据春季大于等于 5 m/s 风速的累计风蚀和地表物质质地进行了风蚀类型区的划分，得出 13 个风蚀类型区。该研究是内蒙古中部风蚀沙化风险评价的主要依据之一。

5.1.3　1980—2010 年全国四次土壤侵蚀调查研究

第一次全国土壤侵蚀调查是在 1980 年，随着遥感技术的实用化，为了用定量数据客观地反映全国水土流失状况，为国民经济和社会发展服务，为国家宏观决策服务，由水利部遥感中心主持，1989—1990 年开展全国第一次遥感普查工作，采用的是 1985—1986 年时段的 TM 卫片。普查成果显示，全国水土流失面积 367.03 万 km^2，占国土总面积的 38.2%，其中水力侵蚀面积 179.84 万 km^2，风力侵蚀面积 187.62 万 km^2（焦居仁，2002）。第一次遥感土壤侵蚀调查的成果图《1∶250 万中国土壤侵蚀图》中内蒙古中部地区土壤风蚀强度呈现西北高、东南低的格局。

第二次全国土壤侵蚀调查是水利部于 1999 年以 1995—1996 年 TM 影像为基础资料，开展的各类土壤侵蚀的面积、强度和地理分布的遥感调查。20 世纪 90 年代末全国水土流失总面积 356 万 km^2。其中，水蚀 165 万 km^2，风蚀 191 万 km^2；在风蚀和水蚀面积中，水蚀风蚀交错区水土流失面积为 26 万 km^2。水蚀各强度等级的面积为：轻度 83 万 km^2；中度 55 万 km^2；强度 18 万 km^2；极强度 6 万 km^2；剧烈：3 万 km^2。风蚀各强度等级的面积为：轻度 79 万 km^2；中度 25 万 km^2；强度 25 万 km^2；极强度 27 万 km^2；剧烈 35 万 $km^2$①。

---

① 中国水土保持生态建设网，http://www.swcc.org.cn/CountryTopics_desc.asp?id=8796，全国水土保持监测公报（一）（2003）。

第二次遥感土壤侵蚀调查的成果图“1∶100 万中国土壤侵蚀图”中内蒙古中部地区的后山地区以中度风蚀为主，前山地区以中度和重度水蚀为主。

第三次全国土壤侵蚀调查是水利部于 2001 年以 2000 年数字遥感影像为基础开展的，完成了 2001 年的 1∶10 万土壤侵蚀图（李智广，2010）。根据这次土壤侵蚀遥感普查资料，我国土壤水侵蚀总面积 161 万 km^2，其中轻度、中度、强度、极强度和剧烈侵蚀面积分别占 51.4%、32.7%、10.7%、3.7%和 1.5%（郑粉菊，2008）。这次遥感土壤侵蚀调查的成果图中内蒙古中部地区土壤水蚀强度呈现西北高、东南低的格局。

中科院遥感所国土室在前期全国范围内的土壤侵蚀调查数据的基础上，对“1∶10 万比例尺全国土壤侵蚀数据库”进行更新，完成 2005 年数据的更新①。

2010 年 1 月 11 日国务院发布了《国务院关于开展第一次全国水利普查的通知》（国发[2010]4 号）。依据国务院文件，在第一次全国水利普查中，将对全国水土流失现状、治理情况及其动态变化等进行全面普查。这次普查也是新中国成立以来开展的第四次土壤侵蚀普查。目的是查清我国水土流失类型、面积、强度、分布状况和变化趋势，查清水土流失造成的危害及水土流失预防和治理情况。与前三次普查相比，本次普查内容更丰富、手段更先进、资料更翔实、数据更精确，通过普查将全面掌握水土流失动态变化及消长情况，科学评价水土保持效益及生态服务价值，为国家水土保持生态建设提供更科学的决策依据②。本次土壤侵蚀普查主要利用地面抽样、遥感解译、模型计算、定位查验、统计等技术手段。野外调查单元按不同侵蚀类型区布设，基本调查单元为 1 km×1 km 的网格。水蚀指标包括水蚀区降雨量、降雨强度、野外调查单元的坡度、坡长、土壤、土地利用、植被盖度、水土保持措施等；风蚀指标包括风蚀区土壤的湿度因子、风力因子、地表粗糙度因子、植被盖度等因子。整个普查工作自 2010 年启动，2012 年结束。据《第一次全国水利普查公报》③全国土壤水力侵蚀面积 129.32 万 km^2，其中，轻度 66.76 万 km^2，中度 35.14 万 km^2，强烈 16.87 万 km^2，极强烈 7.63 万 km^2，剧烈 2.92 万 km^2。风力侵蚀面积 165.59 万 km^2，其中，轻度 165.59 万 km^2，中度 21.74 万 km^2，强烈 21.82 万 km^2，极强烈 22.04 万 km^2，剧烈 28.39 万 km^2。在全国土壤侵蚀强度分级图中，内蒙古中部地区呈现北部风力侵蚀为主且多为中度侵蚀，南部水力侵蚀为主且多为中度侵蚀的格局。

5.1.4 近年的全国生态安全与生态敏感性研究

俞孔坚等（2009）在国家尺度生态安全格局分析中，考虑了水土保持、沙漠化防治等五个主导生态系统服务功能。其中在评价水土保持安全格局时，选取年降雨量、植被覆盖度、土层厚度、坡度、土壤类型、坡耕地分布 5 个因子，生成水土流失潜在危险性评价图，将水土流失风险评价结果从小到大分为微度危险区、轻度危险区、中度危险区、重度危险区、强度危险区和极度危险区 6 个等级。在评价沙漠化安全格局时，认为土地沙化是沙漠化土地克

① http://www.irsa.ac.cn/qtgn/zt/sqcgzs/gtzyyg/201004/t20100414_2819220.html.

② http://www.swcc.org.cn/Topics_desc.asp?id=26857.

③ 中华人民共和国水利部，中华人民共和国国家统计局.第一次全国水利普查公报，http://www.mwr.gov.cn/2013pcgb/。

服空间阻力向外扩张的过程，通过沙漠化扩张的阻力模型，以沙化土地分布、植被覆盖度、土地利用类型、土壤类型为基础数据，利用最小累计阻力模型对沙漠化扩张的过程进行模拟，最后根据沙漠化土地扩张的累计阻力值从高到低划分低、中、高的安全格局。在内蒙古中部地区水土流失潜在危险性最高出现在前山地区，沙漠化危险性最高出现在后山地区。

傅伯杰等（2013）在“中国生态环境区划”研究中，从中国的地域特点出发，对生态系统服务、生态资产、生态环境敏感性以及生态环境胁迫过程等进行了详细的研究和区域划分。其中，生态环境敏感性评价内容主要包括土壤侵蚀敏感性、沙漠化敏感性、盐渍化敏感性、冻融侵蚀敏感性、酸雨敏感性、石漠化敏感性等。生态系统服务评价选择生物多样性维持与保护、土壤保持、水源涵养、防风固沙、自然与人文景观保护等因素进行生态系统服务功能重要性评价。

在全国土壤侵蚀敏感性评价图中，内蒙古中部地区的阴山一带为极敏感区，前山主要为中度敏感区，后山主要为一般地区。在全国沙漠化敏感性评价图中，内蒙古中部地区的北部为沙漠化高度敏感和极敏感区，南部为中度敏感和轻度敏感区。除了河套平原以外，其他区域都为极重要防风固沙区。全国盐渍化敏感性评价图中，内蒙古中部地区的河套平原部分区域和北部是盐渍化极敏感区域。全国草场退化变化图（2000—2010）中，内蒙古中部地区的草地退化变化呈现东南部草地退化严重恶化的趋势。

5.1.5　20 世纪 80 年代末至 90 年代初内蒙古土地退化研究专著

20 世纪 80 年代末期，赵羽等基于内蒙古水利局编制的《1∶400 万内蒙古土壤侵蚀图》，研究出版了《内蒙古土壤侵蚀研究——遥感技术在内蒙古土壤侵蚀研究中的应用》（赵羽等，1989）。与本书相关的核心研究有两项：一是提出了一套较为完善的土壤侵蚀分类体系和分级指标，并给出了内蒙古中部地区以旗县市为单元的土壤水蚀和风蚀的面积和强度（图 5-1，图 5-2）；二是对内蒙古土壤危害程度进行了评价，并给出了以旗县市为单元的土壤水蚀和风蚀危险程度等级情况（表 5-2）。这两方面的研究是本书的重要参考依据。

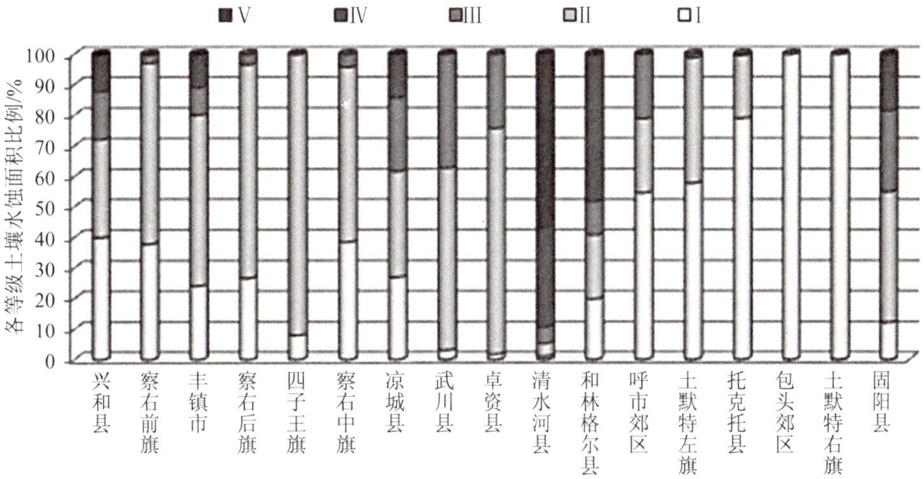

图 5-1　内蒙古中部各旗县土壤水蚀面积比例（据赵羽等，1989，绘制）

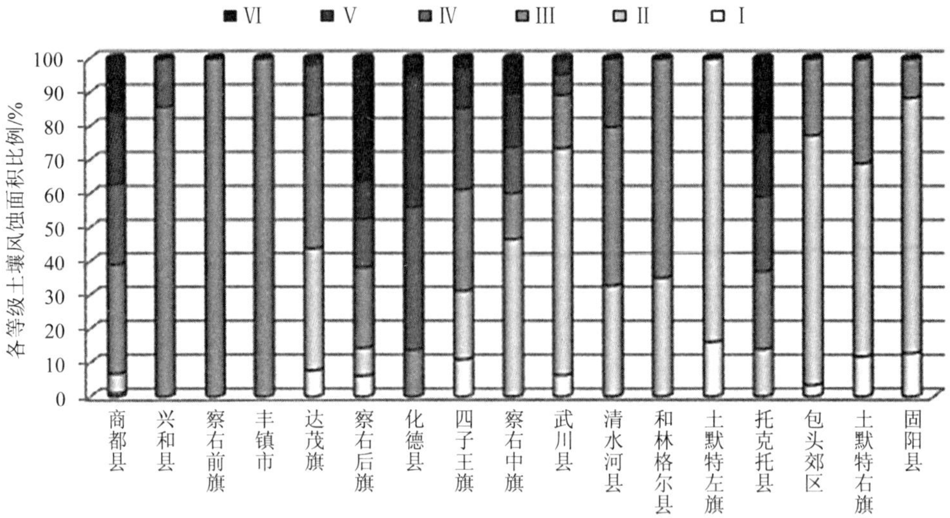

图 5-2　内蒙古中部各旗县土壤风蚀面积比例（据赵羽等，1989）

表 5-2　内蒙古中部各旗县土壤侵蚀危险程度等级

危险程度等级	土壤风蚀	土壤水蚀	土壤侵蚀
I	土默特左旗、土默特右旗、清水河县、和林格尔县、凉城县、丰镇市、集宁区、察右前旗、卓资县、呼和浩特市、固阳县	四子王旗、达茂旗、商都县、化德县	集宁区、察右前旗、呼和浩特市、土默特左旗、土默特右旗、包头市
II	包头市	察右后旗、托克托县、土默特右旗、包头市	武川县、卓资县、丰镇市
III	武川县、兴和县	武川县、察右中旗、集宁区、察右前旗、土默特左旗	达茂旗、固阳县、托克托县、凉城县、兴和县
IV	托克托县、达茂旗	兴和县、丰镇市、卓资县、呼和浩特市	和林格尔县、察右中旗
V	察右中旗	固阳县、凉城县	四子王旗
VI	四子王旗	和林格尔县	察右后旗
VII	察右后旗、商都县、化德县	清水河县	商都县、化德县

20 世纪 90 年代初，史培军等基于自然灾害系统理论，对内蒙古自然灾害进行了系统研究，出版了《内蒙古自然灾害系统研究》（史培军等，1993）。书中除了对突发性自然灾害进行阐述，还对渐发性的环境灾害，如水土流失、风蚀沙化、草场退化和盐渍化等土地退化类型及其对农林牧业的危害进行了分析。

内蒙古中部地区遭受风蚀沙化的面积约 60 680 km^2，占全区总面积的 61.00%。图 5-3 给出了三个盟市风蚀沙化的基本情况：全区 II 级以上风蚀沙化面积为 56 107.03 km^2，占 56.4%；IV级以上风蚀沙化面积为 20 562.72 km^2，占 20.67%；风蚀沙化以轻度和中度为主。

遭受水力侵蚀的面积约 38 816.396 km^2，占全区总面积的 39.02%。图 5-4 给出了三盟市不同程度水土流失面积的基本情况：全区 II 级以上水土流失面积为 2 648.877 km^2，占 26.63%；IV级以上水土流失面积为 5 848.4 km^2，占 5.87%；本区水土流失以微度和轻度为主。

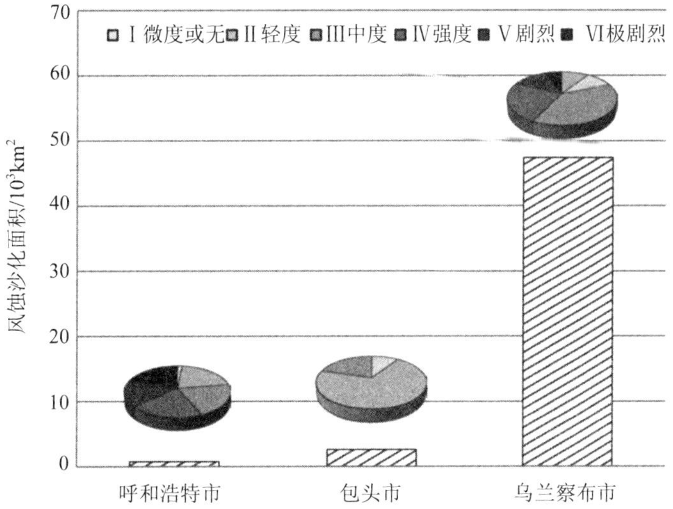

图 5-3 内蒙古中部风蚀沙化面积

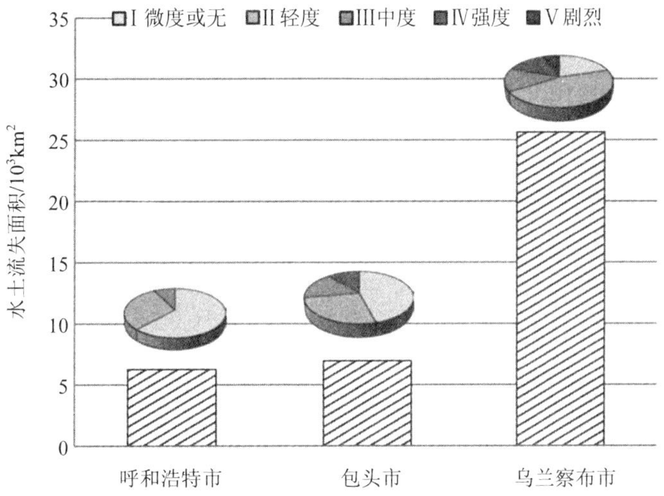

图 5-4 内蒙古中部水土流失面积

内蒙古中部地区有可利用草地 56 581.264 km^2，占土地总面积的 56.88%，是主要土地利用类型。目前，内蒙古中部退化草地面积已达 29 615.44 km^2，占全区可利用草地面积的 52.34%，其中轻度和中度退化草地占退化草地的 43.21%。内蒙古中部三盟市草地退化状况见图 5-5。草地退化面积空间分布以草原地带（半干旱）最广，一般退化草地占可利用草地的 20%以上，农牧交错带一般可占 40%以上，而且平原农区与黄土丘陵区比例高达 60%以上。

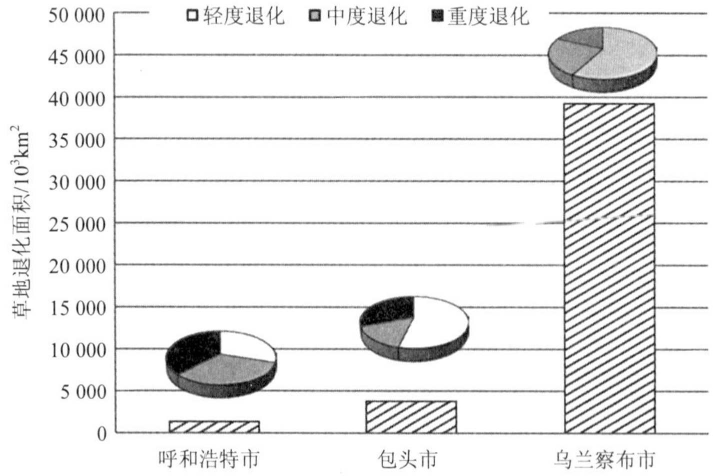

图 5-5 内蒙古中部草地退化面积

内蒙古中部盐渍化土地的空间分布具有两个特点：①自然盐渍化土地主要分布于干旱、半干旱的高原牧区，分散于湖盆洼地。②次生盐渍化土地主要分布于灌溉平原区，相对集中成片。土默特平原是内蒙古中部水浇地最集中的地区，亦是商品粮食生产基地。因此，盐渍化问题直接关系到粮食生产的发展。土默特平原为半干旱气候，旱作常与水浇地交错分布，盐渍土成片分布并有向低地加重的趋势，形成较大面积的盐斑及盐荒地。表 5-3 给出了土默特平原盐渍化的基本情况。

表 5-3 土默特平原农区盐渍化的基本情况

区域名称			土默特平原农区
土地面积/km²			10 893.31
耕地	水浇地/km²		1 862.47
	水浇地	占小区/%	17.10
		占自治区/%	13.20
	粮豆产量占全自治区/%		14.51
盐渍化程度	盐碱地	面积/km²	98.6
		占小区/%	0.95
	受危害平原土地/%		20～30
危害期			春夏之交
蒸发量/降水量			3～5
水化学	地下水埋深/m		1.2～2
	矿化度/（g/l）		1～4
	水化学类型		HCO_3-Ca-Na 或 HCO_3-Ca-Na

引自：史培军等：内蒙古自然灾害系统研究，1993.

内蒙古中部区域性土地退化是天、地、人相互作用造成的结果。天，即气候方面的影响，主要有：①北方干旱化趋势；②季风边缘地带降水不稳定；③蒙古高压的前缘地带，风力作用强烈。地，即地表物质与地貌方面的影响，主要有：①沙质沉积与风蚀沙化；②黄土物质与水土流失；③山地、丘陵地貌与水土流失；④内蒙古中部的平原、洼地与干旱、半干旱气候相配合，易产生土壤盐渍化。人，即人类物质文化活动的影响，主要有：①农牧交错的文化历史背景；②土地经营粗放，土地利用比较原始。人类物质文化活动是加速或缓解土地退化的关键。

5.1.6 其他相关区域性研究

综合性的区域土地退化研究主要集中在阴山北麓地区（格日乐等，2004；霍擎，2006），风蚀沙化研究主要集中在内蒙古后山以及中部地区，研究重点区域主要是农牧交错带。以实测数据或观测数据的定量分析为主，学者们对土壤风蚀量进行估算（李晓丽，2006；邹春霞，2011）。通过野外观察，对不同沙漠化土地取样分析及室内风洞模拟实验研究，张民力（1989）对乌兰察布市草原农垦区沙漠化形成发展过程进行了分析，对风蚀与风速、气流状况、土壤含水量、植被、地表物质组成之间的关系做出了定量或定性的结论。通过航空像片，对四子王旗的王府、察右后旗的土牧尔台、化德的达盖滩三个地区，在20世纪60年代、70年代及80年代的不同程度沙漠化的发展情况进行了测算和实地调查。结果表明：①沙漠化土地面积自20世纪60年代以来一直在增加；②各地沙漠化土地面积的平均年增长率虽不同，但平均值为2.5%；③中度和轻度发展的沙漠化土地面积在部分地区的平均年增长率为负数，而这些地区的沙漠化土地面积却在连年扩大，说明沙漠化的程度在加剧。王琳（2006）分析了武川县、商都县、察右中旗、察右后旗、四子王旗5个旗县各类荒漠化分布情况。风蚀荒漠化面积比例最大的是商都县，达74.46%；在非荒漠化土地中，潜在风蚀荒漠化土地比例最大的是商都县、察右后旗，都为100%。水蚀荒漠化面积比例最大的是武川县，达75.07%；除了水蚀荒漠化面积不同外，各旗县不同程度的水蚀面积占水蚀总面积比例也不同，其中四子王旗的重度、中度水蚀比例最大，分别为5.48%、17.85%。盐渍化面积比例最大的是察右中旗，达8.36%；各旗县不同程度的盐渍化占盐渍化面积比例也不同，四子王旗的重度、中度都最大，分别为37.90%、17.22%。内蒙古2000年土壤风蚀危险度的研究表明，轻度危险度的有察右前旗、丰镇市、固阳县、和林格尔县、呼和浩特市、化德市、集宁区、凉城县、清水河县、商都县、土默特右旗、土默特左旗、武川县、兴和县、卓资县；中度危险度的有察右后旗、察右中旗；重度危险度的有达茂旗、托克托县、四子王旗；极强度危险度的有包头市（师华定，2008）。

阴山北麓农牧交错带南部以水力侵蚀为主，兼有风力侵蚀。其中，水力侵蚀现状中，重度侵蚀面积比例（重度侵蚀面积/水力侵蚀面积）由大到小的旗县排序为：察右中旗（69.02%）、商都县（46.44%）、察右后旗（39.0%）、化德县（30%）、武川县（28.0%）、四子王旗（24.96）、固阳县（7.14%）、达茂旗（1.23%）；风力侵蚀现状中，重度侵蚀面积比例（重度侵蚀面积/侵蚀面积）由大到小的旗县排序为：四子王旗（48.78%）、武川县

(43.67%)、商都县(24.66%)、化德县(15.69%)、固阳县(15.11%)、达茂旗(8.92%)、察右后旗(0.53%)、察右中旗(0.00%)(朱丽等，2008)。《京津风沙源治理工程效益》(高尚玉，2012)是对该工程(2001—2010年)生态环境和社会经济效益宏观研究的核心成果，基于现场调查并利用GIS技术和综合建模等方法，研究了2001—2010年京津风沙源治理工程区的植被覆盖度、NPP、土壤侵蚀等指标，客观分析了京津风沙源治理工程的环境效果。该研究计算了京津风沙源区2001—2010年地表风蚀模数及时空变化，工程区2001年、2005年、2010年平均土壤风蚀模数分别为26.34 t/(hm^2·a)、22.01 t/(hm^2·a)、18.71 t/(hm^2·a)，风蚀总量分别为11.91亿t、9.5亿t、8.45亿t。利用通用土壤流失方程(USLE)计算了工程区2001年、2005—2010年土壤水力侵蚀强度及其空间分布。结果表明，工程区内水蚀面积为995.85万hm^2，约为治理区总面积的21.7%；年均水蚀模数为3.041 t/(hm^2·a)，总体属于轻度水蚀。京津风沙源治理工程实施以来土壤水蚀强度基本呈持续降低趋势，其中，2001年、2005年、2010年土壤水蚀总量分别为3.52亿t、1.73亿t、1.10亿t。

盐渍化的研究相对较少。2001—2003年，内蒙古草原勘察设计院采用遥感技术结合地面调查方法，编制了内蒙古101个旗县“草原三化”分布图。此外，也有学者采用野外调查与室内分析相结合的方法，对盐渍化土壤和盐生植被的关系进行了研究(胡文杰等，2012)。

草地退化的研究主要集中在应用定性或定量，定性定量相结合的方法探讨草地退化的成因。草地退化是自然因素和人为因素共同作用的结果，其中，气候变化是主要的诱发因子，而人为活动会对草地退化起加剧或缓解的作用(徐海源，2006；王云霞，2010)。

5.2 土地退化风险等级评价数据与方法

5.2.1 概念模型

联合国人道主义事务部将风险度R(*Risk*)用危险度H(*Hazard*)与脆弱度V(*Vulnerability*)的乘积表示(DHA，1992)。即：

$$R = H \times V \tag{5-1}$$

依据区域灾害系统理论(史培军，1991，1996，2002)，将灾害产生损失看成是孕灾环境、致灾因子和承灾体相互作用的结果。土地退化风险的产生与其孕灾环境的不稳定性和其承灾体的脆弱性密切相关。因此，广义的风险评估不仅要考虑致灾因子和承灾体的属性，还应当考虑二者所处的孕灾环境。

土地退化风险度(R)评价的概念模型是孕灾环境的不稳定性(E)、致灾因子的危险性(H)及承灾体的脆弱性(V)的综合。即：

$$R = f(H, E, V) \tag{5-2}$$

土地退化的孕灾环境不稳定性可以通过区域地质、地貌、气候、土壤等不稳定性加以度量。本研究土地退化孕灾环境不稳定性的概念模型定义为：

$$E = f(E_1, E_2, E_3 \cdots) \quad (5\text{-}3)$$

式中：E——区域综合孕灾程度；

$E_x(x=1,2,3,\cdots)$——不同的孕灾指标。

研究区土地退化的致灾因子涉及风蚀沙化、水土流失、盐渍化、草场退化等。区域致灾因子危险性采取致灾强度（H_1）指标来进行综合刻画，其概念模型为：

$$H = f(H_1) \quad (5\text{-}4)$$

式中：H——致灾因子危险性；

H_1——风力侵蚀程度、水力侵蚀程度、盐渍化程度和草场退化程度。H 和 H_1 呈正向相关，致灾因子的强度越大，致灾因子的危险性就越大。

风蚀沙化、水土流失和草场退化承灾体的脆弱性可用易损性和敏感性两个指标来刻画（盐渍化承灾体脆弱性用土地利用类型表征）。易损性由 NPP 值控制，敏感性由 NPP 值的变率表示。由此，构建承灾体脆弱性评价的概念模型：

$$V_i = f\left(V_1, V_2\right) \quad (5\text{-}5)$$

式中：V_i——承灾体的脆弱性;

V_1——承灾体（生态系统）的易损性;

V_2——承灾体（生态系统）的敏感性。

易损性是指自然灾害袭来时承灾体承受打击的能力，也就是在遭受灾害打击后，该承灾体的可能损失量，本研究用 NPP 刻画这个指标。由此，给出易损性概念模型：

$$V_1 = f(\overline{N}) \quad (5\text{-}6)$$

式中：V_1——生态系统的易损性;

$\overline{N}$——生态系统 12 年（2000—2011）的 NPP 年平均值。

$$\overline{N} = \sum_1^n N_i / n, i = 1, 2, \cdots, n \quad (5\text{-}7)$$

式中：N_1——第 i 年的 NPP 值，n=12（2000—2011 年）。

在某区域生态系统的 NPP 值高，那么遭受同样强度的灾害，可能造成的绝对损失就越大，易损性就越大。

敏感性指生态系统或环境对各种自然和人为干扰的响应程度，用来反映区域生态环境遇到干扰时偏离平衡态的概率，以及产生退化征兆的难易程度或可能性。本研究用变异系数来刻画生态系统的敏感性。由此，给出敏感性概念模型：

$$V_2 = f(C_v) \quad (5\text{-}8)$$

式中：V_2——生态系统的敏感性；

C_v——NPP 变异系数。C_v越大，某区域生态系统 NPP 的波动性越大，生态系统越容易受外界影响而造成损失，敏感性越高。

NPP 变异系数越大，则生态系统的 NPP 值的波动就越大。其公式如下：

$$C_v = \delta / \overline{N} \tag{5-9}$$

式中：C_v——生态系统的 NPP 变异系数；

δ——NPP 的标准差。

只有 NPP 值越高并且波动性越大的区域，其生态系统的脆弱性也越大，风险才越大。因此，在刻画某生态系统的脆弱性时，需要将 NPP 平均值和 NPP 变异系数两个指标综合考虑，综合方法是两个指标归一化后求和。

$$V = \frac{V_1 - V_{1\max}}{V_{1\max} - V_{1\min}} + \frac{V_2 - V_{2\max}}{V_{2\max} - V_{2\min}} \tag{5-10}$$

在一般的情况下，高风险与不稳定的孕灾环境、高危险的致灾因子和高脆弱的承灾体呈正相关关系。针对风蚀沙化、水土流失和草地退化，构建基于灾害系统的风险评价模型如下：

$$R_i = E \times H \times V \tag{5-11}$$

鉴于盐渍化土地退化的特殊性，基于灾害系统理论，构建了另外一套风险评价模型：

$$R_i = aE + bH + cV \tag{5-12}$$

式中：R_i——第 i 种土地退化类型的风险指数；

E——孕灾环境不稳定性指数；

H——致灾因子危险性指数；

V——承灾体脆弱性指数，a、b、c 代表权重系数。

最后，按照风险指数的大小将风险分成不同的风险等级。

5.2.2　基础数据与技术路线

本文涉及的数据有气象数据、地形数据、土壤数据、植被数据、各土地退化类型的强度数据等。数据属性、来源及用途详见表 5-4。

图 5-6 是研究区域土地退化风险评价技术路线：①对灾害系统中的孕灾环境不稳定性、致灾因子危险性、承灾体脆弱性分别进行评价；②将评价结果进行无量纲化处理，得到孕灾稳定性指数（E）、致灾因子危险性指数（H）和承灾体脆弱性指数（V）；③通过 $R_i = E \times H \times V$ 和 $R_i = aE + bH + cV$ 模型，对不同土地退化类型进行风险评价；④将四种土地退化类型的风险进行综合，得到研究区土地退化综合风险评价结果。

表 5-4　基础数据简介

数据类型	数据字段	来源	用途
气象	年降水量、年平均气温、年平均风速（站点数据，2000—2011）	中国气象科学数据共享服务网[①] http://cdc.cma.gov.cn	孕灾环境不稳定性评价
	湿润数据（矢量数据）	王长根（内蒙古气象局）	孕灾环境不稳定性评价
	蒸散量	The Numerical Terradynamic Simulation Group（NTSG）[②]	孕灾环境不稳定性评价
地形	DEM（1 km 栅格）	地球系统科学数据共享平台：http://www.geodata.cn	孕灾环境不稳定性评价
土壤	土壤类型图（1∶150 万，1987）	内蒙古草场遥感考察队	孕灾环境不稳定性评价
植被	NDVI（1 km 栅格，2008 年 7 月）	NOAA http://reverb.echo.nasa.gov/reverb/	孕灾环境不稳定性评价
	NPP 数据（1 km 栅格，2000—2011）	USGS：http://www.usgs.gov/	承灾体脆弱性评价
风力侵蚀强度	风蚀强度分布图（1989）	内蒙古土壤侵蚀图（1989）	风蚀沙化致灾因子危险性评价
水力侵蚀强度	水蚀强度分布图（1989）	内蒙古土壤侵蚀图（1989）	水土流失致灾因子危险性评价
盐渍化强度	盐渍化土地	2000 年土地利用图（TM 解译得到）	盐渍化致灾因子危险性评价
草地退化强度	草场退化程度图	《中国自然灾害系统地图集》（史培军，2003）	草场退化致灾因子危险性评价

注：① 国家气象科学数据共享中心，中国地面气候资料日值数据集，中国气象局，2008. http://cdc.cma.gov.cn/home.do。
② ftp://ftp.ntsg.umt.edu/pub/MODIS/Mirror/MOD16/MOD16A3.105_MERRAGMAO/Geotiff/.

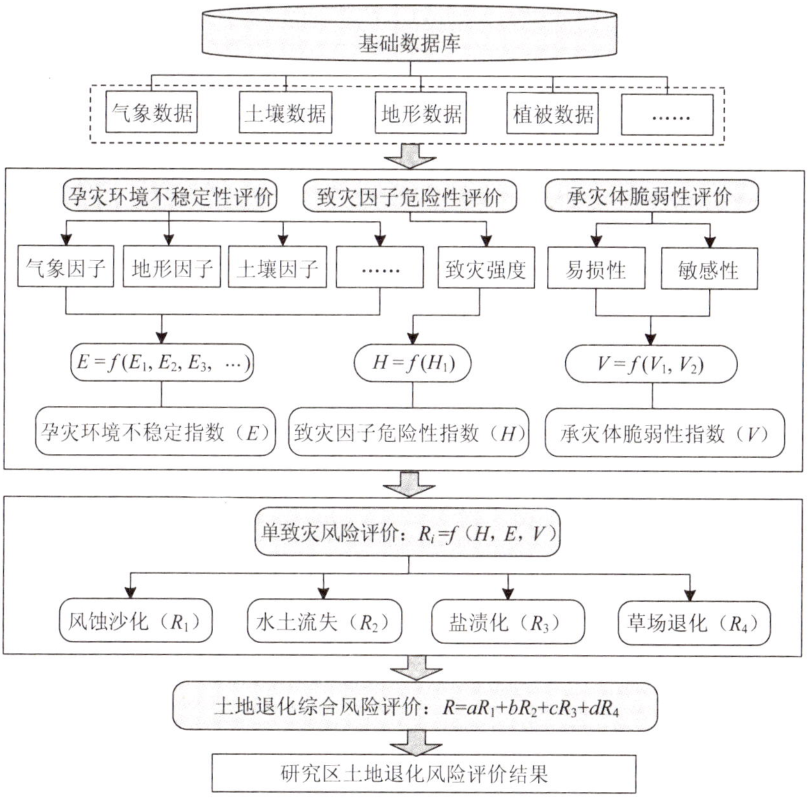

图 5-6　内蒙古中部土地退化风险评价技术路线

5.2.3 风险评价指标

（1）风蚀沙化风险评价指标

风蚀沙化风险受气候、植被、土壤等因素影响，风力作用是风蚀沙化的动力因子，是最重要的因素。沙化与风速、土壤含水量水平有关。风蚀率与风速呈正相关，随着风速增大，风蚀率相应增加。土壤水分和风蚀率呈负相关，水分含量越高，风蚀率越小（何文清，2004）。但土壤含水量受区域干燥度影响，因缺少土壤含水量数据，本文用干燥度数据代替。表 5-5 给出了风蚀沙化风险评价的主要指标和计算方法。研究区干燥少雨，风大，地表物质以沙质、戈壁以及沙质风化物为主，林草覆盖率低，导致风蚀沙化严重。

表 5-5　内蒙古中部风蚀沙化风险评价指标与计算方法

指标名称			计算方法
一级指标	二级指标	三级指标	
孕灾环境不稳定性 $E=0.2E_1'+0.2E_2'+0.2E_3'+0.4E_4'$（式中，$E_i'$ 是 E_i 的归一化值）	干燥指数	干燥指数（E_1）	对研究区域已有的湿润度数据求倒数
	风速	年均风速（E_2）	对研究区域内的气象站点 2000—2011 年的 12 年的风速数据分别进行克里格插值，求多年平均风速
	植被覆盖度	NDVI（E_3）	2008 年 7 月的 NDVI 倒数
	土壤类型	土壤风蚀指数（E_4）	依据易风蚀性赋值：沙土和伏沙带 1，黄土及黄土物质 0.6，砂砾戈壁 0.2，砾质戈壁 0.1，其他 0.3
致灾因子危险性 $H=H_1$	致灾强度	风力侵蚀指数（H_1）	依据侵蚀程度赋值：剧烈 1，极强度 0.8，强度 0.65，中度 0.5，轻-0.35，微度 0.2，无 0
承灾体脆弱性 $V=V_1'+V_2'$（式中，V_i' 是 V_i 的归一化值）	易损性	年均 NPP 值（V_1）	式（5-7）
	敏感性	NPP 变异系数（V_2）	式（5-9）

（2）水土流失风险评价指标

水土流失与坡度、地形起伏度、降雨、土壤类型、植被（刘新华，2001；徐宪立，2006）等条件有关。由 Wischmeier（1960）提出的通用土壤流失方程（*USLE*）：

$$A=R\times K\times L\times S\times C\times P \tag{5-13}$$

式中：A——土壤流失量；

R——降雨侵蚀力；

K——土壤可蚀性；

L——坡长因子；

S——坡度因子；

C——作物因子；

P——水土保持措施因子。

可见，降雨、土壤、地形和植被状况等影响水土流失风险度，水力作用是主要动力因子。表 5-6 给出了水土流失风险评价的主要指标和计算方法。

表 5-6　内蒙古中部水土流失风险评价指标与计算方法

指标名称			计算方法
一级指标	二级指标	三级指标	
孕灾环境不稳定性 $E=(4/32)E_1'+(6/32)E_2'+(20/32)E_3'+(2/32)E_4'$（式中，$E_i'$ 是 E_i 的归一化值）	降水	年均降水量（E_1）	对研究区域的气象站点 2000—2011 年的 12 年的降水数据分别进行插值，求多年平均降水量
	坡度	坡度等级（E_2）	由 DEM 数据生成坡度图，并依据不同坡度等级土壤可蚀性对坡度分级赋值
	植被覆盖度	NDVI（E_3）	2008 年 7 月的 NDVI 倒数
	土壤类型	土壤水蚀指数（E_4）	依据易水蚀性赋值：黄绵土、黄土及黄土物质覆盖区 1，灰褐土、暗栗钙土、淡黑钙土、黑垆土、栗钙土 0.5，其他 0
致灾因子危险性 $H=H_1$	致灾强度	水力侵蚀指数（H_1）	依据赋值：剧烈 1，极强度 0.8，强度 0.65，中度 0.5，轻-0.35，微度 0.2，无 0
承灾体脆弱性 $V=V_1'+V_2'$（式中，V_i' 是 V_i 的归一化值）	易损性	年均 NPP 值（V_1）	式（5-7）
	敏感性	NPP 变异系数（V_2）	式（5-9）

（3）盐渍化风险评价指标

盐渍化风险受气候、地形、地下水矿化度、土壤类型等影响，水盐运动是主要的动力因子。张杰等（2010）在大庆的研究表明各土壤类型的盐碱化状况为：盐碱土＞草甸土＞沼泽土＞风沙土＞黑钙土＞水稻土。有研究表明土壤类型、土壤质地和土地自然类型以不同的方式影响着土壤水盐运移，对土壤盐渍化水平有一定的影响（刘庆生等，2008）。张飞等（2009）认为气候干热程度是影响盐渍化的重要条件，并分析了干燥度对盐渍化的影响，同时认为地质、地貌是形成盐渍地的强化因素，山前洪积冲积扇和河口三角洲的盐渍化远远大于山间盆地和冲积平原。范晓梅（2010）等在分析黄河三角洲土壤盐渍化影响因素时选用了地下水埋深、地下水矿化度、离海远近、地表高程、地形指数、土壤有机质含量等影响因子。有研究表明影响内蒙古河套灌区土壤盐渍化的原因有：形成土壤盐碱化的气候条件有气候干燥，蒸发量大于降雨量，构成浅层地下水以垂直排泄为主，盐随水来，水去盐留；广泛分布的扇缘洼地、河旁洼地、内陆盆地、宽广平坦的平原等，属封闭地形或者坡度极小，造成地下水水平排泄的不良条件等（刘珍，1989）。表 5-7 给出了盐渍化风险评价的主要指标和计算方法。

表 5-7 内蒙古中部盐渍化风险评价指标与计算方法

指标名称			计算方法
一级指标	二级指标	三级指标	
孕灾环境不稳定性 $E = 0.5E_1' + 0.2E_2' + 0.3E_3'$ （式中，E_i' 是 E_i 的归一化值）	蒸散量	蒸散量（E_1）	MODIS 数据
	地表起伏度	地表起伏（E_2）	由 DEM 数据衍生得到
	土壤类型	土壤盐渍化指数（E_3）	依据易盐碱化赋值：见注
致灾因子危险性 $H = H_1$	致灾强度	盐渍化强度指数（H_1）	依据盐碱化程度赋值：重度 1，中度 0.6，轻度 0.3
承灾体脆弱性 $V = V_1$	土地利用类型	土地利用脆弱度指数（V_1）	依据土地利用类型赋值：水浇地 1，旱和草地 0.5，乔木和灌木 0.3，未利用地、工矿用地和水体 0.1

注：根据研究区的土壤类型图提取出以下土壤类型：32 碱化黑钙土、36 盐碱化栗钙土、43 盐碱化棕钙土、53 碱化龟裂土、59 潮土、60 盐碱化潮土、66 盐碱化林灌潮土、69 盐化沼泽土、80 盐化灌淤土。土壤类型图编号形式为 xx+xx，故当编号第一位为以上土壤的赋值为 0.5，编号第二位为以上土壤的赋值为 0.25。

（4）草场退化风险评价指标

草场退化与气候因素，土壤质地因子等有关。戚登臣等（2006）研究表明气候干旱化和降水减少是诱发草场退化的重要因素。根据第一节中对各类土地退化的界定，草场退化是植被和土壤退化的综合反映，它不仅受人类和气候因子的影响，也受风蚀沙化、水土流失、盐渍化等影响。因此，本文在评价草场退化过程中，综合考虑了这些因素。表 5-8 给出了草场退化风险评价的主要指标和计算方法。

表 5-8 内蒙古中部草场退化风险评价指标与计算方法

指标名称			计算方法
一级指标	二级指标	三级指标	
孕灾环境不稳定 $E = 0.3E_1' + 0.3E_2' + 0.15E_3' + 0.25E_4'$ （式中，E_i 是 E_i 的归一化值）	风蚀沙化	风蚀沙化孕灾度（E_1）	风蚀沙化孕灾环境不稳定性指数归一化
	水土流失	水土流失孕灾度（E_2）	水土流失孕灾环境不稳定性指数归一化
	盐渍化	盐渍化孕灾度（E_3）	盐渍化孕灾环境不稳定性指数归一化
	气候	降水相对变率、气温相对变率（E_4）	降水相对变率：每年降水量与多年年均降水量的比值；气温相对变率：每年平均气温与多年年均气温的比值
致灾因子危险 $H = H_1$	致灾强度	草地退化强度指数（H_1）	依据草地退化强度赋值：重度及中度 1，轻度 0.5，微或不明显 0.25
承灾体脆弱性 $V = V_1' + V_2'$ （式中，V_i' 是 V_i 的归一化值）	易损性	年均 NPP 值（V_1）	式（5-7）
	敏感性	NPP 变异系数（V_2）	式（5-9）

5.3　单项土地退化风险等级评价

5.3.1　风蚀沙化风险等级评价

图 5-7 是研究区风蚀沙化孕灾环境不稳定性等级图，用不稳定性指数表征，将其分成高（>0.60）、较高（0.55～0.60）、中（0.40～0.55）、较低（0.30～0.40）、低（<0.30）5 级。阴山北麓固阳—化德一线的风蚀沙化孕灾度较高，主要是由于伏沙带的存在，这里又是旱作农业集中的地区，开垦势必导致沙化，它是旱作休止界线。东南部覆盖大量黄土物质，特别是沙黄土，易发生风蚀。此外，内蒙古中部风蚀沙化还受到风速、降水和植被盖度的影响，风速由东南向西北增大的规律与降水、植被盖度由东南向西北减少的规律相吻合，使阴山北麓固阳—化德一带的孕灾环境不稳定性较其他区域高。

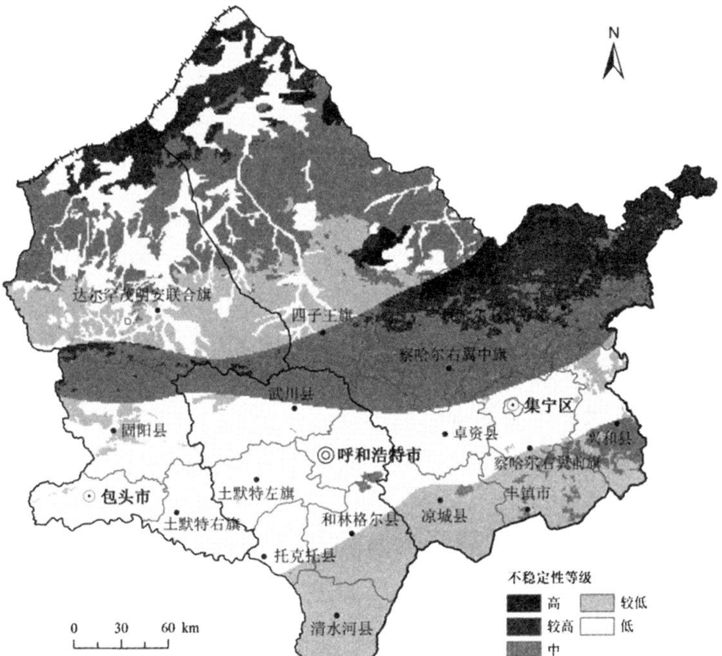

图 5-7　内蒙古中部风蚀沙化孕灾环境不稳定性等级

图 5-8 是研究区风蚀沙化致灾因子危险性等级图，用风力侵蚀强度表征，根据风蚀模数（$t/km^2 \cdot a$）将其分为剧烈（>18 000）、极强度（9 000～18 000）、强度（4 500～9 000）、中度（2 250～4 500）、轻度（240～2 250）、微度（<240）6 级。研究区风蚀沙化危险度的空间分布规律突出表现为：①风力侵蚀强度呈现明显的南北分异，北部侵蚀强度整体比南部的大；②阴山北麓固阳—化德一线是内蒙古中部风力侵蚀强度最大的地带。

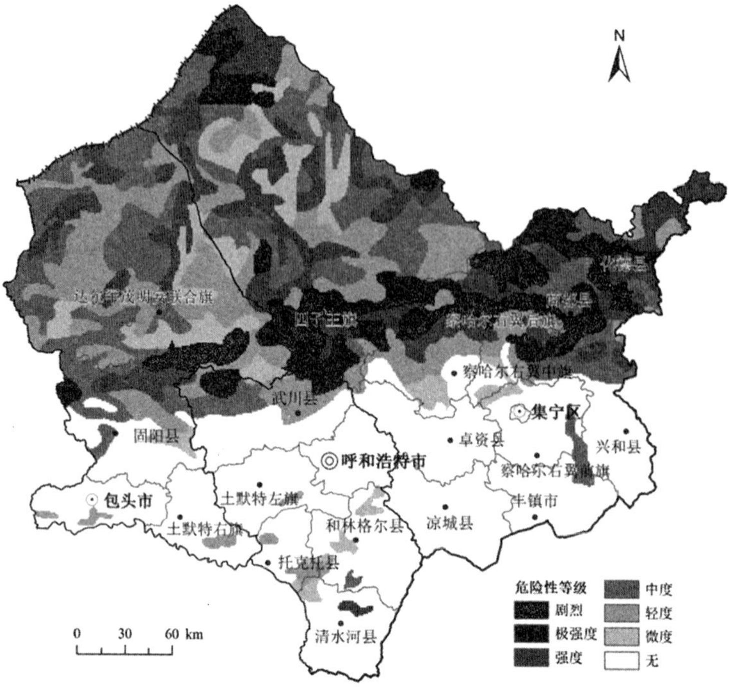

图 5-8 内蒙古中部风蚀沙化危险性等级

图 5-9 是研究区风蚀沙化承灾体的脆弱性等级图，用脆弱度指数表征，根据承灾体（生态系统）的易损性和敏感性综合得到。将其分为高（>0.30）、较高（0.20～0.30）、中（0.15～0.20）、较低（0.10～0.15）、低（<0.10）5 级。呈现脆弱度由森林草原生态系统低脆弱度、典型草原生态系统中脆弱度至荒漠草原生态系统高脆弱度的分异。图 5-9 也是水土流失与草场退化的承灾体脆弱性等级图，后面不再赘述。

图 5-10 是研究区风蚀沙化的风险等级图，用风险指数来表征，将其分成高（>0.08）、较高（0.05～0.08）、中（0.01～0.05）、较低（0.001～0.01）、低（<0.001）5 级。表 5-9 是研究区各旗县市风蚀沙化风险等级面积统计表。

研究区风蚀沙化的风险东南低，西北高，而阴山北麓固阳—化德是一条明显的风险度高值区。从各旗县风蚀沙化风险等级面积统计表可见，四子王旗是风蚀沙化高风险面积最大的旗县，占到整个研究区高风险区的 35.15%，其次是察右后旗、达茂旗和商都县，分别占 19.83%、17.93%和 15.82%。高风险区形成的主要原因一是风速大；二是位于伏沙带上；三是农牧交错带土地利用的不稳定性。

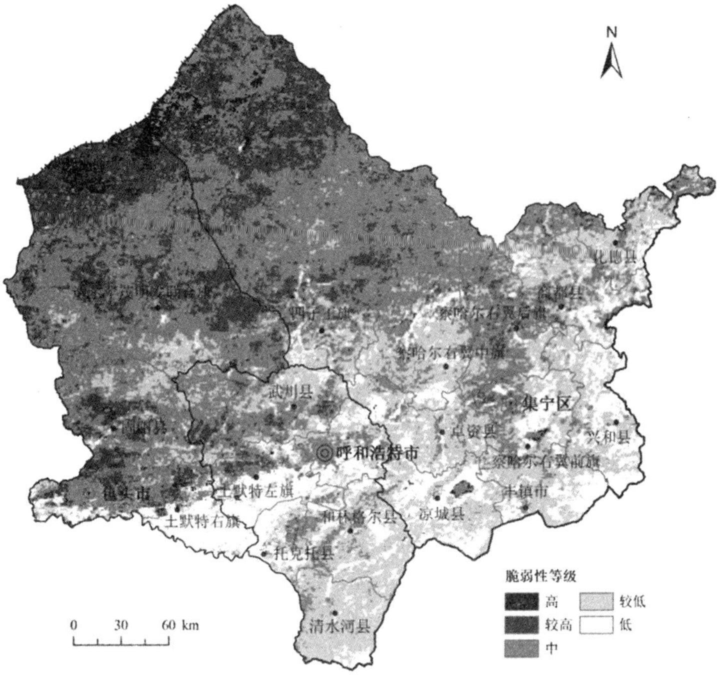

图 5-9　内蒙古中部风蚀沙化承灾体脆弱性等级

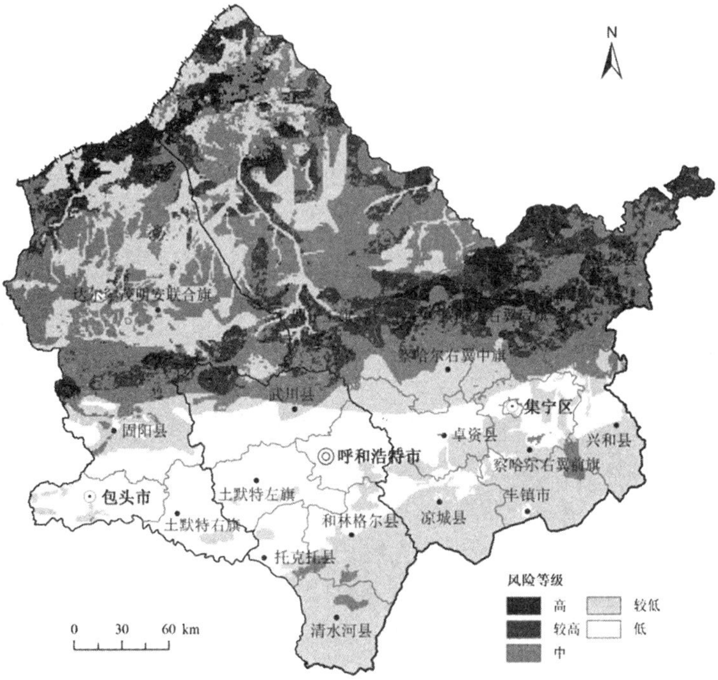

图 5-10　内蒙古中部风蚀沙化风险等级

表 5-9 各旗县风蚀沙化风险等级面积统计 单位：km^2

	高风险等级		较高风险等级		中风险等级		较低风险等级		低风险等级		总和	
	面积	%	面积	%	面积	%	面积	%	面积	比例	面积	%
呼和浩特市	0	0.00	0	0.00	0	0.00	181	0.56	1 844	9.92	2 025	2.09
土默特左旗	0	0.00	0	0.00	0	0.00	92	0.29	2 580	13.88	2 672	2.76
托克托县	0	0.00	0	0.00	59	0.20	235	0.73	1 071	5.76	1 365	1.41
包头市	0	0.00	0	0.00	5	0.02	281	0.87	1 965	10.57	2 251	2.33
土默特右旗	0	0.00	0	0.00	0	0.00	148	0.46	2 130	11.46	2 278	2.35
固阳县	65	1.42	462	3.70	1430	4.93	1 684	5.24	1 472	7.92	5 113	5.28
集宁区	0	0.00	0	0.00	0	0.00	9	0.03	92	0.50	101	0.10
丰镇市	0	0.00	0	0.00	102	0.35	2 324	7.23	208	1.12	2 634	2.72
武川县	13	0.28	418	3.35	1349	4.65	723	2.25	2 039	10.97	4 542	4.69
和林格尔县	0	0.00	0	0.00	137	0.47	2 209	6.87	981	5.28	3 327	3.44
清水河县	0	0.00	0	0.00	138	0.48	2 554	7.94	25	0.13	2 717	2.81
卓资县	0	0.00	0	0.00	32	0.11	1 411	4.39	1 552	8.35	2 995	3.09
化德县	113	2.47	1 101	8.83	1264	4.36	46	0.14	0	0.00	2 524	2.61
商都县	723	15.82	1 568	12.57	1827	6.30	33	0.10	0	0.00	4 151	4.29
兴和县	3	0.07	75	0.60	804	2.77	1 814	5.64	695	3.74	3 391	3.50
凉城县	0	0.00	0	0.00	0	0.00	2 625	8.16	733	3.94	3 358	3.47
察右前旗	0	0.00	0	0.00	126	0.43	1 370	4.26	1156	6.22	2 652	2.74
察右中旗	321	7.03	820	6.57	1 692	5.83	1 228	3.82	26	0.14	4 087	4.22
察右后旗	906	19.83	985	7.90	1 173	4.04	648	2.01	13	0.07	3 725	3.85
四子王旗	1 606	35.15	4 789	38.39	11 317	39.01	5 802	18.04	0	0.00	23 514	24.29
达茂旗	819	17.93	2 256	18.09	7 557	26.05	6 747	20.98	0	0.00	17 379	17.95
总和	4 569	100.00	12 474	100.00	29 012	100.00	32 164	100.00	18 582	100.00	96 801	100.00

5.3.2 水土流失风险等级评价

图 5-11 是研究区水土流失孕灾环境不稳定性等级图，用不稳定性指数表征，将其分成高（＞0.32）、较高（0.27～0.32）、中（0.20～0.27）、较低（0.10～0.20）、低（＜0.10）5 级。由图 5-11 可以看出，有水土流失风险的区域取决于降水和地貌组合特点，在北部高原偏干旱的区域和南部平原或盆地低地孕灾度低。在阴山南坡和南部黄土丘陵地区均为孕灾度高值区，其中南部的清水河县最高。

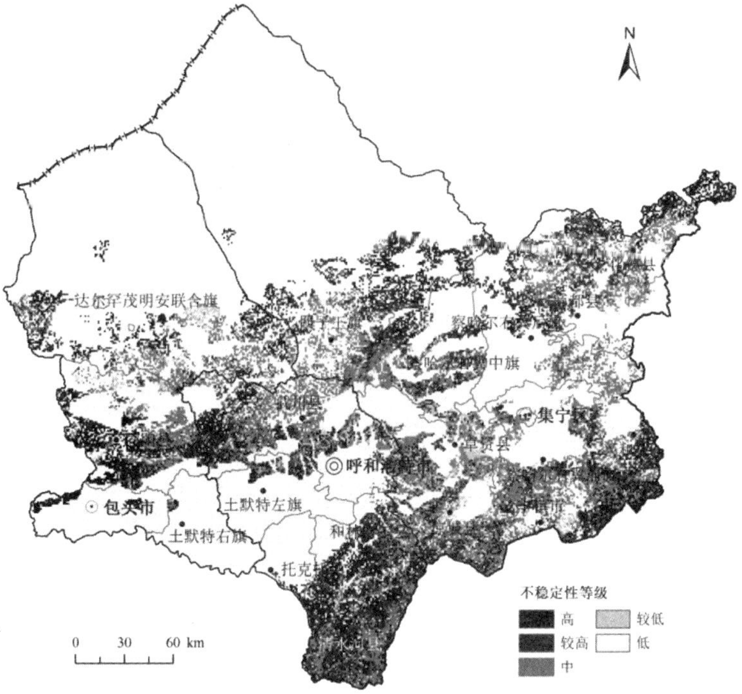

图 5-11　内蒙古中部水土流失孕灾环境不稳定性等级

图 5-12 是研究区水土流失的致灾因子危险性等级图，用水力侵蚀强度表征，根据水力侵蚀模数（$t/km^2·a$）将其分为极强度（8 000～15 000）、强度（5 000～8 000）、中度（2 500～5 000）、轻度（200～2 500）和微度（＜200）5 级。研究区水土流失危险度的空间分布规律主要表现为：①水力侵蚀强度呈明显的南北分异，南部侵蚀强度整体比北部大；②东南部黄土丘陵、阴山山地丘陵水土侵蚀强度较大，这与黄土覆盖、农牧交错利用地等特点有关；③水力侵蚀强度空间分布与降水量的空间分布格局相对应。

图 5-13 是研究区水土流失的风险等级图，用风险指数表征，将其分为高（＞0.025）、较高（0.010～0.025）、中（0.001～0.010）、较低（0.000 1～0.001）和低（＜0.000 1）5 级。

表 5-10 是研究区各旗县市水土流失风险等级面积统计表。

研究区域水土流失的风险度呈现明显的南北差异，南部较北部风险度更高。阴山北麓固阳—化德一线水土流失与风蚀沙化出现复合，但水土流失风险度不如风蚀沙化风险度高。水土流失风险度高值区分布在清水河与和林格尔，较高值区分布在阴山山地及东南部丘陵山地。从各旗县水蚀沙化风险等级面积统计表可见，清水河县是水土流失高风险面积最大的旗县，占到 51.91%，其次是固阳县和和林格尔县，分别占 17.96%和 14.21%。清水河和和林格尔两县地处内蒙古高原和黄土高原交接地带，黄土覆盖较厚，属典型的黄土高原丘陵沟壑区，且降水较丰富，旱耕地多，因此水土流失风险高。

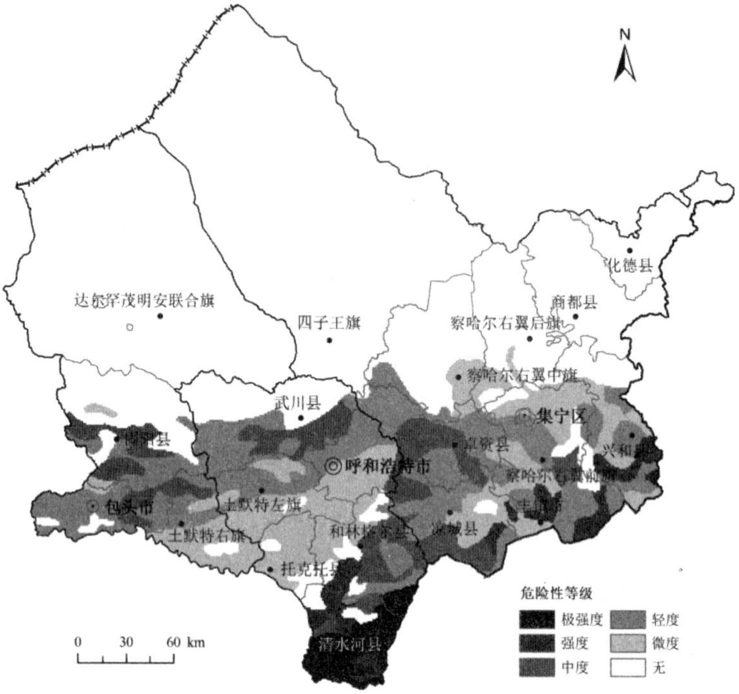

图 5-12　内蒙古中部水土流失危险性等级

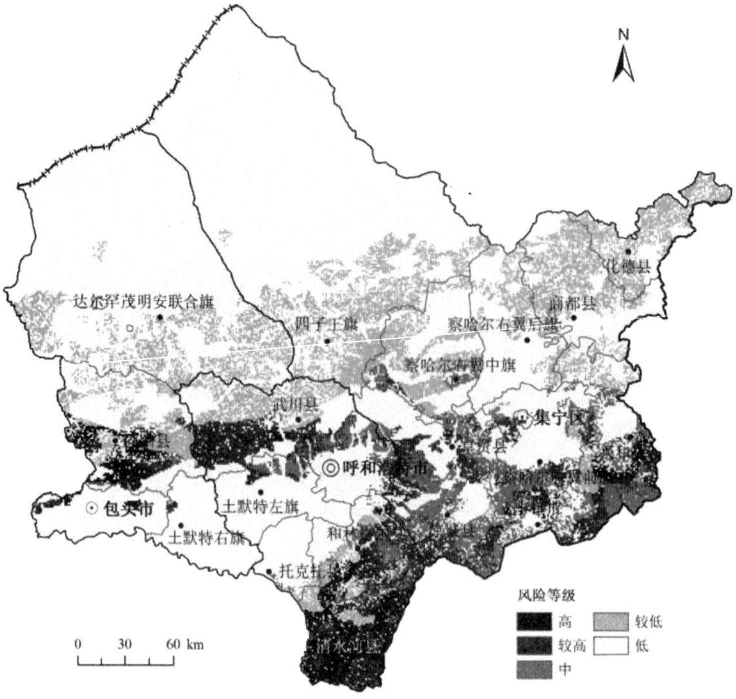

图 5-13　内蒙古中部水土流失风险等级

表 5-10　各旗县水土流失风险等级面积统计　单位：km^2

	高风险等级		较高风险等级		中风险等级		较低风险等级		低风险等级		总和	
	面积	%	面积	%	面积	%	面积	%	面积	比例	面积	%
呼和浩特市	1	0.04	237	3.46	387	6.81	4	0.03	1 396	2.04	2 025	1.91
土默特左旗	6	0.24	128	1.87	182	3.20	0	0.00	2 356	3.45	2 672	2.75
托克托县	0	0.00	0	0.00	31	0.55	54	0.40	1 280	1.87	1 365	1.44
包头市	47	1.91	120	1.75	9	0.16	0	0.00	2 075	3.04	2 251	1.79
土默特右旗	3	0.12	16	0.23	0	0.00	0	0.00	2 259	3.30	2 278	2.35
固阳县	441	17.96	663	9.67	63	1.11	1 082	8.05	2 864	4.19	5 113	5.50
集宁区	0	0.00	21	0.31	4	0.07	0	0.00	76	0.11	101	0.07
丰镇市	36	1.47	625	9.11	1 001	17.61	89	0.66	883	1.29	2 634	2.80
武川县	120	4.89	1 177	17.16	115	2.02	1 130	8.41	2 000	2.93	4 542	4.90
和林格尔县	349	14.21	960	14.00	498	8.76	303	2.25	1 217	1.78	3 327	3.59
清水河县	1 275	51.91	871	12.70	15	0.26	233	1.73	323	0.47	2 717	2.90
卓资县	5	0.20	508	7.41	654	11.51	8	0.06	1 820	2.66	2 995	3.23
化德县	0	0.00	0	0.00	0	0.00	1 299	9.67	1 225	1.79	2 524	2.67
商都县	0	0.00	0	0.00	0	0.00	1 511	11.24	2 640	3.86	4 151	4.45
兴和县	140	5.70	440	6.42	777	13.67	459	3.42	1 575	2.30	3 391	3.62
凉城县	31	1.26	865	12.61	1 312	23.08	40	0.30	1 110	1.62	3 358	3.55
察右前旗	2	0.08	164	2.39	287	5.05	95	0.71	2 104	3.08	2 652	2.81
察右中旗	0	0.00	62	0.90	341	6.00	1 283	9.55	2 401	3.51	4 087	4.42
察右后旗	0	0.00	0	0.00	8	0.14	787	5.86	2 930	4.29	3 725	4.00
四子王旗	0	0.00	0	0.00	0	0.00	2 762	20.55	20 752	30.36	23 514	22.99
达茂旗	0	0.00	0	0.00	0	0.00	2 301	17.12	15 078	22.06	17 379	18.27
总和	2 456	100.00	6 857	100.00	5 684	100.00	13 440	100.00	68 364	100.00	96 801	100.00

5.3.3　盐渍化风险等级评价

图 5-14 是研究区盐渍化孕灾环境不稳定性等级图，用不稳定性指数表征，将其分成高（>0.17）、中（0.10～0.17）、低（0.05～0.10）、极低（<0.05）4 级。由图 5-14 可知，高原牧区的湖盆洼地和平原农区是孕育盐渍化的主要环境。自然盐渍化主要发生在湖盆、洼地，人为造成的次生盐渍化主要发生在平原灌溉区。孕灾度高值区呈斑块分布。

与前述三种土地退化类型不同，图 5-15 是研究区盐渍化危险性等级图，根据盐渍化程度将其分为高（>0.6）、中（0.3～0.6）、低（0.1～0.3）、极低（<0.1）4 级。盐渍化危险性的空间分布就整体而言，西北部大于东南部；就局部而言，盐渍化危险度较高的区域主要分布在土默特平原及察右前旗、商都县、四子王旗和达尔罕茂明安联合旗的湖盆洼地。

图 5-16 是研究区盐渍化承灾体脆弱性等级图，用承灾体脆弱性指数表征，将其分为高（>0.5）、中（0.3～0.5）、低（0.1～0.3）、极低（<0.1）4 级。盐渍化脆弱性的空间格局受地貌条件和水文条件控制，高值区与冲积平原和河湖平原大体一致。

图 5-17 是研究区盐渍化的风险等级图，用风险指数表征，将其分为高（>0.47）、中（0.27～0.47）、低（0.10～0.27）、极低（<0.10）4 级。

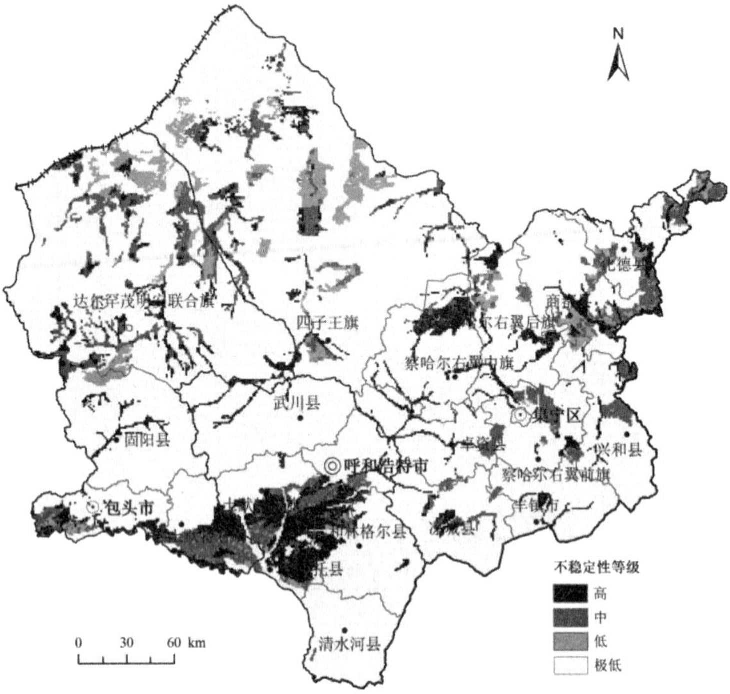

图 5-14　内蒙古中部盐渍化孕灾环境不稳定性等级

图 5-15　内蒙古中部盐渍化危险性等级

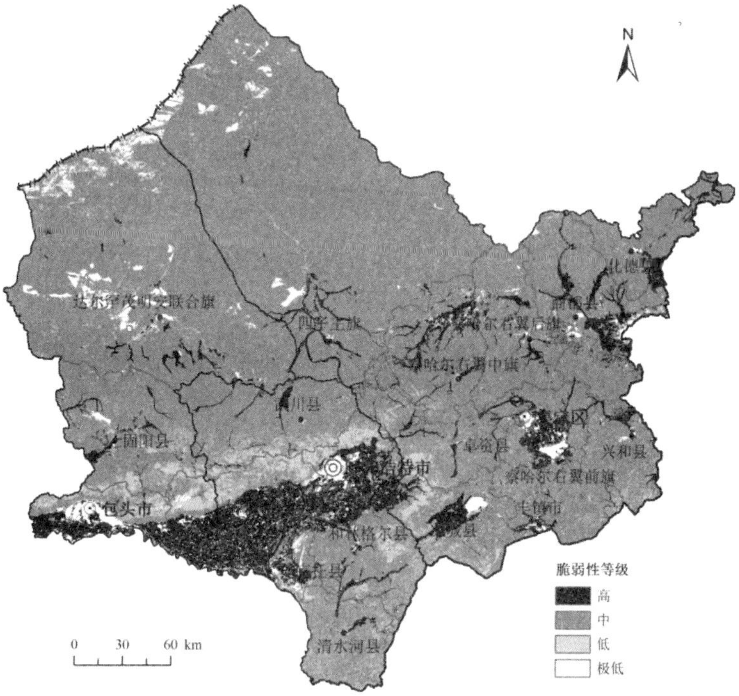

图 5-16　内蒙古中部盐渍化脆弱性等级

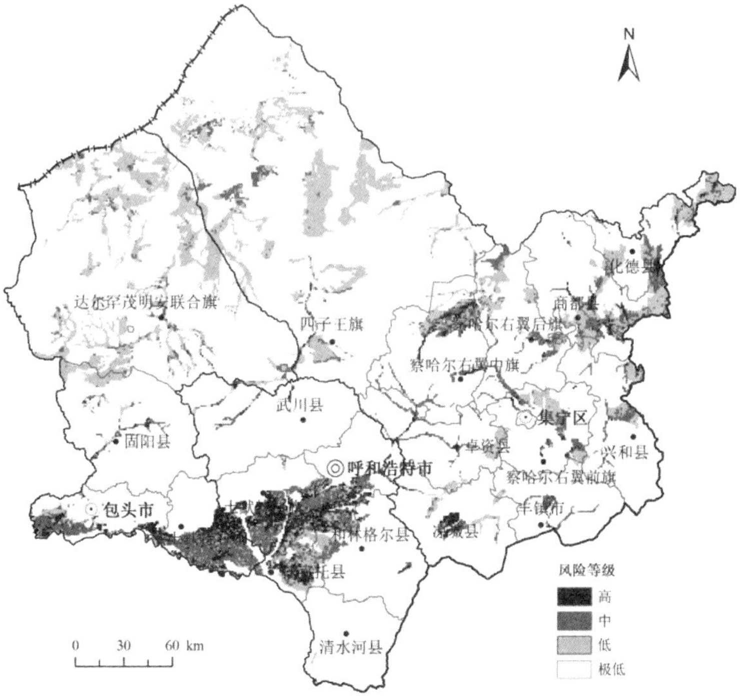

图 5-17　内蒙古中部盐渍化风险等级

表 5-11 是研究区各旗县市盐渍化风险等级面积统计表。

表 5-11 各旗县市盐渍化风险等级面积统计表

单位：km^2

	高风险等级		中风险等级		低风险等级		极低风险等级		总和	
	面积	%	面积	%	面积	%	面积	%	面积	%
呼和浩特市	138	6.72	159	2.93	97	0.85	1 631	2.09	2 025	2.09
土默特左旗	554	26.98	520	9.57	234	2.05	1 364	1.75	2 672	2.76
托克托县	292	14.22	340	6.26	397	3.47	336	0.43	1 365	1.41
包头市	151	7.36	316	5.82	159	1.39	1 625	2.09	2 251	2.33
土默特右旗	302	14.71	687	12.65	174	1.52	1 115	1.43	2 278	2.35
固阳县	28	1.36	124	2.28	349	3.05	4 612	5.92	5 113	5.28
集宁区	0	0.00	0	0.00	0	0.00	101	0.13	101	0.10
丰镇市	15	0.73	106	1.95	44	0.39	2 469	3.17	2 634	2.72
武川县	28	1.36	81	1.49	44	0.39	4 389	5.63	4 542	4.69
和林格尔县	74	3.60	170	3.13	186	1.63	2 897	3.72	3 327	3.44
清水河县	0	0.00	0	0.00	17	0.15	2 700	3.47	2 717	2.81
卓资县	30	1.46	193	3.55	186	1.63	2 586	3.32	2 995	3.09
化德县	48	2.34	242	4.46	590	5.16	1 644	2.11	2 524	2.61
商都县	82	3.99	440	8.10	689	6.03	2 940	3.77	4 151	4.29
兴和县	6	0.29	196	3.61	269	2.35	2 920	3.75	3 391	3.50
凉城县	92	4.48	95	1.75	159	1.39	3 012	3.87	3 358	3.47
察右前旗	41	2.00	179	3.30	326	2.85	2 106	2.70	2 652	2.74
察右中旗	118	5.75	378	6.96	283	2.48	3 308	4.25	4 087	4.22
察右后旗	18	0.88	336	6.19	430	3.76	2 941	3.78	3 725	3.85
四子王旗	20	0.97	484	8.91	3 448	30.17	19 562	25.12	23 514	24.29
达茂旗	16	0.78	386	7.11	3 346	29.28	13 631	17.50	17 379	17.95
总和	2 053	100.00	5 432	100.00	11 427	100.00	77 889	100.00	96 801	100.00

内蒙古中部盐渍化风险的高值区主要发生在土默特平原的扇缘洼地，其次是河湖滩地，中值区主要是水浇地集中分布的区域，低值区为地势较高的丘陵、台地区。干旱、半干旱气候条件下，蒸发强盛与灌溉加速了土壤盐渍化过程，形成土壤次生盐渍化。从各旗县盐渍化风险等级面积统计表可见，土默特左旗是盐渍化风险最大的，高风险区域占到26.98%，其次是土默特右旗和托克托县，分别占到 14.71%和 14.22%。该区域属于河套平原，地势平坦，灌溉农业发达，因此盐渍化风险较高。

5.3.4　草场退化风险等级评价

图 5-18 是研究区草场退化孕灾环境不稳定性等级图，用不稳定性指数表征，将其分成高（＞0.40）、较高（0.35～0.40）、中（0.25～0.35）、较低（0.15～0.25）、低（＜0.15）5 级。草场退化孕灾环境不稳定性在阴山呈现明显的东西差异。这与研究区域东部气温和降水变率较大有直接关系，因为在影响草场退化的自然因素中，气候变化是最重要的因素。且高值区多为低山丘陵草场。此外，风蚀沙化、水土流失和盐渍化也会对草场退化产生影响。风蚀沙化导致草地土壤沙化有机质降低，使得草地生产力下降或丧失，适口的草类比例相对下降。水土流失导致草地土层变薄，土壤肥力下降，种类组成减少，草地生产力下降或丧失，适口性的草类比例相对减少。

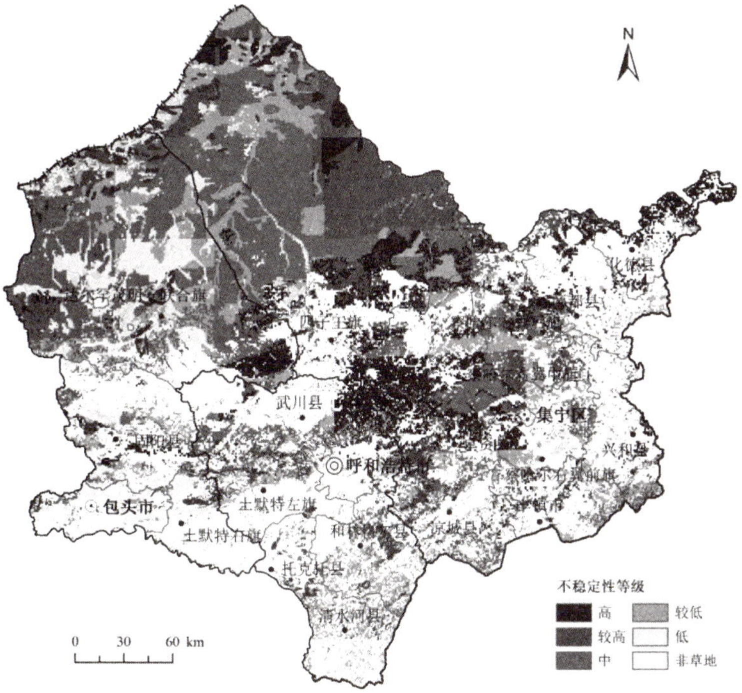

图 5-18　内蒙古中部草场退化孕灾环境不稳定性等级

图 5-19 是研究区草场退化致灾因子危险性等级图，用草场退化强度表征，将其分成高（＞0.50）、中（0.25～0.50）、低（＜0.25）3 级。草场退化危险性的空间分布规律是：①草场退化强度呈现明显的由东南向西北降低；②大范围草场退化主要发生在北部牧区；③以轻度退化为主，中度及重度退化几乎全部分布在牧区，呈片状分布。

图 5-20 是研究区草场退化风险等级图，用风险指数表征，将其分为高（＞0.060）、较高（0.040～0.060）、中（0.025～0.040）、较低（0.015～0.025）和低（＜0.015）5 级。

表 5-12 是研究区各旗县市草场退化风险等级面积统计表。

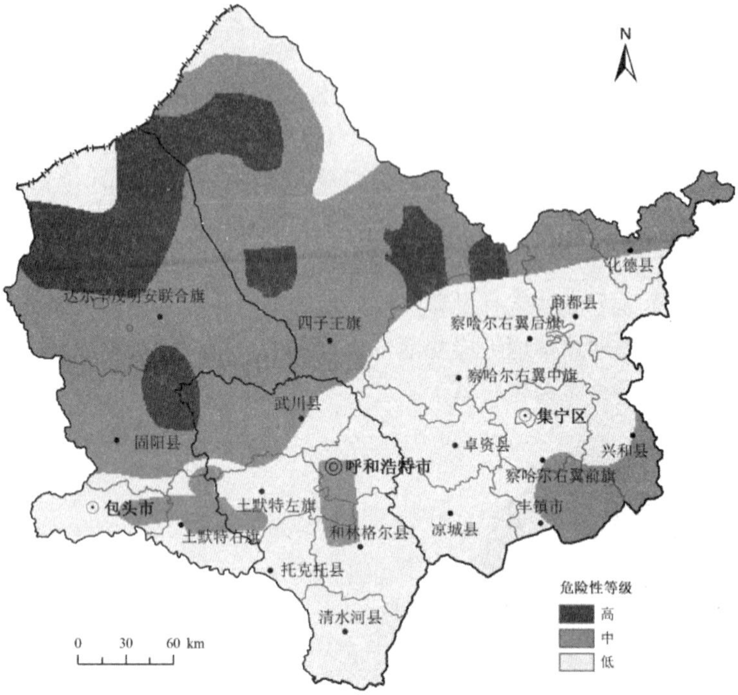

图 5-19　内蒙古中部草场退化危险度

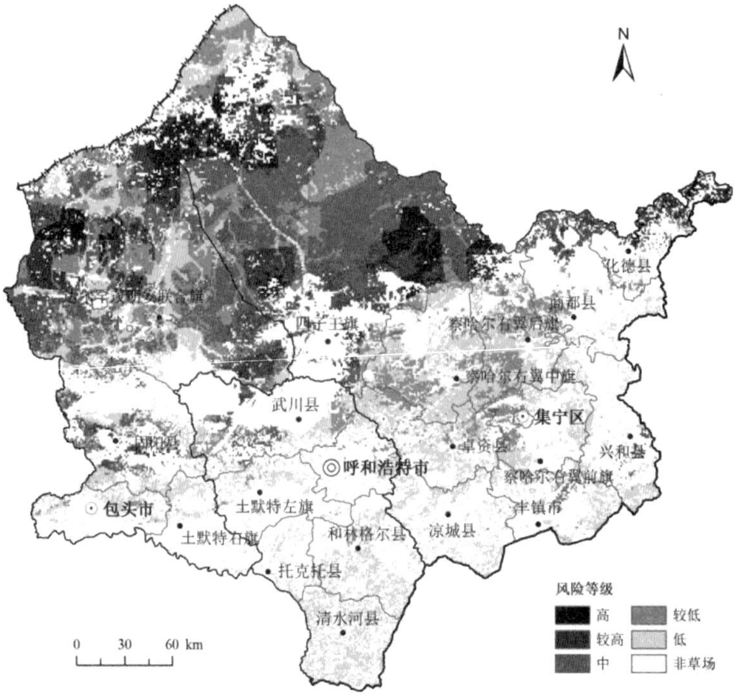

图 5-20　内蒙古中部草场退化风险等级

表 5-12　各旗县市草场退化风险等级面积统计表　单位：km^2

	高风险等级		较高风险等级		中风险等级		较低风险等级		低风险等级		总和	
	面积	%	面积	%	面积	%	面积	%	面积	比例	面积	%
呼和浩特市	0	0.00	0	0.00	0	0.00	63	0.51	303	1.74	366	0.70
土默特左旗	0	0.00	0	0.00	4	0.03	40	0.32	438	2.52	482	0.93
托克托县	0	0.00	0	0.00	0	0.00	0	0.00	226	1.30	226	0.43
包头市	0	0.00	0	0.00	2	0.02	55	0.44	467	2.69	524	1.01
土默特右旗	0	0.00	0	0.00	3	0.02	10	0.08	333	1.92	346	0.66
固阳县	2	0.06	122	1.79	383	3.14	563	4.51	765	4.40	1 835	3.53
集宁区	0	0.00	0	0.00	0	0.00	12	0.10	6	0.03	18	0.03
丰镇市	1	0.03	0	0.00	15	0.12	124	0.99	659	3.79	799	1.53
武川县	0	0.00	54	0.79	239	1.96	447	3.58	517	2.97	1 257	2.41
和林格尔县	0	0.00	0	0.00	0	0.00	16	0.13	1 071	6.16	1 087	2.09
清水河县	0	0.00	0	0.00	0	0.00	0	0.00	1 300	7.48	1 300	2.50
卓资县	0	0.00	1	0.01	0	0.00	343	2.75	1 267	7.29	1 611	3.09
化德县	41	1.29	464	6.79	221	1.81	142	1.14	117	0.67	985	1.89
商都县	0	0.00	113	1.65	307	2.52	242	1.94	383	2.20	1 045	2.01
兴和县	0	0.00	0	0.00	52	0.43	58	0.47	708	4.07	818	1.57
凉城县	0	0.00	0	0.00	0	0.00	7	0.06	805	4.63	812	1.56
察右前旗	0	0.00	0	0.00	22	0.18	286	2.29	745	4.29	1 053	2.02
察右中旗	11	0.35	22	0.32	28	0.23	815	6.53	1 593	9.16	2 469	4.74
察右后旗	59	1.86	133	1.95	48	0.39	812	6.51	1 397	8.04	2 449	4.70
四子王旗	2 170	68.48	3 437	50.29	6 985	57.27	4 254	34.11	1 450	8.34	18 296	35.15
达茂旗	885	27.93	2 488	36.41	3 887	31.87	4 184	33.54	2 833	16.30	14 277	27.43
总和	3 169	100.00	6 834	100.00	12 196	100.00	12 473	100.00	17 383	100.00	52 055	100.00

内蒙古中部草场退化风险度呈现南北差异。风险度高值区、较高值区主要都发生在达尔罕茂明安联合旗、四子王旗的北部和四子王旗东南部。此外，在察哈尔右翼后旗北部也有高值区分布。从各旗县草场退化风险等级面积统计表可见，四子王旗是草场退化高风险面积最大的旗县，高风险区占研究区整个高风险区面积的 68.48%，其次是达茂旗，占22.93%。降水较少，干旱和风蚀沙化是导致风险高的主要原因。

5.4　综合土地退化风险等级评价

图 5-21 是研究区土地退化综合风险等级图。用风险指数表征，将其分为高（>0.18）、较高（0.12～0.18）、中（0.07～0.12）、较低（0.03～0.07）和低（<0.03）5 级。表 5-13 是研究区各旗县市土地退化综合风险等级面积统计表。

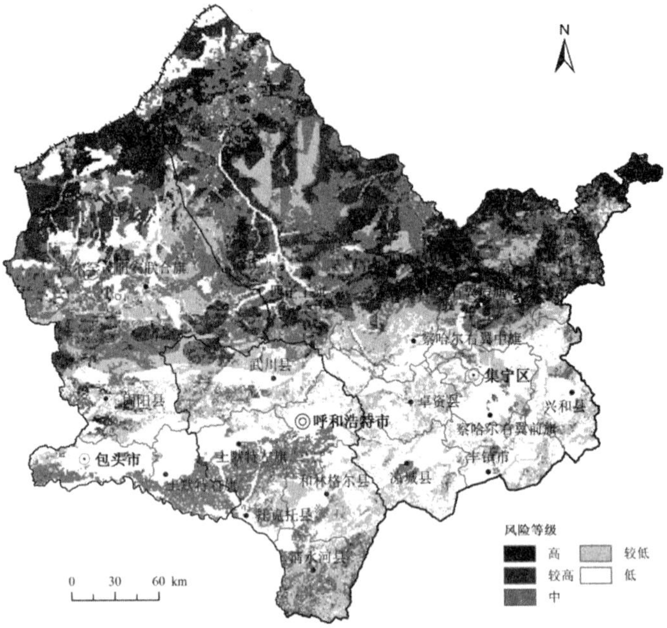

图 5-21　内蒙古中部土地退化综合风险等级

表 5-13　各旗县市土地退化综合风险等级面积统计表　　单位：km^2

	高风险等级		较高风险等级		中风险等级		较低风险等级		低风险等级		总和	
	面积	%	面积	%	面积	%	面积	%	面积	比例	面积	%
呼和浩特市	0	0.00	7	0.05	269	0.97	280	1.39	1 469	5.28	2 025	2.09
土默特左旗	0	0.00	50	0.34	1 020	3.68	235	1.16	1 367	4.91	2 672	2.76
托克托县	0	0.00	12	0.08	531	1.92	327	1.62	495	1.78	1 365	1.41
包头市	0	0.00	18	0.12	475	1.72	180	0.89	1 578	5.67	2 251	2.33
土默特右旗	0	0.00	5	0.03	975	3.52	59	0.29	1 239	4.45	2 278	2.35
固阳县	57	0.90	524	3.54	1 412	5.10	1 271	6.30	1 849	6.64	5 113	5.28
集宁区	0	0.00	0	0.00	0	0.00	15	0.07	86	0.31	101	0.10
丰镇市	1	0.02	13	0.09	132	0.48	712	3.53	1 776	6.38	2 634	2.72
武川县	12	0.19	228	1.54	916	3.31	1 814	8.99	1 572	5.64	4 542	4.69
和林格尔县	0	0.00	10	0.07	438	1.58	1 108	5.49	1 771	6.36	3 327	3.44
清水河县	0	0.00	48	0.32	1 012	3.66	1 060	5.25	597	2.14	2 717	2.81
卓资县	0	0.00	2	0.01	127	0.46	906	4.49	1 960	7.04	2 995	3.09
化德县	445	7.06	758	5.12	871	3.15	334	1.66	116	0.42	2 524	2.61
商都县	566	8.98	1379	9.32	1 389	5.02	725	3.59	92	0.33	4 151	4.29
兴和县	3	0.05	60	0.41	380	1.37	1 083	5.37	1 865	6.70	3 391	3.50
凉城县	0	0.00	5	0.03	192	0.69	884	4.38	2 277	8.18	3 358	3.47
察右前旗	0	0.00	8	0.05	200	0.72	638	3.16	1 806	6.49	2 652	2.74
察右中旗	272	4.32	760	5.14	788	2.85	1 412	7.00	855	3.07	4 087	4.22
察右后旗	736	11.68	985	6.66	842	3.04	727	3.60	435	1.56	3 725	3.85
四子王旗	2 865	45.45	6 019	40.69	10 004	36.14	2 931	14.53	1 695	6.09	23 514	24.29
达茂旗	1 346	21.35	3 900	26.37	5 710	20.63	3 475	17.22	2 948	10.59	17 379	17.95
总和	6 303	100.00	14 791	100.00	27 683	100.00	20 176	100.00	27 848	100.00	96 801	100.00

内蒙古中部土地退化综合风险以阴山北麓固阳—化德一线为界，出现南北差异，北部的风险度整体要高于南部。北部最高和较高值区有两条带：一条是中蒙边境的达尔罕茂明安联合旗和四子王旗的北部区域；另一条是阴山北麓的农牧交错带，特别是它的东部，这与风蚀沙化、草场退化风险高直接相关。南部相对高风险区也有两条带：一条是土默特平原，另一条是南部黄土丘陵，前者是盐渍化的高风险区，后者是水土流失的高风险区。从各旗县综合风险等级面积统计表可见，高风险区所占的面积排序：四子王旗最多，占 45.45%，达茂旗次之，占 21.35%，察右后旗、商都、化德都占 7%以上。

5.5　生态区土地退化风险防范重点

研究区风蚀沙化高风险区主要集中在阴山北麓及东南部中温型典型草原生态区（Ⅱ生态区）和乌兰察布市高原北部草原化荒漠生态区（Ⅴ生态区）。较高风险等级、中风险等级和较低风险等级区主要集中在阴山北麓及东南部中温型典型草原生态区（Ⅱ生态区）和乌兰察布层状高平原荒漠草原生态区（Ⅳ生态区），低风险区都主要集中在阴山北麓及东南部中温型典型草原生态区（Ⅱ生态区）、阴山南麓暖温型草原生态区（Ⅲ生态区）和乌兰察布层状高平原荒漠草原生态区（Ⅳ生态区）。其中，Ⅱ生态区的高风险等级、较高风险等级和中风险等级分别占整个研究区高风险、较高风险和中风险的 55.09%、63.12%和 46.81%，阴山山地森林-草甸草原生态区（Ⅰ生态区）、Ⅲ生态区和Ⅵ生态区无高风险等级。总体来说，风蚀沙化风险主要发生在Ⅱ生态区和Ⅴ生态区，其次是Ⅳ区，Ⅱ生态生态区的阴山北麓生态亚区大部分属于高风险等级，其他生态区水风蚀沙化风险相对较小（表 5-14）。Ⅱ生态区和Ⅴ生态区是风蚀沙化风险防范的重点生态区。

表 5-14　各生态区风蚀沙化风险等级面积统计　单位：km^2

	高风险等级		较高风险等级		中风险等级		较低风险等级		低风险等级		总和	
	面积	%	面积	%	面积	%	面积	%	面积	比例	面积	%
Ⅰ	0	0.00	0	0.00	63	0.22	2 358	7.30	4 112	22.18	6 533	6.75
Ⅱ	2 517	55.09	7 873	63.12	13 544	46.81	12 542	38.85	6 507	35.10	42 983	44.40
Ⅲ	0	0.00	0	0.00	334	1.15	5 631	17.44	2 124	11.46	8 089	8.36
Ⅳ	402	8.80	3 185	25.53	12 263	42.38	8 375	25.94	0	0.00	24 225	25.03
Ⅴ	1 650	36.11	1 416	11.35	2 729	9.43	2 692	8.34	0	0.00	8 487	8.77
Ⅵ	0	0.00	0	0.00	3	0.01	683	2.12	5 798	31.27	6 484	6.70
总和	4 569	100.00	12 474	100.00	28 936	100.00	32 281	100.00	18 541	100.00	96 801	100.00

研究区水土流失主要集中在阴山南麓暖温型草原生态区（Ⅲ生态区）和阴山北麓及东南部中温型典型草原生态区（Ⅱ生态区），前者高风险和较高风险等级区分别占整个研究区高风险和较高风险的 66.33%和 32.73%，后者高风险等级和较高风险等级区分别占整个研究区高风险和较高风险的 31.15%和 53.13%。中风险等级区主要分布在Ⅰ生态区、Ⅱ生

态区、Ⅲ生态区，分别占 25.42%、58.04%和 15.02%。总体来说，水体流失风险主要发生在Ⅱ生态区和Ⅲ生态区，其次是Ⅰ生态区，其他生态区水土流失风险相对较小（表 5-15）。Ⅲ生态区和Ⅱ生态区是水土流失风险防范的重点生态区。

表 5-15 生态区水土流失风险等级面积统计表

单位：km^2

	高风险等级		较高风险等级		中风险等级		较低风险等级		低风险等级		总和	
	面积	%	面积	%	面积	%	面积	%	面积	比例	面积	%
Ⅰ	62	2.52	887	12.94	1 445	25.42	82	0.61	4 057	5.93	6 533	6.57
Ⅱ	765	31.15	3 643	53.13	3 299	58.04	11 218	83.47	24 058	35.19	42 983	46.07
Ⅲ	1 629	66.33	2 244	32.73	854	15.02	609	4.53	2 753	4.03	8 089	8.60
Ⅳ	0	0.00	0	0.00	0	0.00	1 521	11.32	22 704	33.21	24 225	25.16
Ⅴ	0	0.00	0	0.00	0	0.00	0	0.00	8 487	12.41	8 487	7.26
Ⅵ	0	0.00	83	1.21	86	1.51	10	0.07	6 305	9.22	6 484	6.35
总和	2 456	100.00	6 857	100.00	5 684	100.00	13 440	100.00	68 364	100.00	96 801	100.00

研究区盐渍化的高风险等级和中风险等级区主要集中在前套平原农作植被-盐湿草甸生态区（Ⅵ生态区），其次是阴山北麓及东南部中温型典型草原生态区（Ⅱ生态区）。Ⅵ生态区的高风险等级区和中风险等级区分别占整个研究区高风险和中风险区的 66.68%和 33.78%，Ⅱ生态区的高风险等级区和中风险等级区分别占整个研究区高风险和中风险的 20.51%和 42.95%。总体来说，盐渍化风险的区域主要分布在土默特平原，面积较风蚀沙化区和水土流失区要小（表 5-16）。Ⅵ生态区和Ⅱ生态区是盐渍化风险防范的重点生态区。

表 5-16 各生态区盐渍化风险等级面积统计表

单位：km^2

	高风险等级		中风险等级		低风险等级		极低风险等级		总和	
	面积	%	面积	%	面积	%	面积	%	面积	%
Ⅰ	31	1.51	217	3.99	197	1.72	6 088	7.82	6 533	6.75
Ⅱ	421	20.51	2 333	42.95	3 776	33.04	36 453	46.80	42 983	44.40
Ⅲ	227	11.06	386	7.11	528	4.62	6 948	8.92	8 089	8.36
Ⅳ	2	0.10	481	8.85	4 503	39.41	19 239	24.70	24 225	25.03
Ⅴ	3	0.15	180	3.31	1 702	14.89	6 602	8.48	8 487	8.77
Ⅵ	1 369	66.68	1 835	33.78	721	6.31	2 559	3.29	6 484	6.70
总和	2 053	100.00	5 432	100.00	11 427	100.00	77 889	100.00	96 801	100.00

研究区草场退化高风险等级和较高风险等级区主要集中在研究区的北部。其中，乌兰察布层状高平原荒漠草原生态区（Ⅳ生态区）和乌兰察布高原北部草原化荒漠生态区（Ⅴ生态区）的高风险等级区分别占整个研究区高风险的 37.33%和 40.23%；Ⅳ生态区和Ⅱ生

态区的较高风险等级区分别占整个研究区较高风险的 48.55%和 36.96%；III生态区和VI生态区各等级的草场退化风险都很小，这与两个生态区草地较少有关（表 5-17）。IV生态区和V生态区是草场退化风险防范的重点生态区。

表 5-17 生态区草场退化风险等级面积统计表　　单位：km^2

	高风险等级		较高风险等级		中风险等级		较低风险等级		低风险等级		总和	
	面积	%	面积	%	面积	%	面积	%	面积	比例	面积	%
I	0	0.00	1	0.01	7	0.06	270	2.16	2 539	14.61	2 817	5.41
II	711	22.44	2 526	36.96	2 697	22.11	4 447	35.65	7 651	44.01	18 032	34.64
III	0	0.00	0	0.00	0	0.00	58	0.47	2 937	16.90	2 995	5.75
IV	1 183	37.33	3 318	48.55	8 768	71.89	6 080	48.75	2 569	14.78	21 918	42.11
V	1 275	40.23	989	14.47	724	5.94	1 595	12.79	1 259	7.24	5 842	11.22
VI	0	0.00	0	0.00	0	0.00	23	0.18	428	2.46	451	0.87
总和	3 169	100.00	6 834	100.00	12 196	100.00	12 473	100.00	17 383	100.00	52 055	100.00

研究区土地退化综合风险高值区主要集中在阴山北麓及东南部中温型典型草原生态区（II生态区）、乌兰察布高原北部草原化荒漠生态区（V生态区）和乌兰察布层状高平原荒漠草原生态区（IV生态区），其高风险面积分别占整个研究区高风险的 42.88%、33.81%和 23.31%；II生态区和IV生态区的较高风险面积分别占整个研究区较高风险的 44.76%和 40.81%（表 5-18）。II生态区的面积大，受农牧交错风蚀沙化和水土流失风险双重影响，是综合风险防范的重点生态区（图 5-22）。

表 5-18 各生态区土地退化综合风险等级面积统计表　　单位：km^2

	高风险等级		较高风险等级		中风险等级		较低风险等级		低风险等级		总和	
	面积	%	面积	%	面积	%	面积	%	面积	比例	面积	%
I区	0	0.00	14	0.09	230	0.84	1 118	5.54	5 171	18.57	6 533	6.75
II区	2 703	42.88	6 819	44.76	10 587	38.86	10 770	53.38	12 104	43.46	42 983	44.40
III区	0	0.00	63	0.41	1 740	6.39	2 904	14.39	3 382	12.14	8 089	8.36
IV区	1 469	23.31	6 217	40.81	9 329	34.25	4 551	22.56	2 659	9.55	24 225	25.03
V区	2 131	33.81	2 041	13.40	2 342	8.60	473	2.34	1 500	5.39	8 487	8.77
VI区	0	0.00	79	0.52	3 013	11.06	360	1.78	3 032	10.89	6 484	6.70
总和	6 303	100.00	15 233	100.00	27 241	100.00	20 176	100.00	27 848	100.00	96 801	100.00

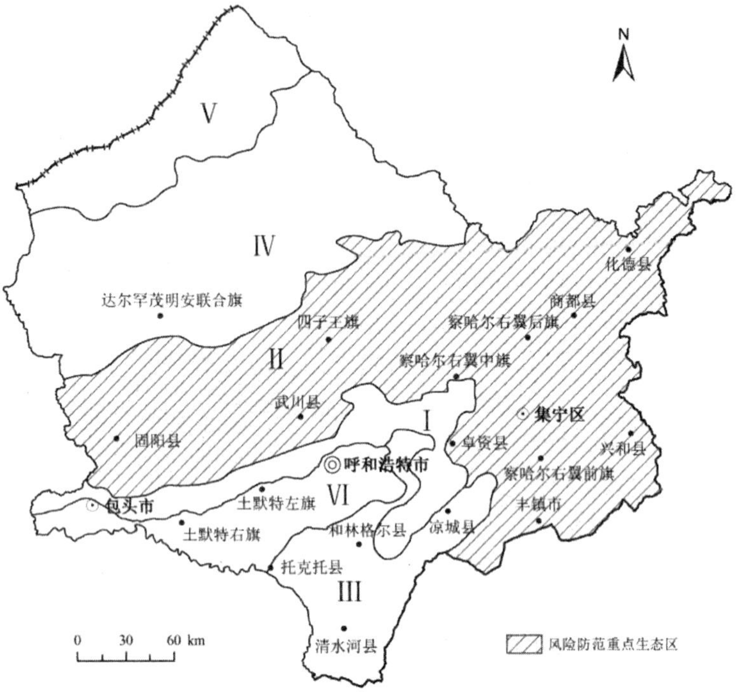

图 5-22 内蒙古中部土地退化综合风险防范重点生态区

参考文献

[1] DHA. Internationally Agreed Glossary of Basic Terms Related to DisasterManagement[C]//UN Department of Humanitarian Affairs. Geneva，1992.

[2] Amezketa E. An integrated methodology for assessing soil salinization，a pre-condition for land desertification. Journal of Arid Environments，2006，67：594-606.

[3] FAO. Erosion-Induced Loss in Soil Productivity：A Research Design；Consultants' Working Paper 2；Soil ConservationProgramme，United Nations Food and Agriculture Organization：Rome，1985.

[4] Fethi Bouksila，et al. Assessment of soil salinization risks under irrigation with brackish water in semiarid Tunisia. Environmental and Experimental Botany，2013，92：176-185.

[5] Ghassemi F，Jakeman A J，Nix H A. Salinization of Land and Water Resources：Human Causes Extent，Management and Case Studies，University of New South Wales Press，Sydney and CAB International，Wallingford，1995.

[6] INCD. Elaboration of International Convention to Combat Desertification in Countries Experiencing Serious Drought and/or Desertification，Particularly in Africa（Revised Negotiation Text of the Convention） [K]. 1994.

[7] Oldeman L R，Hakkeling R T A，Sombroek W G . World Map of the Status of Human-induced Soil

Degradation. An Explanatory Note.ISRIC：Waneningen，1991.
[8] Metternicht G I，Zinck J A. Remote sensing of soil salinity：potentials and constraints. Remote Sens Environ，2003，85：1-20.
[9] Stocking M. Erosion and crop yield[J]. Encyclopedia of Soil Science，2003.
[10] UNEP. Status of desertification and implementation of the United Nations Plans of action to combat desertification，1991.
[11] Mirlas V. Assessing Soil Salinity Hazard in Cultivated Areas Using MODFLOW Model and GIS Tools：A Case Study from the Jezre'el Valley，Israel. Agricultural Water Management，2012，109：144-154.
[12] Wild A. Soils，land and food：managing the land during the twenty-first century[M]. Cambridge，UK：Cambridge University Press，2003.
[13] Wischmeier，W. H.，D. D. Smith. A universal soil-loss equation to guide conservation farm planning. Trans. Int. Congr. Soil Sci.，7 th，1960：418-425.
[14] 陈佐忠. 我国天然草地生态系统的退化及其调控[C]//中国土地退化防治研究. 中国科技出版社，1988：86-89.
[15] 樊洪业. 中国科学院编年史：1949—1999[M]. 上海：上海科技教育出版社，1999.
[16] 范晓梅，刘高焕，唐志鹏，等. 黄河三角洲土壤盐渍化影响因素分析[J]. 水土保持学报，2010（1）：139-144.
[17] 傅伯杰，刘国华，欧阳志云. 中国生态区划研究[M]. 北京：科学出版社，2013.
[18] 高尚玉，等. 京津风沙源治理工程效益[M]. 北京：科学出版社，2012.
[19] 格日乐，孙保平，刘军. 农牧交错带土地退化类型区的划分及其防治研究[J]. 干旱区资源与环境，2004，18（6）：101-107.
[20] 何文清，高旺盛，妥德宝，等. 北方农牧交错带土壤风蚀沙化影响因子的风洞试验研究[J]. 水土保持学报，2004，18（3）：1-4，8.
[21] 胡文杰，李跃进，刘洪波，等. 土默川平原土壤盐渍化与盐生植被分布及盐分离子特征的研究[J]. 干旱区资源与环境，2012，26（4）：127-131.
[22] 霍擎. 包头市达茂旗土地退化现状及其成因分析[J]. 资源开发与市场，2006，22（5）：444-447.
[23] 焦居仁. 全国水土流失遥感成果与水保生态建设发展战略[J]. 中国水利，2002，3：11-13.
[24] 亢庆. 土地退化评价中土壤因子的遥感信息提取研究[D]. 北京：中国科学院遥感应用研究所，2006.
[25] 李晓丽，申向东，张雅静. 内蒙古阴山北部四子王旗土壤风蚀量的测试分析[J]. 干旱区地理，2006，29（2）：292-295.
[26] 李智广. 中国水土流失防治与生态安全水土流失数据卷[M]. 北京：科学出版社，2010.
[27] 刘宝元，等. 北京市土壤流失方程[M]. 北京：科学出版社，2010.
[28] 刘庆生，陈立新，乔璐，等. 土壤类型、质地和土地类型对土壤盐渍化水平的指示[J]. 中国农学通报，2008，24（1）：297-300.
[29] 刘新华，杨勤科，汤国安. 中国地形起伏度的提取及在水土流失定量评价中的应用[J]. 水土保持通报，2001，21（1）：57-59，62.
[30] 刘珍. 内蒙古人口、资源、环境[M]. 呼和浩特：内蒙古人民出版社，1989.

[31] 罗明，龙花楼. 土地退化研究综述[J]. 生态环境，2005，14（2）：287-293.
[32] 戚登臣，李广宇，陈文业，等. 黄河上游玛曲县天然草场退化现状、成因及治理对策[J]. 中国沙漠，2006，26（2）：18-26.
[33] 师华定，高庆先，庄大方，等. 基于径向基函数神经网络（RBFN）的内蒙古土壤风蚀危险度评价[J]. 环境科学研究，2008，21（5）：129-133.
[34] 史培军，湖涛，王静爱，等. 内蒙古自然灾害系统研究[M]. 北京：海洋出版社，1993.
[35] 史培军. 三论灾害研究的理论与实践[J]. 自然灾害学报，2002，11（3）：1-9.
[36] 史培军. 灾害研究的理论与实践[J].南京大学学报：自然科学版，1991（自然灾害研究专辑）：37-42.
[37] 史培军. 再论灾害研究的理论与实践[J]. 自然灾害学报，1996，5（4）：5-17.
[38] 史培军. 中国自然灾害系统地图集[M]. 北京：科学出版社，2003.
[39] 王静爱. 中国地理教程[M]. 北京：高等教育出版社，2007.
[40] 王琳. 内蒙古中部地区荒漠化遥感调查及环境质量评价[D]. 北京：中国地质大学，2006.
[41] 王云霞. 内蒙古草地资源退化及其影响因素的实证研究[D]. 内蒙古：内蒙古农业大学，2010.
[42] 徐海源. 内蒙古达茂旗天然草地退化原因及防治模式研究[D]. 北京：中国农业科学院，2006.
[43] 徐宪立，马克明，傅伯杰，等. 植被与水土流失关系研究进展[J]. 生态学报，2006，26（9）：3137-3143.
[44] 杨朝飞. 中国土地退化及其防治对策[J]. 中国环境科学，1997，17（2）：108-112.
[45] 俞孔坚，刘海龙，李迪华，等. 国土尺度生态安全格局[J]. 生态学报，2009，29（10）：5163-5175.
[46] 张飞，塔西甫拉提•特依拜，丁建丽等. 干旱区土壤盐渍化及其对生态环境的损害评估——以新疆沙雅县为例[J]. 自然灾害学报，2009，18（4）：955-62.
[47] 张杰，陈立新，乔璐，等. 大庆市不同土壤类型盐碱化特征及评价[J]. 东北林业大学学报，2010，38（7）：119-122.
[48] 张民力. 内蒙古乌兰察布草原农垦区沙漠化过程发展趋势及其治理[J]. 中国沙漠，1989，9（1）：101-112.
[49] 赵其国，张桃林，鲁如坤，等. 中国东部红壤地区土壤退化的时空变化、机理及调控[M]. 北京：科学出版社，2002.
[50] 赵羽，等. 内蒙古土壤侵蚀研究——遥感技术在内蒙古土壤侵蚀研究中的应用[M]. 北京：科学出版社，1989.
[51] 郑粉莉，王占礼，杨勤科. 我国土壤侵蚀科学研究回顾和展望[J]. 自然杂志，2008，30（1）：12-16.
[52] 中国科学院内蒙古宁夏综合考察队. 内蒙古自治区及其东西部毗邻地区天然草场[M]. 北京：科学出版社，1980.
[53] 中国科学院内蒙古宁夏综合考察队. 内蒙古自治区及其东西部毗邻地区天然林业[M]. 北京：科学出版社，1981.
[54] 中国科学院内蒙古宁夏综合考察队. 气候与农牧业的关系[M]. 北京：科学出版社，1976.
[55] 朱丽，秦富仓，杨翠林，等. 阴山北麓农牧交错带土壤侵蚀驱动机制研究[J]. 水土保持研究，2008，15（5）：34-37.
[56] 邹春霞，申向东，李夏子，等. 内蒙古阴山北麓农牧交错带风蚀气候侵蚀力特征[J]. 吉林大学学报（地球科学版），2011，41（4）：1172-1178.

第 6 章　产业发展与生态文明*

提要

产业发展与生态文明建设的重要基础之一是区域生态资产。本章基于生态资产的测量结果，分析了研究区生态资产价值的时空差异；基于中国古代传统的“天地人和”与“天人合一”的哲学思想，采用“和度”与“合度”指标，评价了区域可持续发展的状态。

国家和省区的产业布局与生态规划决定着研究区的生态功能定位与经济可持续发展的方向。基于“全国生态环境保护纲要”和“全国主体功能区规划”以及内蒙古生态建设与环境保护的相关规划，确定了研究区生态与主体功能定位、生态建设重点工程以及自然保护区等；结合内蒙古以及研究区内管辖城市的经济规划，明晰了生态区的生态与经济发展定位。

生态文明是可持续发展的美好追求目标。在全球气候变化背景下，特别是暖干化趋势下，研究区生态系统所面临的风险是影响区域可持续性发展的关键。基于 IPCC 气候情景，在第 5 章土地退化风险评价的基础上，开展了暖干情景下风蚀沙化风险、水土流失风险、盐渍化风险以及草场退化风险等级评价和风险等级变化趋势研究，最终提出分生态区的风险防范对策。

---

* 本章由王静爱和崔海亭执笔，其他贡献者有盛中尧、张春琴、尹卫霞。

6.1 生态资产与可持续发展

6.1.1 生态资产测量与结果

（1）生态资产的概念与测量方法

生态资产是人类从自然环境中获得的各种服务福利的价值体现，包括自然资源价值和生态服务功能价值（高吉喜，2007）。以生态系统服务功能和自然资源价值为核心的生态资产研究已成为热点，生态资产测量与核算有助于厘清经济与环境的关系，进而为绿色GDP的核算，以及生态安全评价奠定基础。从可持续发展的角度出发，“绿色（greening）GDP”，相当于GDP减去由于自然资源存量的减少和环境质量的下降而损失的价值（史培军等，2009）。

人类经济社会发展的过程，实际上也是自然资源被开发利用、生态系统被逐步改造、生态环境不断演变的过程，所以，生态资产是一个随着经济社会发展和生态环境演变而动态变化的量（高吉喜，2007）。本章对内蒙古中部生态系统中生态资产进行的定量计算主要借鉴了生态资产的遥感定量计算模型（潘耀忠等，2004；张淑英等，2004）（图6-1）。

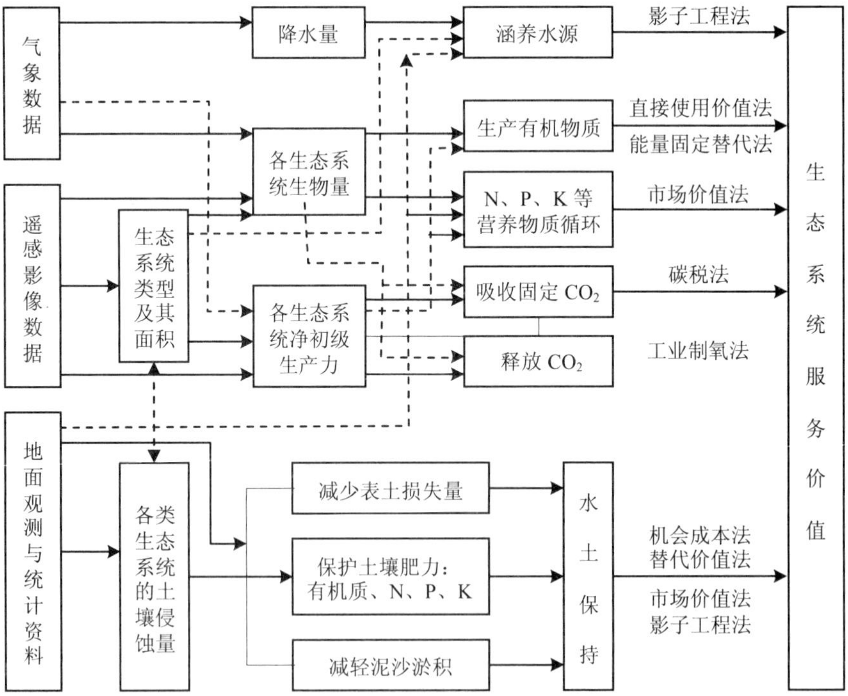

图6-1 生态资产遥感测量的技术路线（张淑英等，2004）

一定区域内的生态资产价值总量（V）可以表示为：

$$V = \sum_{c=1}^{n} V_c \tag{6-1}$$

式中：$c = 1, 2, \cdots, n$，表示生态系统的类型；V_c 表示第 c 类生态系统生态资产价值。

$$V_c = \sum_{i=1}^{n}\sum_{j=1}^{m} R_{ij} \times V_{ci} \times S_{ij} \tag{6-2}$$

式中：$i = 1, 2, \cdots, n$ 表示第 c 类生态系统的第 i 种生态服务功能；V_{ci} 表示第 c 类生态系统的第 i 种生态服务功能类型的单位面积价值；$j = 1, 2, \cdots, m$ 表示一定区域内 V_{ci} 在空间上分布的斑块数；S_{ij} 表示各个斑块的面积大小；R_{ij} 表示 V_{ci} 在不同斑块的调整系数，它是由生态系统的质量状况决定的：

$$R_{ij} = F(A_1, A_2, \ldots, A_n) \tag{6-3}$$

式中：$A_1, A_2, \cdots, A_n$ 是表征生态系统质量状况的生态参数，不同质量状况的同一生态系统类型的 V_{ci} 是不同的，其差别由 R_{ij} 来调整。本章选取植被覆盖度（f_j）和植被净第一性生产（NPP）作为表征当年生态系统质量状况的生态参数，对于任一像元，调整系数可表示为：

$$R_{ij} = \left(\frac{\mathrm{NPP}_j}{\mathrm{NPP}_{\mathrm{mean}}} + \frac{f_j}{f_{\mathrm{mean}}} \right) / 2 \tag{6-4}$$

式中：$\mathrm{NPP}_{\mathrm{mean}}$ 和 f_{mean} 为区域内第 c 类生态系统植被净第一性生产力的均值和植被覆盖度的均值，NPP_j 和 f_j 为 j 像元的植被净第一性生产力和植被覆盖度。

本章所用到的遥感数据包括 TM 数据（2010 年 7—9 月）、NDVI 数据（2000 年 8 月和 2010 年 8 月）及 NPP 数据（2000 年和 2010 年）。TM 数据的图像空间分辨率为 30 m，NDVI 和 NPP 数据的图像空间分辨率为 1 km。将基于 TM 影像分类得到的土地利用类型归为 7 类：森林、灌丛、草地、耕地、水体、建筑用地、难利用土地。这 7 个土地利用类型，分别对应于森林生态系统、灌丛生态系统、草地生态系统、农田生态系统、水生生态系统、城镇生态系统和荒野地生态系统。

（2）生态资产测量结果

在生态系统生态资产价值实际计算过程中，7 类生态系统单位面积的价值初始值采用张淑英等（2004）对内蒙古自治区 7 个生态系统类型的单位面积的估价，即森林：214 400 元/km²，灌丛：65 900 元/km²，草地：89 800 元/km²，农田：95 100 元/km²，水体：141 800 元/km²，城镇：5 100 元/km²，荒野地：9 200 元/km²。通过计算，得到了研究区两个时期（2000 年和 2010 年）各类生态系统的生态资产价值空间分布图（彩图 6-1，彩图 6-2）。

研究区 2000 年的生态资产总价值为 84.46 亿元，2010 年的生态资产总价值为 85.19

亿元，10 年间生态资产总价值略有增加。两个时期的生态资产价值空间分布规律大体一致，均由东南向西北逐渐降低。最高值区位于沿阴山山脉一线的森林—灌丛生态系统区，生态资产单位面积价值高于 200 000 元/km^2。最低值区，零星分布于各处的难利用土地所在地段，生态资产单位面积价值不足 10 000 元/km^2。次低值区主要分布在四子王旗和达尔罕茂明安联合旗北部的草原化荒漠生态系统区，单位面积价值介于 10 000～50 000 元/km^2。低值区反映生态系统本身的脆弱性，另外，人类的长期过度开发，自然生态系统原有的功能受损，是导致生态资产价值较低的主要原因。中值区和较高值区，主要分布在生态系统类型多样的农牧交错区，这里拥有较高的植被覆盖度和生物量的农田生态系统占有很大比例，该区生态资产价值的数值与水热条件的配置较为一致。

根据各生态系统的生态资产价值（彩图 6-1、彩图 6-2），将其分为 8 个等级：极高、高、较高、中等、中低、较低、低和极低。两个时期不同等级生态资产价值面积比例变化见图 6-2。

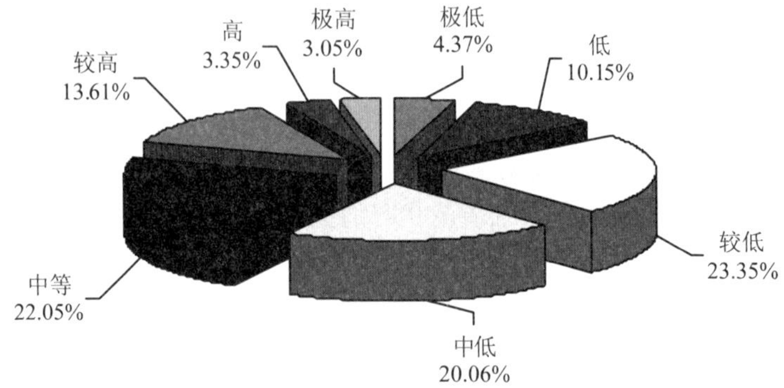

a. 2000 年

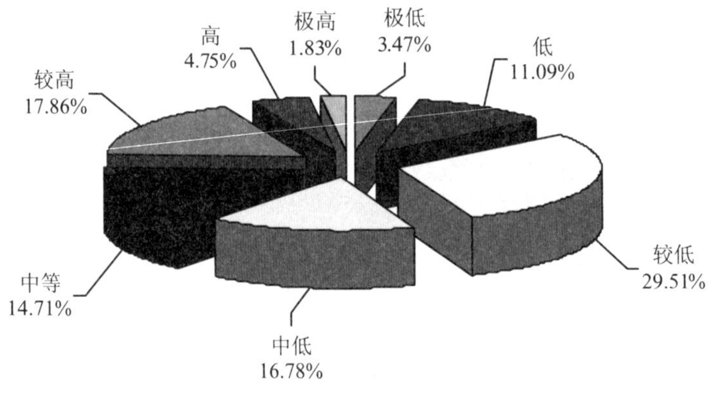

b. 2010 年

图 6-2　内蒙古中部各级生态资产价值面积比例

2000 年至 2010 年，10 年间不同等级生态资产价值占有的比例呈现如下变化趋势：中低和中等两个等级的生态资产价值所占比例由 42.11%下降到 31.49%；较低、低和极低 3 个等级的生态资产价值所占比例由 37.87%增加到 44.07%；较高、高和极高 3 个等级的生态资产价值所占比例由 20.02%增加到 24.44%。上述事实表明，中低和中等生态资产值减少的面积流向两个方面：一是有 6.20%变差，变为低等级的生态资产价值；二是有 4.42%变好，变为较高、高和极高等级的生态资产价值。其增加值应是 10 多年生态建设的成效所致。

6.1.2 生态资产区域差异分析

（1）市域差异

以市域为单位，计算两个时期（2000 年和 2010 年）研究区生态系统生态资产的空间价值分布差异（表 6-1）。

表 6-1 各市生态资产价值差异

市区	地均资产/（万元·km^{-2}）		人均资产/（元·人$^{-1}$）		总资产/亿元	
	2000 年	2010 年	2000 年	2010 年	2000 年	2010 年
呼和浩特市	11.65	11.71	927	849	18.75	18.93
包头市	6.95	6.70	919	823	17.84	17.16
乌兰察布市	9.94	9.78	1959	1810	49.87	49.10

从区域差异看，生态资产整体规律是乌兰察布市远远大于包头市和和呼浩特市，主要是因为乌兰察布市的面积大，接近包头市的 2 倍，呼和浩特市的 3 倍。乌兰察布市的人均生态资产价值也远高于其他两市，是包头市和呼和浩特市的两倍多。地均生态资产基本上反映一个地区的生态资产水平，是衡量一个地区生态资产质量的直接标准。在生态质量方面，呼和浩特市无疑具有得天独厚的优势，拥有高质量的森林生态系统和农田生态系统。

从 10 年变化看，人均生态资产价值均为下降趋势，这与人口增加直接相关；地均生态资产和生态总资产均为有升有降，呼和浩特为增大，乌兰察布市与包头市为减少。前者与生态建设投入直接相关。

（2）县域差异

为了进一步分析生态资产在县域之间的空间分布差异，本文根据县域行政单元对研究区的生态资产进行计算，全区 21 个旗县生态资产差异如图 6-3 至图 6-5 所示。

图 6-3 显示，虽然 2000 年与 2010 年旗县生态资产总量的空间分布总体格局相似，然而旗县之间出现了明显的地区分异：北部的四子王旗和达尔罕茂明安联合旗生态资产总量略有下降，但仍远远超过其他 19 个旗县；中部的固阳、武川、卓资、察右中旗，东部的商都、兴和以及南部的和林格尔、凉城基本上维持较高和中高生态资产总量；中东部的察右后旗、集宁、丰镇和土左旗处于中等水平；西南部的包头、土右旗、托克托和东部的化

德生态资产价值总量较低。生态资产总量的差异，一是由于辖区面积大小差异，二是与辖区内的生态系统差异有关。比如总量最高的两个旗县主要得益于其广阔的辖区面积；而总量最低的集宁区主要是因为辖区内以城镇生态系统为主。2000—2010年，生态资产总量增加的旗县主要有兴和县、丰镇市、土默特左旗、清水河县、凉城县等；总量大幅减少的主要是达尔罕茂明安联合旗和四子王旗，其次是武川县、察右中旗和察右后旗。

图 6-3 各旗县生态资产价值总量分布差异

图 6-4 反映 2000 年和 2010 年各旗县间地均生态资产的数量和空间分布差异，地均生态资产整体呈现由东南向西北降低的趋势。凉城县、卓资县和呼和浩特市处于第一等级。其次是土默特左旗、丰镇市、和林格尔县以及兴和县等旗县。平均值较低的旗县有达尔罕茂明安联合旗、四子王旗、包头市、集宁市和固阳县等旗县。再次揭示生态资产总量出现差异的原因不同。2000—2010 年，地均生态资产增加的旗县主要有集宁区、丰镇市、兴和县、土默特左旗和清水河县等旗县。减少的旗县主要有武川县、察右中旗和察右后旗。

由图 6-5 可知，旗县间人均生态资产差距巨大，这与人口密度的差异直接相关，牧区人口稀少，农区人口密集，农牧交错区人口密度居中。西北部的四子王旗和达尔罕茂明安联合旗人均生态资产超过 70 000 元/人，而集宁区、包头市和呼和浩特市人均生态资产不足 300 元/人；2000—2010 年，大部分旗县人均生态资产都呈减少趋势，特别是北部的达尔罕茂明安联合旗和四子王旗。人均资产的减少一方面由于生态资产总量的降低，另一方面是区域人口增加的结果。

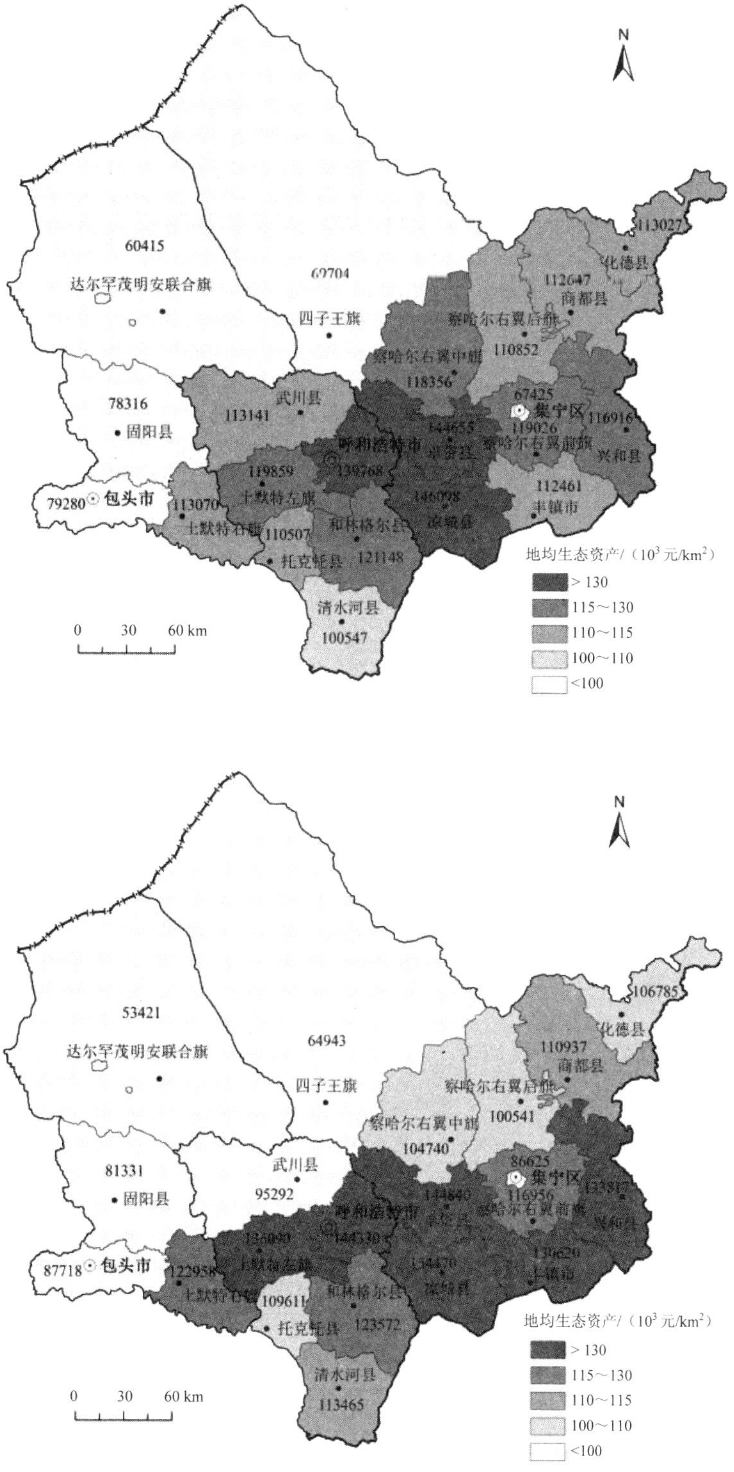

注：上图，2000 年；下图，2010 年。

图 6-4　各旗县地均生态资产价值空间差异

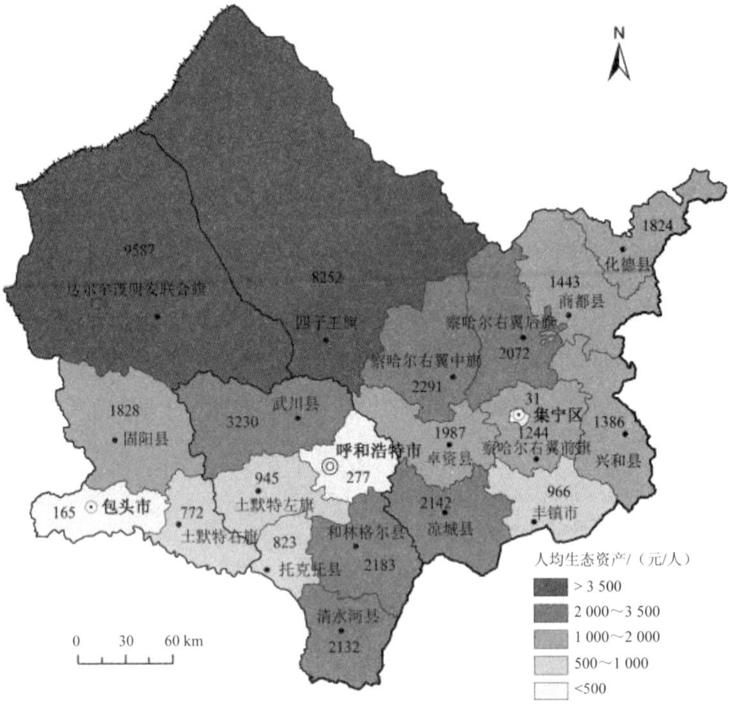

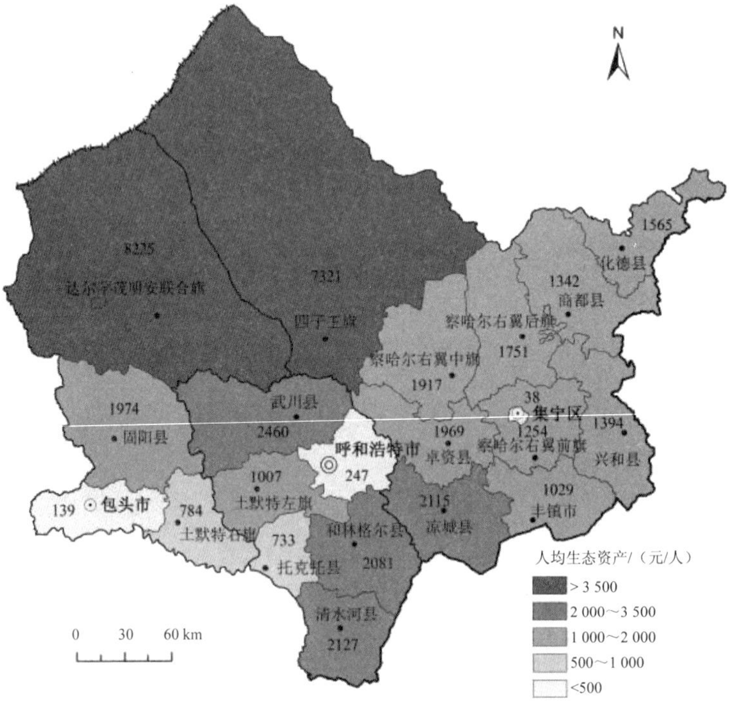

注：上图，2000 年；下图，2010 年。

图 6-5　各旗县人均生态资产价值空间差异

为了探讨生态资产与人口、经济存在一定相关性，将研究区生态资产与同时期的人口和 GDP 进行了 PEARSON 和 SPEARMAN 两种相关分析（表 6-2，表 6-3）。

表 6-2 各旗县生态资产与人口、经济的 PEARSON 相关系数

年份	样本数/个	生态资产与人口	生态资产与经济（GDP）
2000	21	–0.279	–0.277
2010	21	–0.290	–0.282

表 6-3 各旗县生态资产与人口、经济的 SPEARMAN 秩相关系数

年份	样本数/个	生态资产与人口	生态资产与经济（GDP）
2000	21	–0.131	–0.446*
2010	21	–0.229	–0.482*

注：*在置信度（双侧）为 0.05 时，相关性是显著的。

从表 6-2 和表 6-3 可以看出，2000 年和 2010 年，生态资产与人口、经济均存在负相关，而且负相关越来越明显。特别是生态资产与经济的 SPEARMAN 秩相关系数存在显著负相关，说明生态与经济存在较强的相关性，经济的发展一定程度上制约着生态的发展，因此，协调区域的生态与经济发展引起本书的高度关注。

（3）生态区差异

本章以生态区为单元对研究区的生态资产进行了统计，6 个生态区的生态资产差异如表 6-4。6 个生态区按总资产排序：Ⅱ＞Ⅳ＞Ⅲ＞Ⅰ＞Ⅵ＞Ⅴ；按地均资产排序：Ⅰ＞Ⅵ＞Ⅲ＞Ⅱ＞Ⅳ＞Ⅴ；按人均资产排序：Ⅴ＞Ⅳ＞Ⅲ＞Ⅱ＞Ⅰ＞Ⅵ。6 个生态区在总资产、地均资产和人均资产 3 个指标上差异明显，最高地均生态资产（Ⅰ生态区）与最低地均生态资产（Ⅴ生态区）相差近 4 倍，最高人均生态资产（Ⅴ生态区）与最低人均生态资产（Ⅵ生态区）相差 11 倍之多。

表 6-4 各生态区生态资产价值差异

生态区	总资产/亿元			地均资产/（万元/km^2）			人均资产/（元/人）		
	2000 年	2010 年	增幅/%	2000 年	2010 年	增幅/%	2000 年	2010 年	增幅/%
Ⅰ	8.61	9.23	7.28	14.26	15.24	6.85	701	689	–1.66
Ⅱ	45.00	43.50	–3.33	10.64	10.26	–3.57	1559	1427	–8.47
Ⅲ	8.99	9.41	4.65	11.44	11.85	3.55	1567	1514	–3.36
Ⅳ	14.43	13.23	–8.36	6.20	5.70	–8.04	4854	4236	–12.73
Ⅴ	2.49	2.57	3.13	3.74	3.89	4.13	4956	4890	–1.32
Ⅵ	6.94	7.25	4.47	11.98	12.46	4.04	436	413	–5.31

注：Ⅰ阴山山地森林—草甸草原生态区，Ⅱ阴山北麓及东南部中温型典型草原生态区，Ⅲ阴山南麓暖温型草原生态区，Ⅳ乌兰察布层状高平原荒漠草原生态区，Ⅴ乌兰察布高原北部草原花荒漠生态区，Ⅵ前套平原农作植被—盐湿草甸生态区。

从6个生态区3个指标的数量变化分析，可将6个生态区归为两类：一是总资产和地均资产都增加，而人均资产减少，如Ⅰ生态区；二是总资产、地均资产和人均资产都减少，如Ⅱ生态区。第一类生态区反映生态状况有所改善，但由于人口增长速度超过了生态改善速度，人均资产有所下降；第二类生态区表明生态状况在进一步恶化。

6.1.3 可持续发展量度

（1）“和度”和“合度”的概念与测量

和合文化体现了中华文化的核心价值，是中华文化的精髓。“和”是指异质因素的和谐共处，“合”是指异质因素的融合贯通，“和合”二者联用，蕴含着不同事物及其因素的相异相成和紧密凝聚。和合文化的基本精神，一是将自然界理解为一个阴阳和合的统一体，“万物各得其和以生，各得其养以成”[①]；二是强调社会中的人要与自然界和合，同时保持人自身的身心和合。提出“齐万物”——确认人与自然的平等观，其中的核心理念就是“天人合一”；三是主张人际和合，提倡“贵和尚中”，贵和谐、尚中道、持中即是和，并将这些原则视为社会发展的基本前提与根本目标。

和合文化将人，尤其是“人和”作为关注的中心。世界上许多现象都存在着和合关系，而人的和合是实现其他和合的前提与基础。孟子提出“天时不如地利，地利不如人和”（《孟子·公孙丑下》）著名命题，将“人和”摆在成就事业诸条件的第一位。可见，和合文化是将人及“人和”作为关注核心。同时它在强调人及“人和”的同时并不主张与自然相对抗，而多是主张与自然和合，即“天人合一”。今天，我们要实现全面、协调、可持续发展，必须解决人类面临的人与自然、人与社会、人与人、人与心灵、不同文明之间的冲突。这五大冲突都涉及人，和合文化无疑是化解这五大冲突的较优的文化选择方式。

史培军等（2005）基于中国古代传统的“天地人和”与“天人合一”的哲学思想，定义了区域可持续发展定量测量的“和度（P_s）”与“合度（R_p）”。“和度”指区域天、地、人之间相互协调程度的水平，反映区域可持续性的状态，用区域生态资产总值与国内生产总值的比值来表示，表达式为：

$$P_s = \frac{\mathrm{EC}}{\mathrm{GDP}} \tag{6-5}$$

式中，EC为区域生态资产总值，GDP为国内生产总值。如果$P_s=1$，表明生态状况与经济水平相当，且二者在一定时期内增幅也一致，区域处于一个良好的可持续状态；$P_s>1$，表明区域拥有一定的生态容量或生态负荷处于允许范围，且生态状况与经济发展的协调性较好，此时区域的可持续战略应倾向于“发展”一方；$P_s<1$，则说明区域生态容量下降，生态负荷超限，一旦遭遇突发性自然灾害，就会出现严重的生态灾害。应限制经济发展，加强生态建设。

---

① 出自《荀子·天论》。

“合度”指人与自然之间的发展协调度，用区域 EC 与 GDP 在某一时段增幅的比值来反映区域发展可持续与否的趋势，表达式为：

$$R_{\mathrm{p}}=\frac{\mathrm{EC}_{t2}-\mathrm{EC}_{t1}}{\mathrm{EC}_{t1}}\Big/\frac{\mathrm{GDP}_{t2}-\mathrm{GDP}_{t1}}{\mathrm{GDP}_{t1}} \tag{6-6}$$

式中，$t1$ 表示第一时期，$t2$ 表示第二时期。P_{s} 和 R_{p} 呈正相关关系。

（2）“和度”和“合度”的区域诊断

①市域诊断。

根据以上概念和公式，对研究区 2000 年和 2010 年的“和度”和“合度”进行了测算（表 6-5）。10 年间 3 市 GDP 增幅明显，达到 5～10 倍，而生态资产的增幅却远远落后于 GDP 的增长，比较好的呼和浩特市 EC 值仅增加 0.94%，包头、和乌兰察布市均为负增长。这表明 3 市的生态容量处于负荷超限的状态，生态问题日趋严重。2000 年和 2010 年 3 市的 P_{s} 值均小于 1，其中，乌兰察布市＞呼和浩特市＞包头市，且 2010 年 P_{s} 值比 2000 年的更小；三市的 R_{p} 值均远小于 1，而且包头市和乌兰察布市生态资产还出现了负值，说明社会资产与生态资产的发展极不协调，经济发展的同时，应特别加强生态保护与生态建设。

表 6-5　各市“和度”与“合度”的差异

市	EC/万元		GDP/万元		P_{s}		EC 增幅/%	GDP 增幅/%	R_{p}
	2000 年	2010 年	2000 年	2010 年	2000 年	2010 年			
呼和浩特	187 505	189 263	1 625 260	18 119 173	0.115 4	0.010 4	0.94	1 014.85	0.000 9
包头	178 408	171 619	2 045 246	23 340 307	0.087 2	0.007 4	−3.81	1 041.20	−0.003 7
乌兰察布	498 693	491 017	887 330	5 364 596	0.562 0	0.091 5	−1.54	504.58	−0.003 1

②县域诊断。

表 6-6 反映研究区 2000 年和 2010 年各旗县 P_{s} 值在数量和空间分布上的差异。从数值上来看，2000 年时，四子王旗和达尔罕茂明安联合旗的 P_{s} 值均大于 1，说明这两个旗的生态资产与国内生产总值还有一定的发展空间，生态状况与经济发展的协调性较好，但 2010 年 P_{s} 值明显下降；化德县、凉城县、武川县、察哈尔右翼中旗 $0.7<P_{\mathrm{s}}<0.8$，生态容量有超负荷现象；集宁市、包头市、呼和浩特市 $P_{\mathrm{s}}<0.1$，生态负荷严重。到了 2010 年，研究区 21 个旗县的 P_{s} 值均小于 1，P_{s} 值最大的四子王旗也不到 0.5，有 14 个旗县 $P_{\mathrm{s}}<0.1$。此外，生态资产的增幅远远落后与 GDP 的增幅，并且 21 个旗县中有 8 个旗县出现了生态资产的负增长，但社会资产最小的增幅都达到了 294.65%，生态资产与社会资产发展严重不平衡。

表 6-6 各旗县“和度”与“合度”排序

生态区	P_s		P_s排序		EC 增幅/%	GDP 增幅/%	R_p	R_p 排序
	2000 年	2010 年	2000 年	2010 年				
呼和浩特市	0.025 9	0.002 7	19	19	3.56	886.95	0.004 0	10
土默特左旗	0.154 9	0.024 4	16	16	13.32	618.92	0.021 5	5
托克托县	0.123 1	0.009 0	18	18	0.02	1 271.38	0.000 0	13
包头市	0.012 8	0.001 3	20	20	10.92	962.66	0.011 3	7
土默特右旗	0.128 4	0.017 2	17	17	10.78	725.15	0.014 9	6
固阳县	0.380 2	0.056 5	14	12	3.34	595.58	0.005 6	9
集宁市	0.004 1	0.000 9	21	21	15.81	399.12	0.039 6	1
丰镇市	0.225 7	0.038 3	15	14	18.77	600.03	0.031 3	2
武川县	0.743 8	0.103 6	5	6	-15.78	504.95	-0.031 2	20
和林格尔县	0.632 5	0.032 5	10	15	2.59	1 894.71	0.001 4	11
清水河县	0.421 5	0.080 8	12	9	14.70	498.25	0.029 5	4
卓资县	0.689 8	0.114 0	7	5	0.13	505.63	0.000 3	12
化德县	0.787 9	0.095 0	3	7	-5.32	685.11	-0.007 8	16
商都县	0.520 3	0.129 9	11	3	-1.45	294.65	-0.004 9	15
兴和县	0.640 5	0.118 6	9	4	15.74	525.34	0.030 0	3
凉城县	0.755 3	0.092 2	4	8	7.30	779.28	0.009 4	8
察右前旗	0.387 5	0.055 9	13	13	-1.47	582.58	-0.002 5	14
察右中旗	0.717 0	0.154 9	6	2	-11.50	309.53	-0.037 2	21
察右后旗	0.678 6	0.077 4	8	11	-9.42	694.52	-0.013 6	18
四子王旗	2.257 7	0.472 5	1	1	-7.22	343.36	-0.021 0	19
达茂旗	1.341 8	0.078 1	2	10	-11.88	1 413.11	-0.008 4	17

图 6-6 表明，研究区南部和西南部经济较发达的旗县 P_s 值普遍小于东部和东北部的旗县，表明这些旗县在努力发展经济的同时，生态建设与生态保护的力度不足，这一趋势不利于研究区的生态安全。P_s 值的空间分布格局充分表现了社会资产与生态资产之间的矛盾关系，经济发展所需要的大量物质资源以及城市化带来的土地利用/覆盖的不可逆转的变化，给区域生态资产带来了破坏性的损失。在继续提高经济水平的同时，应当提高对生态建设的重视程度。否则，长此以往，生态资产的数量必然不能支持快速的经济发展，还可能形成严重的生态负荷，进而导致生态灾难。2000—2010 年，经济发展速度超过生态建设速度，21 个旗县的 R_p 均远远小于 1，并且，武川县、化德县、商都县等 8 个旗县的 R_p 为负数，这些旗县生态资产不但没有增加，反而出现降低的现象，生态负债问题亟待解决。

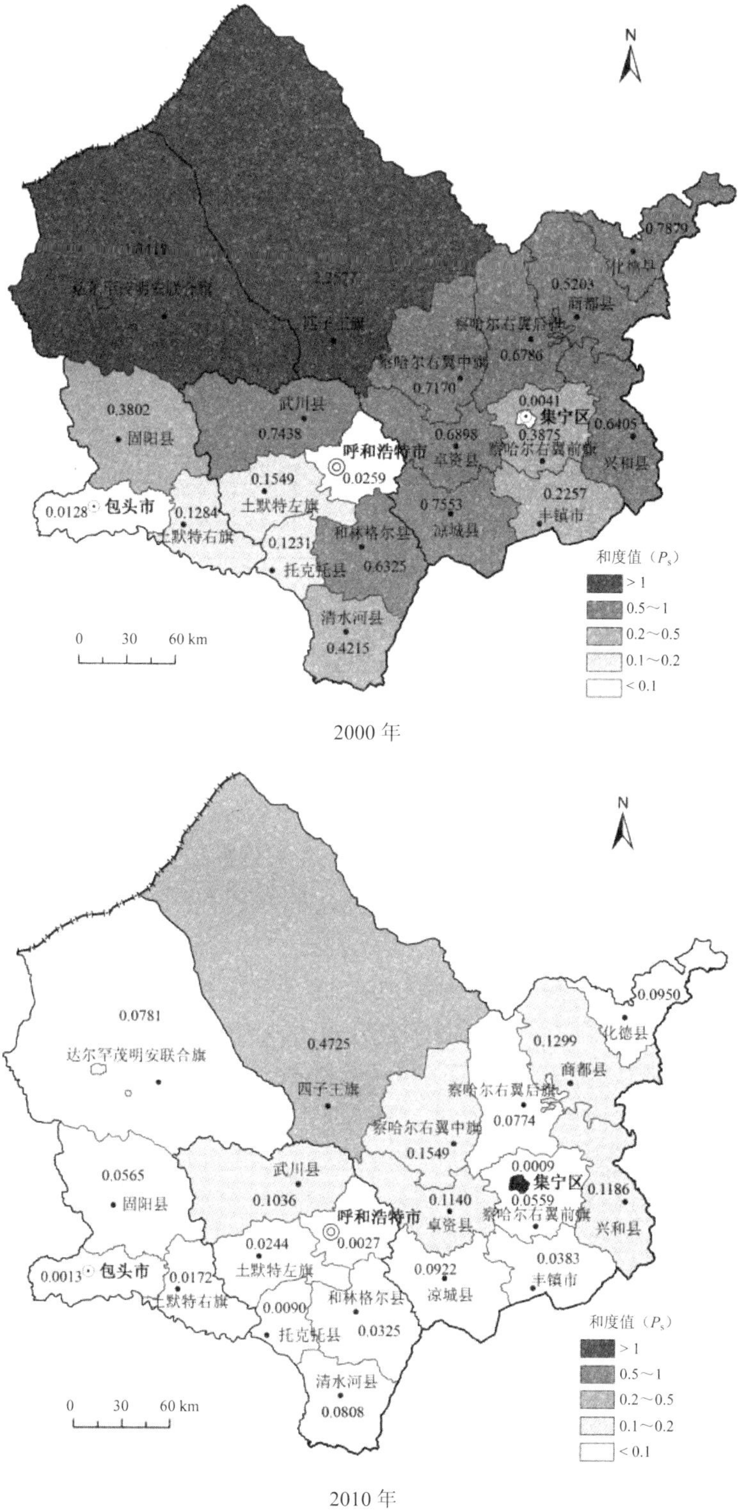

图 6-6　各旗县 P_s 值空间分布差异

③生态区诊断。

表 6-7 反映了不同生态区 P_s 值的差异。2000 年荒漠草原生态区（Ⅳ）P_s 值最大，是唯一一个 $P_s>1$ 的生态区，其次是草原化荒漠生态区（Ⅴ）P_s 接近 1，这两个生态区的生态状况与经济发展的协调性相对较好。到了 2010 年，6 个生态区 P_s 值均小于 1。值得注意的是：作为内蒙古中部草原主体的中温型草原生态区（Ⅱ）和中温型荒漠草原生态区（Ⅳ），近 10 年来 P_s 明显下降，R_p 出现负值，生态资产的增幅远远落后与 GDP 增幅，表明草原退化的态势仍未遏制，呈现经济发展与生态发展不协调的现象。

表 6-7　各生态区“和度”与“合度”的差异

生态区	EC/万元		GDP/万元		P_s		EC 增幅/%	GDP 增幅/%	R_p
	2000 年	2010 年	2000 年	2010 年	2000 年	2010 年			
Ⅰ	86 075	92 340	940 698	10 028 140	0.091 5	0.009 2	7.28	966.03	0.007 5
Ⅱ	449 985	435 021	989 194	6 752 801	0.454 9	0.064 4	-3.33	582.66	–0.005 7
Ⅲ	89 908	94 087	303 010	3 419 033	0.296 7	0.027 5	4.65	1 028.36	0.004 5
Ⅳ	144 321	132 253	118 411	1 272 322	1.218 8	0.103 9	-8.36	974.49	–0.008 6
Ⅴ	24 889	25 667	25 026	256 056	0.994 5	0.100 2	3.13	923.17	0.003 4
Ⅵ	69 429	72 531	1 308 155	14 256 600	0.053 1	0.005 1	4.47	989.82	0.004 5

6.2　区域生态与经济发展定位

6.2.1　生态建设与保护定位

《全国生态环境保护纲要》（2000）中明确指出：“对具有重要生态功能的林区、草原，应划为禁垦区、禁伐区或禁牧区，严格管护；已经开发利用的，要退耕退牧，育林育草，使其休养生息。”并将全国生态环境建设划分为 8 个主要类型区域，其中，内蒙古中部主要涉及“三北”风沙综合防治区和草原区两个类型区域。《全国生态脆弱区保护规划纲要》（2008）明确提出了“北方农牧交错生态脆弱区”的概念，并将草地退化、土地沙化列为我国生态脆弱区的最主要的生态压力，其中包括阴山北麓草原垦殖退化、沙化生态脆弱重点区域。2010 年，国家将生态环境最为脆弱，对改善全国生态环境最具影响力，对实现近期奋斗目标最为重要的长江上游、黄河中游、风沙区和草原区 4 个区域作为全国生态环境建设的重点地区。在风沙区的治理上，把重点放在土地荒漠化最为严重的半干旱农牧交错地带地区。《内蒙古自治区生态环境保护建设规划纲要》（1999）提出了 8 个重点建设工程，研究区涉及其中的 5 个，分别是：黄河中上游及黄土高原水土流失风沙区治理工程、“三北”风沙综合防治区—阴山北部风蚀沙化区治理工程、草原区生态环境治理工程、生态农业建设工程与城市环境保护建设工程（表 6-8）。

表 6-8　内蒙古中部生态环境保护建设重点工程

工程名称	涉及盟市、县	生态保护建设主要目标
黄河中上游及黄土高原水土流失风沙区治理工程	包括呼和浩特市、包头市、乌兰察布市等市的 29 个旗县	减少输入黄河的泥沙量，减轻水土流失对黄河下游的危害。建设方式以小流域单元治理为主，采取生物措施与工程措施相结合的办法
“三北”风沙综合防治区——阴山北部风蚀沙化区治理工程	包括乌兰察布盟、呼和浩特市、包头市等盟市的 11 个旗县	在地形起伏的丘陵区内营造防风固沙林、农田草牧场防护林和护村护路林，建设旱作稳产高产基本农田和草牧场。重点建设乌兰察布盟后山地段
草原区生态环境治理工程	包括内蒙古 33 个牧区旗县。涉及内蒙古中部旗县	恢复草场牧草植被，建立“三北”绿色草带天然生态屏障。在乌兰察布典型草原区，改良封育草场；在乌兰察布盟的盐碱化草场，人工种植耐盐牧草；在丘陵区种植多年生牧草，建设灌丛草场；治理荒漠化土地。同时，建立天然草场鼠虫害防治测报系统，搞好草籽基地建设
生态农业建设工程	包括阴山北部丘陵干旱风沙区的部分旗县	建设方式以建设农牧结合型生态户、“四位一体”生态模式户，推广节水灌溉、节能技术和农村新能源为主，主要建设内容包括农田基本建设，植树种草、打井，建设水土保持及小流域治理工程等
城市环境保护建设	以呼和浩特、包头二市为重点	大力推广节能住宅建筑技术，保护和合理开采地下水资源，提倡使用水源二次利用系统，提倡使用城市清洁能源；大力治理城市污染源，扩大城市绿地面积

注：资料来源于内蒙古生态环境保护建设规划纲要，1999。

6.2.2　主体功能区定位

根据《全国主体功能区规划》（2010），将全区国土空间按三种方式进行了主体功能区划分：按开发方式，划分为重点开发区域、限制开发区域和禁止开发区域；按开发内容划分为城市化地区、农产品主产区和重点生态功能区；按层级划分为国家级和自治区级两个层面。本区涉及的国家重点生态功能区是阴山北麓草原生态功能区，国家主要城市化地区是呼包鄂榆主体功能区（图 6-7），此外还包括一个国家级自然保护区（大青山自然保护区）和一个国家森林公园（内蒙古五当召国家森林公园）。

阴山北麓草原生态功能区主要包括研究区的达茂旗、四子王旗、察右中旗和察右后旗。其功能定位是国家重点生态功能区。呼包鄂榆主体功能区，位于全国“两横三纵”城市化战略格局纵轴的北端，包括呼和浩特、包头、鄂尔多斯和陕西省榆林的部分地区，其功能定位是：全国重要的能源、煤化工基地、农畜产品加工基地和稀土新材料产业基地，北方地区重要的冶金和装备制造业基地。在“两横三纵”为主体的城市化战略格局中，研究区应把握“包昆通道”起点的区位优势，以包头为桥头堡，扩大“呼包城市群”的影响力与辐射范围；构建以呼和浩特为中心，以包头、鄂尔多斯和榆林为支撑，以主要交通干线和内蒙古沿黄产业带为轴线的空间开发格局，促进呼包鄂榆一体化发展。

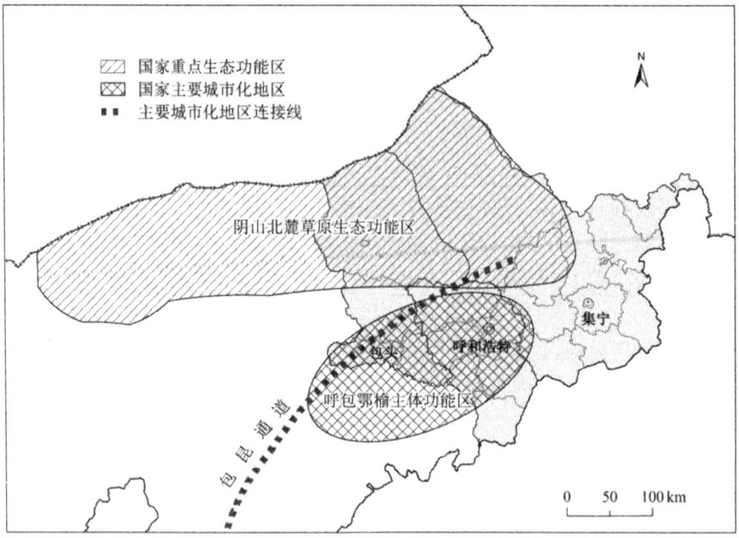

图 6-7　内蒙古中部重点生态功能区和城市化战略格局示意图

（据全国主要城市化地区和国家重点生态功能区示意图改编，2010）

内蒙古自治区 2012 年 7 月颁布了《内蒙古自治区主体功能区规划》[①]（以下简称规划），根据《规划》，研究区的国家级重点开发区域是呼包地区，包括 5 个旗县，该区域区位和资源优势明显，发展空间和潜力较大；自治区级重点开发区域包括 2 个旗县，其发展方向是发挥资源区位优势，主动融入呼包国家级重点开发区域，发展特色优势产业和现代物流业，建设以集宁为中心、以京包沿线为主轴的产业带。限制开发区域分两类：一是农产品主产区，从确保粮食安全和食品安全的大局出发，充分发挥各地区比较优势，发展现代农业，保障农产品供给，研究区重点是要发展土默川平原农业主产区；二是重点生态功能区，其发展目标是使生态环境质量明显改善。研究区主要涉及两个生态功能区：一是阴山北麓生态区，该区域土地贫瘠、水资源匮乏、干旱风大、耕地沙化严重，是北京乃至华北地区沙尘的主要来源地之一，因此属于防风固沙型地区，重点是要推进退耕还林、退牧还草、防治耕地和草地沙化、盐碱化，实施禁牧休牧、划区轮牧和生态移民工程，促进生态自然恢复；二是黄土高原丘陵沟壑水土保持区，该区域黄土堆积深厚、水土流失敏感程度高，目前坡面土壤侵蚀和沟道侵蚀严重，严重影响黄河中下游生态安全，该区域属于水土保持型地区，重点是巩固水土流失治理、退耕还林、退牧还草成果，加强小流域综合治理和植树造林，实行封山禁牧，恢复退化植被，加大矿山环境整理和生态修复力度，最大限度地减少人为因素造成新的水土流失。禁止开发区域是指有代表性的自然生态系统、珍稀濒危野生动植物物种的天然集中分布地、有特殊价值的自然遗迹所在地和文化遗址等点状分布的生态地区。图 6-8 给出了研究区的主体功能区规划空间布局，开发区域有国家级重点开发区域和自治区级重点开发区域，限制开发区域有国家级农产品生产区、自治区级农产品

① 内蒙古自治区人民政府发布实施，2012 年。

主产区、国家级重点生态功能区和自治区级重点生态功能区。

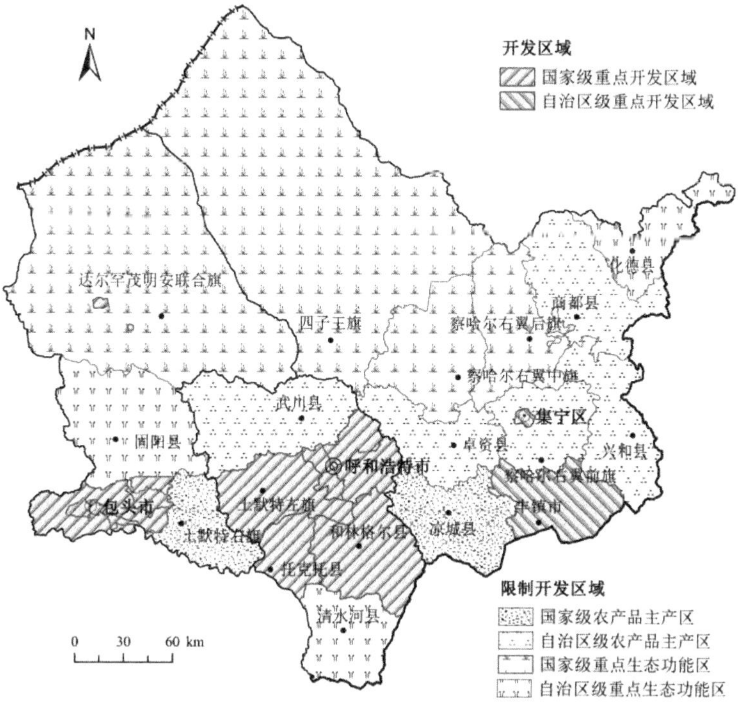

图 6-8　内蒙古中部主体功能区划图

（根据内蒙古自治区主体功能区划分总图改编，2012）

表 6-9 给出了研究区禁止开发区域名录，其中包括自然保护区 33 个，占地面积 7 068.59 km²；风景名胜区 2 个，占地面积 910 km²；森林公园 10 个，占地面积 1 303.91 km²；地质公园 1 个，占地面积 472.50 km²。

表 6-9　内蒙古中部禁止开发区域

类别	名称	所在地	面积/km²	级别
自然保护区	大青山自然保护区	呼和浩特市、包头市、乌兰察布市	3 885.77	国家级
	哈素海湿地保护区	呼和浩特市、土默特左旗	181.40	自治区级
	南海子湿地自然保护区	包头市东河区	16.64	
	梅力更自然保护区	包头市九原区	226.67	
	巴音杭盖自然保护区	达尔罕茂明安联合旗	496.50	
	苏木山自然保护区	兴和县	167.00	
	岱海湖泊湿地自然保护区	凉城县	129.70	
	黄旗海湿地自然保护	察哈尔右翼前旗	368.23	
	脑木更第三系剖面遗迹自然保护区	四子王旗	104.10	
	四子王旗哺乳动物化石自然保护区	四子王旗	0.48	

类别	名称	所在地	面积/km²	级别
自然保护区	摇林沟自然保护区	清水河县	51.70	盟市级
	霸王河自然保护区	集宁区	15.50	
	红召自然保护区	卓资县	105.00	
	兴和地层剖面自然保护区	兴和县	12.00	
	辉腾锡勒自然保护区	察哈尔右翼中旗	167.50	
	察右后旗天鹅湖自然保护区	察哈尔右翼后旗	26.00	
	乌兰哈达5号火山锥自然保护区	察哈尔右翼后旗	2.00	
	脑木更胡杨林自然保护区	四子王旗	0.32	
	丰镇洪山自然保护区	丰镇市	450.00	
	石人湾自然保护区	呼和浩特市赛汗区	30.00	旗县级
	白二爷沙坝自然保护区	和林格尔县	80.00	
	东西摩天岭自然保护区	和林格尔县	30.00	
	黑虎山-鹰嘴山自然保护区	清水河县	30.00	
	春坤山自然保护区	固阳县	95.00	
	红花敖包自然保护区	固阳县	60.00	
	蛮汉山自然保护区	凉城县	300.00	
	中水塘温泉自然保护区	凉城县	0.53	
	乌兰哈达3号火山锥自然保护区	察哈尔右翼后旗	1.55	
	红格尔敖德其沟自然保护区	四子王旗	10.00	
	乌兰哈达地质遗迹自然保护区	四子王旗	25.00	
风景名胜区	希拉穆仁风景名胜区	达尔罕茂明安联合旗	710	自治区级
	辉腾锡勒风景名胜区	察哈尔右翼中旗	200	
森林公园	黑大门国家森林公园	武川县	36.00	国家级
	乌素图国家森林公园	呼和浩特市	800.00	
	二龙什台国家森林公园	凉城县	96.00	
	五当召国家森林公园	包头市石拐区	18.00	
	耿庆沟森林公园	托克托县	10.00	自治区级
	南天门森林公园	和林格尔县	33.33	
	九峰山森林公园	土默特右旗	220.00	
	昆都仑森林公园	包头市	21.10	
	阿善森林公园	包头市	56.15	
	苏木山森林公园	兴和县	13.33	
地质公园	四子王旗地质公园	四子王旗	472.5	自治区级

注：资料来源于《全国主体功能区规划》、自治区国土资源厅、自治区环境保护厅、自治区住房和城乡建设厅。

《规划》对呼和浩特市发展的定位是：将其建设成为创新型首府城市，现代服务业中心，重点发展金融、物流、信息、旅游等产业，同时，继续做大做强乳制品产业，巩固“中国乳都”核心地位，大力培育发展牛羊肉加工业品牌，将呼市建设成全国绿色农畜产品加工基地，并有选择地发展先进制造业和新能源产业。对包头市的定位是：重点发展钢铁、装备制造业和稀土新材料产业基地。将包头建设为北方装备制造业基地，同时配套发展生产性服务业，推进生态园林城市建设，对乌兰察布市的定位是：建设以集宁区为中心、以京包沿线为主轴的产业带，依托察哈尔工业园区，积极发展农畜产品生产加工业，力争建设成为国家重要的绿色农畜产品生产加工基地，完善交通基础设施，形成自治区“东进西出、北开南联”的重要交通枢纽；发展现代农业，加强农业基础设施和现代服务体系建设，同时合理规划，建设好新农村、新牧区；适度发展特色产业；鼓励发展生态旅游等低污染高效益的服务业。

6.2.3 区域经济发展定位

2011 年国家明确了内蒙古在国家发展战略中的定位[①]：一是国家重要的能源基地、新型化工基地、有色金属生产加工基地和绿色农畜产品生产加工基地；二是我国向北开放的重要桥头堡。

据此，自治区政府把内蒙古经济发展定位为[②]：建成保障首都、服务华北、面向全国的清洁能源输出基地，建成全国重要的现代化煤化工生产示范基地，建成有色金属生产加工和现代装备制造等新型产业基地，建成绿色农畜产品生产加工输出基地，建成体现草原文化、独具北疆特色的旅游观光、休闲度假基地，建成我国北方重要的生态安全屏障，建成我国北疆安全稳定屏障，建成我国向北开放的重要桥头堡和充满活力的沿边经济带。

6.2.4 生态区生态与经济发展定位

表 6-10 是研究区内 6 个生态区的生态与经济发展定位。

阴山山地森林—草甸草原生态区（Ⅰ区）是研究区生物多样性保护的关键地区，应加强生态保护和恢复，巩固退耕还林成果，继续实施天然林资源保护、“三北”防护林五期等国家重点生态建设项目，加强重点区域植被恢复和动物保护；巩固山北草原围封禁牧成果，建设北部绿色生态屏障；健全和落实禁牧草场生态补偿和补偿增长机制；加强自然保护区和生态示范区建设。

阴山北麓及东南部中温型典型草原生态区（Ⅱ区）的大部分旗县属于限制开发区域。应该将其中的农产品主产区建设成为绿色农产品加工基地，发展设施农业；重点生态功能区应注意生态建设，促进生态与经济的协调发展。

---

① 《国务院关于进一步促进内蒙古经济社会又好又快发展的若干意见国发[2011]21 号》。

② 内蒙古“8337”发展战略。

表 6-10 内蒙古中部各生态区涉及旗县的生态与经济发展定位

生态区	重点开发区域		限制开发区域 农产品主产区		限制开发区域 重点生态功能区	
	国家级	自治区级	国家级	自治区级	国家级	自治区级
Ⅰ区					包头市、呼和浩特市、卓资县和凉城县的北部山区	
Ⅱ区		丰镇市	凉城县	商都县、集宁区、察右前旗、兴和县、卓资县	达茂旗、四子王旗、察右后旗、察右中旗	化德县、固阳县
Ⅲ区	托克托县、和林格尔		凉城县			清水河县
Ⅳ区					四子王旗、达茂旗	
Ⅴ区					四子王旗、达茂旗	
Ⅵ区	土默特左旗、呼和浩特市、包头市		土默特右旗			

阴山南麓暖温型草原生态区（Ⅲ区）涉及的和林格尔县和托克托县是重点开发区域，应加强农业发展；清水河县作为重点生态功能区应注意防治水土流失，加强植被恢复。

乌兰察布层状高平原荒漠草原生态区（Ⅳ区）主要涉及四子王旗和达茂旗。作为重点限制开发区域中的重点生态功能区，要加强区域生态保护，建设草原生态旅游基地，进一步扩大“杜蒙杂交肉羊”养殖规模。

乌兰察布高原北部草原化荒漠生态区（Ⅴ区）也主要涉及四子王旗和达茂旗。要严格实行禁牧政策，科学调整养殖结构，鼓励发展肉牛、骆驼等畜牧业，加快培养新能源产业。

前套平原农作植被—盐湿草甸生态区（Ⅵ区）的土默特左旗、呼和浩特市和包头市都属于重点开发区域，土默特右旗是限制开发区域中的农产品主产区。应坚持都市型现代农业的发展方向，因地制宜发展现代高效农牧业，打造以乳业为核心的绿色食品优势加工产业集群，重点发展乳、肉、薯、菜和观光休闲五大产业。

6.3 全球气候变化下的生态系统风险与防范

气候变化是国际社会普遍关心的重大全球性问题。近百年来，地球气候正经历着以全球变暖为主要特征的显著变化，气候变暖是人类活动和自然变化共同作用造成的。IPCC 第五次评估报告预计到 21 世纪末，全球地表平均温度相对于 1886—2005 年可能会升高

1.0～3.7℃（IPCC，2013）。在全球气候增暖的背景下，中国的区域气候也发生相应的变化（许吟隆等，2003）。我国变暖趋势与全球基本一致，气候变化已经并将持续对我国的自然生态系统和经济社会发展产生重要影响。其中，许多影响将是不利的，如自然灾害增多、土地退化与荒漠化、生态系统退化、生产不稳定性增加、生物多样性遭破坏等（秦大河，2003，2011）。伴随着城市化、工业化和经济发展的加速，如果不采取进一步措施，未来气候变化幅度可能会超过自然生态系统和社会经济发展所能承受的极限，从而造成突然的和不可逆转的后果（秦大河，2011）。因此，关注气候变化，加强在全球气候变化下的区域生态系统风险研究，并针对不同生态系统风险积极采取防范措施，不断提升生态环境保护的层次和水平，减轻气候变化对自然资源和环境的压力具有重大意义。

本章主要是对全球变暖背景下的区域生态系统风险进行评价，目的在于为不同生态区的风险防范提供合理的依据。

6.3.1　暖干气候情景设定

（1）IPCC 气候情景设定

情景是把对未来的定性构想与基于模拟的定量表达联系起来的工具，可以被用来探索和评价人口、经济、技术和政策方面的广泛的不确定性。目前应用较多的气候情景包括增量情景（如地面气温增加 2℃，降水减少 5%等）、CO_2 倍增情景（如 CO_2 浓度增加 1 倍）和渐进递增情景（如 SRES 系列情景、RCP 情景等）三种（王国庆，2006）。在 2006 年 IPCC 工作会议上决定研究基于排放情景的开发过程。在 Climate Model Intercomparison Project 5（CMIP5）中，选用 RCP（Representative Concentration Pathways）指标作为排放的指标。根据已有研究（Moss R.et al.，2009），将从现有的综合评估模拟情景中产生四个 RCP（表 6-11）：一个高端路径，即到 2100 年其辐射强迫达到 8.5 W/m^2 以上，并将继续上升一段时间；两个中间“稳定路径”，其辐射强迫在 2100 年之后大约分别稳定在 4.5 W/m^2 和 6 W/m^2；一个低端路径，其辐射强迫在 2100 年之前达到大约 3 W/m^2 的峰值，然后下降。

表 6-11　有代表性的浓度路径类型

名称	辐射强迫	气体浓度	路径形态
RCP8.5	在 2100 年，＞8.5W/m^2	在 2100 年≥1370CO_2 当量	逐渐上升
RCP6.0	2100 年后稳定在～6W/m^2	850 CO_2 当量（2100 年后的稳定水平）	稳定，非超限
RCP4.5	2100 年后稳定在～4.5W/m^2	650 CO_2 当量（2100 年后的稳定水平）	稳定，非超限
RCP2.6	2100 年前的峰值达到～3W/m^2 之后下降	2100 年前，峰值达到～650 CO_2 当量后下降	达到峰值后下降

（2）气候变化趋势与情景确定

本研究选择的气候情景数据为 IPCCAR5 所给定的上述 4 个情景的数据。其中，1971—2004 年数据是基于气象站点实测得到的，2005—2099 年为不同辐射强度下模拟值。得到了研究区每个网格上（0.5 度网格）129 年（2005—2099 年）模拟的年平均温度和年降水量两个气候指标数据，以便反映不同浓度情景下气候变化的趋势。

由图 6-9 可知，研究区的气温整体趋势：一是呈现下降趋势，发生在 RCP2.6 情景下；二是呈现上升趋势，发生在 RCP4.5、RCP6.0 和 RCP8.5 这 3 个情景下，在 RCP8.5 情景下，上升幅度最大，21 世纪末相对 21 世纪初大约升高 6℃。研究区的降水整体呈略上升趋势，4 个浓度情景下趋势差异很小。在 RCP4.5、RCP6.0 和 RCP8.5 情景下，气温上升趋势明显高于降水上升趋势，这表明在这 3 个浓度情景下，研究区在未来将出现暖干化趋势。

6.3.2 暖干情景下的风险等级评价

（1）基础数据与评价方法

针对暖干趋势，选择 RCP4.5 展开研究区土地退化风险等级评价。在前述的土地退化风险评价方法基础上，主要指标的计算如下：

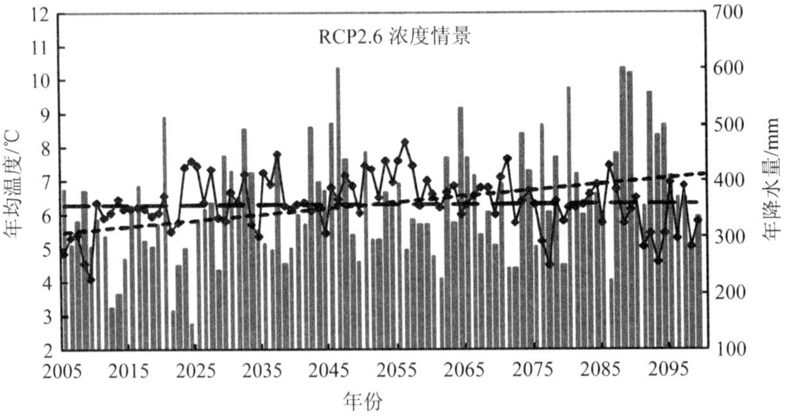

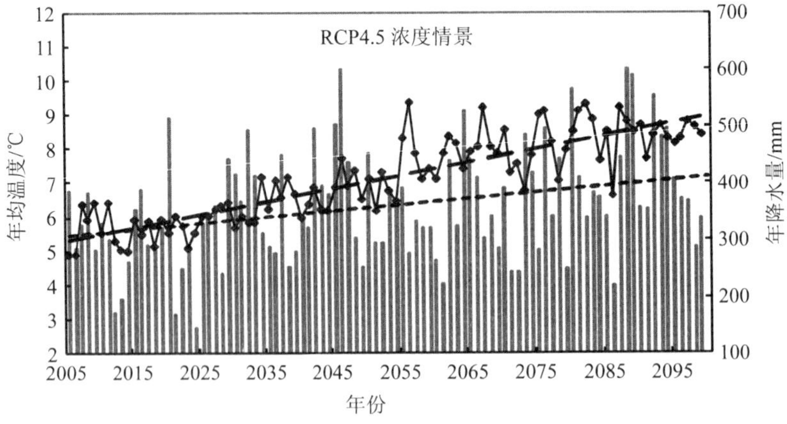

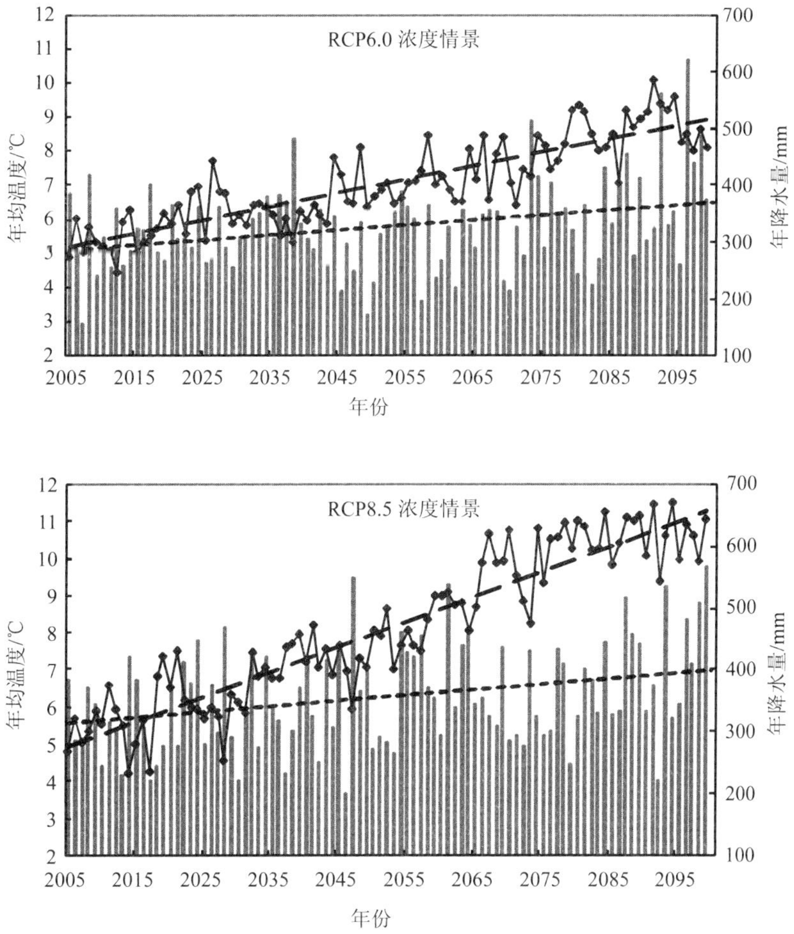

图 6-9　内蒙古中部不同 RCP 浓度情景下气候变化趋势

①2011—2020 年的年平均蒸散量（I_{pet}）和年平均干燥指数（I_{AI}）：本章采用 Holdrigde 方法计算潜在蒸散量和干燥指数。

$$I_{pet} = 58.93 \times \sum_{i=1}^{12} T_i / 12 \tag{6-7}$$

$$I_{AI} = I_{pet} / P = I_{pet} / \sum_{i=1}^{12} \mathrm{Pr}\, e_i \tag{6-8}$$

其中，T_i 表示第 i 个月的多年平均温度（℃），由多年对应月份的温度求平均得到，一般认为在 0～30℃之间，超过 30℃按 30℃计算，低于 0℃均按 0℃计算。P 为年平均降水量（mm），$\mathrm{Pr}\, e_i$ 表示第 i 个月多年平均降水量（mm）。

②2011—2020 年的年平均归一化植被指数（NDVI）（孙建国，2008）。

$$\mathrm{NDVI_{pot}}=\begin{cases}1.297\,4\times \mathrm{e}^{-0.738\,9\times I_{AI}}, I_{AI}>0.8\\ 0.71, I_{AI}\leqslant 0.8\end{cases} \tag{6-9}$$

③2011—2020 年的 NPP 值。

本章采用迈阿密模型（Miami）（Lieth et al.，1975；王磊，2010）模拟了内蒙古中部 2011—2020 年的 NPP 值。1975 年 Lieth 和 Box 分别拟合了净初级生产力（NPP）与年平均温度及年降水之间的经验关系，提出了 Miami 模型。

$$y_1=3\,000/(1+e^{1315-0.119t}), y_2=3\,000\times(1-e^{-0.000\,664P}) \tag{6-10}$$

式中：y_1 为根据年均温度计算的生物生产力（g $m^{-2}\,a^{-1}$），y_2 为根据年降水量计算的生物生产力（g $m^{-2}\,a^{-1}$），t 为年均温度（℃），p 为年降水量（mm）。根据 Liebig 定律（最小因子控制着生产力水平），选取二者中最小值为计算点的生物生产力。

④降水相对变率（P）和气温相对变率（T）

$$P=(P_i-P_o)/P_o, P_r=\sum_{i=1}^{10}P/10 \tag{6-11}$$

$$T=(T_i-T_o)/T_o, T_r=\sum_{i=1}^{10}T/10 \tag{6-12}$$

式中：P_i 为每一年平均降水量，P_o 为多年平均降水量，T_i 为每一年平均气温，T_o 为多年平均气温。

（2）土地退化风险评价

根据第 3 章构建的基于灾害系统的风险评价模型，综合孕灾环境不稳定性指数、致灾因子危险性指数和承灾体脆弱性指数，计算出未来暖干化情景下四种土地退化的风险，并将风险指数按照前文的分级节点进行分级，最终得到风险等级图。通过分析土地退化现状风险和未来暖干情景下的风险，可以得到不同土地退化类型的风险变化趋势。

彩图 6-3 至彩图 6-6 反映了在暖干气候情景下研究区的四种土地退化风险等级（a）及其变化趋势（b），即不设气候情景的风险等级与暖干气候情景下的风险等级的变化：①风蚀沙化的中风险和较高风险向高风险转变，高风险区域明显增多；较低风险和低风险区域变化不大，仅在四子王旗中部有部分较低风险区转变成了较高风险区。②水土流失高风险区增多，主要由中风险和较高风险转变而来，以阴山所在区域以及南部黄土丘陵、台地区为主；低风险变化不大。③整个研究区盐渍化风险都出现严重化趋势，研究区北部的低风险区向中风险转变，中风险向高风险转变；土默川平原高风险区域明显增加。④研究区北部区域和东北部几乎全部成了草场退化高风险区；黄土丘陵、台地的低风险区也向较低风险和中风险转变。彩图 6-7、彩图 6-8 反映了研究区土地退化的综合风险及变化趋势：研究区高风险和较高风险区主要分布在阴山以北及南部丘陵、台地区，较低风险和低风险主要分布在土默川平原、察右前旗、集宁区和兴和县等地；阴山以北大部分地区以及南部丘陵、台地风险有增大趋势。

6.3.3 暖干情景下的生态区土地退化风险

为了进一步分析不同生态区的风险格局，我们对在未来暖干气候情景下各生态区的土地退化综合风险等级面积数据进行了统计（表6-12）。

表6-12 暖干情景下各生态区土地退化综合风险等级面积统计 单位：km²

生态区	高风险等级		较高风险等级		中风险等级		较低风险等级		低风险等级		总和	
	面积	%	面积	%	面积	%	面积	%	面积	比例	面积	%
Ⅰ区	81	1.25	222	3.40	818	12.53	1 692	25.90	3 719	56.93	6 533	100.00
Ⅱ区	3 608	8.39	8 607	20.02	8 903	20.71	9 466	22.02	12 399	28.85	42 983	100.00
Ⅲ区	181	2.24	1 123	13.89	2 243	27.73	1 979	24.47	2 563	31.68	8 089	100.00
Ⅳ区	7 348	30.33	7 086	29.25	6 128	25.30	3 059	12.63	604	2.49	24 225	100.00
Ⅴ区	4 788	56.42	1 291	15.21	727	8.57	969	11.42	712	8.39	8 487	100.00
Ⅵ区	0	0.00	503	7.76	2 937	45.30	885	13.64	2 159	33.30	6 484	100.00
总和	15 973	16.50	18 866	19.49	21 745	22.46	18 062	18.66	22 155	22.89	96 801	100.00

从各生态区来看，Ⅰ区以低风险等级为主，比例达56.93%；Ⅱ区除高风险等级面积比例小于10%以外，其他四个风险等级面积比例均在20%～30%之间；Ⅲ区的中风险等级、较低风险等级和低风险等级比例均大于20%；Ⅳ区以高风险等级、较高风险等级和中风险等级为主，比例分别为30.33%、29.25%和25.30%，；Ⅴ区高风险占绝对优势，比例为56.42%；Ⅵ区以中风险等级和低风险等级为主，比例分别为45.30%和33.30%。由此可得，在研究区内，Ⅳ区和Ⅴ区风险较高，其次是Ⅱ区和Ⅲ区，风险相对较低的是Ⅰ区和Ⅵ区。如何根据实际情况采取相应措施降低各个生态区的风险是我们应该关注的重点。

比较不设情景与暖干气候情景下的土地退化综合风险等级，得到二者的土地退化综合风险等级比例变化（表6-13）。

表6-13 暖干情景下各生态区土地退化综合风险等级比例变化 单位：km²

生态区	高风险区	较高风险区	中风险区	较低风险区	低风险区
	%	%	%	%	%
Ⅰ区	+1.25	+3.18	+9.01	+8.79	−22.22
Ⅱ区	+2.10	+4.16	−3.92	−3.03	+0.69
Ⅲ区	+2.24	+13.11	+6.22	−11.43	−10.13
Ⅳ区	+24.27	+3.59	−13.21	−6.16	−8.48
Ⅴ区	+31.31	−8.84	−19.03	+5.85	−9.29
Ⅵ区	0.00	+6.54	−1.17	+8.09	−13.47

注：“+”表示该等级风险增加的比例，“–”表示该等级风险降低的比例。

综合分析表明，在暖干气候情景下，阴山以北和南部丘陵、台地的绝大部分区域风险呈增大趋势，整个研究区只有局部地区风险呈降低趋势。阴山以北的Ⅳ生态区和Ⅴ生态区高风险等级面积比例分别增加24.27%和31.31%，主要是由于这两个生态区在暖干情景下，风蚀沙化、盐渍化和草场退化风险都呈明显的增大趋势，这三种土地退化类型都受到气温和降水的综合影响，尤其是盐渍化和草场退化。气温明显升高，而降水不变或略有增加，导致蒸散量增加，从而使盐渍化风险增加；气候是影响草场生长的主要因素，气候向不利于草场生长的方向发展，从而使草场退化风险增加。III区是黄土丘陵、台地区，风险增加主要是由于在暖干旱情景下该生态区水土流失和草场退化风险的增加。VI区风险变化相对较小，主要是由于该生态区属于农业生产系统，风险的变化主要受盐渍化风险变化的影响，虽然暖干情景下的降水和气温条件的变化会对此产生影响，但相比之下，人为影响更为明显。

6.3.4 分区防范对策

（1）I 阴山山地森林—草甸草原生态区

落叶灌丛和半灌木丛是阴山山地分布最广泛的生态系统。阳坡的稀疏灌丛，由于气候干燥、土壤贫瘠，植被覆盖低，生态稳定性较低，受人类活动影响，引起生境退化，在暖干情景下，该生态区高、较高、中和较低风险等级面积比例都有所有增加。其中，以水土流失风险增大为主。因此，本区需要通过增加植被覆盖，减少人类活动对生态环境的破坏，保护生态稳定性和生态安全，以降低水土流失的风险，加强阴山山地生态屏障的建设，充分发挥草原地区山地的生态屏障作用。

（2）II阴山北麓及东南部中温型典型草原生态区

以固阳县—化德县一线为界，即阴山北麓地区（农牧交错带），土地退化类型以风蚀沙化为主，沿着阴山北麓的伏沙带形成了一条高或较高风险的条带状区域。在暖干情景下，该生态区高和较高风险等级面积比例都有所增加，其中，以风蚀沙化风险增大为主。防治风蚀沙化，需要加大风蚀沙化治理工程的建设：①对低产田、坡耕地有计划进行退耕还林还草，恢复植被；②建立水、草、林、机、料配套的沙地复合生态系统。乔灌草结合、带网片配置，建立多林种、多树种、多草种、多功能的防风固沙林体系；③发展饲料基地。在适宜的丘间低地，采用节水灌溉技术，发展紫花苜蓿种植和其他优质牧草种植（草木樨、沙打旺），建设高效饲草基地和牛羊育肥基地；④在土质较好的退耕地实行窄林带结合宽草带（2 m 柠条带，8～10 m 草带）（吉介荣，2002）。固阳县-化德县一线以南，即兴和县、察哈尔右翼前旗和丰镇市南部，要注意水土流失的防治；同时，在一些有水浇地分布的农区要防止盐渍化的进一步扩展，发展节水农业，提高水资源利用效率，防治土壤次生盐渍化。

（3）III阴山南麓暖温型草原生态区

该生态区黄土及黄土状物质分布广，侵蚀切割强烈，沟壑纵横，水土流失严重。在暖干情景下，该生态区高、较高和中风险等级面积比例都有所增加。其中，以水土流失风险增大为主。应以小流域治理为主，采取生物措施与工程措施相结合的办法，大力植树种草，建设梯田、坝地，修筑谷坊、水窖、塘坝等，以增加地表植被，增强截水蓄水保土功能，减少输入黄河的泥沙量，减轻水土流失对黄河下游的危害。

（4）Ⅳ乌兰察布层状高平原荒漠草原生态区

该生态区是蒙古高原草原最干旱的部分，由于北方干旱化趋势以及季风边缘地带降水的不稳定性，导致本生态区的土地退化类型以草场退化和风蚀沙化为主。在暖干情景下，该生态区高风险等级面积比例大幅增加，其中，以草场退化和风蚀沙化风险增大为主。风蚀沙化的防治要以植被恢复为主，进一步推进“退耕还林（草）”“京津风沙源治理”和“退牧还草”等一系列生态治理工程。已经发生严重退化的草场可通过封育或实行轮封轮牧措施进行草场恢复，改善草场生态环境，提高草场的生产能力，保障畜牧业的可持续发展。防治草场进一步退化需要合理利用牧区放牧地，具体包括确定合理的载畜量、正确的放牧时期和合理的放牧制度。此外，还可以在不影响天然草地的利用的前提下，选择合适的区域，加强人工草场的建设，补充天然草场不能满足畜牧业发展的需求，推动草原畜牧业的现代化。通过改良牲畜品种，提高生产性能，从而控制数量、减少放牧压力，一定程度上也能达到控制草地退化的目的。

（5）Ⅴ乌兰察布高原北部草原化荒漠生态区

该生态区处于温暖很干旱的气候下，以及内蒙古高压的前缘地带，风力作用强烈，风蚀严重。在暖干情景下，该生态区高风险等级面积比例大幅增大，达 31.31%，其中，以风蚀沙化风险增大为主。风蚀沙化致使草原生态环境不断恶化，未来气候的暖干旱化会进一步加剧风蚀沙化，自然灾害与风蚀沙化的恶性循环最终会导致这一区域的天然植被遭到严重破坏，草场退化风险增大。与乌兰察布层状高平原荒漠草原生态区的防治对策相似，重点是要进行植被（主要是草地）的恢复，合理利用草场资源。

（6）Ⅵ前套平原农作植被—盐湿草甸生态区

该生态区是内蒙古中部最大的平原，平坦的地势、深厚的土层和便利的水利条件，使本区形成了发达的城郊农业生态系统，是研究区水浇地最集中的地区。低洼的地势、半干旱的气候、高的潜水位以及不合理的农业灌溉使得该区域次生盐渍化成片分布，并有加重的趋势，形成较大面积的盐斑及盐荒地。在暖干化情景下，该生态区较高风险等级面积有所增加，这主要是由于盐渍化风险的增大。由于该区域亦是商品粮食生产基地，因此，盐渍化问题直接关系到粮食生产的发展，应该采取有效措施治理盐渍化土地，防止盐渍化的进一步恶化。其防治对策具体包括：采用先进的节水灌溉技术，如滴灌和喷灌技术，提高灌溉效率；有效控制地下水的临界水位，如在农田的一侧或两侧挖排水沟；建立完整的排灌系统，加强排水，科学调控水盐动态；建立盐水土地处理系统等。

参考文献

[1] 高吉喜，范小杉. 生态资产概念、特点与研究趋向[J]. 环境科学研究，2007，20（5）：137-143.

[2] Lieth H. Modelling the Primary production of the world[C]//H Lieth，R H Whittaker. Primary production of the biosphere，New York：Springer-Verlag，1975：237-263.

[3] IPCC. Summary for policymakers[C]//climate change 2013：the physical science basis. Contribution of Working Group I to the fifth assessment report of the Intergovernmental Panel on Climate Change.

Cambridge University Press，Cambridge，United Kingdom and New York，USA，2013.

[4] Moss R，J Edmonds，K Hibbard，et al. The next generation of scenarios for climate change research and assessment [J]. Nature，2009，463：747-756.

[5] 高吉喜，范小杉. 生态资产概念、特点与研究趋向[J]. 环境科学研究，2007，20（5）：137-143.

[6] 吉介荣. 乌兰察布盟风蚀沙化的原因与治理[J]. 内蒙古林业调查设计，2002，25（增刊）：47-48.

[7] 潘耀忠，史培军，朱文泉，等. 中国陆地生态系统生态资产遥感定量测量[J]. 中国科学 D 辑地球科学，2004，34（4）：375-384.

[8] 秦大河. 气候变化的事实与影响及对策[J]. 中国科学基金，2003（1）：1-3.

[9] 秦大河. 应对气候变化：形势和挑战[J]. 政协天地，2011，5：5-7.

[10] 史培军，李京，潘耀忠，等. 土地利用/覆盖与生态资产测量[M]. 北京：科学出版社，2009.

[11] 史培军，张淑英，潘耀忠，等. 生态资产与区域可持续发展[J]. 北京师范大学学报（社会科学版），2005（2）：131-137.

[12] 孙建国，艾廷华，王沛，等. 基于 NDVI——气候变量特征空间的植被退化评价[J]. 武汉大学学报（信息科学版），2008，6：573-576.

[13] 王国庆. 气候变化对黄河中游水文水资源影响的关键问题研究[D]. 河海大学，2006.

[14] 王磊. 基于 IBIS 模型模拟的中国东部南北样带植被 NPP 动态变化研究[D]. 中国林业科学研究院，2010.

[15] 许吟隆，薛峰，林一骅. 不同温室气体排放情景下中国 21 世纪地面气温和降水变化的模拟分析[J]. 气候与环境研究，2003，8（2）：209-217.

[16] 张淑英，陈云浩，李晓兵，等. 内蒙古生态资产测量及生态建设研究[J]. 资源科学，2004，26（3）：22-28.

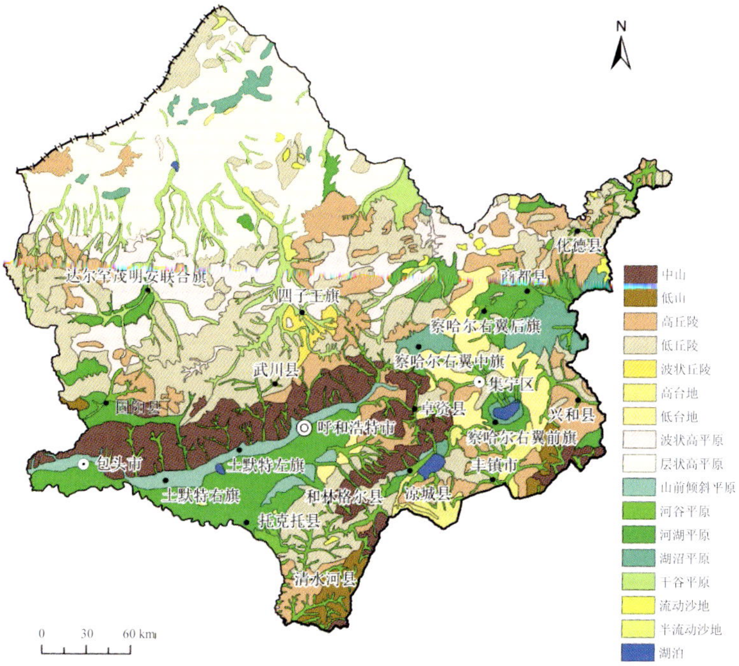

彩图 1-1　内蒙古中部地貌类型图（1∶150 万）（林儒耕等，1991）

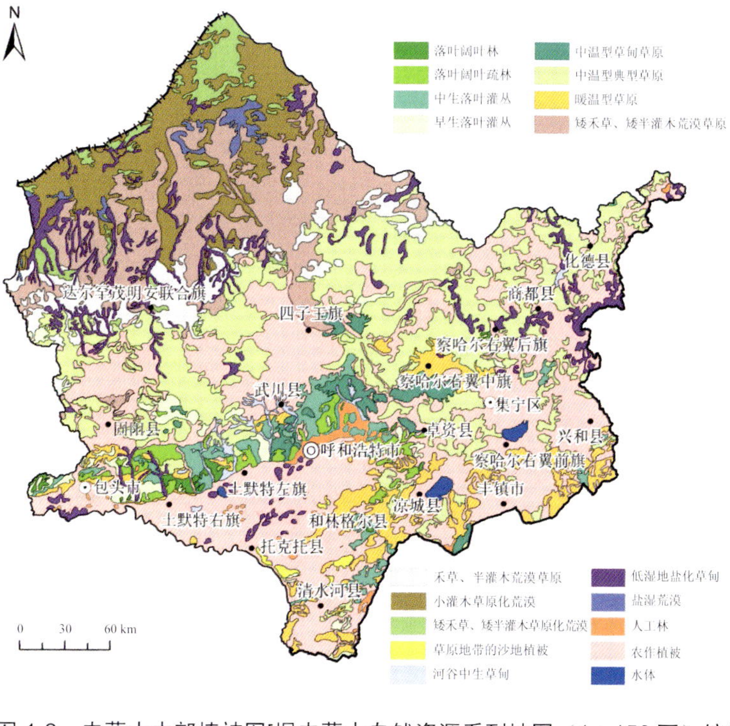

彩图 1-2　内蒙古中部植被图[据内蒙古自然资源系列地图（1∶150 万）编绘]

彩照 1-1　达茂旗吉穆斯太的花岗岩丘陵（崔海亭摄）

彩照 1-2　和林格尔县的黄土丘陵（崔海亭摄）

彩照 1-3　土右旗西园的山前洪积台地（崔海亭摄）

彩照 1-4　和林格尔县大红城附近的黄土台地（崔海亭摄）

彩照 1-5　大青山北麓的波状高平原（崔海亭摄）

彩照 1-6　四子王旗中北部的层状高平原面（崔海亭摄）

彩照 1-7　土默特冲积平原（马文红摄）

彩照 1-8　和林格尔的固定沙丘（崔海亭摄）

彩照 1-9　辉腾锡勒的冰缘残丘与冻融阶坎（于子成摄）

彩照 1-10　蛮汉山顶的石海（于子成摄）

彩照 1-11　辉腾锡勒山顶的多边形土（崔海亭摄）

彩照 1-12　达茂旗北部的砂楔（崔海亭摄）

彩照 1-13　察右中旗的冰卷泥（崔海亭摄）

彩照 1-14　金銮殿山顶的古冻融泥流地貌（崔海亭摄）

彩照 1-15　排列整齐的石块形成石线（崔之久摄）

彩照 1-16　辉腾希勒的冻胀草丘（崔海亭摄）

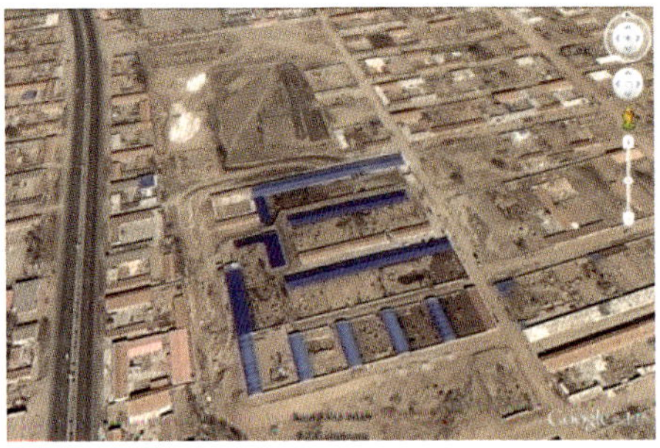

彩照 1-17　土默特平原的奶牛场（引自 Google earth）

彩照 1-18　后山地区的马铃薯种植业（崔海亭摄）

彩照 1-19　草原风情旅游方兴未艾（崔海亭摄）

彩照 1-20　包头市境内的汉长城遗址（崔海亭摄）

导引图/三维图（Google earth）　　　　实地照片

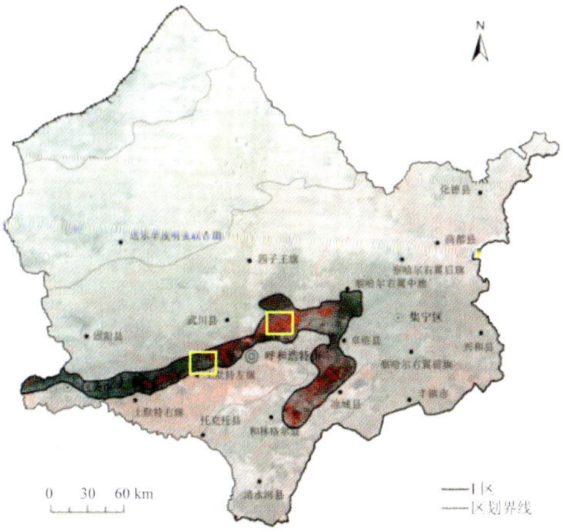

辉腾锡勒山地草甸生态系统（崔海亭摄）

阴山中东段生态亚区

武川青海云杉林（崔海亭摄）

阴山西段生态亚区

乌拉山油松林与灰榆疏林（崔海亭摄）

彩图 2-1　阴山山地森林—草甸草原生态区

导引图/三维图（Google earth）

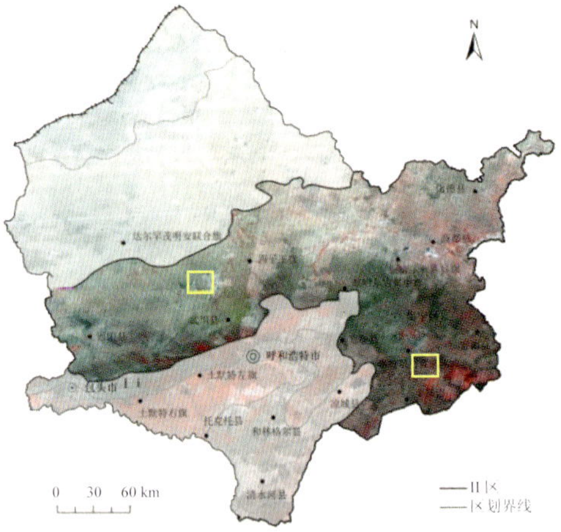

实地照片

四子王旗庙后附近的喷灌农田（崔海亭摄）

乌兰察布高原南部中温带典型草原生态亚区

达茂旗召河克氏针茅草原（崔海亭摄）

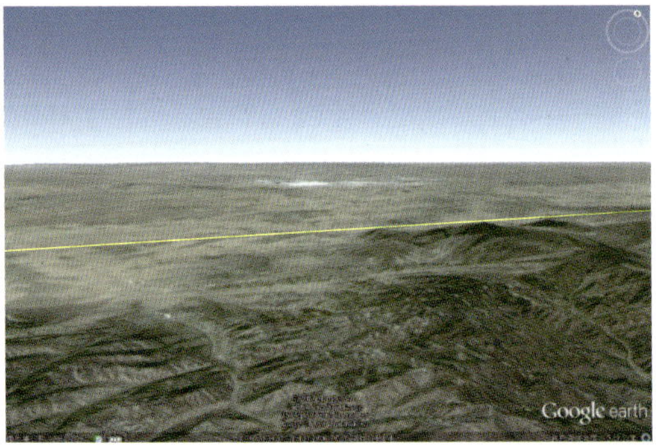

阴山北麓及东部典型草原生态亚区

化德农区的零星天然草原-克氏针茅、杂类草（崔海亭摄）

彩图 2-2 阴山北麓及东南部波状高平原中温型草原生态区

导引图/三维图（Google earth）

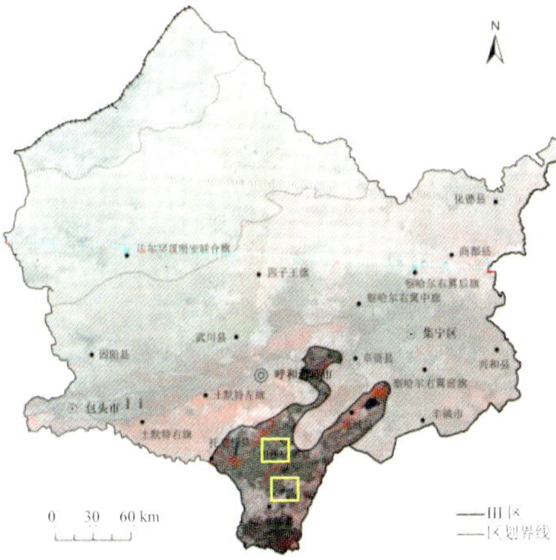

实地照片

黄土丘陵的生态系统格局：
丘顶草原—台地农田—陡坡半灌木丛—沟底草甸（崔海亭摄）

阴山南麓黄土台地暖温带草原生态亚区

和林格尔黄土台地人工林与本氏针茅草原（崔海亭摄）

阴山南麓黄土丘陵暖温带草原生态亚区

清水河土石丘陵本氏针茅草原（崔海亭摄）

彩图 2-3　阴山南麓黄土丘陵、台地暖温型草原生态区

导引图/三维图（Google earth）

实地照片

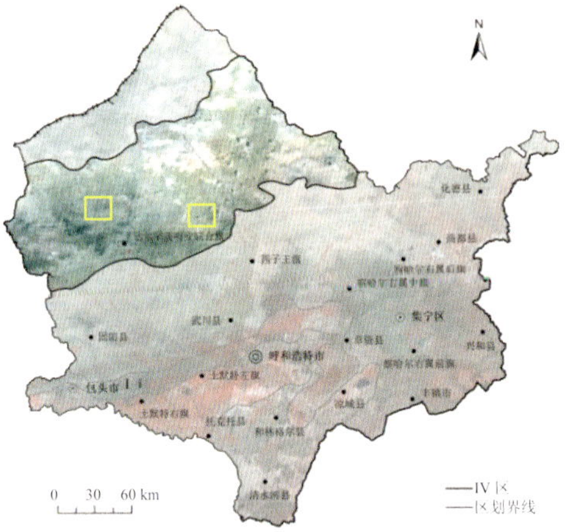

亚菊、戈壁针茅荒漠草原（崔海亭摄）

乌兰察布层状高平原南部荒漠草原生态亚区

短花针茅—冷蒿荒漠草原（崔海亭摄）

乌兰察布层状高平原中北部荒漠草原生态亚区

小针茅荒漠草原（崔海亭摄）

彩图 2-4　乌兰察布层状高平原中温型荒漠草原生态区

导引图/三维图（Google earth）

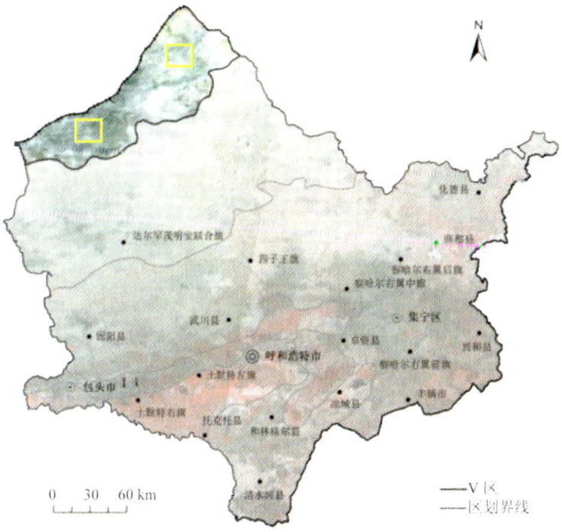

实地照片

达茂旗北部戈壁红沙草原化荒漠（崔海亭摄）

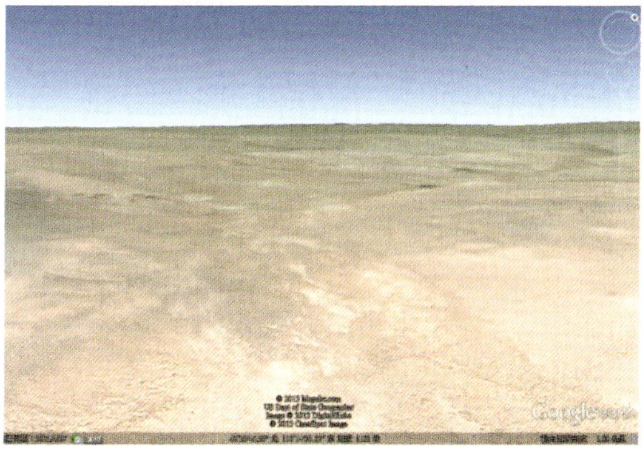

西北部剥蚀丘陵、戈壁石生灌木、半灌木生态亚区

满都拉松叶猪毛菜小灌木草原化荒漠（崔海亭摄）

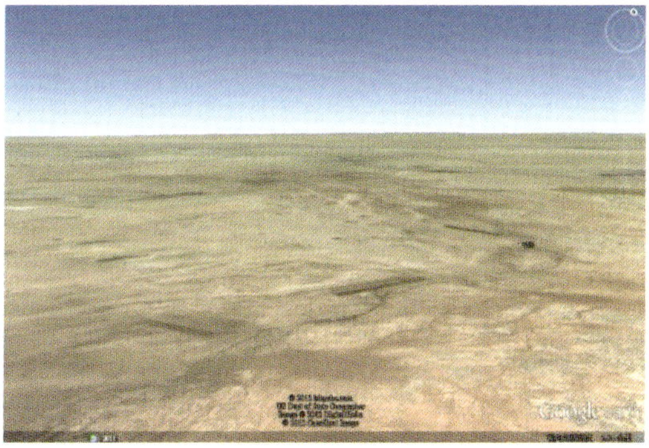

东部大盆地盐生灌木、半灌木生态亚区

卫井苏木大盆地盐生灌木草原化荒漠（崔海亭摄）

彩图 2-5　乌兰察布高原北部温带草原化荒漠生态区

导引图/三维图（Google earth）

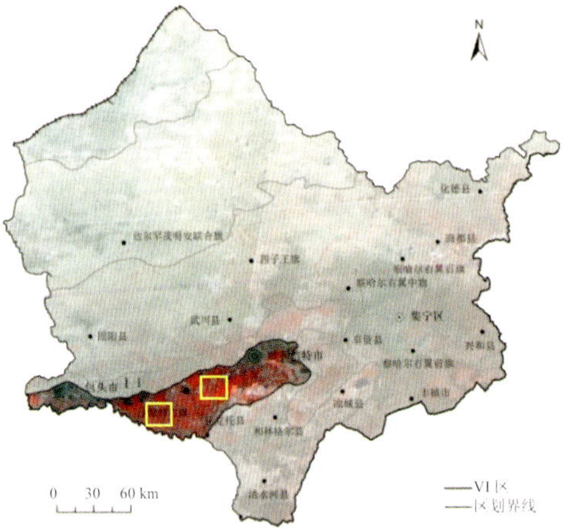

实地照片

阡陌纵横的土默特平原（引自水之歌）

黑河冲积平原农作植被—盐化草甸生态亚区

黑河平原的灌溉农业（崔海亭摄）

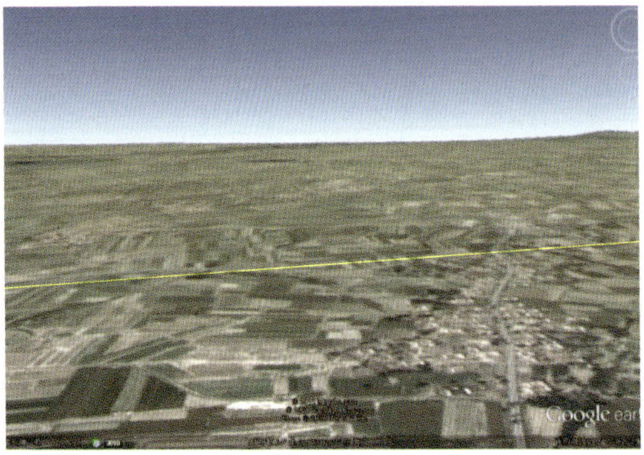

黄河冲积平原农作植被—盐化草甸、沼泽生态亚区

哈素海的芦苇沼泽（马文红摄）

彩图 2-6 前套平原暖温型灌溉农业—盐湿草甸生态区

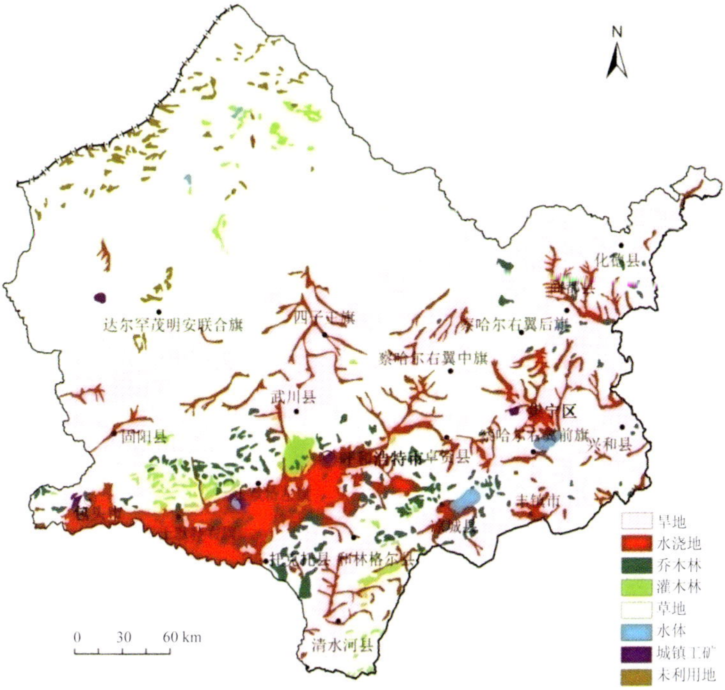

彩图 4-1　蒙古中部土地利用类型（1988 年）

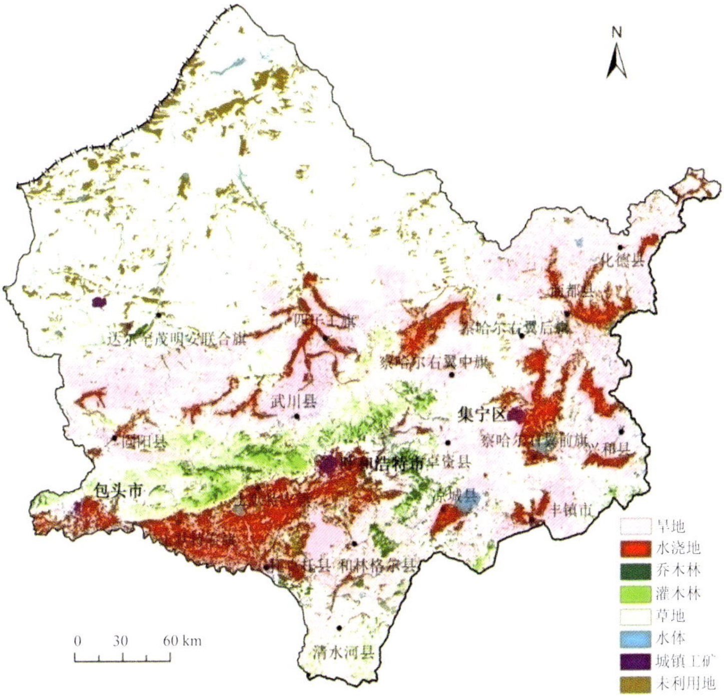

彩图 4-2　内蒙古中部土地利用类型（2000 年）

（根据中科院西部数据中心提供的 2000 年土地利用遥感解译数据改绘）

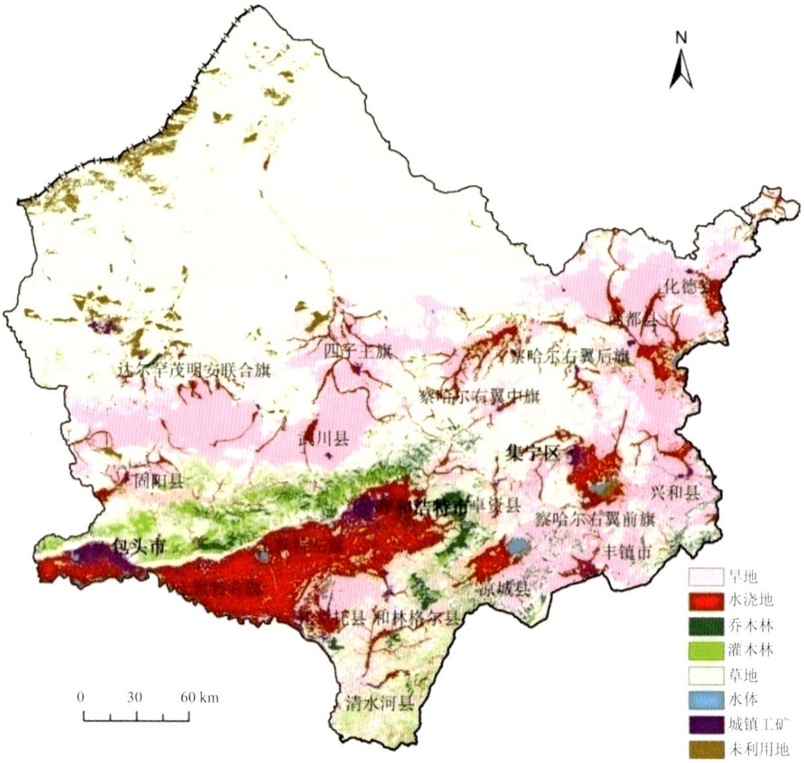

彩图 4-3　内蒙古中部土地利用类型（2010 年）

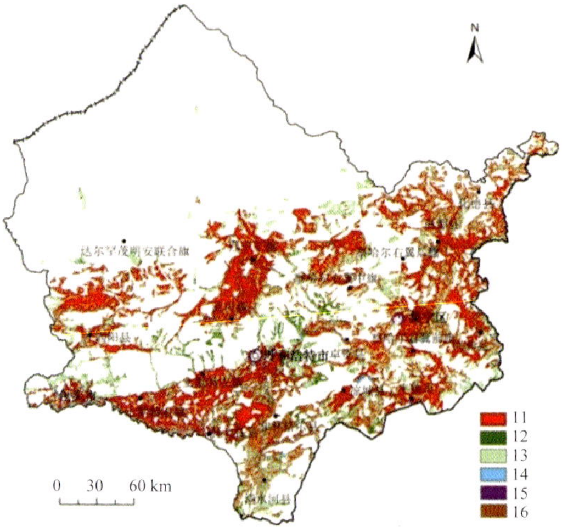

彩图 4-4　1988—2000 年耕地转为其他类型

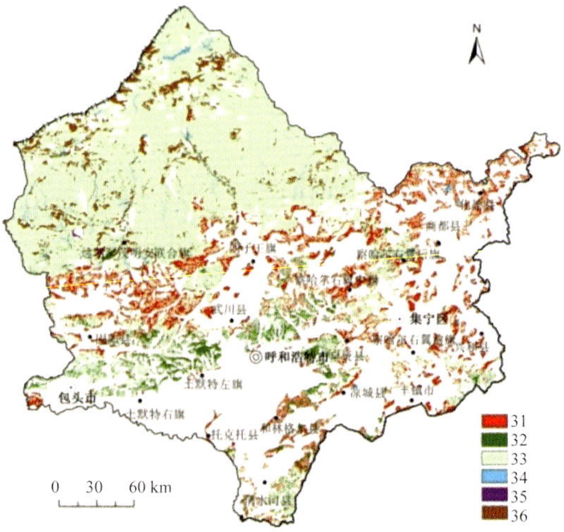

彩图 4-5　1988—2000 年草地转为其他类型

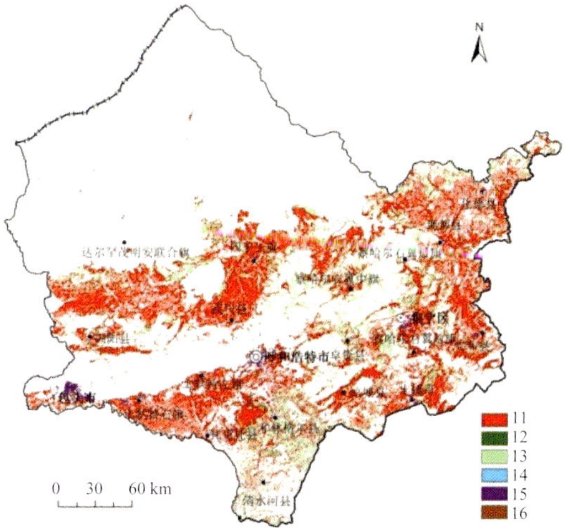

彩图 4-6　2000—2010 年耕地转为其他类型

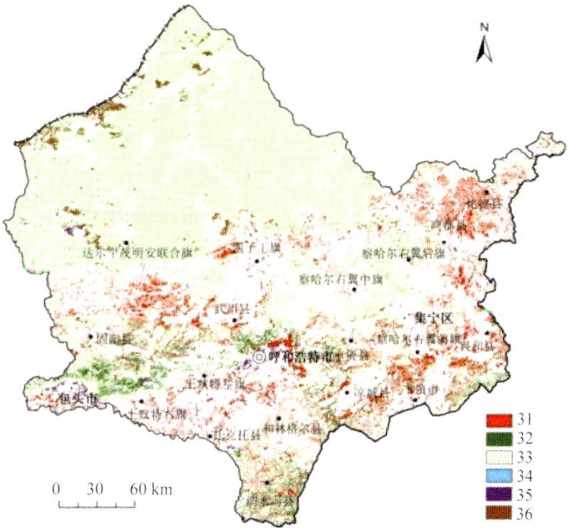

彩图 4-7　2000—2010 年草地转为其他类型

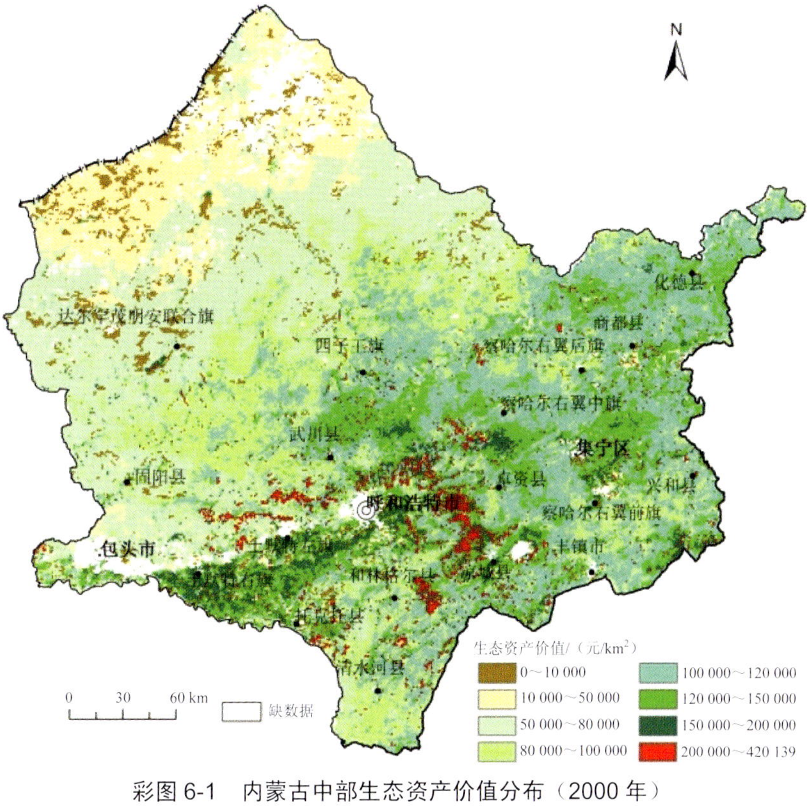

彩图 6-1　内蒙古中部生态资产价值分布（2000 年）

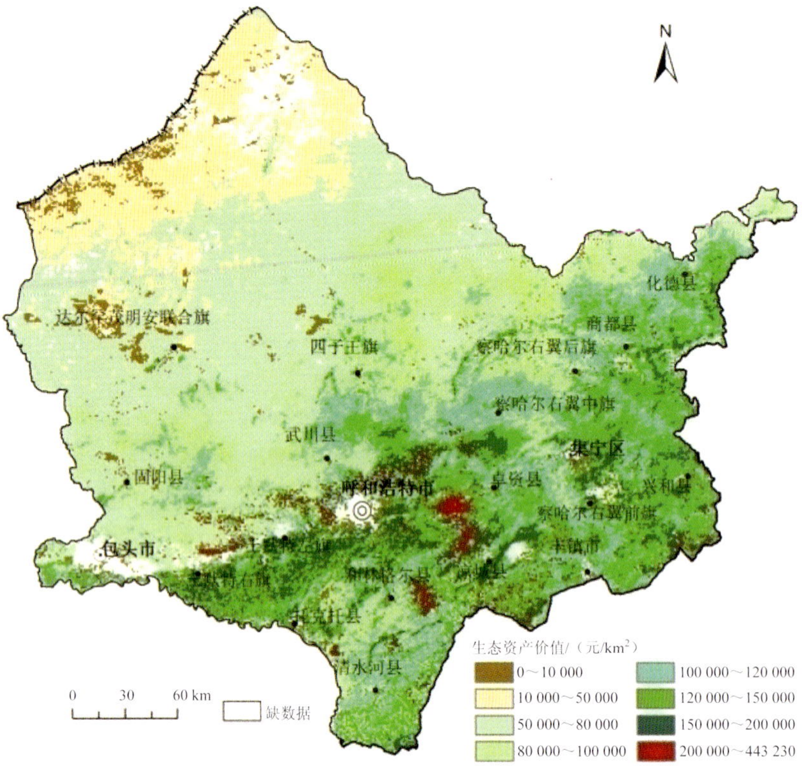

彩图 6-2　内蒙古中部生态资产价值分布（2010 年）

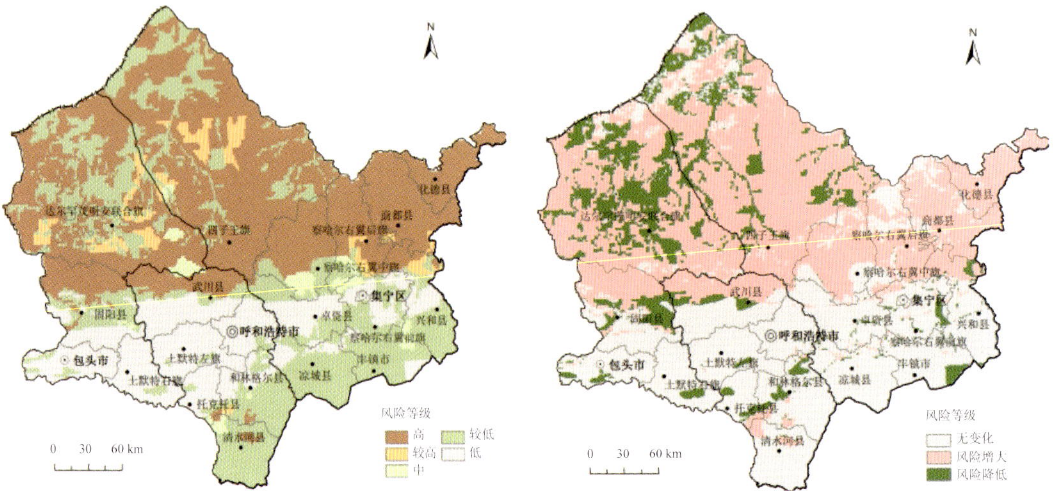

（a）　　　　　　　　　　　（b）

彩图 6-3　暖干情景下风蚀沙化风险（a）；风险等级变化趋势（b）

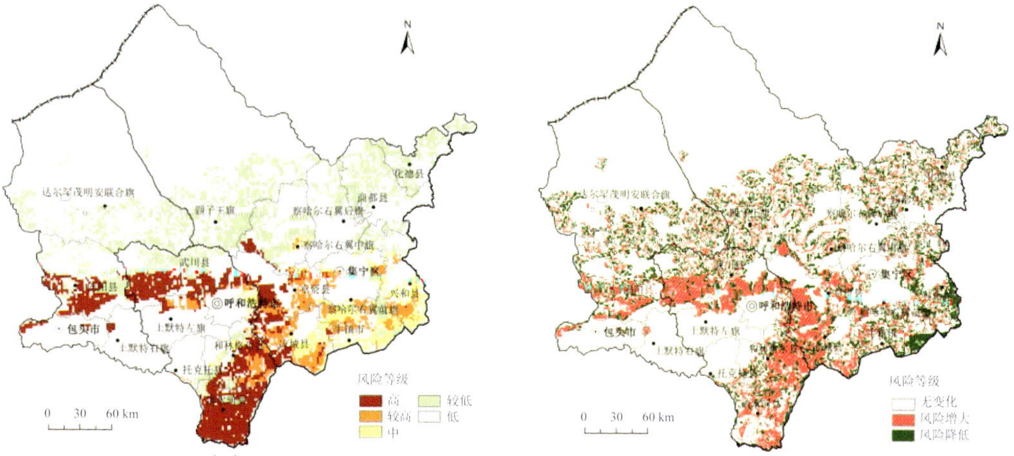

（a）（b）

彩图 6-4　暖干情景下水土流失风险（a）；风险等级变化趋势（b）

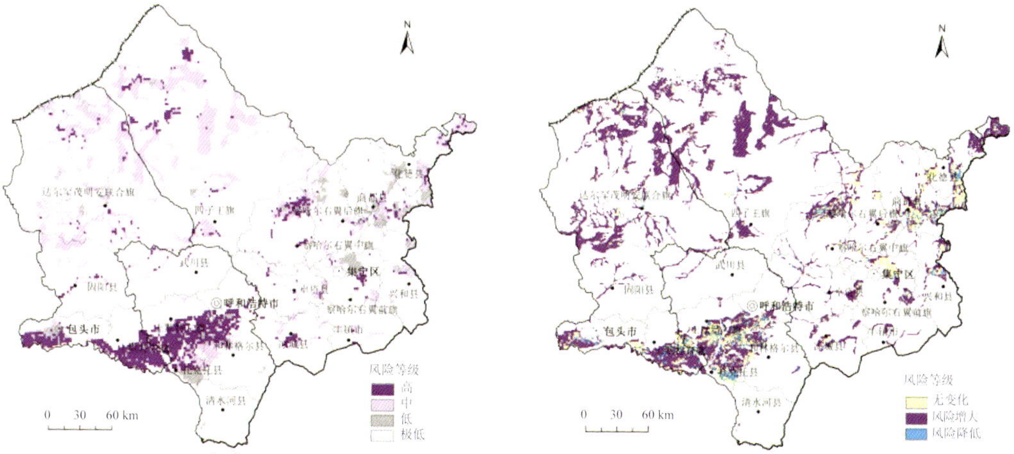

（a）（b）

彩图 6-5　暖干情景下盐渍化风险（a）；风险等级变化趋势（b）

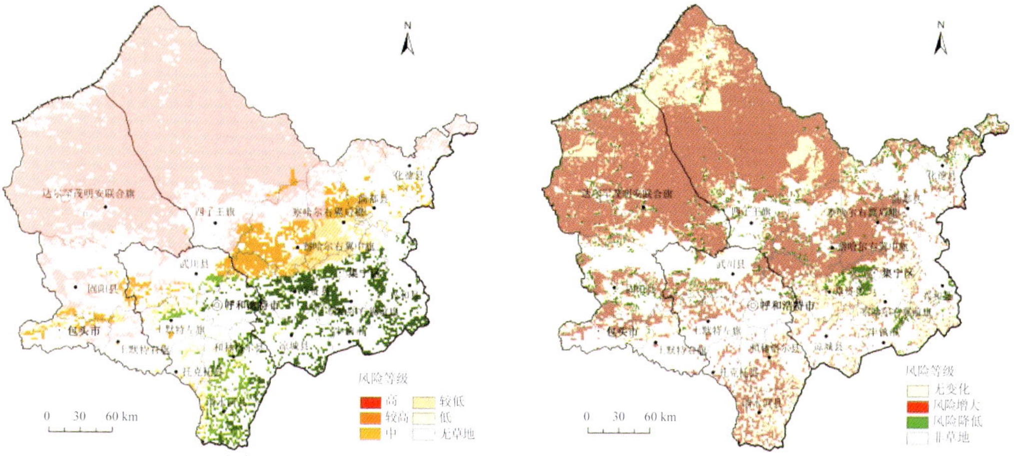

（a）（b）

彩图 6-6　暖干情景下草场退化风险（a）；风险等级变化趋势（b）

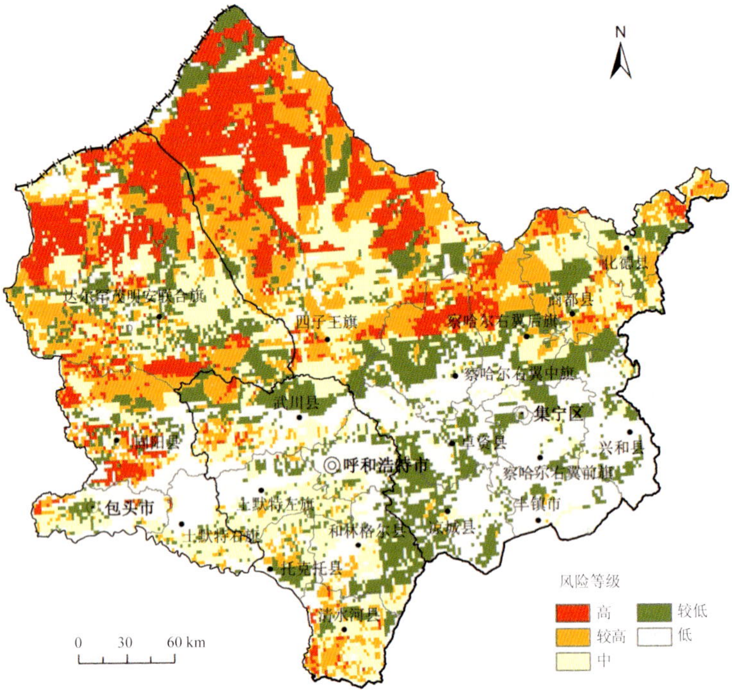

彩图 6-7　暖干情景下土地退化综合风险

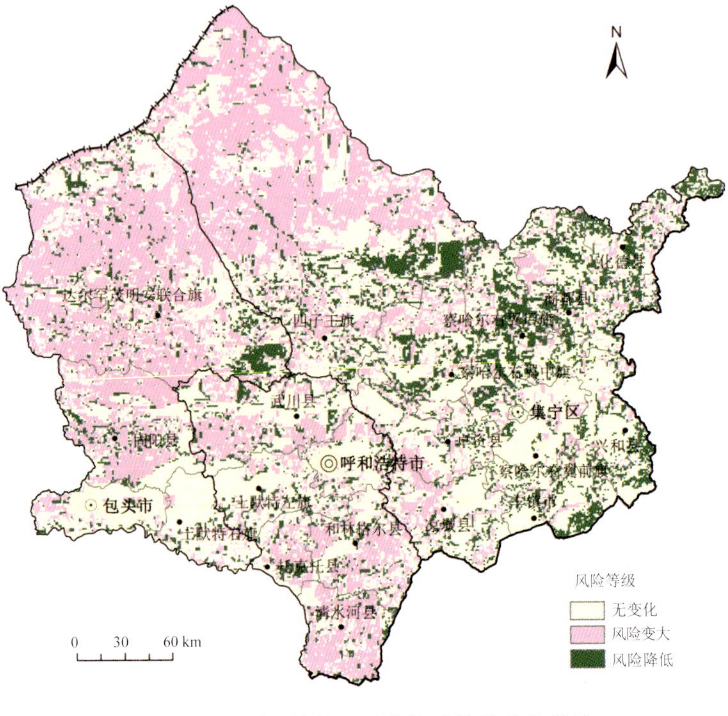

彩图 6-8　暖干情景下综合风险等级变化趋势